HEYNE FILMBIBLIOTHEK

Paula Parisi

JAMES CAMERON UND »TITANIC«

*Aus dem Amerikanischen
von Christine Strüh und Adelheid Zöfel*

DEUTSCHE ERSTAUSGABE

WILHELM HEYNE VERLAG
MÜNCHEN

HEYNE FILMBIBLIOTHEK
Nr. 32/268

Herausgegeber: Bernhard Matt
Redaktion: Rolf Thissen

Titel der Originalausgabe:
TITANIC AND THE MAKING OF JAMES CAMERON

Copyright © 1998 by Paula Parisi
Copyright © der deutschen Ausgabe
1998 by Wilhelm Heyne Verlag GmbH & Co. KG, München
Printed in Germany 1998
Umschlagfoto: Deutsche Presse-Agentur/AFP/Mata/Twentieth
Century Fox, München
Rückseitenfoto: Kinoarchiv, Hamburg
Umschlaggestaltung: Atelier Ingrid Schütz, München
Herstellung: H+G Lidl, München
Satz: Fotosatz Völkl, Puchheim
Druck und Verarbeitung: Ebner Ulm

ISBN 3-453-15138-0

Prolog

*In einem Kunstwerk stecken mehr stichhaltige
Fakten und Einzelheiten als in einem
Geschichtsbuch.*

CHARLIE CHAPLIN

Zwar war der Wohnwagen nicht sonderlich groß, aber seine Tür wurde mit Nachdruck geschlossen. Bill Mechanic, der Chef von Twentieth Century Fox, mußte trotzdem bald loswerden, was er auf dem Herzen hatte, auch wenn er James Cameron beim Lunch störte – falls man eine Mahlzeit um zwei Uhr früh so bezeichnen konnte. Er wußte, daß der Regisseur alles andere als erfreut reagieren würde, aber er sah keine andere Möglichkeit.

Der Produktionsplan von *Titanic* war noch nicht einmal zur Hälfte realisiert, und die Kosten lagen bereits bei 75 Millionen Dollar. Es war absehbar, daß der Film die teuerste Produktion von Fox werden würde, und er schien auf dem besten Weg, *Waterworld* als teuersten Film aller Zeiten zu überflügeln. Für die Schwierigkeiten, die das Projekt an diesen Punkt gebracht hatten, zeichnete Mechanic zwar nicht verantwortlich, aber es war seine Aufgabe, die Krise soweit wie möglich einzudämmen.

Fox hatte buchstäblich die Topographie eines Landstrichs verändern lassen, um der Vision des preisgekrönten Filmemachers gerecht zu werden: Man hatte an der Küste von Baja einen Krater mit einem Fassungsvermögen von 68 Millionen Litern für den größten Freiluft-Wassertank aus dem Boden gesprengt und auf 20 Hektar Land ein Filmstudio aufgebaut, das allen Anforderungen modernster Technik entsprach. In dem riesigen Becken schwamm nun Camerons gut 230 Meter lange Nachbildung des gigantischen Ozeandampfers. Es war schon ein wahrhaft umwerfender Anblick, wenn man auf der Autopista über eine kleine Anhöhe kam und über der ärmlichen Küste plötzlich die zehn Stockwerke hohe *Titanic*-Nachbildung vor einem erschien. Tagsüber strahlte das Schiff graue Erhabenheit aus, nachts glitzerte und funkelte es wie 1000 Sterne. »Der reine Wahnsinn – das größte Badewannenspielzeug der Welt«, dachte

Mechanic, als er es zum erstenmal sah. Andererseits bewunderte er die Authentizität des Nachbaus und die Besessenheit, die die originalgetreue Imitation hatte entstehen lassen – eine Besessenheit, die ihn später ebenfalls packte.

Er klopfte an die Tür, und innerhalb weniger Sekunden wurde er eingelassen. Cameron mußte kaum aufstehen, so klein war der Wohnwagen. Man kann sagen, was man will, aber das viele Geld ging mit Sicherheit nicht für persönlichen Luxus drauf. Der Regisseur wandte sich wieder seinem Teller Pasta mit irgendeiner kalten Fleischbeilage zu. Er mochte es nicht, wenn Studioleute auf dem Set auftauchten, und wenn sie versuchten, ihm auf die Nerven zu gehen, zahlte er es ihnen mit gleicher Münze zurück. »Anzüge« nannte er sie, obwohl Mechanic in Jeans und Pullover gekommen war. Eigentlich fand Cameron ihn ganz sympathisch, aber es paßte ihm gar nicht, daß er ausgerechnet heute gekommen war, um über das überzogene Budget und den nicht eingehaltenen Zeitplan zu diskutieren.

Heute nacht drehten sie eine der schwierigsten Sequenzen – das große Finale, in dem das Schiff sich im Wasser hochkant stellt und wie ein ausgestreckter Zeigefinger gen Himmel zeigt. Bei der Szene, die alle nur »das gekippte Poopdeck« nannten, purzelten 100 Stuntleute von einer 27 Meter hohen Nachbildung des Schiffshecks, das hydraulisch in die Vertikale bewegt werden konnte. In einer Meisterleistung fotografischer Choreographie waren für diesen Take fünf Kameras in Bewegung – eine davon von Cameron persönlich bedient. In einem Sicherheitsgurt rutschte er mit einer Handkamera das Deck hinunter, wodurch ihm einige großartige Aufnahmen aus der subjektiven Perspektive der jeweils handelnden Personen gelungen waren. Selbstverständlich hatte er dabei auch einige Knüffe und Püffe eingesteckt.

Mechanic wußte, daß Cameron nicht in Gesprächslaune war, aber die roten Zahlen in Millionenhöhe saßen ihm im Nacken. »Sah wirklich toll aus heute abend«, begann er freundlich mit Bezug auf die äußerst komplizierte Sequenz, die damit endet, daß sich die beiden Stars des Films, Kate Winslet und Leonardo DiCaprio, an der Heckreling festklammern, während das Schiff im Ozean versinkt. »Wir werden alles tun, was in unserer Macht steht, damit es auch weiterhin großartig aussieht, aber Sie müssen unsere Position verstehen«, kam er nun zur Sache. »Vom finanziellen Standpunkt aus ist der Film völlig außer Kontrolle geraten. Daran ist nichts mehr zu ändern. Wir können nur noch Schadensbegrenzung betreiben. Deshalb habe ich eine Liste von Szenen mitgebracht – wir möchten, daß Sie die aus dem Drehplan streichen.« Mit diesen Worten schob er zwei getippte Blätter über den Tisch.

Camerons Augen – die Pupillen schon vom Schlafmangel geweitet – wurden noch größer. Rasch überflog er die Vorschläge, fand aber keinen annehmbar. Er hatte bereits an die 30 Szenen ganz oder teilweise gestrichen, seiner Meinung nach mehr als genug. »Sie wollen, daß ich den Film, für den ich bereits vier Jahre meines Lebens geopfert habe, verstümmle? Wenn Sie meinen Film zerstückeln wollen, dann müssen Sie mich feuern, und um mich zu feuern, müssen Sie mich umbringen!« schrie er. »Wenn Sie sich tatsächlich so verdammt gut auskennen, dann stellen Sie den Film doch selbst fertig!« Damit stürmte er in die Nacht hinaus.

Da saß Mechanic nun. Auf der Herfahrt hatte er kaum an etwas anderes gedacht als daran, Cameron zu entlassen – als letzten Ausweg in einer Notlage. Die Fox befand sich in einer verzweifelten Situation. Andererseits würde alles wahrscheinlich nur noch schlimmer werden, wenn man sich von Cameron trennte. Selbst wenn man das Stigma des Mißerfolgs einmal beiseite ließ, das dem Film nach einer solchen Maßnahme unweigerlich anhaften würde, blieb die Frage, wer Cameron ersetzen sollte. Die Produktion war äußerst komplex und bestand aus unendlich vielen separaten Elementen. Als Drehbuchautor, Regisseur und Cutter in Personalunion war Cameron vermutlich der einzige Mensch, der die Einzelteile zu einem sinnvollen Ganzen zusammenfügen konnte. Genaugenommen konnte Mechanic ihn also gar nicht ersetzen. Er hatte die Wahl, entweder die ganze Sache abzublasen und sich mit einem beträchtlichen Defizit abzufinden oder das Ganze lächelnd zu ertragen.

Fox hatte genügend Filmmaterial von den ersten Drehtagen zu Gesicht bekommen, um zu wissen, daß sich etwas Besonderes anbahnte, vielleicht sogar etwas Einmaliges. Wenn man Cameron jetzt feuerte, hatte das Studio Millionen von Dollar zum Fenster hinausgeworfen. Da war es doch besser, die Millionen auf ein Risiko zu setzen und zu hoffen, daß es sich doch noch auszahlte. Mechanic beschloß, Cameron etwas abkühlen zu lassen und später noch einmal mit ihm zu reden. Also suchte er seine Sachen zusammen, ging wieder zu seinem BMW und machte sich auf den dreistündigen Rückweg nach Los Angeles. Mit ein bißchen Glück hatte er vielleicht zwei Stunden Zeit zum Entspannen, ehe er sich wieder hinter seinen großen Schreibtisch in seinem Büro auf dem Gelände von Twentieth Century Fox in Century City setzte.

Obwohl Cameron außer sich vor Wut war, begann er schon wieder Pläne zu schmieden. Er würde so lange wegbleiben, bis Mechanic die Botschaft kapiert hatte und verschwunden war. Zum erstenmal bei seinen sieben Filmen hatte er den Set verlassen, obwohl die Dreharbeiten noch nicht abgeschlossen waren. Das bedeutete theoretisch, daß er einen rund 300.000 Dollar teuren Arbeitstag abgebrochen hatte. Aber es war noch ein bißchen Zeit vom Lunch übrig. Er würde nur etwa eine halbe Stunde verlieren. Als er an dem großen Wasserbecken vorbeikam, sah er die riesigen Umrisse seiner *Titanic* vor dem Nachthimmel. Mitten im Produktionsstreß schien es ihm bei jedem Projekt um Leben und Tod zu gehen, aber aus Gründen, die er nicht erklären konnte, bedeutete ihm *Titanic* noch viel mehr.

Die echte *Titanic* lag fast 4000 Meter unter dem Ozean, in einer Tiefe, in der ein Druck von 3,8 Tonnen pro Quadratzentimeter herrscht, 400mal größer als auf der Erdoberfläche. Allmählich glaubte er, daß das in etwa dem grausamen Druck entsprach, der auf ihm lastete und der sich im Lauf der Zeit zu 200 Millionen Dollar aufbauen sollte. »Einem einfachen Sterblichen fällt es nicht schwer, über eine Summe wie 200 Millionen Dollar zu reden«, sagt Lewis Abernathy, ein enger Freund des Regisseurs. »Wenn Sie das nächstemal in Downtown Los Angeles sind, sehen Sie sich den größten Wolkenkratzer an. So was kann man für 200 Millionen kaufen. Jetzt stellen Sie sich vor, Sie könnten ihn umdrehen und ihn sich auf den Kopf setzen wie einen Hut, so daß das gesamte Gewicht auf Ihrem Kopf und Ihren Schultern lastet. Dann bekommen Sie ungefähr eine Vorstellung da-

von, wie Cameron sich gefühlt hat. Ein unglaublicher Druck, vor allem, wenn man seine Sache gut machen will.«
Warum hätte er einen anderen Weg wählen sollen? An diesem Punkt seiner Karriere hatte Cameron genug Einfluß und den sehnlichen Wunsch, seine Träume zu verwirklichen. Außerdem war er unten bei der *Titanic* gewesen. Er hatte dem Tod einen Besuch abgestattet, der ihm gleichzeitig bedrohlich und wunderschön erschienen war. Aber selbst dort unten in der Finsternis waren kreative Kräfte am Werk. Das Metall des Schiffsrumpfs war einem Konsortium einzelliger Bakterien zum Opfer gefallen, die zusammen wie ein einziger Organismus funktionierten. Stück für Stück zerfraßen sie das Eisen des Schiffs. Wenn der Verfall so weiterging, war bis Mitte des nächsten Jahrhunderts nichts mehr davon übrig. Abblende.

Kapitel 1

Man ist immer umgeben von 20 Erbsenzählern und 20 logisch denkenden Menschen, die einem erzählen, was man alles nicht machen kann. Das bedeutet aber noch lange nicht, daß man es wirklich nicht machen kann.

JAMES CAMERON

Im August 1992 ist der 37jährige Hollywood-Regisseur James Cameron in einem verbeulten, neun Jahre alten Wolga auf einer russischen Landstraße unterwegs. Am Steuer sitzt der Wissenschaftler und U-Boot-Pilot Dr. Anatoli Sagalewitsch, dem der Wagen auch gehört. Als das Auto schlappmacht, grinsen Cameron und sein 54jähriger Freund Al Giddings einander vielsagend an. Autopannen sind für die beiden wohlhabenden Amerikaner so gut wie unbekannt – Cameron nennt eine Reihe von Corvettes sein eigen, und Giddings' Geländefahrzeug bewältigt mit modernstem Vierradantrieb auch die steilsten Gebirgsstraßen von Montana. Die beiden sind nach Moskau geflogen, weil sie Sagalewitschs Schiff, die *Akademik Mstislaw Keldysch,* chartern möchten. Auf der ganzen Welt gibt es nur fünf Tauchboote, die für eine Tiefe über 12.000 Fuß (etwa 4000 Meter) geeignet sind, und die *Keldysch* beherbergt zwei davon. Cameron braucht das Forschungsschiff, um seinen Film machen zu können.
Mit der Genehmigung gibt es Probleme. Seine Begeisterung sorgsam unter Kontrolle haltend, ist Cameron über 20.000 Kilometer hergeflogen, um ein wenig Überzeugungsarbeit zu leisten. Selbst jetzt, nach dem Ende des kalten Krieges, ist in der Führungsetage der *Keldysch*-Zentrale im P.-P.-Schirschow-Institut für Ozeanologie noch ein gewisser Bodensatz von ehemals kommunistischem Snobismus vorhanden. So wird es nicht gerne gesehen, daß wissenschaftliche Einrichtungen für so kraß kommerzielle Zwecke eingesetzt werden. Das sowjetische Tiefseeforschungsprogramm wurde gemeinsam mit der Raumfahrt entwickelt. Die Tauchboote tragen sogar denselben Namen wie die Weltraumstationen, nämlich *Mir* (Russisch für »Frieden«), und

hier werden U-Boot-Piloten ebenso verehrt wie in Amerika die Astronauten. Man sollte die *Keldysch* also nicht auf die leichte Schulter nehmen.

Sagalewitsch jedoch ist Pragmatiker. Als Chef des Schirschow-Labors für bemannte Tiefseeforschung ist er auch Kommandant der *Keldysch,* äußerst besorgt um sein Schiff, die Besatzung und natürlich auch die Zukunft von *Mir 1* und *Mir 2.* Auf die beiden Tauchboote, an deren Entwurf er persönlich mitgearbeitet hat und die 1987 etwa 100 Millionen Dollar gekostet haben, ist er stolz wie ein Vater. Wenn Sagalewitsch sein gut 133 Meter langes schwimmendes Versuchslabor finanziell über Wasser halten will, ist er auf Zahlungen angewiesen wie die von Mr. Hollywood, der jetzt an seine Tür geklopft hat, und deshalb ist er fest entschlossen, das Projekt durchzuziehen. Er muß ihm nur einen wissenschaftlichen Anstrich geben. Die Publicity, die ein großes Filmvorhaben mit sich bringt, wäre die perfekte Werbekampagne für sein Schiff, das zweifellos dem neuesten Stand der Wissenschaft entspricht.

Sagalewitsch ist die Autopanne höchst peinlich. Während er aussteigt und den Kopf unter die Motorhaube steckt, unterhält sich seine Frau Natalja, eine Mikrobiologin, angelegentlich mit ihren exotischen Passagieren. Sie schwärmt ihnen von der Schönheit ihres Zielortes Zagorsk vor, einer kleinen Domstadt, aber die beiden Männer können sich nur schlecht konzentrieren, weil draußen – durch die Windschutzscheibe deutlich sichtbar – der Verkehr nur wenige Zentimeter entfernt an ihrem Ehemann vorüberbraust. Einmal scheint ein Lastwagen tatsächlich sein Hosenbein zu streifen. Aber Sagalewitsch bringt den Motor wieder zum Laufen, auch wenn er bitter über das Mißgeschick flucht, das ihn ausgerechnet in diesem Moment ereilen mußte. Er klopft sich den Staub aus der Hose, steigt wieder ein und entschuldigt sich: Sein Sohn hat den Wagen vor kurzem gefahren und ist wahrscheinlich wie ein Wilder gerast. Cameron ist tief beeindruckt, denn Sagalewitsch hat den Motor mit einem Stück Schnur geflickt. Als der Russe merkt, daß die beiden Amerikaner keineswegs verärgert sind, fügt er erleichtert hinzu: »Die beiden *Mir*-Boote sind wunderschöne Maschinen. Wir haben praktisch niemals Probleme mit ihnen!«

Am nächsten Tag besteigt die Vierergruppe einen Aeroflot-Shuttle, der sie zu dem etwas weiter nördlich gelegenen Kaliningrad bringt, einer etwas verwahrlosten Hafenstadt. Hier liegt die *Keldysch*, die Giddings inzwischen »die *Enterprise* der Meere« getauft hat: ein beeindruckender Anblick, im Vergleich zu den oft massigen russischen Schiffen sehr elegant, aber dennoch bescheiden und zweckmäßig. Schwer vorstellbar, daß dieses offensichtlich rein praktisch konzipierte Fahrzeug dazu beitragen kann, auf der Leinwand die verschwenderische Vision der *Titanic* erstehen zu lassen, auf die es Cameron ausdrücklich abgesehen hat.

Cameron stellte sich den Film als eine Art lebendig gewordener Historie vor. »Ich wollte den Zuschauern eine subjektive Erfahrung der Katastrophe vermitteln, ihnen das Gefühl geben, Teil des Geschehens zu sein, in dem die Darsteller Dinge tun, die jeder versteht, weil er selbst in einer vergleichbaren Situation ähnlich reagiert hätte. Eine Menge Kostümfilme konzentrieren sich auf die Unterschiede zwischen damals und heute. Aber die Menschen waren die gleichen wie heute. Die Natur des Menschen hat sich nicht verändert. Liebe, Haß, Furcht, das alles ist gleich. Wenn man an ein großes Ereignis auf diese Art herangeht, stößt man auf weit größere Resonanz.«

Camerons erklärtes Ziel war es, die Zuschauer aufs Deck der sinkenden *Titanic* zu holen, und um das zu erreichen, würde er schließlich eine lebensgroße Nachbildung des Luxusliners erschaffen. Der größte Teil der Geschichte spielt 1912, aber damit das moderne Publikum sich besser in die Tragödie hineinversetzen konnte, fügte er einen in der Gegenwart stattfindenden Handlungsstrang hinzu, in dem Glücksritter nach einer wertvollen Diamantkette suchen, die mit der *Titanic* verlorenging. Ihre Suche leitet die Szenen mit modernem Filmmaterial vom Wrack der *Titanic* ein. Ein legitimes Handlungselement und dazu eine hervorragende Entschuldigung für Cameron, einen leidenschaftlichen Taucher, das berühmteste Unterwasserwrack der Welt selbst kennenzulernen.

Die *Keldysch* mit ihren zwei Tauchbooten bot als einziges Schiff die Möglichkeit, ein Tauchboot bei der *Titanic* zu filmen, da Cameron ein zweites Boot für die Kamera brauchte. Aber die

Keldysch sollte nicht nur die Tiefseeaufnahmen ermöglichen, sondern auch noch eine Rolle im Film spielen: Cameron hatte vor, die modernen Szenen auf ihrem Deck zu drehen. Dafür braucht sie wohl einen neuen Anstrich, dachte er bei sich, als er neben Giddings und Sagalewitsch stand und das Schiff in Augenschein nahm. Unter dem braunen Lack des Schornsteins waren noch die Umrisse von Hammer und Sichel zu erkennen.

Nicht nur der Tauchsport, auch Geschichte hatte Cameron schon immer fasziniert, vor allem alte Geschichte und Archäologie. Sein Interesse an der *Titanic* erwachte 1985, als Dr. Robert Ballard das Wrack entdeckte. Ballard hatte mehrere Jahre in Woods Hole gearbeitet, dem Tiefseelaboratorium in Massachusetts, und ein Instrument entwickelt, das ihm die Suche ermöglichte. Das Ergebnis seiner Bemühungen war *Argo,* ein unbemanntes Kamerafahrzeug, das durchs Wasser geschleppt werden konnte und über ein Fiberoptikkabel Bilder an die Oberfläche schickte. Zu seiner Zeit eine revolutionäre Erfindung, bezeichnen die Tiefseetauchprofis das Gerät inzwischen liebevoll als »der Depp im Schlepp«. An Bord des amerikanischen Schiffs *Knorr* war Ballard mit einem französisch-amerikanischen Team drei Monate lang unterwegs, ehe er am 1. September 1985 endlich Glück hatte. Mit dem bemannten Tauchboot *Alvin* und dem ferngesteuerten Kamerafahrzeug *Jason Jr.* kehrte er später zurück. Das optische Testament der Expedition wurde 1987 in einer *National Geographic Explorer*-Dokumentation veröffentlicht, die sofort Camerons Interesse weckte. Für ihn hatten die Bilder eine wahrhaft kosmische Ausstrahlung, und er beschloß schon damals, einen Film zu machen, der die Unterwasserwelt wie den Weltraum behandelte – unter Einsatz modernster Technologie wie beispielsweise Tiefseetauchboote und schwimmende Roboter. Dieser Film wurde *The Abyss* (Abyss). »Damals wußte ich nicht mal, daß man diese Dinger ROVs (Remotely Operated Vehicles) nannte«, erzählt er lachend. »Ich hab' nur diesen tollen kleinen Roboter gesehen, das war toll. Er hatte kleine Propeller, und ich dachte, das ist eine Roboterkamera. Das hat mir sofort eingeleuchtet.«

Camerons erste Notizen zu seinem *Titanic*-Projekt aus dem Jahr 1987 lauten: »Rahmenhandlung von Gegenwartsszenen mit

Wrack und Tauchbooten, unterbrochen von Erinnerungen einer Überlebenden und nachgestellten Szenen der Nacht des Untergangs. Menschliche Werte werden unter Streß auf die Probe gestellt. Die Gewißheit drohenden Unheils (Metapher). Kontrast zwischen todgeweihten Männern auf der einen und geretteten Frauen und Kindern auf der anderen Seite, gemäß den Sitten der damaligen Zeit. Dramatische Trennungen, Heldentum und Feigheit, zivilisiertes Verhalten kontrastiert mit animalischer Aggression. Braucht noch Mystery oder sonstiges treibendes Handlungselement vor diesem Hintergrund.« Der Titel *Titanic* wurde in seine Projektliste zur weiteren Bearbeitung aufgenommen.

Auch Giddings war an der *Titanic* interessiert. Er hatte den Sommer 1991 auf der *Keldysch* verbracht und war für die CBS-Dokumentation *Treasures of the Deep,* bei der er als Regisseur und Produzent fungierte, zum Wrack hinabgetaucht. Bei der Premiere des Films 1992 war Cameron auf der Suche nach einer Fortsetzung von *Terminator 2: Judgment Day* (Terminator 2: Tag der Abrechnung). Zufälligerweise hatte er kurz davor den britischen Film *A Night to Remember* (Die letzte Nacht der *Titanic*) aus dem Jahr 1958 auf der Leinwand angeschaut und sich vage daran erinnert, ihn als Kind im Fernsehen gesehen zu haben. Zwei Tage später brachte der Postbote eine schwarze, mit Nieten bedeckte Karte, auf der in großen roten Lettern TITANIC stand – Giddings' Einladungskarte.»Wow«, dachte Cameron, »eine Himmelsbotschaft.« In der *Titanic*-Zone begann etwas zu blubbern.

Giddings' Bilder der verfallenden Unterwasseropulenz bewegten Cameron tief, und die Aufnahmen von der Arbeit an Bord der *Keldysch* sprachen seine Abenteuerlust an. Außerdem beeindruckte ihn die Technologie der beiden *Mirs*. Die filmischen Möglichkeiten, die mit zwei Tauchbooten zur Verfügung standen, waren augenfällig und für einen Mann wie Cameron unwiderstehlich.

Nach der Vorstellung stand Giddings mit Cameron auf dem Gang, ohne auf die anderen Gäste zu achten, und die beiden unterhielten sich, bis die Putzkolonne sie schließlich hinauswarf. Giddings kannte Camerons kreative Flexibilität und sein leidenschaftliches Temperament, seit er bei *The Abyss* für die Unterwasseraufnahmen verantwortlich gewesen war. Bei diesem Film hatten die beiden Männer unter Extrembedingungen zusammengearbeitet und fünf Monate lang täglich zehn bis zwölf Stunden zwölf Meter unter Wasser verbracht. Angesichts der schwierigen Umstände war es kein Wunder, daß es zu Spannungen gekommen war. Am Ende der Dreharbeiten war Giddings nicht sehr gut auf Cameron zu sprechen gewesen, der seine Leute brutal herumkommandiert und zu allem Überfluß auch noch ein paar von Giddings' besten Teammitgliedern für die Fertigstellung des Films abgezogen hatte. Wie viele Cameron-Neulinge war Giddings mit dem Gefühl weggegangen, daß er um nichts in der Welt noch einmal etwas mit diesem Regisseur zu tun haben wollte.

Obwohl die beiden sich nicht direkt im Streit trennten, sprachen sie lange Zeit kaum miteinander. Und nun, drei Jahre später, diskutierten sie plötzlich über ein neues gemeinsames Projekt. Giddings war überzeugt, daß Cameron – bei *The Abyss* erst 34 – inzwischen etwas ruhiger geworden war. Doch die Leidenschaft, mit der er über die Tauchaktion bei der *Titanic* sprach, zeigte, daß er seinen Geschmack für Spannung und Abenteuer nicht verloren hatte. »›Al, ich möchte wirklich unbedingt zur *Titanic* runter‹, sagte er, und ich antwortete: ›Du machst wohl Witze! Du kannst ein Modell benutzen. Und Miniaturnachbildungen.‹ Aber er meinte: ›Denk doch mal drüber nach. Wenn wir zur *Titanic* runtertauchen, kann ich später sagen, wer sich den Film ansieht, bekommt das echte Schiff zu Gesicht.‹« Camerons Reaktion auf die Filmvorführung ließ sich in dem Vorschlag zusammenfassen: »Al, laß uns nach Moskau fliegen!« Innerhalb weniger Tage hatten die beiden ihre Visa und waren unterwegs zum Moskauer Flughafen. Um das Projekt geheimzuhalten, nannten sie es »Großes Schiff«.

Als Cameron die *Keldysch* zum erstenmal sah, stammte sein gesamtes Wissen über das Schiff aus Giddings' Film. Er wußte, daß die beiden Tauchboote, wenn sie nicht gerade am Meeresboden entlangglitten, in einem antiseptischen weißen Schacht an der rechten Schiffsrippe untergebracht waren. Die *Keldysch* konnte sich rühmen, 40 Prozent aller Tiefseetauchgeräte der Welt zu besitzen. Ansonsten gab es noch die französische *Nautile,* die *Shinkai* aus Japan und die *Seacliff* der U. S. Navy, dem einzigen nicht für kommerzielle Zwecke verfügbaren Schiff. Die *Alvin,* das Tauchboot aus Woods Hole, das Ballard für seine Suche benutzt hatte, war vor kurzem auf eine Wassertiefe von 3800 Metern herabgestuft worden und kam deshalb für eine Aktion beim Wrack der *Titanic* nicht in Frage. (Das ist eine häufige Vorsichtsmaßnahme bei Tauchbooten und anderer Tiefseeausrüstung, mit der man den Verschleißerscheinungen Rechnung zu tragen versucht.)

Während einer Expedition bestand das tägliche Leben auf der *Keldysch* aus einem endlosen Kreislauf von Wartung, Tauchen und Wiederflottmachen der Tauchboote. Die *Mirs* tauchten frei, versorgt über französische Hochleistungsbatterien, die jeweils rund eine Million Dollar kosteten. Diese Batterien waren bei den Tauchaktionen, die meist um die 18 Stunden, manchmal aber auch bis zu 28 Stunden dauerten, für sämtliche Funktionen zuständig, einschließlich des Hauptantriebs. Im Notfall konnten sie die Taucher bis zu fünf Tagen am Leben erhalten.

Obgleich die *Mirs* nicht die neuesten Modelle sind – das ist die *Shinkai* –, gelten sie bei vielen Fachleuten nach wie vor als die elegantesten. Zu ihren Vorzügen gehört ihre Schnelligkeit von bis zu fünf Knoten. Außerdem verfügen sie über ein einzigartiges hydraulisches Ballastsystem – sie ziehen beim Sinken Wasser ein und stoßen beim Aufsteigen Wasser aus – und sind deshalb für jede Phase ihrer Mission optimal geeignet, während andere Tauchboote vorwiegend für die Arbeit auf dem Meeresgrund ausgerüstet sind. Zwar wird auch bei diesen zur Feinausrichtung ihrer Position Wasser herein- und herausgepumpt, aber sie arbeiten hauptsächlich mit Bleigewichten, die nach jedem Tauchgang auf dem Meeresgrund zurückgelassen werden.

Die *Mirs* halten einem Wasserdruck von 9000 Metern stand – ihre Arbeitstiefe von 6000 Metern plus eine Sicherheitszone von 50 Prozent –, was einem Druck von etwa 650 bar entspricht. Zur Grundausstattung der beiden siebeneinhalb Meter langen Tauchboote gehören vorn zwei Hochintensitätsscheinwerfer, ein Probenkorb und zwei hydraulische Greifarme mit einer Länge von jeweils 1,80 Meter, mit denen schwere Gegenstände aus dem Weg geräumt und biologische oder geologische Proben aufgenommen werden können, und außerdem ein dem neuesten Stand der Technik entsprechendes Kamerasystem. Für jede Mission werden die *Mirs* speziell ausgestattet – je nach Zweck der Reise ab- oder aufgerüstet.

Cameron stand neben Sagalewitsch, während dieser die Tauchboote erklärte, betrachtete sie eingehend und prägte sich die technischen Daten ein. Ihm war rasch klar, daß die Aktion, die ihm vorschwebte, eine ziemlich anspruchsvolle Neuausstattung erfordern würde. Er stellte sich Weitwinkelaufnahmen der *Titanic* vor, bei denen in ausladenden, eleganten Aufnahmen große Teile des Giganten zu sehen sein würden. Vor allem mußte für die 35-Millimeter-Kamera, die er außen an der *Mir 1* befestigen wollte, eine Art Schutzgehäuse entworfen werden; *Mir 2* sollte für die Beleuchtung sorgen. Die Herausforderungen waren enorm: Noch nie hatte jemand eine Filmkamera gebaut, die unter einem derartigen Wasserdruck arbeiten konnte. Den Auftrag, ein solches Gerät in weniger als einem Jahr zu entwerfen, bekam Camerons Bruder Mike, ein ehemaliger Raumfahrtingenieur – eine harte Nuß, obwohl es für Mike inzwischen fast zum Alltag gehörte, die technischen Rätsel zu lösen, vor die sein Bruder ihn stellte.

Cameron nahm einen Plastikeimer als Modell für die Kamera und diskutierte mit den Ingenieuren der *Keldysch* darüber, die Greifarme eventuell als Schwenkmechanismus einzusetzen. Zwischen ihm und der russischen Besatzung funkte es sofort. »Die Männer, die mit den Tauchbooten arbeiteten, waren Typen, die gleich die Ärmel aufkrempelten und keine Angst hatten, sich die Hände schmutzig zu machen. Ich war fasziniert. Ich wollte sehen, wie die Greifarme funktionierten, die ganze technische Ausrüstung, und sie ließen mich einsteigen und zeigten mir gleich alles in Aktion.« Allerdings gab es zu seiner Enttäuschung keine richtige Tauchaktion im verschmutzten Baltischen Meer, wo man selbst an einem guten Tag nur eine Sichtweite von einem Meter hatte.

Sosehr die *Mirs* Cameron interessierten, war der soziologische Aspekt seiner Reise doch noch ein Stück faszinierender. Am Sonntag abend, bevor die Amerikaner abreisten, gab Gena

Khlewnow – ein riesiger, breitschultriger Slawe – eine Party. Khlewnow war Pilot des Zodiac-Boots, eines Beiboots der *Keldysch;* man nannte ihn liebevoll »Kapitän Zodiac« und bewunderte ihn sehr, weil er sein kleines Schiff auf dem Wasser oft regelrecht tanzen ließ. Für die Party drängelten sich an die 50 Gäste in seiner Wohnung, und es gab ein Festmahl, das ihn sicher ein ganzes Monatsgehalt – rund 160 Dollar – gekostet hatte.

Die Sitzordnung trennte die Männer, die an einem langen schmalen Tisch in der Mitte des Zimmers saßen, von den Frauen, die auf Stühlen an der Wand Platz genommen hatten – alle bis auf Natalja, die als Wissenschaftlerin eine privilegierte Stellung innehatte. Tische und Anrichten bogen sich unter den üppigen Speisen – Brathähnchen, Katschapuri-Kuchen mit Käse, Pelmeni und Piroggen –, und natürlich floß der Wodka in Strömen. Der Raum war erfüllt von wundervollen Düften und guter Laune, und Cameron war hingerissen von der Ausgelassenheit dieser Menschen. »Wir hatten eine Menge Spaß. Die Leute liebten ihre Arbeit, sie liebten es, der wissenschaftlichen Forschung zu dienen, auch wenn die meisten von ihnen zur praktisch arbeitenden Schiffsbesatzung gehörten.«

Kaum hatten sich alle gesetzt, wurden auch schon die ersten Trinksprüche ausgebracht – auf russisch, mit englischer Übersetzung. Als Chef des Ganzen stand Sagalewitsch als erster auf und hob sein Glas auf die wegweisende Zusammenarbeit von Hollywood und der russischen Wissenschaft. Alle tranken. Dann war der Gastgeber an der Reihe, der die amerikanischen Gäste hochleben ließ. Die nächste Runde wurde serviert. Der dritte Toast ging wie immer an die Frauen. Der vierte an die abwesenden Kameraden – war man an Land, waren es die auf See, andernfalls umgekehrt. Als nächstes kam Cameron. Dann Giddings. Und so weiter und so fort. »Man ißt, man plaudert, man läßt einander hochleben. Wenn eine Flasche leer ist, erscheint sofort die nächste. Puh! Das gehört für diese Leute alles zu einem großen Festessen«, erinnert sich Cameron. Nicht lange, da holte Sagalewitsch seine Gitarre heraus und stimmte melancholische russische Balladen an. Ein paar angetrunkene Gäste begannen vor Rührung zu weinen. Niemand trank so viel, daß ihm übel wurde, niemand wurde grob oder unangenehm. In einer Ecke saß eine Handvoll Frauen, die man als Chauffeurinnen auserwählt hatte, mit verschränkten Armen, ohne einen Tropfen Alkohol anzurühren. Den meisten Anwesenden rann der russische Wodka ohnehin durch die Kehle wie Wasser, aber bei den Amerikanern war es anders. Cameron, der sonst nur wenig Alkohol trinkt, verlor irgendwann nach Mitternacht die Übersicht, wieviel er schon intus hatte. »Und dann hatte ich plötzlich das Gefühl, ich muß sterben ...« Doch ehe er ganz abschaltete, hörte er noch Sagalewitschs aufgeregte Stimme: »Wir machen es! Wir drehen einen Hollywood-Film!«

Und Cameron dachte zufrieden: »Wir haben's geschafft! Wir kriegen das Schiff!«

Kapitel 2

*Ohne Kampf gibt es keinen Fortschritt. Wer
Erschütterungen geringschätzt, der will Regen
ohne Blitz und Donner, will das Meer ohne
das Brausen der Wogen.*

FREDERICK DOUGLASS

Auf dem Rückflug nach Los Angeles bestürmte Cameron Giddings mit logistischen Fragen über die Filmarbeit am Wrack der *Titanic*. Grundstock des Plans war die Kamerakonfiguration, die sie ausgeklügelt hatten, aber ein weiteres Schlüsselstück war das Lichtsystem unter Wasser. Cameron wollte die *Titanic* so hell ausleuchten wie einen Weihnachtsbaum, sie zum kunstvollsten Requisit der Filmgeschichte machen. In seiner Phantasie war er bereits Art Director seines Films und überlegte, ein riesiges Gitterwerk aus Scheinwerfern zu bauen, das über dem Wrack ins Wasser gesenkt werden konnte. Wäre es nicht toll, der Szenerie das Flair einer archäologischen Ausgrabung zu verleihen? 1000 Ideen schossen ihm durch den Kopf.

»Wir sprachen viel über Kapazitäten«, sagt Giddings, »wie viele Scheinwerfer wie lange durchhalten würden, wie viele Tauchgänge wir innerhalb welcher Zeit machen konnten. Jim meinte, er wolle zwar einen Teil der Gegenwarts-Story auf der *Keldysch* drehen, aber auf jeden Fall auch mit den Tauchbooten zur *Titanic* hinunter.« Einerseits klang es wie eine Millionen-Abenteuerreise auf den Meeresgrund. Aber für Cameron war es viel mehr. Wie bei jedem Künstler entsprangen seine Projekte persönlichen Leidenschaften und Interessen. Um jedoch nicht nur einfach seinen Neigungen zu frönen, steckte er sich ein Ziel, das so ehrgeizig war, daß er oft hart an die Schmerzgrenze stieß. In Los Angeles, wo es ohnehin von Leistungsbesessenen wimmelt, behielt er immer die Nase vorn. Auch wenn der geplanten Tauchaktion hauptsächlich egoistische Motive und persönliche Neugier zugrunde lagen, so befriedigte sie doch ebenso sein Bedürfnis als leidenschaftlicher Filmemacher, seine Phantasie dem Publikum zu vermitteln – denen, die im Flackerlicht dunkler

Filmtheater eine Erfahrung suchen, die Cameron einmal als »unwillkürliches Träumen« bezeichnet hat.
Obwohl es noch einiges zu regeln gab, verließen Cameron und Giddings Rußland mit der Vereinbarung, die *Keldysch* zu mieten. Von Camerons Platz aus – Lufthansa, erster Klasse, maximale Flughöhe – war die Aussicht gut. Mit ein wenig Glück und guter Technik konnte er beruhigt an den Start gehen: Ein wohlhabender Filmregisseur auf einer Tiefseetauchaktion mit einem russischen Schiff und ein paar engen Freunden. Kein Problem.
Da Cameron ein allgemein anerkannter Regisseur war, bewarben sich mehrere Studios um seine Dienste, aber er hatte bereits eine Abmachung mit der Twentieth Century Fox, nach der das Studio als erstes einen Blick auf sein neues Projekt werfen durfte. Wenn Fox das Projekt ablehnte, stand es Cameron frei, es anderswo zu verwirklichen. Cameron ist nicht der Typ von Regisseur, der es der Chefetage eines Studios überläßt, ein Projekt auszuwählen. Wie er selbst zugibt, kennt er bei der Verfolgung seiner filmischen Ziele keine Kompromisse.
Er hatte sich diesen Luxus erarbeitet. Seine sechs bisherigen Filme hatten an den Kinokassen in aller Welt zusammen mehr als 1,2 Milliarden Dollar eingespielt – *Terminator 2* allein schon fast 500 Millionen, *True Lies* weitere 375 Millionen. Camerons Filme verkauften sich gut. Ein schönes Gefühl, aber es war durchaus nicht immer so gewesen. Als Cameron und die Produzentin Gale Anne Hurd ihr erstes Projekt, *The Terminator,* an den Mann bringen wollten, wurde ihnen bei den besten Adressen der Stadt die Tür vor der Nase zugeschlagen.
Cameron hatte Hurd, seine spätere Ehefrau, während seiner zweijährigen Lehrzeit in Roger Cormans New-World-Studios kennengelernt: B-Movie-Fabrik und Anfänger-Camp für hoffnungsvolle Schauspieler und Autoren. Bei Corman wurde man hauptsächlich nach der Arbeitsgeschwindigkeit eingestellt. Zu den Abgängern der New-World-Studios zählen unter anderem Martin Scorsese, Francis Coppola, John Sayles und Ron Howard. Anders als die Genannten hatte Cameron kein Diplom von irgendeiner schicken Filmschule. Er hatte sich sein Studium am Fullerton College – zuerst Physik, später Englisch – selbst finan-

ziert, mit verschiedenen Jobs, unter anderem mit Lastwagenfahren für die Schulbehörde.

1979 zog er Cormans Aufmerksamkeit mit einem kurzen Science-fiction-Film namens *Xenogenesis* (»Fremden Ursprungs«) auf sich. Eine Gruppe von Zahnärzten subventionierte das Projekt mit 25.000 Dollar, weil sie hofften, sich dadurch selbst ins Geschäft zu bringen. Der 23jährige Cameron fungierte nicht nur als Autor, Regisseur und Kameramann, sondern baute auch die Modelle und war – lange bevor Computer den Weg ins Filmgeschäft fanden – für ein paar erstaunliche Effekte mit der Kamera verantwortlich. Man stellte ihn als Modellbauer ein, und er machte sich umgehend an die Arbeit für den *Star Wars*-Klon *Battle Beyond the Stars*. Mit Kosten in Höhe von zwei Millionen Dollar war es das teuerste Projekt von New World, und als der Art Director das Handtuch warf, wurde Cameron befördert. »Er stieg wirklich über Nacht vom Modellbauer zum Art Director auf – so was passiert nur in der Welt des unabhängigen Low-Budget-Filmemachens«, erinnert sich Hurd, die als Assistentin des Produktionsleiters arbeitete und vor allem für die Ausstattungsabteilung zuständig war. Obwohl *Battle Beyond the Stars* mit Sicherheit nicht »die aufregendste Mission des Universums« war, wie das Werbematerial behauptete, konnte sich Cameron mit seiner Erfahrung als Illustrator und seinem Faible für Science-fiction bei diesem Projekt durchaus profilieren.

Roger Corman erinnert sich an Camerons unermüdlichen Enthusiasmus – selbst als Laufbursche. »Wenn am Set oder Drehort irgendwelche Dinge umgestellt oder geholt werden mußten, beobachtete ich immer, welche Leute rannten, und merkte mir den Betreffenden. Später stellte sich fast immer heraus, daß er unser bester Mann war. Manche rennen, um etwas für die Einstellung heranzuschaffen, andere schlendern. Jim ist gerannt.«

Corman, der Produzentenveteran, erinnert sich an einen besonders bezeichnenden Vorfall. Ein Raumschiff sollte ausgestattet werden. »Ich hatte immer gern jede Menge Skalen und anderes Zeug an den Wänden, damit es mehr nach Effizienz und Technik aussah, und da entdeckte ich aus dem Kamerawinkel, daß eine Stelle ganz leer war – und wir machten uns gerade fertig für die erste Einstellung. ›Schnell, Jim!‹ rief ich. ›Lauf los, hol irgendwas und häng es an die Wand dort drüben. Du brauchst nicht mit den Technikern zu verhandeln, häng's einfach auf.‹ Jim sauste los, holte irgendein Teil mit irgendwelchen Skalen, klebte das Ding zusammen, schlug hier einen Nagel rein, wickelte dort ein Kabel drum und schleppte es an den Set. ›Sieht toll aus, Jim!‹ sagte ich. ›Weißt du, ein Raumschiff kommt ohne solches Zeug gar nicht von der Stelle.‹ Er lachte und meinte: ›Das wußte ich, aber ich wollte mal sehen, wieviel du von Physik verstehst.‹«

Als nächstes war Cameron zweiter Mann für die Visual Effects bei *Escape from New York* (Die Klapperschlange), einem Film, der nicht von New World produziert wurde, den Cameron aber als Kunden für Cormans Trickabteilung sicherte. In einer Ironie des Schicksals arbeitete der zukünftige Regisseur von *Aliens* (Aliens – Die Rückkehr) als nächstes an *Galaxy of Terror* (Planet des Schreckens), einem Film, der krampfhaft versuchte, auf der Erfolgswelle von Ridley Scotts *Alien* mitzuschwimmen. Wie es bei Low-Budget-Filmen oft der Fall ist, erfüllte Cameron wieder mehrere Aufgaben, entwarf Sets, Miniaturen und Kostüme und führte Regie beim zweiten Aufnahmestab. Aber für ihn war die Ausstattung immer ein Einstiegsjob, denn schon damals schwebten ihm höhere Ziele vor. Der Schauspieler Bill Paxton, ebenfalls ein ehemaliger Mitarbeiter von New World, erinnert sich, wie die Kollegen hinter dem riesigen Schuppen des Corman-Studios herumhingen und Cameron die versammelte Mannschaft mit Geschichten über eine abenteuerliche Figur namens »Terminator« unterhielt. »Wir freuten uns immer auf solche Pausen und waren gespannt, was dem Kerl als nächstes passieren würde«, lacht Paxton.

Die Gelegenheit, bei Corman Regie zu führen, ergab sich für Cameron ungewöhnlich rasch und eigentlich durch einen glücklichen Zufall. Zwei italienische Produzenten, die die Fortsetzungsrechte für den von New World 1978 herausgebrachten Film *Piranha* (Piranhas) erworben hatten, schlenderten auf dem Gelände umher und beobachteten zufällig, wie der aufstrebende junge *auteur* eine Szene mit einem madenzerfressenen abgeschnittenen Arm drehte. Mehlwürmer waren die Stars der Einstellung. Cameron hatte den klugen Einfall gehabt, den Wurmbehälter elektrisch zu verkabeln und mittels Elektroschocks die trägen Kreaturen bei Bedarf etwas anzuspornen. Als er nun »Action!« rief, schaltete ein Techniker hinter der Bühne den Strom ein. »Die Würmer begannen wie verrückt umherzukriechen. ›Okay, das reicht. Cut!‹ rief ich, der Techniker zog den Stecker raus, und die Würmer beruhigten sich sofort. Ich drehte mich um, und da standen diese beiden Produzenten und starrten mich mit offenem Mund an. Vermutlich dachten die, wenn ich Maden zum Schauspielern bringe, schaffe ich das auch mit Menschen, also haben sie mir die Regie bei ihrem Film angeboten.« Zwar war das Original *Piranha* unter der Regie von Joe Dante ein ganz respektabler kleiner Horrorfilm, aber *Piranha 2: The Spawning* (Fliegende Killer – Piranha II) geriet zum Desaster. Im Grunde hatte Cameron überhaupt nichts zu sagen, denn die Produzenten bestimmten alles. Später fand er dann heraus, daß er nur angeheuert worden war, damit sie eine vertragliche Verpflichtung gegenüber Warner Brothers erfüllen konnten, in der ein amerikanischer Regisseur und amerikanische Schauspieler vereinbart waren. Aufschlußreich ist lediglich, daß der interessanteste Teil des wirklich grauenhaften Films die Unterwasseraufnahmen der Titelhelden sind. Die Erfahrung war nicht angenehm, aber lehrreich, und jetzt wußte Cameron genau, was er wollte: ein großartiges Drehbuch schreiben und sich als Regisseur etablieren.

Während ihrer Arbeit in New York hatten er und Hurd abgemacht, wieder zusammenzuarbeiten, wenn beide etwas mehr Erfahrung gesammelt hatten. Während Cameron mit *Piranha 2* beschäftigt gewesen war, hatte Hurd Cormans *Smokey Bites the Dust* (Highway Kids) produziert. 1982 beschlossen sie, daß der Zeitpunkt gekommen war, sich zusammenzutun. Cameron machte sich an ein Skript über den »Terminator«, über den er schon soviel erzählt hatte, nannte Hurd als Koautorin und verkaufte ihr die Rechte für einen Dollar, damit sie produzieren konnte. Das Drehbuch wurde recht gut aufgenommen, die beiden Neulinge jedoch nicht. »Eine Menge Leute hofften, wir würden das Geld einstecken und verschwinden, aber je öfter man uns sagte: ›Das ist ein tolles Projekt, aber wir wollen richtige Produzenten und einen richtigen Regisseur‹, desto überzeugter waren wir, daß wir etwas Gutes in der Hand hatten«, erzählt

Hurd. Ihre Hartnäckigkeit zahlte sich schließlich aus, als eine kleine Firma namens Hemdale sich bereit erklärte, mit der Unterstützung von HBO und Orion Pictures den Film zu finanzieren.

Das positive Echo auf das Drehbuch machte aus Cameron unerwarteterweise einen begehrten Autor und sicherte ihm zwei weitere Aufträge. *Rambo: First Blood, Part 2* (Rambo II: Der Auftrag) war das erste und letzte Skript, das er für die Regie eines anderen verfaßte (so unglücklich war er über Sylvester Stallones Änderungen des Skripts und vor allem über die fahnenschwingend-patriotische Rede am Ende des Films). *Aliens* interessierte ihn mehr, da er das Original von 1979 sehr bewunderte. Während er darauf wartete, daß im Terminplan seines *Terminator*-Stars Arnold Schwarzenegger endlich Platz war, schrieb er beide Drehbücher fertig.

Sowohl im Filmbereich als auch in der Popkultur wurde *The Terminator* ein sensationeller Erfolg. Er startete am Wochenende des 26. Oktober 1984 und setzte sich mit einem Umsatz von vier Millionen Dollar sofort an die Spitze der Hitliste an den Kinokassen. Der Film machte Schwarzenegger zum Kassenmagneten und brachte die junge Schauspielerin Linda Hamilton ins Geschäft. Der unerwartete Erfolg wurde als »Sleeper«-Hit eingestuft und zog die Aufmerksamkeit der Branche vor allem dadurch auf sich, daß er zwei der mit größten Vorschußlorbeeren versehenen Science-fiction-Projekte dieses Jahres ausstach: *Dune* (Dune, der Wüstenplanet) des Überfliegers David Lynch und *2010* (2010 – Das Jahr, in dem wir Kontakt aufnehmen), die Fortsetzung von Kubricks *2001: A Space Odyssey* (2001 – Odyssee im Weltraum). *Terminator* spielte an den nordamerikanischen Kinokassen fast 40 Millionen Dollar ein, ein echter Knüller, vor allem, weil er nur 6,4 Millionen gekostet hatte. Nun hatte es Cameron ganz nach oben geschafft, und nichts war mehr wie früher. Deshalb war es nur naheliegend, daß Larry Gordon – damals Chef von Twentieth Century Fox –, als er nicht gleich einen passenden Regisseur für *Aliens* fand, den Job dem Drehbuchautor des Films anbot. Cameron brachte Hurd als Produzentin mit. Kurz vor der Abreise nach England, wo man drehen wollte, um den günstigen Wechselkurs und die billigeren Arbeitskräfte zu nutzen, heirateten die beiden. *Aliens* war auch der Beginn einer langfristigen Verbindung mit Fox, wo man Cameron sofort für drei Filme unter Vertrag nahm.

Für spärliche 18 Millionen Dollar wurde der Film produziert, und man wußte mit dem Budget hauszuhalten. Mit einem Einspielergebnis von weltweit 157 Millionen wurde er ein großer kommerzieller Erfolg.

Bei der Premiere von *Aliens* lernte Cameron John Bruno kennen, den Mann, der auf seine weiteren Filme großen Einfluß haben sollte. Bruno war im Bereich der Spezialeffekte bereits etabliert und hatte an *Poltergeist* und *Ghostbusters* mitgewirkt. Der bebrillte, bärtige, sanfte Kinomagier war das krasse Gegenteil des schlaksigen, hyperaktiven Cameron. »Ich war ein großer Fan von *Terminator,* deshalb stellte ich mich Cameron vor, und er sagte: ›O ja, ich kenne Ihre Arbeit. So komplizierte Spezialeffekte mache ich nicht. Bei mir gibt's nur billiges Zeug.‹ Das war unheimlich komisch.« Die Effekte in *Aliens,* für die Stan Winston verantwortlich zeichnete, sind tatsächlich größtenteils aus Kaugummi und Müllbeuteln zusammengeschustert. Was allerdings nicht verhinderte, daß sie einen Oscar gewannen, damit nach sechs Jahren den Siegeszug von George Lucas' Industrial Light and Magic durchbrachen und Cameron den Respekt der Technikelite Hollywoods einbrachten.

Verständlicherweise wollte Fox den aufsteigenden Regiestar so bald wie möglich wieder hinter der Kamera haben, und Cameron und Hurd waren genauso darauf erpicht, das nächste Projekt anzugehen. Hurd drängte ihren Mann, eine Geschichte, die er ihr einmal erzählt hatte und die letztlich ein Highschool-Aufsatz gewesen war, in Drehbuchform zu bringen. Sie trug den kühnen Titel *The Abyss* (Der Abgrund) und gab einen frühen Einblick in Camerons Forschernatur. In seiner Highschool-Zeit hatte Cameron an einem Fortgeschrittenenkurs in Naturwissenschaften an der nahegelegenen Buffalo University teilgenommen. »Man wollte uns einen Vorgeschmack auf den höheren Bildungsweg geben, und ich war einer von denen, die anbissen«, erzählt Cameron, ehemaliger Vorsitzender des schulischen Naturwissenschaftsclubs. »Man sagte mir: ›Möchtest du das machen? Du kannst dir Zeit lassen, soviel du willst, du kriegst keine Punkte dafür, du tust es nur aus Interesse.‹ – ›Na klar‹, antwortete ich, ›Das ist genau das Richtige.‹« Beim ersten Kurs ging es um die Geburt. »Zuerst dachte ich: ›O mein Gott!‹ Aber dann wurde mir klar: ›Wow! Hier erfahre ich eine Menge Zeug, von dem ich keine Ahnung hatte!‹« Im zweiten Kurs gab es eine audiovisuelle Präsentation von einem stämmigen Berufstaucher namens Frank Falejczyk, dem ersten Menschen, der eine mit Sauerstoff angereicherte Flüssigkeit einatmete. Cameron war fasziniert: Falejczyk lag auf dem Operationstisch, man intubierte seine Lungen und führte eine Salzinfusion zu. Falejczyk geriet in Panik und glaubte zu sterben. Cameron meinte zu dem Experiment, das von Dr. Johannes Kylstra, einem Wissenschaftler der Duke University, aufgebaut worden war: »Das Problem bestand darin, daß die mit Sauerstoff angereicherte Salzinfusion nicht das Richtige war. Die Lösung war eine Fluorkohlenwasserstoff-Verbindung, die man später dann auch verwendete.« Unter anderem Cameron selbst in *The Abyss:* zuerst in einer Szene mit einer weißen Ratte, dann in einer mit dem Schauspieler Ed Harris. »Wir haben Ed die Flüssigkeit nicht wirklich einatmen lassen«, erinnert er sich, »aber die Ratte schon.«

Die von Cameron in jungen Jahren entworfene Geschichte spielt in einem Unterwasserlabor am Rand eines unerforschten Ozeanabgrunds. »Es ging um wissenschaftlichen Forscherdrang«, erklärt er. »Ein Mitglied der Forschergruppe nach dem anderen taucht in den Abgrund hinunter und verschwindet. Am Ende ist nur noch einer übrig, das Labor ist zerstört, und der Typ macht sich auf den Weg, um nachzusehen, was mit den anderen passiert ist. Er weiß, daß er nicht zurückkommen wird. Die Geschichte endet damit, daß er von seiner Neugier immer tiefer in den Abgrund gezogen wird. Ich glaube, ich habe das Ganze in dieser bescheuerten Highschool-Art geschrieben, so im Stil von ›Das verräterische Herz‹ – ein Pulsieren auf dem Meeresgrund.«

Cameron und Fox gerieten bei den Dreharbeiten in einen Sog logistischer Probleme, und am Schluß hatten alle das Gefühl, durch die Hölle gegangen zu sein und – welche Überraschung: die Hölle war naß! Vom Standpunkt des Studios war eines der größten Probleme, daß der Film Zeitplan und Budget weit überschritt. »Fox war offensichtlich nicht auf die enorme Größe des

Projekts gefaßt«, meint Hurd. »Man machte sich einfach nicht klar, wie anspruchsvoll die Geschichte war.« Als *The Abyss* 1989 anlief, hatte der Film statt der veranschlagten 37 Millionen 41 Millionen Dollar gekostet. »Alle rannten herum und rauften sich die Haare und jammerten, das sei der teuerste Film aller Zeiten, was natürlich gar nicht stimmte«, berichtet Cameron, der sich noch gut erinnert, daß *The Abyss* nur der dritteuerste Film des Jahres gewesen war. Trotzdem lag er natürlich im Spitzenbereich, wenn man bedenkt, daß damals ein Film durchschnittlich 18 Millionen kostete.

In der Geschichte über ein Tiefsee-Ölbohrteam, das nun bei der Bergung des Wracks eines Nuklear-U-Boots helfen soll, findet die Action statt vor dem Hintergrund einer Liebesgeschichte zwischen dem ungehobelten Bud Brigman (Ed Harris) und seiner Frau, einer Ingenieurin (Mary Elizabeth Mastrantonio). Mitten im Film nehmen die Dinge eine Wendung ins Phantastische, als die Gruppe entdeckt, daß sich Außerirdische in dem Abgrund niedergelassen haben – ein Handlungselement, das Cameron auf die Idee brachte, eine neue Art Spezialeffekt einzusetzen – die Computersimulation. Die von ILM digital erschaffenen Tentakel waren in Hollywood bahnbrechend und errangen den zweiten Oscar für einen Cameron-Film, auch wenn ihn natürlich das Special-Effects-Team überreicht bekam. (Für Bruno war es trotz seiner ganzen bisherigen einfallsreichen Arbeiten der erste Academy Award.)

Computersimulation war nur ein Bereich, in dem das Projekt die technologischen Grenzen ausreizte. Eine weitere komplizierte »Mission« von *The Abyss* waren die unumgänglichen Neuerungen im Bereich der Unterwassertechnik, sowohl bei der Ausleuchtung und der Fortbewegung als auch bei der Kameraausrüstung. Erst nach umfassender Vorbereitungsarbeit gelangte Cameron schließlich dorthin, wo vor ihm noch kein anderer Hollywood-Regisseur gewesen war – auf den Grund eines Atomreaktors. Auf seine Bitte hin wurde der Sicherheitsbehälter zu einem Wassertank umgebaut, und nun wollte er unter Wasser genauso anspruchsvoll filmen wie an Land. Dafür ließ er eine tauchfähige Videoanlage konstruieren, mit deren Hilfe er sehen konnte, was er filmte, während er im Wasser die Schauspieler dirigierte. Bisher hatten sich Regisseure, in deren Filmen Unterwasseraufnahmen notwendig waren, mit einer Verbindung an die Oberfläche zufriedengegeben, wo sie dann ganz gemütlich zusehen konnten. Dadurch überließ der Regisseur aber dem Unterwasser-Kameramann praktisch die Regie in den jeweiligen Szenen. Cameron bestand darauf, daß seine Schauspieler – sowie auch die Produzentin und der größte Teil der Crew –, eine Taucherausbildung absolvierten, damit sie im Wasser zurechtkamen. Für die Interaktion unter Wasser ließ er ein spezielles akustisches Kommunikationssystem anfertigen, das ihm direkten Kontakt mit Schauspielern und Technikern ermöglichte. Cameron konnte jeden erreichen, aber niemand konnte ihm antworten – ein sehr einseitiges Arrangement, das ebenso eine Menge Witzeleien wie auch große Empörung hervorrief.

»Das war alles noch nie dagewesen«, sagt Charlie Arneson, Meeresbiologe und Unterwasserfotograf, der mit *The Abyss* seinen ersten großen Kinofilm erlebte. Er arbeitete am Scripps Institute und war von Giddings ins Kamerateam geholt worden. Da seine Beziehung zu Cameron über die Jahre hinweg nicht abriß, ging er später auch bei *Titanic* mit an Bord, wo er mehrere Jobs übernahm und schließlich Manager der Baja-Studios wurde. »Bisher hatte niemand seinem Team so etwas abverlangt. Das ist typisch für Jim. Er hat eine Idee, und dann läßt er keine Ruhe, bis jemand mit der erforderlichen Technologie daherkommt und er seine Idee verwirklichen kann.« Auf der Liste neuer Geräte standen unter anderem auch Spezialhelme, mit denen Unterwasserdialoge aufgenommen werden konnten und die außerdem über eine eigene Lichtquelle verfügten, so daß die Schauspieler noch effektiver ins Bild gesetzt werden konnten.

»Manchmal ist das Tollste am Filmemachen, daß man Menschen mit in diese kreative Leidenschaft hineinzieht«, sagt Cameron nachdenklich. »Man setzt seine ganze Willenskraft ein, um etwas zu erschaffen, was vorher nicht da war. Man steht vor Problemen, für die keine vorgefertigten Lösungen existieren. Aber die wirklich smarten Leute sagen dann, wenn es keine Lösung gibt, heißt das noch lange nicht, daß man nicht doch eine erfinden kann.«

Während Wissenschaftler und Techniker sich der Lösung der ihnen gestellten Rätsel widmeten, wurde ein ehemaliges Atomkraftwerk – das in den siebziger Jahren von der Duke Power Company gebaut und wieder stillgelegt worden war – von einem lokalen Bauunternehmen umgestaltet. Später würde es dann an Fox vermietet werden. Aus dem riesigen Sicherheitsbehälter und einer der kleineren Turbinengruben entstanden Unterwasser-Tonstudios mit fast 30 beziehungsweise knapp zehn Millionen Litern Fassungsvermögen. Das größere, genannt A-Tank, sollte »Deepcore«, Camerons Tiefseestation, beherbergen. Als größte Unterwasserdekoration, die je gebaut worden war, erforderte sie Hunderte von Scheinwerfern und einen komplizierten elektrischen Aufbau, mit dem man unter Wasser gefahrlos arbeiten konnte. Trotz aller Anstrengung wurde Deepcore nicht rechtzeitig fertig, um mit den Dreharbeiten wie geplant am 8. August 1988 beginnen zu können. Erst am 20. August wurde der Tank mit Wasser aus einem nahegelegenen See gefüllt, obwohl am Set noch immer gebaut wurde. Mit diesem Mißklang begannen die Dreharbeiten, und es wurde im Lauf der Zeit nicht besser. Dauernd gab es irgendwelche Krisen oder Katastrophen, die den Film endgültig lahmzulegen drohten. Mühsam schleppte sich die Produktion dahin.

Um die Oberflächenspiegelung auszuschalten, wurde die Wasseroberfläche mit einer Schicht schwarzer Styroporkugeln bedeckt. Darüber spannte man große Planen, die das Sonnenlicht abhalten sollten, aber ein Hurrikan zerfetzte den »Deckel« des A-Tanks, so daß man sich gezwungen sah, nachts zu drehen, um die Dunkelheit der Tiefsee zu simulieren. Arneson erinnert sich, mit welchem Gleichmut Cameron diesen Schicksalsschlag aufnahm. »In klassischer Cameron-Manier drehte er sich um und sagte lakonisch: ›Dann drehen wir eben bei Nacht.‹« So begann der Arbeitstag von nun an um sieben Uhr abends und endete um sieben Uhr morgens. Das fiel nicht allen Beteiligten leicht. Arnesons innere Uhr beispielsweise ließ sich nicht irreführen, und er schlief oft unter Wasser im Tauchanzug ein.

Zwar hatten die Schauspieler einen etwas weniger anstrengenden Stundenplan, aber das Filmteam verbrachte häufig sechs oder sieben lange Tage pro Woche unter Wasser. Giddings machte sich Sorgen um die Sicherheit der Leute, vor allem bezüglich der Caisson- oder Dekompressions-Krankheit, die einen Taucher dann heimsucht, wenn sich durch den Druck in großen Tiefen eine potentiell tödliche Stickstoffkonzentration im Blut bildet. »Wenn man sich eine Tauchtabelle ansieht, gibt es keine Dekompression, solange man nicht unter zwölf Meter geht. Zwar waren wir nicht ganz so tief unten, aber auf der Tabelle gibt es keine Werte für die Häufigkeit, mit der wir uns hier aufhielten – solche Tauchaktionen hatte es noch nie gegeben.« Giddings bat Professor Peter Bennett von der Duke University um einen Besuch, damit er das Team über Gesundheits- und Sicherheitsvorkehrungen beraten konnte. Bennett empfahl, gelegentlich eine Dosis reinen Sauerstoff einzuatmen, um der Dekompressions-Krankheit vorzubeugen. Von nun an stieg der harte Kern der Truppe dreimal pro Woche aus dem Tank, setzte sich vor Good Morning America und entspannte sich 30 Minuten lang unter einer Sauerstoffmaske.

Nach einer Nacht intensiver Arbeit war Cameron oft so erschöpft, daß er mit der Maske vor dem Fernseher einschlief. Einmal ging dabei der Sauerstoff aus. Sein Bruder Mike, der nebenan schlief, wurde von seltsamen Geräuschen geweckt, und als er ins Nebenzimmer lief, fand er dort seinen Bruder, der sich japsend die Maske vom Gesicht riß. »Wenn er sich für etwas engagiert, dann gelten für ihn nicht die sonst üblichen Grenzen«, staunt Giddings, den Cameron selbst gern als »Meeressäugetier« bezeichnet, noch neun Jahre später. »Ich glaube, im Wasser arbeitete niemand so hart wie er, und daß er während der Dreharbeiten von *The Abyss* die ganze Zeit direkt neben mir blieb, Schulter an Schulter, hat mich echt umgehauen. Tauchen ist mein Spezialgebiet. Ich bin seit 30 Jahren dabei. Jim ist körperlich nicht so kräftig gebaut wie ich, und trotzdem hat er dieselben Strapazen durchgemacht. Wir waren beide total am Ende, torkelten oft nur noch rum und blinzelten ins Licht, wenn wir hochkamen. Aber um Ihnen einen Eindruck zu vermitteln: Der Rest meiner Jungs, alles professionelle Taucher, hatte schon schlappgemacht. Jim hat sie alle ganz schön verblüfft. So hatten wir uns einen Filmemacher aus Los Angeles nicht vorgestellt – ein Kerl, der sich so für das engagiert, was er macht, daß er sich in alles voll reinhängt.«

Doch selbst Cameron hatte Schwierigkeiten, die Begeisterung aufrechtzuerhalten. Das Schicksal schien es darauf abgesehen zu haben, ihnen einen Dämpfer zu verpassen. Mitten in der Produktion begann eine der Hauptwasserleitungen zu lecken. Erst da merkten die Filmemacher, daß die Baufirma aus Kostengründen so billige Rohre verlegt hatte, daß das Plastik kein Ventil halten konnte. Es gab keine einfache Möglichkeit, das Leck zu reparieren. »Wenn die Leitung geplatzt wäre, wäre das Wasser aus dem Tank gelaufen, hätte den gesamten Set überschwemmt, und wir hätten den Film vergessen können«, sagt Arneson. »Das Wasser spritzte mit einem buchstäblich lebensgefährlichen Druck aus der Leitung, aber Jim Cameron, unser Regisseur, war mitten in der Gefahrenzone und stopfte mit den übrigen Jungs der Crew Lappen in den Riß. Und als wir das Leck einigermaßen unter Kontrolle hatten, stand Jim schon wieder neben uns und half uns, auch noch all die kleineren Ritzen dichtzumachen.«

Inzwischen wurde man in der Chefetage von Fox aufgrund der nach Los Angeles durchgesickerten Geschichten immer nervöser und beschloß schließlich, eine Abordnung zum Drehort zu schicken, die versuchen sollte, die Situation unter Kontrolle zu bringen. Natürlich hieß Cameron sie nicht gerade begeistert willkommen. Arneson kann sich noch genau an den Vorfall erinnern, der bei der ganzen Mannschaft einen unvergeßlichen Eindruck hinterließ. »Da schinden wir uns, um alles einigermaßen auf die Reihe zu kriegen, Gene Levy, der Produktionsleiter, ist gerade gefeuert worden, wir hangeln uns von einer Katastrophe zur nächsten – und da erscheint Harold Schneider, dieser Studiotyp, auf der Bildfläche – er läßt sich zu uns herab, sollte ich vielleicht eher sagen. Er fährt nämlich mit einer langen weißen Limousine vor – ich meine, während Jim einen Jeep und alle anderen auch irgendeine Klapperkiste fuhren –, und man hatte gleich das Gefühl: ›Hier kommt Hollywood! Hollywood ist da!‹ Und aus der Limousine steigt Harold Schneider, in einem Anzug! Bei dieser Hitze! Und sein ganzes Gefolge schwänzelt um ihn rum.«

Arneson erinnert sich, wie Schneider, einer der Produzenten bei Fox, einige Leute des Teams überschwenglich begrüßte, bevor er

anfing, auf dem Set herumzuschnüffeln. Danach liefen sich die beiden bei zwei Eßpausen über den Weg; Schneider hielt Hof, umgeben von seinem Klüngel, während er darauf wartete, mit dem Chef, also Cameron persönlich, zu sprechen. Als sechs Stunden später der Drehtag beendet war und die Crew aus dem Tank stieg, wartete er immer noch, aber Cameron ließ ihn stehen, um sich erst einmal die Muster anzusehen. So stand Schneider weitere 45 Minuten herum und unterhielt sich mit den Crewleuten, die er kannte. »Er fragt sie: ›Na, was ist eigentlich hier los? Erzählt doch mal, wo liegt das Problem? Ich möchte mich gern in Jim reinversetzen können.‹ Und ich denke dauernd: Für wen hält der sich? Aber seine Bekannten meinen: ›Na ja, dies könnte anders laufen, und jenes gefällt uns nicht‹, und da –« Arneson macht eine Pause, lacht und fährt fort: »– da kommt Jim reinspaziert. Harold steht mit dem Rücken zur Tür, und Jim bleibt erst mal 30 Sekunden oder so hinter ihm stehen und hört zu. Aber dann legt er los: ›Was zum Teufel haben Sie hier auf dem Set zu suchen?‹ Harold Schneider fährt herum, breitet die Arme aus und flötet: ›Jim! Jim! Machen Sie sich keine Sorgen, ich bin nur hier, um mich ein bißchen unter die Leute zu mischen.‹ Jim faßt den Typen nicht an, aber er fährt mit dem Finger auf ihn los und schreit: ›Ich will Sie auf meinem beschissenen Set nicht sehen! Ich möchte, daß Sie augenblicklich von diesem verdammten Set verschwinden! Wenn Sie bei diesem verdammten Film Regie führen wollen, können Sie das gern tun! Wenn Sie in fünf Sekunden nicht weg sind, hau ich ab!‹ Harold Schneider jammert: ›Jimmy, Jimmy, lassen Sie uns doch …‹, und Jim zetert: ›Wenn ich etwas noch mehr hasse als irgendwelche Idioten, die einfach auf meinem Set auftauchen, dann sind es Leute, die mich Jimmy nennen. Wagen Sie es bloß nicht, mich noch mal so zu nennen!‹ Und Harold säuselt: ›Beruhigen Sie sich doch!‹ und will Jims Arm nehmen, aber da brüllt der los: ›Wenn ich eins noch mehr hasse, als wenn man mich Jimmy nennt, dann ist es, wenn einer mich anfaßt. Nehmen Sie die Pfoten weg! Wenn Sie mich noch mal anfassen, bringe ich Sie um!‹ Die Situation eskalierte bis zu dem Punkt, an dem ich dachte: Gleich schmeißt Jim eine Atombombe. Verstehen Sie?«
Schließlich packte Cameron Schneider am Kragen und drängte

ihn zum Rand der Tauchplattform, hielt ihn über den zwölf Meter tiefen Abgrund und drohte loszulassen. Als er sich wieder einigermaßen beruhigt hatte, traten Harold Schneider und seine Freunde hastig den Rückzug an, flohen zitternd die Rampe hinunter zu ihrer weißen Limousine und verschwanden im Sonnenuntergang. Cameron wandte sich zu Arneson um und meinte trocken: »Manchmal muß man seine Meinung deutlich zum Ausdruck bringen.«

Zwar ließ sich Schneider auf dem Set nicht wieder blicken, aber er blieb nicht der letzte offizielle Besucher. Roger Birnbaum, der neu eingesetzte zweite Produktionschef, hielt es ebenfalls für notwendig, seine Aufwartung zu machen. Als Cameron, der den Mann nicht kannte, eines Tages nach einem besonders anstrengenden Dreh aus dem Tank kletterte, sah er Birnbaum am Rand herumstehen. Der sprudelte vor Enthusiasmus und war ganz scharf darauf, seine Fähigkeiten unter Beweis zu stellen, indem er mit der Nachricht nach Hause zurückkehrte, daß er den hitzigen Regisseur überredet hatte, 20 Minuten aus dem Film herauszuschneiden.

Aber es war kein guter Moment, Cameron auf irgend etwas anzusprechen – drei Stunden, nachdem ihm die Luft ausgegangen war und er wegen eines technischen Problems an seiner Taucherausrüstung fast ertrunken wäre. Er mußte sofort auftauchen, die neun Meter Wasser mit Gewichten und ohne Flossen überwinden. »Um ein Haar wäre ich abgekratzt!« erinnert sich Cameron. »Da taucht Roger auf und will alle unsere Probleme lösen. Da steht er in seinem Anzug und seiner Krawatte, und ich sehe ihn wie durch ein Bullauge an, lächle und sage: ›Hey, Roger, ich höre, Sie sind der Neue‹, ganz freundlich. Dann nehme ich meinen Helm ab. ›Hier, probieren Sie den mal auf‹, sage ich, stülpe ihn Roger über und schnalle ihn zu. Der Helm hat keine Luftzufuhr, und gleich fängt Roger an zu japsen und mit den Armen zu wedeln. Ich lasse ihn 20, 25 Sekunden nach Luft schnappen, dann nehme ich ihm den Helm wieder ab und sage: ›So fühlt es sich an, wenn einem im Taucherhelm die Luft ausgeht und man denkt, man muß sterben, und das ist mir vor ein paar Stunden passiert. Wenn Sie glauben, Sie wissen mehr über dieses Projekt als wir, dann sagen Sie es ruhig. Aber ansonsten halten Sie gefälligst den Mund und machen, daß Sie davonkommen.« Und der nächste Studioangestellte verschwand in einer Staubwolke.

»Es war wirklich nicht der richtige Moment, mir zu erklären, wie ich meine Arbeit machen soll«, erklärt Cameron und fügt etwas spöttisch hinzu: »Inzwischen habe ich gelernt, meine Vorgesetzten aus den Studios höflicher zu behandeln.« Aus seiner Perspektive war die Einmischung ausgesprochen unproduktiv. »Tatsache ist, daß wir immer etwas Neues ausprobieren. Wenn dann jemand daherkommt und einem sagt, wie man es machen soll, dann möchte man ihm einfach sagen, zeig mir doch erst mal, wo du das schon mal gemacht hast. Und wenn du das nicht kannst, dann spiel nicht den Fachmann, der was von der Materie versteht, denn wir haben die Sache wenigstens ungefähr im Griff. Jedenfalls haben wir genug darüber nachgedacht, um es auszuprobieren.«

Der Streß stellte Camerons Ehe auf eine harte Probe, und als *The Abyss* in die Nachbearbeitungsphase kam, standen er und Hurd kurz vor der Scheidung. Cameron hatte inzwischen die junge New Yorker Regisseurin Kathryn Bigelow kennengelernt; die beiden heirateten 1989 und blieben rund drei Jahre zusammen.

Bei *The Abyss* übte Cameron zum erstenmal den *final cut,* das Recht auf den Endschnitt aus, obwohl er meint, daß er das »praktisch« auch schon vorher hatte. Unter den Regisseuren trennt das Recht auf den Endschnitt – das letzte Wort darüber, in welcher Form der Film in die Kinos kommt – die erwachsenen Männer von den Knaben. Cameron faßt die Bedeutung dieses Privilegs so zusammen, daß es sich um eine »komplizierte Sache« handle, die ein Filmemacher »sich kommerziell verdient und dadurch behält, daß er vernünftig bleibt. Ich glaube auch, daß eine gewisse persönliche Stärke eine Rolle dabei spielt. [Hemdale-Chef] John Daly hat einmal versucht, *Terminator* neu zu schneiden, und da hab' ich gedroht, ihn umzubringen«, erzählt er und fügt mit einem schelmischen Lächeln hinzu: »Er konnte ja nicht wissen, daß ich es nicht ernst meinte.«

Bei *The Abyss* gab es Uneinigkeit über die Endfassung des Films. Mit seinen 140 Minuten erschien er der Fox zu lang. Cameron gab nach und entfernte nach eigenem Gutdünken einen Handlungsstrang, in dem eine riesige Flutwelle vorkam – einer der teuersten Effekte des Films. Wer weiß, ob *The Abyss* in Camerons Originalfassung nicht besser angekommen wäre! Auf alle Fälle litt der Erfolg darunter, daß im gleichen Jahr bereits zwei Tiefseefilme herausgekommen waren: *Leviathan* und *Deep Star Six*. »Ich würde nicht sagen, der Film war ein Flop«, meint Cameron vorsichtig, »aber er ist am gleichen Wochenende gestartet wie *Uncle Buck* (Allein mit Onkel Buck) und hat weniger eingespielt« – 54 im Gegensatz zu 64 Millionen Dollar. »Aber wer erinnert sich heute noch an *Uncle Buck? The Abyss* sehen sich die Leute immer noch an.«

Im Juli 1990 gründete Cameron seine eigene Produktionsfirma, die er – nach dem Funkenregen am Anfang von *The Terminator* – »Lightstorm Entertainment« nannte. Ziel des Unternehmens war es, Cameron noch mehr Kontrolle über zukünftige Projekte zu ermöglichen. Außerdem hoffte der Regisseur, mit hoffnungsvollen Neulingen arbeiten zu können, die von Cameron geschriebene oder gekaufte Drehbücher verfilmen sollten. Zunächst ließ sich Lightstorm in großen, aber nicht sonderlich luxuriösen Büros in Burbank nieder, einem Medienzentrum am Rand von Los Angeles. Als Leiter des Ganzen heuerte Cameron den aus dem Videobereich kommenden Larry Kasanoff an. Als erstes Projekt stand *Terminator 2: Judgment Day* auf dem Programm, den die Firma für das ehrgeizige Independent-Unternehmen Carolco produzierte. Unter der Leitung des Libanesen Mario Kassar hatte sich Carolco mit Actionfilmen wie Sylvester Stallones *Rambo*-Serie einen Namen gemacht. Schon seit *Rambo II* hatte Kassar ein Auge auf Cameron geworfen und ihm gelegentlich das eine oder andere Projekt angetragen. Als sich nun herauskristallisierte, daß Hemdale am Ende war, gab Cameron Kassar den Tip, daß die Rechte für den zweiten *Terminator* möglicherweise zu haben seien, und signalisierte gleichzeitig sein Interesse, bei dem Film Regie zu führen. Hemdale geriet denn auch bald ins Schleudern, und Kassar kaufte sich in eine der riskantesten Pokerpartien ein, die Hollywood seit einiger Zeit erlebt hatte. *Terminator 2* war vom kommerziellen Standpunkt her ein Neuanfang, mit einem Budget, das bei 85 Millionen Dollar startete und sich schließlich bei rund 100 Millionen einpendelte – ein neuer Rekord für 1991, als die meisten Filme noch unter 30 Millionen kosteten.

Es war ein hartes Projekt. Die riesige Crew mit über 1000 Mitgliedern begann 1990 in und um Los Angeles mit großem Aufwand zu drehen, und die Presse verfolgte atemlos jede neue Höchstleistung. Das Lieblingsthema war: Cameron – wieder weit über dem Budget und weit hinter dem Zeitplan – war völlig außer Kontrolle geraten. Doch ein Bereich, den er fest in der Hand hatte, war der Set, wo seine Tyrannei teilweise mit verbittertem Tratsch quittiert wurde: Man erzählte sich, daß er gedroht hatte, jemanden zu feuern, weil er aufs Klo mußte, und daß er das Team wiederholt ohne Pausen durcharbeiten ließ. Die Actionsequenzen waren so überdimensional, daß er sie mit einem Mikro choreographieren mußte, das seine Stimme auf Konzertlautstärke anhob. Da er keine Hemmungen hatte, über die Lautsprecher Schimpfkanonaden loszulassen, zog die Crew praktisch permanent den Kopf ein. Diejenigen, denen noch ein Funken Humor geblieben war, ließen Dampf ab, indem sie T-Shirts anzogen, auf denen stand: »Mich schreckt nichts mehr, ich arbeite für James Cameron!« oder »Terminator 3 – Nicht mit mir!« Es ließ sich nicht mehr leugnen, daß ein gewisses Maß an Chaos zum Markenzeichen für Camerons Dreharbeiten geworden war. Die Chefetage des Produktionsstudios war gleichzeitig nervös und fasziniert. In einer Branche, in der es durchaus auch Prestige bringt, möglichst viel Geld auszugeben, waren Camerons Budgets nicht ohne eine gewisse Anziehungskraft. Letztlich war *Terminator 2* finanziell recht erfolgreich – in Hollywood immer das letzte Wort – und spielte weitweit fast eine halbe Milliarde Dollar ein. Das Wort Blockbuster bekam eine neue Dimension. Ironischerweise half *Terminator 2,* Carolco den Todesstoß zu versetzen. Obgleich der Film einen so großen Profit machte, kleckerte das Geld vom internationalen Markt nur langsam herein, und Carolco hatte einfach nicht die Möglichkeiten, einen derart hohen Kredit zu tragen. Da das Unternehmen auf so unsicheren Füßen stand, begann Cameron seine Optionen auszudehnen. Verblüfft über den Dollarregen, der auf *Terminator 2* herabfiel, vermutete Kasanoff beim Einstreichen der Profite,

Lightstorm sei übervorteilt worden. Er entwarf einen Plan, nach dem Lightstorm in fünf Jahren stolze zwölf Filme produzieren, sie durch internationale Vorverkäufe finanzieren und alle Rechte behalten würde. Im Grunde war es dasselbe Modell, nach dem Kasanoff auch die Low-Budget-Film-Abteilung bei Vestron Video geleitet hatte. In cameronesken Ausmaßen würde es allerdings nicht ganz einfach sein, so etwas durchzuziehen. Mit Ausnahme von George Lucas hatte es bisher kein großer kommerzieller Regisseur geschafft, die Eigentumsrechte an seinen Filmen zu behalten. Die Vereinbarung bot Cameron eine nie dagewesene Freiheit, einschließlich der Kompetenz, für ein Projekt grünes Licht zu signalisieren – ein Kürzel dafür, den Startschuß für die Dreharbeiten zu geben.»Wenn man für ein Studio arbeitet, kann man soviel Autonomie haben, wie man will, man arbeitet trotzdem für jemanden. Und ich wollte nie für jemanden arbeiten«, erklärt Cameron.

Nachdem sich Lightstorm gründlich umgesehen hatte, wählte das Unternehmen für den Verleih in den Vereinigten Staaten und als Hauptgeldgeber die Fox. Repräsentant von Fox war der Studiochef Joe Roth. Doch Roth war nur noch sechs Monate im Amt, und als Cameron seinen nächsten Film anging, *True Lies*, lag der Deal schon im Papierkorb. Der zusammengestückelte Finanzierungsplan von Lightstorm begann sich aufzulösen. Kein Bankkredit wurde gewährt, bis eine urkundliche Fertigstellungsgarantie vorgelegt werden konnte. Und da solche Urkunden normalerweise erst kurz vor Start der Dreharbeiten ausgestellt werden, saß man plötzlich ohne Geld für die Vorproduktion da. Fox warf sich in die Bresche und stellte die nötigen Mittel zur Verfügung, und schließlich spielte sich Lightstorms Verhältnis zu dem Studio auf »normalere« Verleihbedingungen ein: Dem Studio würde nun das Negativ gehören und die Produktionsfirma einen Teil des Profits einstreichen. Kasanoff verschwand von der Bildfläche. Mitten in dieser chaotischen Übergangsphase begann Cameron mit der Arbeit an *True Lies*. Inzwischen löste Peter Chernin Joe Roth ab. Der Medienmogul Rupert Murdoch, Chef der News Corporation, überraschte die Branche, indem er den 41jährigen bisherigen Chef von Fox Network an die Spitze des Studios setzte. Falls Cameron sich Sorgen gemacht hatte, wie er mit einem Fernsehbonzen zurechtkommen würde, wurden diese bald zerstreut.

Chernin wußte, daß Cameron zu den besten Pferden im Stall der Fox gehörte, außerdem hatte er vor, den Kinofilmsektor in Schwung zu bringen. Deshalb lud er den Regisseur gleich in seiner ersten Arbeitswoche zum Lunch ein. Sehr zufrieden nahm Cameron zur Kenntnis, daß er einen nachdenklichen, literarisch interessierten Mann vor sich hatte, der aus einem ganz anderen Holz geschnitzt war als der übliche Hollywood-Mogul. Zum einen war Chernin mehr oder weniger zufällig zur Unterhaltungsindustrie gekommen und hatte sich nicht wie die meisten Mitglieder der Chefetage mit Klauen und Zähnen den Weg dorthin gebahnt. Chernin hatte seinen Abschluß in Englisch gemacht und zunächst eine Verlagskarriere angestrebt. Sein erster Job war bei St. Martin's Press gewesen, dann war er zu Warner Books gewechselt, wo er in der Marketingabteilung begann und schließlich Lektor wurde. »Völlig unerwartet« heuerte ihn ein erfolgreicher Fernsehproduzent namens David Gerber an, der durch *Police Story* bekannt geworden war. Nach vier Jahren übernahm er die Stelle des Programm- und Marketingchefs beim Kabelsender Showtime/The Movie Channel, und er gab ein kurzes Gastspiel als Chef von Lorimar Pictures – der neugegründeten Filmabteilung eines erfolgreichen Fernsehsenders, die kurz nach seinem Eintritt von Warner Brothers aufgekauft wurde. Das Studio schraubte die Abteilung wieder ganz auf Fernsehbelange zurück. 1989 wurde Chernin dann von Murdoch als Leiter des Fernsehsenders Fox Network eingestellt.

Als Regisseur, der jedes neue Filmprojekt zunächst vom geschriebenen Wort her in Angriff nimmt, fühlte sich Cameron gut aufgehoben bei einem intellektuellen Chef, mit dem man ebenso über Stanley Kubrick wie über F. Scott Fitzgerald, ebenso über moderne Drehbücher wie über klassische Romane diskutieren konnte. Auch Chernin erinnert sich, von Cameron bei der ersten Begegnung einen ähnlichen Eindruck gehabt zu haben, der sich in den Jahren ihrer Bekanntschaft weiter bestätigte: »Er entsprach überhaupt nicht dem Hollywood-Klischee, und dieses Gefühl verstärkte sich bei unseren weiteren Kontakten noch. Genau diese Eigenschaft schätze und bewundere ich am meisten an ihm. Sicher, Jim ist nicht immer einfach und hat weiß Gott so manche harte Konfrontation heraufbeschworen, aber er hat sich nie in den ganzen unnötigen Mist verwickeln lassen, der in Hollywood gang und gäbe ist. Bei ihm geht es nie um seinen Wohnwagen oder darum, daß ein anderer einen besseren Deal gekriegt hat. Für ihn geht es immer um die Arbeit. Klar, er ist ein großer Egoist, aber er ist nicht arrogant oder gar anmaßend – so etwas ist ihm fremd, und das ist für mich ein sehr interessanter Unterschied.«

Während Fox aus der Ära Roth heraustrat, machte auch Lightstorm eine Menge Veränderungen durch. Cameron hatte eins der besten und klügsten Mitglieder von Carolco für seine Firma gewonnen, eine 31jährige Jura-Absolventin der University of California in Los Angeles namens Rae Sanchini, die ihm bei der Gründung seines eigenen Special-Effects-Unternehmens helfen sollte. Ihre Hauptaufgabe bestand darin, Geldgeber für das Projekt zu suchen. Sanchini arbeitete sich sehr rasch ein, übernahm schon bald eine aktive Rolle bei den täglichen Geschäften von Lightstorm und wurde schließlich Chefin der von Burbank nach Santa Monica umgesiedelten Firma.

All diese Umwälzungen waren noch in vollem Gange, als Cameron im August 1992 mit Giddings aus Rußland zurückkehrte. Doch er behielt sein Geheimnis für sich. Nachdem er bei *The Abyss* die unangenehme Erfahrung gemacht hatte, daß sich Trittbrettfahrer auf den Tiefseezug geschmuggelt hatten, war er nun wild entschlossen, nichts von seinen Ambitionen hinsichtlich *Titanic* durchsickern zu lassen. Doch sosehr ihm das Projekt am Herzen lag und obwohl die Russen bereit zu sein schienen, seinen Wünschen zu entsprechen, gab es noch immer jede Menge Fragezeichen. Er wußte nicht einmal sicher, ob es überhaupt möglich war, das Kamerasystem zu bauen, das seinen Vorstellungen entsprach. Allein die vorbereitenden Recherchen konnten sich über Jahre hinziehen. Die *Titanic* war kein Fischerboot. Camerons Filme waren Großproduktionen mit langen Reifeperioden geworden. Und *Titanic,* das wußte er, würde sein ehrgeizigstes Projekt werden – aber nicht einmal er konnte damals ahnen, daß es der ehrgeizigste Film aller Zeiten werden würde. Da er nun mit Fox einen neuen Anfang gemacht hatte, war der

Druck, etwas in Gang zu bringen, ziemlich groß, und ausnahmsweise entschied sich Cameron für den Weg des geringsten Widerstands. *True Lies* war ein Projekt, das er auf Anregung seines Freunds Arnold Schwarzenegger, mit dem er häufig arbeitete, entwickelt hatte, ein Remake einer kleinen französischen Komödie mit dem Titel *La Totale!* Es ging dabei um einen Geheimdienstagenten, der Frau und Tochter in dem Glauben läßt, ein langweiliger Computerverkäufer zu sein. Allerdings hat Camerons Drehbuch außer in groben Zügen keine Ähnlichkeit mehr mit dem Original, da die kleinsten dramatischen Schnörkel zu gigantischen Stunts und Spezialeffekten aufpoliert wurden.

Der Film sollte die erste Arbeit von Camerons Special-Effects-Firma Digital Domain werden. Nachdem er sich den ehemaligen ILM-Chef Scott Ross als Partner und Leiter der Firma gesichert hatte, war es kein großes Problem mehr, Geldgeber zu finden. Sanchini gewann IBM als Hauptfinanzquelle von außen. Camerons Freund und Spezialeffekt-Kollege Stan Winston übernahm ebenfalls eine prozentuale Partnerschaft. Zwar war Winston eher für seine *animatronics* und Puppenfiguren wie den Terminator und die Alien Queen bekannt, hatte aber Interesse, sich im Bereich der Computertechnik weiterzuentwickeln. Im Herbst 1993 wurde die Firma unter Camerons Leitung offiziell ins Leben gerufen, und man sprang auch gleich ins kalte Wasser.

Die Dreharbeiten für den Schwarzenegger-Film begannen im Juli 1993 in Los Angeles und zogen sich über sechs Monate hin, während die Crew durchs ganze Land zog: von Washington D. C. nach Miami, auf die Florida Keys, nach Rhode Island, zum Lake Tahoe. Wie bei jedem Cameron-Projekt nahmen die Gerüchte vom Set auch diesmal mythische Proportionen an: Cameron ließ auf einem Wolkenkratzer in Miami ein lebensgroßes Modell eines Harrier-Jets aufbauen, Cameron koordinierte die Flugformationen mit echten AV8B Harriers der Navy, Cameron ließ seine Hauptakteurin Jamie Lee Curtis aus einem Hubschrauber hängen und schnallte sich selbst an die Kufen, um die gefährlich herabbaumelnde Schauspielerin persönlich filmen zu können. Obwohl Camerons erste Komödie ein Hit wurde, hatte sie viel Geld gekostet, und die 375 Millionen Dollar, die sie weltweit einspielte, bedeuteten für Fox, die nur über die US-Rechte verfügte, lediglich einen knappen Profit. Wieder gab es eine Oscar-Nominierung, diesmal für Digital Domain – ein beeindruckender Erfolg für einen Neuling, auch wenn er sich letztlich ILM und *Forrest Gump* geschlagen geben mußte.

Währenddessen verlor Cameron seine *Titanic* nicht aus den Augen. Aber als er sich an die Dreharbeiten zu *True Lies* machte, erhob sich die Frage: Konnte er das Interesse der Russen an dem gigantischen Projekt wachhalten, oder würden sie sich zurückziehen? Sofort nach seiner Rückkehr aus Rußland arbeitete Cameron einen Entwurf für das Schirschow-Institut aus, in dem er vor allem den wissenschaftlichen Wert der Expedition betonte. Über den Atlantik hinweg wurde weiter verhandelt, wieviel Platz bei einer kommerziellen Mission für Forschungsarbeiten blieb und wer welche Kosten übernehmen würde. Schließlich bekam Cameron die offizielle Zustimmung zum Chartern der *Keldysch*.

Auch mit Sagalewitsch blieb Cameron in Kontakt. Der russische Wissenschaftler besuchte Cameron in Malibu, als die *Keldysch* in der Nähe ankerte. Sie spielten zusammen Basketball und festigten ihre Freundschaft, die sie anschließend per Fax und Telefon weiter pflegten. Von Zeit zu Zeit bestürmte Sagalewitsch den Regisseur auch mit mehr oder weniger direkten Anfragen, was denn aus dem Projekt werden sollte. Als *True Lies* im Kasten war und bei Fox alle Beteiligten vor Zufriedenheit strahlten, war für Cameron denn auch der Zeitpunkt gekommen, sich ins nächste Abenteuer zu stürzen.

Eines Tages holte er ein Fax aus dem Gerät in seinem heimischen Büro. Wieder eine Nachricht von Sagalewitsch, aber diesmal traf sie auf offene Ohren. »Irgendwann im Leben kommt der Punkt, an dem man etwas Außerordentliches tun muß«, lautete das Fax. Cameron erklärt: »Er meinte damit unseren Plan, wissenschaftliche Ressourcen für einen Kinofilm zu nutzen, und genau dieser Schub hatte mir noch gefehlt. Genau, dachte ich, es kommt der Punkt, an dem man etwas Außergewöhnliches tun muß.«

Ein paar Minuten später nahm er den Telefonhörer in die Hand und rief Sanchini an. »Rae«, sagte er, »wir machen die *Titanic*.«

Kapitel 3

*Filmemachen ist wie Mathematik. Als würde man
eine Rakete zum Mond schicken.*

FEDERICO FELLINI

James Cameron war ein magerer Junge, der sein Essensgeld hortete, um sich am Wochenende die Matineevorstellungen im Kino ansehen zu können. Er liebte Filme – von *Godzilla* bis *Doktor Schiwago*. Aber er genoß sie nicht auf die gleiche Weise wie andere Kinder. Wenn er heimkam, setzte er sich hin und grübelte, wie man die Monster, die Roboter oder auch die beeindruckenden Sonnenuntergänge erschaffen konnte. Mit der Super-8-Kamera seines Vaters begann er zu experimentieren und Modelle zu filmen, die er in der Garage gebaut hatte.

Cameron wuchs in Chippawa auf, einer gemütlichen kanadischen Kleinstadt nördlich von Niagara, und schon damals machte er am liebsten Dinge, die andere Kinder als lästige Hausaufgaben angesehen hätten. Ständig überredete er seinen Bruder Mike zu irgendwelchen wissenschaftlichen Experimenten. Die beiden bastelten Raketen aus Schrott, den sie sich in einer Rumpelkammer zusammensuchten. Aus Plastiksäcken von der chemischen Reinigung bauten sie einen schimmernden, mit Kerzenwärme betriebenen Ballon. Als die Feuerwehr ausrückte, wurde sogar in den Lokalnachrichten über das »Ufo« berichtet. Mit einer Tauchglocke aus Plastik versenkten sie eine Maus auf den Grund des Chippawa Creek – ein Experiment in Sachen Preßluftatmung.

Als Ältester von fünf Kindern war James ein frühreifer Junge, der seinen kleinen Geschwistern oft stundenlang vorlas. Ruth, seine Großmutter mütterlicherseits, war Lehrerin und unterstützte seine Liebe zu Büchern. Science-fiction-Autoren wie Clarke, Bradbury und Heinlein gehörten zu seiner bevorzugten Lektüre. Als er elf war, beanspruchte ein Regal voller Taschenbücher eine ganze Wand seines Zimmers.

Seine Mutter Shirley versuchte sich als Landschaftsmalerin und übertrug ihrem Sohn ihre Liebe zur Malerei. »Wenn es zu Halloween einen Wettbewerb beim Anmalen der Fenster gab, hat er immer gewonnen«, erzählt Mike. »Alle anderen haben bloß irgendeinen blöden Kürbis hingeschmiert, aber er hat wilde Gemälde mit Tiefenwirkung und richtigen Proportionen kreiert.« Von seinem Vater Philip, einem Elektroingenieur bei einer Papierfabrik, erbte James das technische Interesse. Mike erinnert sich, daß seine Eltern James abgöttisch liebten – »unseren klugen Jungen«. Doch er war immer eher ein Einzelgänger – ein überaktives, überkluges Kind, das lieber mit seiner Eidechse Iggy spielte, als mit den anderen Jungen Baseball zu trainieren.

Abgesehen von ein paar Anachronismen könnte man Cameron als Kind und Heranwachsenden etwa so beschreiben, wie er 1994 in seinem Skriptentwurf für *Spiderman* Peter Parker charakterisiert hat: »Peter ist ein kluger Junge. Er hat nicht viele Freunde. Wegen seiner Liebe zur Wissenschaft machen ihn die anderen zum Außenseiter. Unsere MTV-Kultur mag keine Menschen, die zuviel denken. Intellektuelle Neugier ist ausgesprochen uncool. Wen kümmert es, wie das Universum entstanden ist oder wie die Griechen Troja einnahmen? Hast du schon das neue Album von Pearl Jam gehört?«

Im Juli 1994 bekam Mike Cameron einen Anruf von seinem Bruder Jim.
Mike war mit zwei Kollegen im alten Hauptquartier von Lightstorm in Burbank geblieben, um für Lightstorm Technologies exotische Kameraausrüstungen zu entwickeln. Da Mike sich mit 14 »Live«-Projekten schon mehr als ausgelastet fühlte, hielt sich seine Begeisterung über den Elan in der Stimme seines Bruders zunächst in Grenzen. Er wußte sofort, daß dieser Ton ein neues großes Abenteuer und eine Menge harter Arbeit bedeutete.
»Ich mache einen Film über die *Titanic*«, sagte Jim, »und ich muß unbedingt zum Wrack tauchen und es mit Weitwinkel filmen, auf 35 Millimeter. Ich denke, wir können die freischwimmenden russischen *Mirs* benutzen ...«
»Aber die *Titanic* liegt 3821 Meter tief im eiskalten Nordatlantik. Wie willst du dort drehen, und wie kommst du überhaupt an diese russischen Tauchboote?« fragte Mike.
Doch trotz aller Skepsis war sein Interesse geweckt. Jim war

nicht der Typ, der mit einer Idee herausplatzte, bevor sie spruchreif war. Zwei Stunden lang hörte Mike seinem Bruder zu, zunehmend fasziniert, und bombardierte ihn mit Fragen, die Jim geduldig beantwortete – nachdem er Mike erst einmal ausgeschimpft hatte, wie er es wagen könne, an der Durchführbarkeit des Plans zu zweifeln. Zwar hatte man in der Wassertiefe, in der die *Titanic* lag, schon externe Gehäuse für Videokameras benutzt, aber mit Filmkameras war bisher immer nur durch die Bullaugen eines Tauchboots gearbeitet worden. Natürlich leuchtete es Mike sofort ein, daß sein Bruder sich nicht mit den visuellen Einschränkungen abfinden wollte, die 15 bis 25 Zentimeter Plexiglas vor der Kamera notwendigerweise mit sich brachten – ein ähnlicher Effekt, wie wenn man die Landschaft durchs Autofenster fotografiert, nur noch um einiges schlimmer. Bei solchen Aufnahmen war man auf Objektive mit großer Brennweite angewiesen, und diese produzierten enge Bildausschnitte. Bei dem Film, den Cameron vom Wrack der *Titanic* gesehen hatte, hatte er das Gefühl gehabt, »mit einer Lupe und einer Taschenlampe über einen Teppich zu kriechen«. Doch in seiner Phantasie ragte die *Titanic* gigantisch vor ihm auf, und für diese Vision war die vorhandene Ausrüstung nicht geeignet.

Allmählich wurde Mike klar, was er vor sich hatte. Jim brauchte eine externe 35-mm-Filmkamera mit Schwenkmechanismus, die aber vom Tauchboot aus ferngesteuert werden konnte. Genauer gesagt wünschte sich Cameron einen horizontalen Schwenkwinkel von 325 Grad und einen vertikalen von 175 Grad, und das in einer Wassertiefe von bis zu 3900 Metern, bei einem Druck von gut 430 bar, in einem Ozean, der zu den salzigsten und kältesten der Erde zählt. Mike brachte kurz die Möglichkeit ins Gespräch, doch lieber ein hochauflösendes Videosystem zu benutzen und es später auf Film zu überspielen, aber diesen Vorschlag lehnte sein Bruder rundweg ab.

Es gab keine 35-mm-Filmkamera, die in ein auch nur annähernd als sicher zu bezeichnendes freistehendes Gehäuse paßte. In solchen Tiefen nimmt das sogenannte Implosionsvolumen direkt proportional zur Größe zu, und das kleinste Gehäuse, das Mike sich vorstellen konnte, war immer noch doppelt so groß wie alles, was die Russen je an ihren Tauchbooten angebracht hatten.

Mike wußte, daß in der Tiefe der *Titanic* die Implosion selbst eines faustgroßen Luftvolumens die Wirkung einer Handgranate hätte – ausreichend, um den Rumpf des Tauchbootes ernsthaft zu beschädigen oder es gar selbst implodieren zu lassen. Der kleinste Fehler, der beim Entwurf des Gehäuses passierte, konnte Jim und die gesamte Tauchtruppe das Leben kosten.
Jim schlug ein computergesteuertes Gehäuse vor, dem in einem gleichmäßigen, proportionalen Strom ein Gas zum Druckausgleich zugeführt werden konnte. Indem man den Druck somit innen und außen gleich hielt, war die Gefahr einer Implosion gebannt, aber die Idee mußte langfristig getestet werden. Da die Zeit wie immer knapp bemessen war, sprach sich Mike für den direkten Ansatz aus: »Bauen wir ein stabiles Gehäuse.« Ein weiteres über Leben und Tod entscheidendes Glied in der Kette waren die Verbindungen zwischen Kamera und dem Steuerpult im Innern des Tauchboots. Bei einem Druck von rund 430 bar wird aus der kleinsten Ritze blitzschnell ein riesiges Leck – Wasser kennt kein Erbarmen.
Im August gab Jim seinem Bruder per Telefon die Anweisung, mit den Vorbereitungen für eine Expedition auf die Truk-Inseln in den Föderierten Staaten von Mikronesien zu beginnen. Truk ist für Wracktaucher das Äquivalent des Mount Everest für Bergsteiger – ein Unterwasserfriedhof, auf dem es von japanischen Wracks aus dem Zweiten Weltkrieg nur so wimmelt. Die Wassertiefe liegt zwischen 45 und 66 Metern, und die Wracks sind mit gewöhnlicher Tauchausrüstung erreichbar. (Die meisten Freizeit- und Sporttaucher gehen allerdings nicht tiefer als 30 Meter.) Schon 1991 hatten die beiden Brüder Cameron auf den Truk-Inseln Urlaub gemacht, aber diesmal war es ein rein geschäftlicher Ausflug. Sie hatten vor, mit einer gängigen 35-mm-Kamera, die für geringe Wassertiefen geeignet war, Licht und Filmmaterial zu testen und Ideen zu sammeln, welche Kamerawinkel sich für Aufnahmen bei der *Titanic* eigneten. Außenaufnahmen wurden bei Nacht gemacht, um ein Gefühl für die Dunkelheit der Tiefsee zu bekommen. Innen filmten sie bei Tag, als Übung für die Erforschung des Inneren der *Titanic*. Cameron hatte vor, bestimmte unter Wasser liegende Inneneinrichtungen als Sets für seinen Film neu zu erschaffen.

Das Kamerateam bestand aus Cameron, seinem Bruder, Charlie Arneson und Mikes Assistent Vince Catlin. Sie nahmen zwei Tauchfahrzeuge mit, die Mike damals für *The Abyss* konstruiert hatte und mit deren Hilfe man die gleichen fließenden Bewegungen wie mit einem Kran oder einem Kamerawagen erzeugen konnte. Weil sie mit zweieinhalb Knoten sehr schnell waren, konnten Cameron und Arneson sie bis zu einer Tiefe von 30 Metern »frei«, also ohne Preßluft-Tauchgerät benutzen, wobei sie manchmal allerdings über zweieinhalb Minuten die Luft anhalten mußten. »So frei zwischen den Wracks von Truk herumzutauchen, ist ein tolles Erlebnis«, meint Arneson. »Wir konnten gar nicht genug kriegen.«

Auf dem 17stündigen Rückflug machte sich Mike Notizen darüber, was er brauchte, um ein Tiefseekamerasystem über zwölf Stunden am Stück fernsteuern zu können. Wie würde er die Belichtung ablesen? Welche Größe konnte die Filmkassette effektiv haben? Wie konnte er einen Temperaturausgleich schaffen für Schärfe, Kreisblende und Verschlußgeschwindigkeit – alles dynamische Teile, die mit der Präzision einer Schweizer Uhr funktionieren mußten? Das Vorhaben war so ehrgeizig, daß es einem angst machen konnte.

Im März 1995 trafen sich Cameron und Sanchini mit Chernin und dem damaligen Produktionschef Tom Jacobson, um *Titanic* offiziell als nächstes Projekt für Twentieth Century Fox festzulegen. Cameron improvisierte, denn er hatte nichts Schriftliches in der Hand. Seine Grundlage war einfach: »Romeo und Julia auf einem Schiff.«

Zwar stieß Cameron nicht direkt auf Ablehnung, aber er erinnert sich, daß ihm eine gewisse Skepsis entgegenschlug. »Sie sagten ›Hmmmmm ... ein dreistündiges romantisches Epos? Klar, genau das haben wir uns gewünscht. Ist auch was vom *Terminator* drin? Ein Paar Harrier-Jets? Schießereien und Autojagden?‹ Und ich antwortete: ›Nein, nichts dergleichen. Es geht um was ganz anderes.‹« Trotz des ganzen Trubels war man in Hollywood letztlich immer noch wenig risikofreudig. Jeder spekulierte am liebsten auf eine sichere Sache. Das Konzept von *Titanic* unterschied sich stark von Camerons bisherigen Erfolgen mit Robotern und Aliens. Und die Sache hörte sich auch nicht billig an –

Camerons Filme waren schon lange alles andere als eine preiswerte Angelegenheit. Also würde es garantiert teuer werden.
Sicher hätte man fast jedem Projekt des 375-Millionen-Manns positiv gegenübergestanden, aber ein dreistündiger Kostümfilm stand nicht gerade ganz oben auf der Wunschliste des Studios. Ganz nebenbei hatte Cameron bei Chernin sein Vorhaben schon vor einigen Monaten angesprochen, als die beiden Männer mögliche Projekte für einen langfristigen Deal mit dem Studio besprachen. Eins davon war *Titanic*. Im Sommer 1997 erinnert sich Chernin nur noch an rückhaltlose Begeisterung: »Sagen Sie nur drei Worte – Jim Cameron, *Titanic* – ich bin dabei!« Zwar entspricht das auf einer persönlichen Ebene sicher der Wahrheit – die Dramatik und das Thema der Geschichte trafen genau Chernins literarischen Geschmack –, doch war er als Geschäftsmann sicherlich enttäuscht, daß einem der kommerziellsten Regisseure Hollywoods diesmal kein neuerlicher Kassenknüller wie *Spiderman* oder *Terminator 3* vorschwebte. Chernin ging davon aus, daß die modernen Aufnahmen der echten *Titanic* ein wenig für Sicherheit sorgten, »... weil dadurch Jim Camerons effektgetriebenes, technisch orientiertes Filmemachen mit der historischen Erzählung verbunden wird«.

Zu diesem Zeitpunkt war der Regisseur mit seinen Geldforderungen äußerst bescheiden: Er brauchte nur zwei Millionen Dollar, um die Tauchaktion beim Wrack der *Titanic* zu finanzieren. Ein unkonventionelles Anliegen, doch vom geschäftlichen Standpunkt aus absolut sinnvoll, argumentierte Cameron. Jedes große Filmprojekt brauchte irgendeine Art von vorbereitender Investition – um ein Skript zu kaufen, einen teuren Star oder Regisseur zu verpflichten, womöglich mit der Vereinbarung einer festen Zahlungsverpflichtung, unabhängig davon, ob der Betreffende tatsächlich eingesetzt wird. »Ich bitte ja nur um zwei Millionen Dollar, um zur *Titanic* zu tauchen«, argumentierte Cameron weiter. »Natürlich ist es eher ungewöhnlich, für so etwas Geld auszugeben, aber es ist kein ungewöhnlicher Betrag für eine notwendige Vorbereitungsmaßnahme, mit der man einen wichtigen Teil der Produktion in Gang bringt. Als sie die Sache aus dieser Perspektive betrachteten, meinten sie: ›Oh, das stimmt.‹« Chernin erklärte sich bereit, die Tauchaktion zu finanzieren, womit er Fox praktisch in das Projekt einband, obwohl er sein endgültiges grünes Licht wie allgemein üblich von einer entsprechenden Budgetanalyse abhängig machte.

Cameron begann umgehend am »Scriptment« zu arbeiten, das für ihn gleichzeitig Entwurf und Bibel seiner Geschichten darstellt. Camerons Scriptments sind immer wesentlich länger als das eigentliche Drehbuch, denn sie befassen sich in fast romanhafter Weise mit Motivation und Hintergrund der Personen, mit ihrem Umfeld und dem Impetus der Handlung. »Das sind Miniromane, ganz erstaunliche kleine literarische Kunstwerke«, meint Chernin, der das 169 Seiten umfassende *Titanic*-Scriptment erhielt, kurz bevor sich Cameron auf den Weg in die Tiefsee machte. Chernin war beeindruckt und verlor die letzten Vorbehalte, ob Hollywoods größter Actionregisseur eine so nuancierte komplexe Geschichte verfilmen sollte.

Ausgestattet mit den notwendigen Geldmitteln, begann Cameron sofort mit den Recherchen und Forschungsarbeiten und schickte Mike auf eine Konstruktions- und Einkaufstour. »Wir stürzten uns in die Arbeit, um rechtzeitig zum nächsten Wetterfenster bereit zu sein. Doch es stellte sich heraus, daß das mit dem Wetterfenster und die Idee, wir müßten es vor der Hurrikansaison schaffen, kompletter Unsinn waren«, erinnert sich Cameron. Wie das Schicksal es wollte, erlebte die *Keldysch* innerhalb der vielgerühmten Gutwetterperiode von Ende August bis Anfang September in drei Wochen zwei ausgewachsene Stürme. Natürlich konnte Cameron das im Frühjahr 1995, als die Vorbereitungen auf Hochtouren liefen, nicht wissen. Mike hatte nur fünfeinhalb Monate Zeit, um ein revolutionäres neues Kamerasystem zu erfinden, das die Errungenschaften von Leuten in den Schatten stellte, die sich ihr ganzes Leben mit Unterwassertechnik beschäftigt hatten.

Mikes erster Schritt bestand darin, kritische Elemente zu bestimmen – das heißt wichtige Konstruktionen, die sich frühzeitig bewähren mußten, damit die Mission weitergehen konnte. Ganz oben auf der Liste stand das Kuppelfenster für das Kameragehäuse, das dem Druck in der Tiefe standhalten mußte, ohne die optische Qualität zu beeinträchtigen. Schon bald fand er heraus, daß in der »schwarzen Magie der Arbeit mit druckresistentem Glas« bisher recht wenig recherchiert worden war. Nach näherer Beschäftigung wurde ihm eines sofort klar: Die Erfolgsquote bei bisherigen Versuchen, ein Glas von der erforderlichen Größe und Druckfestigkeit herzustellen, war äußerst gering. Von den Entwürfen, die sich einigermaßen bewährt hatten, gab es nur spärliche Informationen über die Anzahl der Tauchgänge, denen das Glas voraussichtlich standhalten würde. Winzige Risse, die rasch zu Katastrophen führten, waren an der Tagesordnung.

Dann war da noch der Größenfaktor. Mike Camerons Entwurf – ein Zylinder von 20 Zentimetern Durchmesser und 60 Zentimetern Länge – überschritt die Sicherheitsbestimmungen der U.S. Navy um mehr als das Dreifache. Das machte die Russen äußerst nervös. Aufgrund von Fehleranalysen, die Mike im Raumfahrtsektor durchgeführt hatte, wählte er einen Sicherheitsfaktor von 2,3 – was bedeutete, daß er ein Gehäuse entwerfen würde, das 2,3mal tiefer tauchen konnte, als die *Titanic* lag, also bis 8700 Meter. »In dieser Phase begann ich mich selbst immer mehr unter Druck zu fühlen«, sagt Mike, der erst rückblickend über die Probleme lachen kann. »Wen empfehle ich als Glashersteller? Wenn ich die falsche Wahl treffe, wird Jim zerquetscht!«

Zur Herstellung von Kuppel und Gehäuse heuerte Mike Sam Raymond von Benthos an, einem Unternehmen aus North Falmouth. Benthos hatte schon für Woods Hole gearbeitet, und obwohl der Einrichtung letztlich die Mittel fehlten, um auch nur eine der Ideen weiterzuverfolgen, »hatte Sam 80 Prozent dessen erledigt, was ich angestrebt hatte, und deshalb schien mir sein Produkt mit dem geringsten Risiko behaftet«, erzählt Mike. Ihm fehlte einfach die Zeit für längere Nachforschungen. Er bestellte zur Sicherheit drei Exemplare. Benthos baute letztlich vier, von denen aber nur zwei Gnade vor Mike Camerons Augen fanden.

Schon sehr früh beschloß Mike, mit Optiken von Panavision zu arbeiten, hauptsächlich, weil ihm ihre Primo-Weitwinkelobjektive mit ihrer hohen Verschlußgeschwindigkeit zusagten. Panavision war für innovative Technik bekannt, was 17 Oscars im Bereich Wissenschaft und Technik bewiesen. Darüber hinaus si-

gnalisierte das Unternehmen die Bereitschaft, auf die ungewöhnlichen Wünsche eines erfinderischen Filmemachers einzugehen. Allerdings konnte sich niemand erinnern, jemals soviel Mühe in einen einzelnen Kinofilm gesteckt zu haben.
Bei der Wahl der Kamera tendierte Mike zu der deutschen Arriflex, die kompakt ist und den Ruf hat, sehr strapazierfähig zu sein. Fasziniert stellte er fest, daß die Arri 3 für die Nutzung in einer Raumfähre nur leicht umgebaut worden war. Am Ende entschied er sich jedoch für eine etwas ältere Arri 2c, die vor Jahren für die Verwendung von Panavision-Objektiven umgerüstet worden war. In Zusammenarbeit mit Nolan Murdoch, dem Chef der Entwicklungsabteilung bei Panavision, veränderte sie Mike nun noch weiter, so daß sie auf »two-perf« betrieben werden konnte (ein Aufnahmeverfahren mit zwei Perforationslöchern pro Bild anstelle der üblichen vier Perforationslöcher). Auf diese Weise konnte man aus einer Kamerakassette die doppelte Leistung herausholen, indem auch der Schutzrand um das Bild genutzt wurde. Allerdings mußte Cameron bei diesem Verfahren den Bildausschnitt 100prozentig genau bestimmen. Günstigerweise war »two-perf« mit dem Super-35-Breitwandformat vereinbar, mit dem Cameron am liebsten arbeitete, so daß das Unterwassermaterial problemlos in den Rest des Films geschnitten werden konnte.
Für den Schwenkmechanismus wandte man sich an Media Logic aus New York. Mike ließ sich nicht davon entmutigen, daß man dort noch nie mit Tiefsee-Kamerasystemen gearbeitet hatte. Insgesamt leisteten 23 verschiedene Firmen ihren Beitrag zum Kameraaufbau für *Titanic* – der bei weitem komplizierteste und wichtigste Faktor der Vorbereitungen. Allerdings gab es noch eine ganze Reihe anderer technischer Probleme. Cameron hatte ein ferngesteuertes Fahrzeug (Remotely Operated Vehicle, ROV) entworfen, das gebaut werden mußte. Dann waren da noch die Scheinwerfer und ein freistehendes Lichtgerüst, das er als Zugeständnis an seine Idee der archäologischen Ausgrabung einsetzen wollte. Weiterhin fehlten noch einfache Dinge wie Ballast für die HMI(Halogen-Tageslicht)-Lampen und Kabelanschlußvorrichtungen aller Art.
Ursprünglich war vorgesehen, daß Mike die gesamte Technik

überwachen sollte, aber gegen Ende April wurde klar, daß die Entwicklung des Kamerasystems ein Ganztagsjob war. Deshalb beschloß Cameron, jemanden zur Aufsicht über die Zulieferfirmen einzustellen, die größtenteils aus dem Erdölgeschäft kamen und mit den speziellen Anforderungen einer Filmproduktion wenig vertraut waren. Eine Firma mit Namen Brantner aus San Diego wurde angeheuert, um von ihrer Abteilung Seacon die Kabelanschlüsse herstellen zu lassen. Deep Sea Power & Light lieferte die HMI-Lampen. Western Space and Marine (WS & M) bekam den Vertrag zum Bau des ferngesteuerten Unterwasserfahrzeugs, vor allem wegen der hervorragenden Koordination der von dieser Firma konstruierten hydraulischen Arme, die angeblich in der Lage waren, unter Wasser eine Sektflasche zu öffnen.

Für die Koordination der Lieferfirmen holte man Ralph White, der seine Stelle am 2. Mai antrat. White, ein ehemaliger Fotograf des *National Geographic,* Unterwasser-Kameramann und gelegentlicher Tauchbootpilot, hatte die Originalexpedition zur *Titanic* unter Robert Ballard mitgemacht und war dadurch bekannt geworden, daß er dem Abenteurer/Wissenschaftler, der die Lage des Wracks hatte geheimhalten wollen, die Koordinaten unter der Nase »weggeklaut« hatte. (Der Legende zufolge veröffentlichte Ballard falsche Koordinaten, behauptete aber später, es habe sich um einen »Druckfehler« gehandelt.) Da White der einzige war, der genau wußte, wohin es ging, lud man ihn, einen energischen 54jährigen, zu drei aufeinanderfolgenden Expeditionen ein. Ehe er von Lightstorm eingestellt wurde, war er bereits 23mal zum Wrack der *Titanic* hinabgetaucht. Zusätzlich zu seinen übrigen Qualifikationen kannte er auch die Russen und ihr Schiff.

Als man spezifische Daten der *Mirs* besorgen wollte, gab es Probleme, da die Russen so heikle technische Informationen nur äußerst ungern ins Ausland weitergaben. Doch Mike benötigte das Schaltbild der Tauchboote und schickte Sagalewitsch per Fax einen Fragebogen mit 30 Punkten. Zwei Tage später kam dieser mit der Bemerkung zurück: »Mike, die *Mirs* haben viel Power. Kein Problem.«

»Heute kann ich darüber lachen«, erzählt Mike, »aber damals fand ich es überhaupt nicht komisch. Man kam überein, daß

White mit einem kleinen Spähtrupp nach Hamburg reisen sollte, wo die *Keldysch* zur Wartung auf dem Trockendock lag. Mit von der Partie war auch Terry Thompson von T. Thompson Limited aus Vancouver, dem Unternehmen, das die *Mirs* mit der neuesten Technologie ausstattete, vor allem einem modernen Mezotech-Sonargerät. Auf einer früheren *Titanic*-Expedition hatte White festgestellt, daß das veraltete Sonar in dem ansonsten beeindruckenden technischen System das schwächste Glied darstellte. »Ich konnte die *Titanic* sehen, aber ich bekam sie nicht auf den Bildschirm«, erinnert er sich. Auf seine Anregung machte Lightstorm ein neues Sonargerät zu einer Vertragsbedingung. »Die *Mirs* sind sehr schnell, aber wenn man nicht sieht, wohin man fährt, kann man leicht irgendwo anecken.« Das Mezotech-Gerät ist ein System mit hoher Auflösung und kurzer, auf 140 Meter beschränkter Reichweite, jedoch in der Lage, innerhalb dieses Bereichs auch kleine Objekte zu zeigen. Als Sektoren-Scanner hat es eine Sichtweite von 60 Grad.

Scott Millard, der Eigentümer von Western Space and Marine, sollte auskundschaften, wie das ROV am Tauchboot befestigt werden konnte. Eric Schmitz von Media Logic kam mit, um für das Kamerateam die Elektronik zu erforschen. Auch White selbst hatte vor, sich den elektronischen Einzelheiten zu widmen, und verbrachte viel Zeit mit dem *Mir*-Piloten Jewgenij »Gena« Tschernjew. Die meisten Russen hatten irgendeine biologische oder technische Ausbildung, und Sagalewitsch hatte sie stets ermuntert, sich darüber hinaus noch nach Kräften weiterzubilden. Genas Spezialgebiet war die Elektronik, daneben widmete er sich aber auch hydraulischen und mechanischen Problemen.

Unterdessen ackerte Mike weiter. Panavision hatte inzwischen das Kamerakontrollsystem geliefert. Die Gehäuse waren in Arbeit. Es gab nur wenige Unternehmen im ganzen Land, die über Maschinen verfügten, mit denen man einen zylindrischen Kern aus großen Titanblöcken herausbohren konnte. Meist werden solche Fabriken nur für militärische Zwecke genutzt, für die Herstellung von Raketenhülsen, Schutzmänteln für Nuklearsprengköpfe oder großen Gewehrläufen (beispielsweise für Panzer). Mikes Anliegen brachte ihm ungewöhnliche Zuwendung von Leuten ein, die sich als Mitglieder einiger hochinteressanter Regierungsbehörden vorstellten. »Sie wollten alles über meine Vergangenheit wissen und was ich mit den Titanhülsen vorhatte. Man machte mir unmißverständlich klar, wenn ich nicht kooperierte, werde man der Firma verbieten, mit mir zusammenzuarbeiten.« Die Bohrung mußte äußerst präzise sein, die Wandstärke des Gehäuses in jeder Hinsicht einheitlich. Mike ging davon aus, daß der Druck in der Tiefe zu einer gewissen Schrumpfung führen würde, und berechnete eine Reduktion von 0,0075 Zentimetern des Gesamtumfangs. Für den Umgang mit Optiken war dies ein beträchtlicher Faktor; das Gehäuse sollte wie eine Verlängerung der Kamera funktionieren, die Glaskuppel als Teil des Objektivs. An Land war das System praktisch nicht benutzbar, denn es war so konstruiert, daß es seine optimale Schärfe in der Tiefe der *Titanic* erreichte.

Im Juni trafen einige der Geräte ein, die Mike testen wollte, aber bald war klar, daß der Großteil erst so spät fertig sein würde, daß keine Zeit zum Ausprobieren blieb. Also konstruierte Mike ein einigermaßen vergleichbares System mit einem Aluminiumgehäuse und begann in geringen Wassertiefen zu experimentieren. An einer solchen Übung vor der Küste bei Santa Barbara war beispielsweise eine Nachbildung der *Mir* in Form eines angemalten Wasserkanisters beteiligt sowie zwei der von DSP & L gelieferte HMI-Lampen.

Den ganzen Sommer ging die Arbeit mit Riesenschritten voran, obwohl viele Endprodukte erst ankamen, als der Truck nach Halifax schon da war, und manche sogar noch später. »Ein paar elektronische Einzelteile wurden mit uns ins Flugzeug geladen, und eine Menge mußte nachgeschickt werden«, berichtet White. Ende August 1995 waren bereits über 100 Schiffscontainer in Halifax eingetroffen und wurden unter den mißtrauischen Augen der Bevölkerung von neutralen Lastwagen auf das russische Schiff verladen. Auch nach Ende des kalten Kriegs war man hier wachsam geblieben. Seit fünf Tagen lag die *Akademik Keldysch* im Hafen, und die Besatzung – von Anstreichern, Schweißern, Maschinisten bis zu den Elektroingenieuren – verbreitete eine geschäftige Atmosphäre. Die technische Kerngruppe von etwa 50 Russen und Amerikanern verständigte sich größtenteils mit

Händen und Füßen. Da sie die strikte Anweisung hatten, den Zweck ihrer Mission geheimzuhalten, machten sich die Amerikaner ein Spiel daraus, den unvermeidlichen Fragen in der Stadt besonders geschickt auszuweichen. Gehört ihr auch zu dem russischen Schiff? Was habt ihr denn vor? Wenn man gerade einfallsreich war, antwortete man beispielsweise, es gehe um hydrothermale Unterwasserschlote oder um die Erforschung von Seeigeln. Wollt ihr ein paar Fotos sehen? Jedesmal lautete die Antwort nein. Innerhalb von dreieinhalb Sekunden wandelte sich Faszination in Desinteresse. So liefen die Vorbereitungen der Mission »Planet Ice« mit aller Kraft – ein multinationales Projekt, in dem sich wissenschaftliche, künstlerische und kommerzielle Ziele vereinten, wenn auch nicht unbedingt in dieser Reihenfolge. Twentieth Century Fox legte Wert auf einen guten Profit, die Russen wollten mit Plankton spielen, und James Cameron wollte einen großen Kinofilm drehen.

Es war strengstens verboten, das Wort »*Titanic*« auch nur in den Mund zu nehmen. Für die Einhaltung des Tabus war Lewis Abernathy zuständig, ein *Titanic*-Fan reinsten Wassers, der Cameron gelegentlich beim Schreiben unter die Arme griff; nach Einschätzung von Freunden verkörperte der Texaner – ein Bär von einem Mann – die wilde Seite des ansonsten disziplinierten Regisseurs. Er war einer der drei persönlichen Freunde, die Cameron eingeladen hatte, an seinem neuesten Abenteuer ganz oder teilweise teilzunehmen: Abernathy, John Bruno und Linda Hamilton, die seit *Terminator 2* mit Cameron liiert war und mit ihm eine dreijährige Tochter namens Josephine hatte.

White hatte die Rolle des Expeditionsleiters für das englischsprachige Kontingent der Unternehmung übernommen. Als erste heuerte er seine langjährige Mitarbeiterin Valerie Moore als Produktionskoordinatorin auf See an. Sie gehörte zu den sieben besten Taucherinnen der Welt. 1994 war sie mit einer *Mir* vor der afrikanischen Küste über 5000 Meter tief nach Wracks aus dem Zweiten Weltkrieg getaucht.

Seit die *Keldysch* am 25. August vor Anker gegangen war, herrschte eine nervöse Spannung wie beim Start einer Weltraumrakete. Die technischen Herausforderungen, die mit der Ausstattung der *Mirs* verbunden waren, zusammen mit der Empfindlichkeit der Gerätschaften und der Tatsache, daß Menschenleben auf dem Spiel standen, machten den Vergleich nur noch treffender. Inzwischen waren sieben verschiedene Projekte im Gange, die alle hauptsächlich mit der Umrüstung der *Mirs* zu tun hatten. *Mir 1* sollte die Kamera samt ihrem ausgeklügelten Gehäuse und einem fast drei Meter hohen Lichtgalgen tragen; *Mir 2* bekam das ROV und die Mehrzahl der Scheinwerfer. Innerhalb von neun Tagen mußten Gerätschaften im Wert von rund 1,5 Millionen Dollar montiert werden. Am 2. September wollte man in See stechen und zur pittoresken Lunenberg Bay aufbrechen, einer Fischerenklave 64 Kilometer südöstlich von Halifax, wo die ersten Testtauchaktion in niedrigen Gewässern stattfinden sollte.

Am 26. August landete Cameron mit seiner persönlichen Assistentin Lisa Dennis und John Bruno auf dem Flughafen von Halifax. Der amerikanische Vortrupp hatte sich im etwa acht Kilometer vom Hafen entfernten Barrington Hotel eingerichtet; die Seefahrer jedoch begaben sich direkt an Bord der *Keldysch*, die wie ein siebenstöckiges Gebäude hoch über dem Hafen aufragte. Zum amerikanischen Team gehörte auch Steve Quale, ein 29jähriger Absolvent der University of Southern California Film School, der 1988 bei Lightstorm als Produktionsassistent eingestiegen war. Quale war noch nie an Bord eines so großen Schiffs gewesen, und er erinnert sich noch gut an die Mischung aus Ehrfurcht und Verwirrung, die er bei seinem ersten Besuch empfand. »Ich steige aus dem Flugzeug, wir gehen zu diesem russischen Schiff, und ich habe keine Ahnung, wie man sich da verhält. Soll ich um Erlaubnis bitten, an Bord gehen zu dürfen? Oder marschiere ich einfach rauf? Aber die Russen waren ausgesprochen nett.« Bruno seinerseits wunderte sich, daß es kein offizielles Begrüßungskomitee gab, das ihm beim Gepäckschleppen half.

Für Cameron war am wichtigsten, zuerst einmal das Kamerasystem in Augenschein zu nehmen, mit dem er sich bisher noch nicht hatte vertraut machen können. Natürlich erledigte er an Land einen beträchtlichen Teil der Kameraarbeit selbst, aber das durfte nicht an die große Glocke gehängt werden, weil er damit genaugenommen gegen die Gewerkschaftsregeln verstieß.

Auf See lagen die Dinge anders: Hier war er offiziell der Kameramann. Giddings würde zwar ebenfalls mit der Filmausrüstung herumspielen dürfen, aber seine Aufgabe lag in erster Linie darin, die Mission auf Video aufzuzeichnen. Camerons Reaktion auf den Kameraaufbau war ganz typisch: Wie konnte man ihn noch weiterentwickeln? Mike hatte eine zweite Kamera als Reserve mitgebracht und wurde nun prompt gebeten, diese am anderen Schwenkarm anzubringen. Zwar hatten sie nur einen Schwenkmechanismus, aber Jim war bereit, sich bei der zweiten Kamera mit einer festen Position zufriedenzugeben. Mike fand tatsächlich eine Möglichkeit, dem Wunsch seines Bruders nachzukommen, entschied sich im Endeffekt aber aus Sicherheitsgründen dagegen. Mit zwei Kameras verdoppelte sich auch die Gefahr, mit dem Gehäuse gegen etwas Hartes zu stoßen und eine Implosion auszulösen.

Die *Keldysch* verfügte nicht nur über zwei Tauchboote, sie bot außerdem reichlich Platz für die Filmcrew und ihre voluminöse Ausstattung. Mit gut 133 Metern Länge war sie das größte Forschungsschiff der Welt, konnte eine Besatzung von 130 Mitgliedern beherbergen und verfügte zusätzlich über elf Einzelkabinen, die meist prominenten Wissenschaftlern vorbehalten waren.

Sagalewitsch hatte auf dem Papier zwar den höchsten Rang, doch der Schiffskapitän bekam das erste Quartier. Beider Suiten waren auch für den Empfang von Gästen ausgestattet, denn Feiern war ein wichtiger Teil des russischen Alltags. Als Mann in Schlüsselposition bekam Cameron die nächstschönste Kajüte, die des Chefwissenschaftlers. Zwar war sie nicht ganz so groß wie die beiden obigen, aber sie verfügte immer noch über den Luxus eines kleinen, vom Schlafzimmer getrennten Wohnbereichs. Cameron ließ sie mit einem Kühlschrank, einer Mikrowelle und einer gutsortierten Bar ausstatten. John Bruno bekam die Kabine, die früher dem KGB-Agenten zugeteilt worden war. Bis vor kurzem war die *Keldysch* mit Wanzen versehen gewesen, und in einer symbolischen Geste hatte man jetzt die Tür zum ehemaligen Lauschposten aus den Angeln gehoben. Inzwischen benutzte man das System als Musikanlage bei Partys.

Für das körperliche Wohl hatten die Sowjets nicht sehr viel

übrig gehabt, aber es gab auf der *Keldysch* immerhin einen Swimmingpool, eine Sauna und einen Basketballplatz; außerdem hatte das Schiff eine große Krankenstation. Nicht zu Unrecht nannte man das Schiff ein schwimmendes Dorf; es verfügte sogar über mehrere Destillierapparate zur Herstellung von selbstgebranntem Wodka, auf russisch *schila* genannt (»mein Freund«).
Nach amerikanischen Maßstäben war das Essen zwar reichlich, aber hart an der Grenze zum Ungenießbaren. Lisa Dennis stopfte jeden verfügbaren Kühlschrank mit Lean-cuisine-Fertiggerichten voll, damit ihr Chef nicht etwa den unberechenbaren Folgen einer langfristigen russischen Ernährung zum Opfer fiel. Das Küchenpersonal der *Keldysch* hielt sich viel darauf zugute, daß es die Besatzung für nicht mehr als einen Dollar pro Kopf am Tag ernährte. Natürlich war das himmelweit entfernt von Ballards Beschreibung der üppigen Mahlzeiten an Bord des Mutterschiffs der *Nautile, Le Suroit,* wo das Essen rund ein Drittel der Expeditionskosten ausgemacht hatte. An Bord der *Keldysch* gab es für gewöhnlich Borschtsch mit einer Fleischbeilage, über deren Herkunft man lieber nicht länger nachdachte. Dennoch gewöhnten sich einige Filmleute daran.
Cameron hatte ein kleines, seetüchtiges Team zusammengestellt. Giddings, Bruno, Arneson und Quale waren allesamt Cameron-Veteranen aus *Abyss*-Zeiten. Giddings würde bei der Handhabung der Tauchboote helfen und die Reise auf Video dokumentieren; Mike kümmerte sich um die Kameras, wobei ihm Catlin und Bill Eslick von Panavision zur Seite standen; Arneson war für seine Unterwasserfotos berühmt, was er mit einigen beeindruckenden Bildbänden beweisen konnte. Seine Aufgabe bestand darin, die Mission fotografisch festzuhalten, außerdem war er für die Reparatur eventueller Schäden in diesem Bereich zuständig. Bruno war Camerons erste Wahl als Mann für die Special Effects, hatte aber ein Regieangebot bekommen und sich bisher nicht festlegen wollen. Natürlich hoffte Cameron, das Abenteuer würde ihn auf die Seite der *Titanic* ziehen. Abernathy, der hauptsächlich deshalb an Bord war, weil Jim ihn gern um sich hatte, war schließlich damit beschäftigt, eine schwimmende Ausstattungsabteilung zusammenzustellen, in der unter anderem Dokumentationsaufnahmen bemerkenswert akkurat

und detailliert mit kleinen Skizzen und Raumdiagrammen zusammengeschnitten wurden. Ein ROV-Pilot namens Jeff Ledda aus Maryland, der früher auf einer Bohrstation gearbeitet hatte, wurde angeheuert; Millard sollte das ROV warten, wobei ihn letztlich mehrere Helfer unterstützten, nicht zuletzt der 78jährige russische Maschinist Anatoli »Goldhand« Suslajew. Quale war für das Projektionssystem zuständig, sollte die Kameraarbeit beim zweiten Team erledigen und Cameron bei der Planung der Kamerabewegungen an dem fünfeinhalb Meter langen Modell des Wracks zur Hand gehen. White sollte dafür sorgen, daß der Zeitplan pünktlich eingehalten wurde, zusammen mit Moore, die für das Produktionstagebuch zuständig war und die Verbindung mit den Produktionsbüros an Land – »am Strand«, wie sie es nannten – aufrechterhielt. Zu Moores Aufgabenbereich gehörte außerdem, für Camerons leibliches Wohl zu sorgen. »Ich war diejenige, die nachts um eins in der Küche stehen und Muh machen mußte, wenn er ein Glas Milch wollte«, erzählt sie lachend. Cameron arbeitete gern mit Leuten zusammen, die mehr als einen Tätigkeitsbereich bewältigten.

Am Abend es 1. September gab Sagalewitsch mit seiner Frau Natalja in seiner Suite eine Party; zu den Gästen gehörten Cameron und seine Freundin Linda Hamilton, die gerade eingetroffen war, Bruno, White, Giddings und Jon Landau, einer der Produktionschefs von Fox, der demnächst aus seinem Job aussteigen würde, um die *Titanic* zu produzieren. Bruno war sehr aufgeregt, weil eine neue Canon-Hi-8-Videokamera gekauft worden war und heute abend eingeweiht werden sollte. Anfangs waren die Gäste etwas schüchtern – fröhlich, aber nervös –, und erst später, als Anatoli seine Musik spielte, entspannte der Wodka allmählich alle.

Am nächsten Morgen wurden die Anker gelichtet, und man nahm Kurs auf Lunenberg. Alles in allem verlief der Test recht zufriedenstellend. Die sogenannten leichten Tauchaktionen von 90 bis 120 Metern dauerten jeweils nur etwa drei Stunden. Die *Keldysch* war in einiger Entfernung vor Anker gegangen; man hatte zwei Boote und eine Tauchergruppe aus der Gegend angeheuert, um die Tauchboote und die Beleuchtung in die Bucht zu schleppen und sich im Wasser um die Ausrüstung zu kümmern. Sie arbeiteten den ganzen Tag, und Landau, der mit einem Beiboot zur *Keldysch* gefahren war, bestellte Pizza aufs Schiff. Die Einheimischen wunderten sich: Da ankert ein riesiges russisches Schiff in der verschlafenen Bucht, und wonach verlangt die Besatzung? Nach Pizza!

Die beiden freistehenden Lichtgerüste funktionierten perfekt. Die Kamera kam problemlos in Gang. Die HMI-Lampen leuchteten. Aber das ROV machte Probleme: Es war zu leicht, und die Leine rollte sich nicht richtig ab. Man würde es unterwegs reparieren müssen.

In dieser Nacht machten sich die »Zivilisten«, einschließlich Landau und Hamilton, auf den Heimweg. Während sie zusammen auf der *Keldysch* gewesen waren, hatte Cameron Hamilton einen Heiratsantrag gemacht.

Der nächste Tag verging damit, daß alle die Ausrüstung auskundschafteten und sich auf den Start vorbereiteten. Am Abend sollte es wieder eine große Party geben. Gegen sieben Uhr abends wurden Burger und Steaks serviert, denn die Russen hatten sich vorgenommen, ein amerikanisches Barbecue zu veranstalten. Natürlich amüsierten sich die Yankees köstlich, als sie merkten, daß das Fleisch vorgebraten war und daß viele Russen keine Hamburger kannten und auch nicht wußten, wie man sie verzehrte. Bruno beobachtete ein paar von ihnen, wie sie ihr Steak mit Ketchup und Senf bestrichen und in ein Hot-dog-Brötchen stopften. Selbstverständlich gab es wieder reichlich Wodka, Musik und Tanz. Sagalewitsch und Cameron hielten beide eine Rede, in der sie die Zusammenarbeit von Wissenschaft und Kunst priesen. Nach Mitternacht wurden die letzten Zivilisten von dem Boot, das die Bildmuster transportierte, an Land gebracht, und in den frühen Morgenstunden des 4. September stach die *Keldysch* in See.

Während Cameron dazu neigte, die Elemente an Chaos und Energie noch zu übertreffen, suchten die Besatzungsmitglieder der *Keldysch* eher Zuflucht in ihren Ritualen. Darin waren sie wahre Meister: drei große Mahlzeiten am Tag und um vier ein Nachmittagstee. Wenn jemand gerade nicht unbedingt gebraucht wurde, machte er ein Nickerchen. Auf dem Schiff gab es

nur ein einziges Telefon, und zwar im Gemeinschaftsraum. Oft jedoch standen die Amerikaner vor geschlossenen Türen, weil der Aufseher gerade ein wenig döste. Natürlich war das ein permanenter Stein des Anstoßes.
Alles in allem waren die Russen eine seltsame Mischung aus Trägheit und Erfindungsgabe. Sie hatten Talent und arbeiteten hochprofessionell, »aber Schlag fünf konnte man nur noch aufpassen, daß man nicht zwischen sie und den Korken kam«, berichtet Abernathy, der sich selbst zum US-Botschafter der *Keldysch* ernannt hatte. »Amerikaner besiegeln eine Freundschaft mit einem Handschlag, Russen sagen: ›Trinken wir was!‹ Das hatte manchmal katastrophale Folgen. Ein betrunkener Russe trinkt und erzählt einfach weiter, bis er irgendwann einschläft. Wenn Amerikaner so viel trinken, gibt es im Handumdrehen eine Schlägerei, oder jemand sagt: ›Spielen wir Frisbee.‹« Die Russen wollten ihre amerikanischen Arbeitskollegen unbedingt näher kennenlernen, begegneten aber denen, die nicht mit ihnen trinken wollten, mit Argwohn – vor allem Camerons arbeitsorientiertem Bruder Mike, dessen ernsthaftes Benehmen ihm das Etikett »KGB« einbrachte. »Sie wußten, daß ich mit dem amerikanischen Militär zu tun hatte, und konnten mich einfach nicht recht einordnen«, meint Mike.
Lewis grinst. »*Mir* haben sie irgendwann vorbehaltlos vertraut«, meint er augenzwinkernd. Seine Streiche waren bald sprichwörtlich. Ziemlich am Anfang der Reise betrank er sich so, daß er in Camerons Suite rannte, um zur Toilette zu gehen, und dann mit heruntergelassener Hose auf dem Bett einschlief. Der ansonsten so aufbrausende Cameron ließ seinen Freund schlafen und rollte sich auf der Couch zusammen. Aber es hatte auch in der Beziehung zwischen ihm und Abernathy Höhen und Tiefen gegeben. Jim und Mike lernten Abernathy, der sich selbst als »Tauchhure« bezeichnet, im Jahr 1986 – nach *Aliens* – bei einer Reise auf die Kanalinseln am Straßenrand in der Nähe des Hafens kennen. Abernathy hatte an der University of Southern California im Peter Stark Producing Program studiert und arbeitete als Privatdetektiv, um seine teuren Hobbys zu finanzieren, zu denen auch das Verfassen von Drehbüchern gehörte. Wegen des Wetters wurde die Tauchaktion abgebrochen, und der freundli-

che Texaner saß zu seiner großen Freude auf dem gleichen Boot fest wie der berühmte Regisseur und Drehbuchautor. Ein paar Jahre später wurde Lewis, wie Bruno es ausdrückt, »aus dem Königreich verbannt«, denn er verkaufte seine Unterwassermonster-Saga *Deep Star Six* ausgerechnet zu der Zeit, als Cameron mit *The Abyss* beschäftigt war und von dem so ähnlichen Thema Konkurrenz befürchten mußte. Doch inzwischen war die Sache aus der Welt.

Der einzige Russe, der sich von Abernathy nicht unter den Tisch trinken ließ, war der hervorragende 80jährige Meeresbiologe Michael E. Winogradow, der Planktonforschung betrieb – eines der beiden Wissenschaftsprojekte, die Cameron indirekt unterstützte. Nachdem Camerons unsprünglicher Vorschlag vom Schirschow-Institut eher kühl aufgenommen worden war, hatte Sagalewitsch ihm geraten, sich direkt an die russische Akademie der Wissenschaften zu wenden, deren Leiter dem Projekt schließlich seinen Segen gab. Der Expedition wurden verschiedene Experimente anvertraut. Winogradow und sein Team untersuchten Zooplankton, mikroskopisch kleine Tierorganismen. Das zweite Projekt, bei dem die Interaktion zwischen dem Ozean und der Atmosphäre mit einem blaugrünen Laser untersucht wurde, wurde vom damaligen Chef der Abteilung Ozeanologie, Wladimir E. Zujew, geleitet. Die aus Tomsk in Sibirien stammenden Forscher benutzten ihren selbstgebauten Laser auch zur Kommunikation mit ihrer Schwesterraumstation, die ihre Bahnen um die Erde zog.

Unterdessen war Camerons eigenes Projekt in vollem Gang. Um zwei Uhr nachmittags am ersten Tag wurde der Konferenzraum in einen Projektionsraum verwandelt, und die Crew sah sich die Muster der Testtauchaktion an. Weil die Kamera für große Tiefen konzipiert war, hatte man unscharfe Bilder bekommen. Moore faxte täglich die Produktionsnotizen an Land, und in ihrem Brief vom 4. September bemerkt sie, daß die Sicht in Lunenberg nicht gut war und das Team unterwegs zum »Hauptziel« – das Wort »*Titanic*« war immer noch tabu – für einen Tiefseetest in klarerem Gewässer anhalten würde. Einige Wissenschaftler wußten über den eigentlichen Zweck des Projekts Bescheid, aber Los Angeles ahnte noch nichts von Camerons Plänen.

Kapitel 4

*Man kann nicht im Zimmer rumsitzen und das
Drehbuch für einen Actionfilm schreiben.
Dafür muß man nach draußen und in die
Gänge kommen.*

HOWARD HAWKS

Als Cameron am 5. September, dem Morgen seiner ersten Tiefsee-Tauchaktion, erwachte, befand sich die *Keldysch* 270 Seemeilen von Halifax entfernt. Es war ein klarer, sonniger Tag, und Cameron spazierte schon früh auf Deck umher, voll freudiger Erwartung, daß er bald den Meeresgrund sehen würde. Um halb zehn begegnete er am Heck John Bruno, und sie besprachen das große Ereignis. Ein Tauchgang in eine Tiefe von 3000 Metern. Seit seiner Kindheit liebte Cameron das Wasser. In Los Angeles wohnte er etwa eine Meile vom Strand, und nur wenn es ganz still war, konnte man die Brandung hören. Chippawa, die kanadische Kleinstadt, in der er von seinem vierten bis zu seinem 17. Lebensjahr gewohnt hatte, lag knapp fünf Kilometer nördlich der Niagara-Fälle, und jeden Abend war er mit dem Geräusch der donnernden Wassermassen eingeschlafen.
Seine Leidenschaft begann mit Schnorcheltauchen im Chippawa Creek. »Ich war ein guter Schwimmer. Am liebsten aber zog ich mir Taucherbrille und Schnorchel über und erforschte den Grund des Flusses. Wir veranstalteten Wettbewerbe, wer am längsten die Luft anhalten konnte.« *Flipper* (Flipper) und *Sea Hunt* (Abenteuer unter Wasser) waren seine Lieblingsserien, Jacques Cousteau war sein Held. »Ich war fasziniert, wenn sie auf diesen kleinen Motorfahrzeugen durch irgendwelche Höhlen flitzten.« Mit 16 war Cameron noch kein einziges Mal am Meer gewesen, aber dann packte ihn die Leidenschaft für das Preßlufttauchen. Weil man das in Niagara nicht lernen konnte, ließ er sich von seinem Vater die 40 Kilometer zum YMCA nach Buffalo im Bundesstaat New York fahren. Mitten im Winter fuhren sie durch höllische Schneestürme zu einem stark gechlorten Highschool-Schwimmbad. Man schrieb das Jahr 1969, und die

Entwicklung der Tauchausrüstung befand sich noch in der Steinzeit: klobige, unhandliche Geräte, mit den heutigen kaum zu vergleichen. Seit Ende der vierziger Jahre, als Jacques Cousteau das Preßlufttauchen erfunden hatte, waren kaum Neuerungen eingeführt worden.

Damals war das Tauchen noch kein eigentlicher Sport, sondern letztlich eine Marine-Initiative, die erst ganz langsam in der Bevölkerung Fuß zu fassen begann. Der Lehrgang beim YMCA erfolgte denn auch mit der strengen Disziplin des Militärs. Cameron stand mit seiner schweren Ausrüstung am Rand des Pools, und auf den Pfiff des Lehrers hin sprang er ins Wasser und tauchte ab. Mit angehaltenem Atem setzte er die Maske auf, legte die Lippen um das Mundstück und nahm die Druckluftflasche in Betrieb. Dann legte er den Bleigurt um und zog die Flossen an. Nach zwei Runden mußte er alles wieder abnehmen, ehe er wieder an die Oberfläche steigen konnte.

»Wir bekamen einen sogenannten Streßdrill, das heißt, wir schwammen herum, und plötzlich erschien der Instrukteur vor einem, riß einem die Maske ab, löste die Schläuche und stellte einem die Luft ab. Wenn man damit nicht zurechtkam, war man durchgefallen.« Später profitierte Cameron von diesem Training, denn es half ihm, auch in bedrohlichen Situationen einen kühlen Kopf zu bewahren. »Einmal habe ich mich in Tang verfangen, aber ich erinnerte mich an den Lehrgang und wußte, daß ich nicht panisch werden durfte. Das war echt hart. So was kriegt man heutzutage überhaupt nicht mehr beigebracht. Aber die Ausrüstung ist inzwischen auch so benutzerfreundlich und leicht zu handhaben.«

Als er sein Zertifikat in der Tasche hatte, war er wild entschlossen, gleich eine richtige Tauchunternehmung zu machen – in einem natürlichen Gewässer. Das Problem war nur, daß man nicht ohne einen Kumpel tauchen sollte, und die einzigen anderen Preßlufttaucher waren die beiden Feuerwehrleute, die Leichen aus dem Wasser bergen mußten. Und mit ihnen wollte er nicht tauchen!

Also ging er zum Fluß und band sich ein Seil um den Bauch, das sein Vater am Dock festhielt. »Natürlich war die Idee mit dem Seil ungefähr das Dümmste, was mir hätte einfallen können, denn die Strömung zerrte es in alle Himmelsrichtungen; schließlich wickelte es sich um einen Pierpfosten, und ich konnte mich gar nicht mehr richtig bewegen. Also band ich es los, aber da bekam mein Vater Panik, weil er daran zog und nichts passierte. Weil er nämlich einen Pierpfosten hochziehen wollte.« Im nächsten Jahr zog die Familie nach Südkalifornien um, und so bekam Cameron mit 17 zum erstenmal den Ozean zu Gesicht. Nachdem Mike ebenfalls sein Tauchzertifikat gemacht hatte, gingen die beiden Brüder oft vor der Küste von Orange County tauchen.

Für Cameron besaß der Ozean immer die gleiche geheimnisvolle Romantik wie der Weltraum. Beides verkörperte das Abenteuer, das Unbekannte, aber weniger im leidenschaftlichen als im wissenschaftlichen Sinn. Üblichere Freizeitbeschäftigungen wie Bergsteigen oder Wildwasserfahren beeindruckten Cameron wenig. »Man kann auch mit einem Flugzeug oder einem Hubschrauber auf einem Berggipfel landen. Das ist langweilig. Aber in den Weltraum zu fliegen oder auf den Meeresgrund zu tauchen – das ist faszinierend. Das ist ein intellektuelles Abenteuer. Für mich gab es da immer einen eindeutigen Unterschied.«

All das hatte ihn nun hierhergebracht, in ein russisches Tauchboot. Gegen halb elf vormittags bekam die Deckbesatzung die Nachricht, daß der Meeresgrund jetzt mit 3900 Metern sogar noch etwas tiefer lag als die *Titanic*. Die beiden Lampengerüste waren bereits über Bord. Die Luken für die *Mirs* waren geöffnet. Die Tauchboote zu Wasser zu lassen gehörte zu den großen Zeremonien im Alltag der *Keldysch*. Wie bei einer modernen Tanznummer täuschte die ganze Hektik darüber hinweg, wie genau geplant die Sache ablief. *Mir 1* sollte um halb zwölf starten. Jedem Zuwasserlassen ging eine Reihe komplizierter Schritte voraus, nicht zuletzt die Vorbereitung der A-Kamera. Mikes Assistent Vince Catlin trug die Kamera vom Labor zur *Mir*, feierlich wie ein Heiligtum, auf dem »Schlitten«, mit dem sie in das stromlinienförmige Gehäuse eingekoppelt wurde. Um sicherzugehen, daß das Gehäuse frei von Feuchtigkeit und Verunreinigungen war, wurde es Minuten vorher von Mike mit einem kleinen Hochleistungsheizgerät behandelt. Catlin war noch ein wenig unsicher, denn die Arri in ihr Gehäuse zu laden und zu befestigen, war echte Präzisionsarbeit. Nach einiger Zeit jedoch beherrschte er es perfekt – auf einer Leiter unter der *Mir 1* balancierend, unter sich das schlingernde Schiff. Der geringste Ausrutscher, der kleinste Kratzer konnten das Gehäuse funktionsuntüchtig machen und unter Wasser möglicherweise tödliche Folgen haben.

Die drei Männer im Tauchboot trugen die übliche *Mir*-Ausrüstung: knallblaue Nylonanzüge. Da die Kabine sehr eng ist, ziehen alle Insassen vor dem Einsteigen die Schuhe aus.

Die Deckbesatzung stand bereit, die Kamera war verstaut, und nun stieg Cameron die Leiter zur Einstiegsluke der *Mir* hinauf. Die meisten *Keldysch*-Leute waren gekommen, um das Zuwasserlassen zu sehen, und jubelten den Insassen begeistert vom Mannschaftsdeck zu. Cameron lächelte und winkte und genoß das Rampenlicht. Wahrscheinlich waren an einem Drehort noch nie so viele Kameras auf den Regisseur eines Films gerichtet gewesen. Zusätzlich zu Giddings' Videodokumentation war Bruno immer noch dabei, seine Hi-8 auszuprobieren, Quale filmte mit der B-Kamera, und Mike, der immer eine Kamera zur Hand hatte, war ebenfalls in Aktion.

Das Zuwasserlassen der *Mirs* war tatsächlich sehenswert. Zuerst wurde mit einem Kran die *Koresch* zu Wasser gelassen, ein kleiner Schlepper, der die Tauchboote etwa 800 Meter von der *Keldysch* wegschleppte, ehe der Befehl zum Abtauchen gegeben wurde. Der gefährlichste Moment hatte den Spitznamen »nasse Füße«: der Moment, in dem das Tauchboot auf dem Wasser aufsetzte. »Die ganze Elektrik läuft mit voller Kraft, und man ist im Wasser. Wenn irgend etwas schiefgeht, dann am wahrscheinlichsten jetzt«, erklärt White. Vom Kran herabhängend, ist das Tauchboot potentiell lebensgefährlich – 18 Tonnen Metall, die zwischen Meer und Schiff baumeln. Lonja Woltschek, ein braungebrannter bärenstarker Russe, hatte die Aufgabe, die *Mirs* abzukoppeln. Von der *Koresch* brachte Kapitän Zodiac Lonja in dem aufblasbaren *Zodiac*-Schlauchboot zu den *Mirs*. Wenn sie nahe genug waren, sprang Lonja wie ein Frosch auf das hüpfende orangefarbene Bullauge auf dem Rücken der *Mir,* so daß er darauf saß wie ein Rodeoreiter. Von den Wellen hin und her ge-

worfen, verschwand er, wenn die Metallkugel unter ihm sich entsprechend aufbäumte, manchmal ganz unter den Wellen. War sein Timing nicht perfekt, lief er Gefahr, einen Finger oder gar die ganze Hand zu verlieren oder womöglich zwischen dem Tauchboot und dem Kranmast zerquetscht zu werden.
Mit einer einzigen geschmeidigen Bewegung hakte er das Kabeltau los und befestigte die Schleppleine. Nun konnte die *Mir 1* zur Tauchstelle gebracht werden. Die Position wurde von »Little« Lew Simogen angegeben, der sie von der *Koresch* per Satellit berechnete. Danach tuckerte die *Keldysch* davon, bis mindestens eineinhalb Kilometer zwischen ihr und der abtauchenden *Mir* lagen. Nun machte Lonja die Leine los und überließ das Tauchboot den Elementen. Eine halbe Stunde später wurde die Prozedur mit der *Mir 2* wiederholt. Bei diesem einleitenden Sprung in die Tiefe erlebten die Amerikaner die Cowboys der *Keldysch* zum erstenmal in voller Aktion – und waren beeindruckt. Als beide Tauchboote abgetaucht waren, konnte das Oberflächenteam bis zur Bergung in Wartestellung gehen und sich die Zeit mit Essen und Geschichtenerzählen vertreiben, wobei man viel über die Geschichte des Schiffs erfuhr.
Obgleich die *Mirs* immerhin 6,4 Meter lang waren, hatte die Kabine, in der Cameron, Sagalewitsch und der Techniker Andrej Andrejew saßen, nur eine Breite von 2,1 Metern: für jeden ungefähr so viel Platz wie in einer Telefonzelle, und das 18 Stunden am Stück. Cameron machte sich auf eine ziemlich unbequeme Reise gefaßt. Durch das Bullauge konnte er einige biolumineszente Kreaturen erkennen. In der Dunkelheit, die hier – in einer Tiefe von 120 bis 300 Metern – herrschte, sahen sie aus wie Glitzersterne. Nun hatte er Zeit, sich näher mit dem einzigartigen Kamerasystem vertraut zu machen. Es gab eine Menge Einzelheiten, die man im Gedächtnis behalten mußte. Die ganze Konfiguration wurde von einem Computer gesteuert, und für jeden Ausflug gab es einen etwa 50stufigen Boot-up-Prozeß, der elektronisch mit nur sechs Ampère über die Batterie der *Mir* funktionierte. Die Kamera selbst ließ sich mit einem kleinen Keyboard bedienen. Cameron bestand darauf, daß der Steuermechanismus von der üblichen Joystick-Konfiguration, die man für Tiefsee- und Weltraummissionen benutzte, auf einen für den

Film traditionelleren Rädermechanismus umgerüstet wurde, um den geschmeidigeren Bewegungsablauf einer Filmkamera erzielen zu können. Nachdem er sich genügend mit der Kamera beschäftigt hatte, ruhte sich Cameron aus und blätterte in einem Buch.
Als sie noch 300 Meter über dem Grund waren, drosselte Sagalewitsch die Abstiegsgeschwindigkeit. Bei 120 Metern sprang das Sonar an, und sie verglichen dessen Angaben mit ihrem Tiefenmesser. Natürlich sorgt jeder Pilot dafür, daß er nicht mit zu hoher Geschwindigkeit aufsetzt, und so begann Andrejew mit dem Countdown. Sagalewitsch pumpte unterdessen etwas Ballast ab. Als sie die Quarzlampen einschalteten, preßte Cameron das Gesicht ans Sichtfenster. Nichts war zu sehen. Nur Dunkelheit und dann plötzlich ein blasses Grün, das sich als der Meeresboden entpuppte. Cameron hatte erwartet, er wäre blau, entdeckte allerdings später, daß das Grün eine Reflexion des Wassers ist und der Boden eigentlich eine graue Färbung besitzt.
Sagalewitsch verminderte das Tempo weiter, und sie landeten weich in einer Schlammwolke. Sie warteten, bis die Strömung wieder für klare Sicht gesorgt hatte, und als Cameron sich umschaute, entdeckte er drei riesige Grenadierfische, sogenannte »Panzerratten«. Ein paar zerbrechliche Sterne klebten im Schlamm. Eigentlich gab es nicht viel zu sehen, aber Cameron war fasziniert, endlich angekommen zu sein. So oft hatte er sich diesen Moment ausgemalt, schon als Kind, wenn er ein paar Meter in den Fluß hinabgetaucht war. »Der Meeresgrund sah aus wie die Mondoberfläche, nur langweiliger, weil es keine Krater gibt«, erinnert er sich recht nüchtern. Nun machten sie sich auf die Suche nach den Lichtgerüsten.
Unterdessen streckten die Amerikaner an Bord der *Keldysch* immer wieder die Nase in den Kontrollraum, um mit dem Unterwasser-Kommunikationssystem (UQC, Underwater Q-Band Communications System) den Gesprächen in der *Mir* zu lauschen. Die Stimmen klangen blechern und unwirklich, als kämen sie aus dem Weltraum. Anscheinend hatte Cameron Übersetzungsschwierigkeiten, als er seine Anweisungen an die *Mir 2* durchgab, wo der einzige englischsprechende Insasse, Jeff Ledda, der das ferngesteuerte Unterwasserfahrzeug lenkte, zu

schüchtern war, sich das Mikro zu nehmen. Andere Teammitglieder auf der *Keldysch* hatten sich im Konferenzraum versammelt und sahen sich eine russisch synchronisierte Fassung von *Judge Dredd* an. Ralph White hatte sich mit einer Tasse Kaffee in seine Kajüte verkrochen, spielte am Funkgerät herum und versuchte, den Transport der Muster dieses Tages zum Festland zu organisieren. Cameron wollte unbedingt Muster der Tiefsee-Aufnahmen sehen, ehe er die *Titanic* erforschte. Seine beste Chance sah White darin, ein Fischerboot abzupassen, das zur Küste unterwegs war, und die Muster dann per Flugzeug zurückbringen und mit dem Fallschirm abwerfen zu lassen. In seinen Bemühungen wurde er von dem in St. John stationierten Landteam unterstützt – von Gig Rackauskas, den man in Hollywood angeheuert hatte, und von Duncan Ferguson, einem kanadischen Ingenieur mit Expeditionserfahrung in der Gegend, der ihnen bei der Navigation in den örtlichen Gewässern behilflich war. Gegen zehn Uhr abends wurde klar, daß die *Mir 1* nicht vor drei Uhr früh wieder auftauchen würde, und einer nach dem anderen ging schlafen.

Um zwei Uhr am Morgen des 6. September dröhnte eine russische Stimme aus dem Lautsprecher: »*Wnimanie! Wnimanie!*« (»Achtung! Achtung!«) Die beiden Tauchboote befanden sich auf dem Weg nach oben. Ohne die Arbeitshektik, die einen warm hielt, kauerten sich Cameron und seine Crew bei dem zweieinhalbstündigen Aufstieg fröstelnd zusammen. Trotzdem sangen er und der Ingenieur »Happy Birthday« für Anatoli, der tags zuvor 57 geworden war.

Die letzten 15 Meter waren die schlimmsten. Das Tauchboot hüpfte wie ein Korken, ehe es um 3.20 Uhr endlich die Wasseroberfläche durchbrach, 16 Stunden nachdem es zu Wasser gelassen worden war. »Es war umwerfend«, berichtet Bruno, »ein gespenstisches grünes Leuchten stieg aus den Tiefen des tintenschwarzen Ozeans empor. Es sah aus wie die Anfangssequenz von *20.000 Leagues* (20.000 Meilen unter dem Meer).«

Die Bergung dauerte fast eine halbe Stunde, denn seit dem Beginn der Aktion hatte der Seegang beträchtlich zugenommen. Cameron kletterte lächelnd aus dem Tauchboot, wurde wie ein Held in Empfang genommen und von Blitzlichtern und Videoscheinwerfern geblendet. Fast zeremoniell defilierte die gesamte Technikcrew der *Mir* an ihm vorbei, händeschüttelnd und gratulierend. Jetzt gehörte er zu ihnen, war er Mitglied in ihrem Eliteclub. In groben Zügen beschrieb er die Probleme und Erfolge der Aktion. Kamera und Lampen an Bord hatten hervorragend funktioniert. Er hatte sogar ein paar Aufnahmen von der *Mir 2* gemacht. Die freistehenden Lichtgerüste allerdings hatten den Dienst versagt, und das ROV war äußerst träge gewesen – in der Tiefe fast gänzlich ohne Schub. Die ersten neun Stunden waren sehr rasch vergangen.

Nach dem Empfang zog sich Cameron mit Sagalewitsch in die Sauna zurück. Die Temperatur im Tauchboot hatte knapp über null Grad gelegen, und die Taucher waren gründlich durchgefroren. Ein paar Saunagänge, unterbrochen vom Sprung ins Kaltwasserbecken, wurden zu einem Ritual nach jeder Tauchaktion. Obwohl er bei der Begrüßung nicht so ausgesehen hatte, fühlte Cameron sich etwas unbehaglich. Für seine Begriffe war der Tauchgang wesentlich schlechter verlaufen, als er es sich erhofft hatte. Sein Filmemacherinstinkt verlangte, daß alles schnell vorwärtsging, und das vertrug sich schlecht mit einem jahrelang etablierten wissenschaftlichen Status quo. Dazu kamen das Sprachproblem und die Tatsache, daß die Tauchboote bei fast jedem Manöver auf dem Meeresgrund Wolken von Schlamm und Sediment aufwirbelten, so daß man manchmal fast nichts sehen konnte. Das ROV war ein absolutes Fiasko. Seine Triebwerke gaben nur einen Bruchteil des Schubs her, den sie nahe der Oberfläche hatten, und das Verbindungskabel wurde in der Tiefe steif und wollte sich nicht wieder aufrollen. Cameron machte den Druck und die Kälte dafür verantwortlich, aber zu wissen, woran es lag, löste das Problem noch lange nicht. Zu allem Überfluß hatte sich Cameron bei der Bergung auch noch übergeben – was bei Passagieren der *Mir* häufig vorkam, und bei Camerons Neigung zur Seekrankheit eigentlich kein Wunder war. Etwa um vier Uhr morgens wurde auch die *Mir 2* geborgen, und alle versammelten sich in Sagalewitschs Kabine zu einer Geburtstagsfeier, die selbst für russische Verhältnisse außergewöhnlich war: Räucherlachs, Weißfisch, Kaviar, Johnny Walker Red Label, Wodka, Champagner. Cameron ließ Sagalewitsch als

»geborenen Anführer« hochleben, als »einen Mann, der mit gutem Beispiel vorangeht und nicht nur hinter dem Schreibtisch sitzt und Anweisungen erteilt, wie das heutzutage so häufig der Fall ist«. Er überreichte ihm ein Videogerät und verließ die Party, die jetzt erst so richtig in Gang kam, um sechs Uhr morgens, als die Sonne aufging. In 32 Stunden würden sie das »Hauptziel« erreichen.

Gegen ein Uhr nachmittags kroch die Besatzung allmählich aus den Betten und erschien auf dem verregneten Deck. White war es nicht gelungen, eine Transportmöglichkeit für die Muster aufzutreiben. Fast 1000 Kilometer vom Land war eine Spezialfracht äußerst kostenaufwendig. Zwar hatte er Verbindung zu einem Fischerboot in der Nähe gehabt, doch das war, nachdem es 96 Tonnen Kabeljau gefangen hatte, direkt in den heimatlichen Hafen zurückgekehrt.

Die *Titanic* war am Rand der Großen Neufundlandbank gesunken, einem der reichsten Fischgründe der Welt. Allerdings war die Gegend auch für ihr wechselhaftes Wetter bekannt und hatte von erfahrenen Wetterbeobachtern den Spitznamen »Hurrikankorridor« bekommen. Viele Stürme zogen sich, nachdem sie sich den Golfstrom emporgearbeitet hatten, hierher zum Sterben zurück. Windgeschwindigkeiten von über 110 Stundenkilometern waren nichts Ungewöhnliches, und gelegentlich gab es Spitzenwerte von über 170 Stundenkilometern. Gerade jetzt befand sich die *Keldysch* auf der voraussichtlichen Bahn des Hurrikans Luis. Um ihm auszuweichen, korrigierte man den Kurs um 80 bis 95 Kilometer nach Norden. Wenn sie dem Sturm nicht entfliehen konnten, würden sie wenden, die Nase in den Wind halten und warten, bis er weg war.

Am 7. September um halb drei am Nachmittag erreichte die *Keldysch* die Stelle über dem Wrack der *Titanic* und bestätigte ihre Position per Satellit. Als erstes ließ man vier Transponder ins Wasser, um ein elektronisches Rasternetz am Meeresboden aufzubauen, anhand dessen sich die Tauchboote in der Tiefe orientieren konnten. Nichts Ungewöhnliches war festzustellen an der Position von 49 Grad, 56 Minuten, 38 Sekunden West und 41 Grad, 44 Minuten, 1 Sekunde Nord. Obwohl Eisberge im Frühling hier nicht selten waren – wenn das warme Wetter die

Polkappen zum »Kalben« brachte und Bruchstücke der Gletscher nach Süden trieben –, war an diesem Herbsttag weit und breit keiner in Sicht. Nichts deutete darauf hin, daß 1530 Menschen an dieser Stelle ums Leben gekommen waren.

Zu gleichen Teilen aus Erfindergeist und Arroganz erbaut, repräsentierte die *Titanic* jeden Superlativ, den man sich in der sogenannten »goldenen Ära« erträumte. Der Luxusliner kostete rund 7,5 Millionen Dollar, was in unserer Zeit etwa 600 Millionen entsprechen würde. Für ein Erste-Klasse-Ticket mußte man 3100 Dollar hinblättern, in heutiger Währung etwa 124.000 Dollar. Ein Ticket für die dritte Klasse entsprach mit 32 Dollar im Jahr 1912 etwa 1300 Dollar heute. Die *Titanic* war das größte, schönste, technisch fortschrittlichste und luxuriöseste Schiff, das bis dahin gebaut worden war. Unsinkbar. Nun, vielleicht nicht gänzlich unsinkbar, aber doch gegen jede Gefahr gefeit, die ihre Erbauer für möglich hielten. Das Seltsamste an der Katastrophe der *Titanic* war, daß es nur eine einzige Möglichkeit gab, wie das Schiff sinken konnte – genau diese trat ein –, und daß die Wahrscheinlichkeit eines solchen Vorfalls verschwindend gering war.

Alles, was schiefgehen konnte, ging schief. Das Meer war vollkommen ruhig: So war es am schwersten, einen Eisberg rechtzeitig zu entdecken, denn man erkennt ihn meist an den Wellen, die sich an ihm brechen. Dazu kam, daß das Fernglas des Ausgucks schon kurz nach dem Auslaufen in Southampton verlorengegangen war und niemand daran gedacht hatte, einen Ersatz mitzunehmen. Wiederholte Eisbergwarnungen von Schiffen im näheren Umkreis wurden von der ansonsten sehr umsichtigen Besatzung und ihrem Kapitän ignoriert. Der Eigner der White Star Line hatte darauf bestanden, daß das Schiff mit hoher Geschwindigkeit fuhr, denn ihm ging es nur darum, den transatlantischen Rekord des Schwesterschiffs, der *Olympic,* zu brechen.

Die falsche Annahme, die *Titanic* könne nicht untergehen, gründete sich auf die 16 »wasserdichten« Kammern, die den Rumpf durchzogen. Tatsächlich waren diese Kammern durchaus nicht wasserdicht, und zwar in dem Sinne, daß sie nur Wasser abhielten, solange es die Schottwand nicht überstieg – was natürlich bei entsprechender Neigung des Schiffs passierte. Die Kammern hatten keinen Deckel. Wenn zwei Kammern überflutet waren, war das Schiff noch schwimmfähig, auch wenn die ersten vier volliefen, konnte es sich noch halten. Waren jedoch die ersten fünf Abteilungen in Mitleidenschaft gezogen, so sank es wie ein Stein. Und am 14. April 1912 passierte genau das: Die *Titanic* schrammte mit der rechten, der Steuerbordseite, an einem Eisberg entlang, und das Unwahrscheinliche trat ein.

Die Besatzung entdeckte den Eisberg, als er noch etwa 800 Meter entfernt war – für ein Schiff von den Ausmaßen der *Titanic* nicht genug Zeit für eine Kursänderung. Bei ihrer Geschwindigkeit von 23 Knoten – etwa 40 Stundenkilometern – hätte sie einen Kilometer gebraucht, um dem Hindernis aus dem Weg zu gehen. Die Besatzung reagierte, so gut sie konnte, und leitete instinktiv Maßnahmen ein, um eine direkte Kollision zu vermeiden, die ironischerweise ihre einzige Rettung hätte sein können, da das Schiff für einen solchen Zusammenstoß gebaut war. Der Befehl wurde ausgegeben, »hart steuerbord« zu drehen. Der Aufprall wurde von den Passagieren, von denen viele schon schliefen, kaum bemerkt. Zu der ohnehin eindrücklichen Tragik des Ereignisses kam auch noch hinzu, daß der tödliche Schlag nicht mit aller Kraft erfolgte, sondern ganz sanft und nebenbei. Das Eis ritzte eine Tätowierung in die Schiffsflanke, »dit, dit, dit, wie ein Morsezeichen«, beschrieb es Cameron in seinem Skript. Genaugenommen erschraken die Fahrgäste nicht beim Aufprall, sondern weil das Brummen der Maschinen plötzlich aussetzte. Wenige Augenblicke nach der Kollision wurden die Motoren abgeschaltet. »Ich spürte, wie die Maschinen langsamer wurden und schließlich stehenblieben; das leise Tanzen und die Vibrationen, die vier Tage lang unser Leben bestimmt hatten, hörten plötzlich auf«, erinnerte sich Lawrence Beesley, ein Überlebender der Katastrophe.

Die meisten Leute waren einfach nicht auf die Möglichkeit vorbereitet, daß die *Titanic* untergehen könnte. Je weiter oben man sich auf dem Schiff befand, desto weniger spürte man den Zusammenstoß. In die erste Klasse kam das Unheil also auf Samtpfoten, wie es Camerons Drehbuch so treffend demonstriert: Als Cal in seinem Streit mit Rose von einem Kabinenstewart unterbrochen wird, schlägt er ihm die Tür mit den Worten »Sehen Sie denn nicht, daß wir beschäftigt sind!« vor der Nase zu. Für viele Passagiere der weniger privilegierten Schichten jedoch erfolgte der Aufprall mit brutaler Wucht. Den Heizern im Kesselraum Nummer sechs spritzte ein eiskalter Wasserstrahl ins Gesicht, so daß sie sofort nach oben rannten. Und obwohl einige Stimmen nach dem Untergang das traurige Schicksal der Zwischendeckpassagiere – die hinter verschlossenen Toren festgehalten wurden, als das Schiff zu sinken begann – wohl aus Eigeninteresse in Abrede stellten, wird es von anderen Augenzeugen bestätigt.

Die sozialen Spannungen interessierten Cameron besonders. Seiner Ansicht nach konnte man die Katastrophe am eindringlichsten erzählen, wenn man Figuren aus den beiden Extrembereichen nahm. »Eine Lady aus der ersten Klasse hatte eine fast 100prozentige Überlebenschance. Die Chancen für einen Mann aus der dritten Klasse lagen bei etwa eins zu acht«, erklärt er. »Grundlegend kann man sich die Situation in Quadranten vorstellen. Als Mann in der ersten Klasse war man nicht sonderlich gut dran. Die Überlebenschancen standen etwa 50 zu 50. Für eine Frau in der ersten Klasse lag die Wahrscheinlichkeit einer Rettung bei 98 Prozent. Eine Frau in der dritten Klasse hatte wieder eine Chance von 50 Prozent, ein Mann in der dritten Klasse nur eine zwischen zehn und 15 Prozent. So läßt sich das darstellen. Zwei dynamische Achsen: Die X-Achse ist das Geschlecht, die Y-Achse die Klasse.« Cameron zentrierte die Geschichte auf eine Frau aus der ersten und einen Mann aus der dritten Klasse, diametrale Gegensätze also, was die Überlebenswahrscheinlichkeit angeht. »Das größte Hindernis für eine Liebesbeziehung, das man sich nur vorstellen kann«, bemerkt Cameron. »Selbst nachdem ich das Skript geschrieben hatte, dauerte es eine Weile, bis ich richtig im Griff hatte, was ich sagen wollte: Wenn man sich verliebt, kommt man an einen bestimmten Punkt – eine Liebe, die keiner Prüfung unterzogen wird. Aber hier geht es um Leben und Tod. Und da wird es erst richtig interessant.«

Die Rettungsboote der *Titanic* konnten nur 1178 Menschen aufnehmen, also kaum die Hälfte der Passagiere (1320 Fahrgäste und 915 Besatzungsmitglieder). Nur 705 Menschen wurden gerettet. Die anderen starben, die meisten davon erfroren im eiskalten Wasser des Nordatlantiks.

Cameron, der immer gern Theorien aufstellt, geht davon aus, daß der Kapitän besser daran getan hätte, die Passagiere auf dem Eisberg abzuladen. »Sie hätten gefroren, aber überlebt«, meint er. Doch die meisten gingen mit den 46.378 Tonnen Metall der *Titanic* unter. Das Schiff lief voll und zerbrach dann bis hinunter zum Kiel, wodurch der Bug wie eine Kinnlade ins Wasser klappte. Schließlich zog sein Gewicht das Heck vertikal in die Höhe, ein Stahlsplitter, der aus dem Ozean emporragte und kurz noch einmal schaukelte, ehe er um 2.20 Uhr morgens, nur zwei Stunden und 40 Minuten nach dem Aufprall, endgültig verschwand.

Auf dem Grund des Ozeans liegen die zwei Teile des Wracks rund 800 Meter voneinander entfernt. Der Bug sank langsam und kam im Schlamm zur Ruhe. Das Heck jedoch ging wesentlich schneller unter und schlug mit einer Geschwindigkeit von etwa 56 Stundenkilometern auf dem Grund auf. Beim Aufprall wurde es von dem heftigen Wasserstrudel, der hinter ihm aufbrandete, praktisch in einen Schrotthaufen verwandelt, ein Phänomen, das man als »downblast effect« (Abwärtsdruckwelle) bezeichnet.

Der etwa 120 Meter lange Bugteil hatte Camerons Phantasie und auch seine früheren fotografischen Expeditionen angeregt. Die Nachbildung des Bugs, die Cameron bei der Planung seiner Einstellungen helfen sollte, wurde in Halifax mit viel Aufwand an Bord der *Keldysch* gebracht. Ein Teil der Schiffstreppe war mit Schweißbrennern entfernt worden, um dem Modell Platz zu machen, das in der Nähe der Rettungsboote auf einem überdachten Wetterdeck aufgestellt wurde. Wenn Cameron gerade nicht in seinem Zimmer arbeitete, war er meist hier anzutreffen, wie er mit einer sogenannten »lipstick cam« seine Einstellungen plante, einer CCD(Charge Coupled Device = Aufnahmechip-)-Kamera, die nur etwas größer als ein Lippenstift ist.

An diesem Nachmittag vor dem ersten Tauchgang zur *Titanic* arbeitete Cameron mit Bruno, Quale und den russischen Piloten von Viertel vor drei nachmittags bis Viertel nach sieben abends.

Dann sah man sich in Camerons Zimmer das Videoband noch einmal an. Bruno erinnert sich, daß er diese ersten Videoaufnahmen »ziemlich verdammt gut« fand und dachte: »Wenn wir diese Einstellungen hinkriegen – was wir alle für machbar halten –, dann hat sich die Reise schon gelohnt.«
Um halb acht begann die offizielle Eröffnungsgala der Expedition. Zunächst konzentrierten sich die Festivitäten auf ein großes Schwein. Mit 32 Kilo war das Tier so fett, daß die Russen ihre Schweißbrenner herausholten und einen Grill basteln mußten, der es über den 225-Liter-Fässern halten konnte, in denen man (nicht mit Holzkohle, sondern mit Kohle) ein Feuer angefacht hatte. In Sagalewitschs Erinnerung waren »alle sehr fröhlich und ein bißchen betrunken«. Während des Festes ließen die Russen Styroporbecher herumgehen, die Cameron und Sagalewitsch signieren wollten. Dies gehörte zu einer lange bewährten Tradition, nach der die Becher erst beschrieben und dann außen an den *Mirs* befestigt wurden. In einer Tiefe von dreieinhalb Kilometern verwandelten sich die Becher in komprimierte Miniaturen, hart wie Porzellan, die Schriftzüge darauf geschrumpft, aber völlig intakt. John Bruno, der seine Karriere als Trickfilmzeichner begonnen hatte (er arbeitete zum Beispiel an *Heavy Metal* mit) und immer noch gern zeichnete, war begeistert. »Manche dieser Teile waren ziemlich kunstvoll, mit farbigen Illustrationen von der *Keldysch* oder der *Titanic*.« Gegen zehn Uhr machte Bruno seine letzten Becher fertig.
Um 11.40 Uhr, der Zeit, als die *Titanic* mit dem Eisberg kollidierte, legten Cameron und Abernathy eine Gedenkminute ein, um sich die Tragödie noch einmal in Ruhe vor Augen zu führen. Nun gehörte auch Cameron zu den Menschen, deren Leben sich durch das Ereignis unwiderruflich verändert hatte. Schon jetzt hatte er mehr Kraft und Leidenschaft in das Projekt investiert, als die meisten Filmregisseure je aufbringen. Seine Filme beanspruchten ihn ganz, und dies war erst der Anfang eines Unterfangens, das letztendlich mehr als fünf Jahre seines Lebens in Anspruch nehmen sollte. Allein die letzten Tage mit den ganzen technischen Schwierigkeiten – vornehmlich mit den Lampen und dem ROV – erschienen wie eine Ewigkeit. »Es war einer Weltraummission sehr ähnlich – so ungefähr müssen sich Astro-

nauten fühlen, wenn sie zum Mond fliegen. Sie schlagen sich mit einer Million technischer Kleinigkeiten herum, sie denken nicht an den ganzheitlichen Aspekt ihres Ausflugs. Sie sehen nicht aus dem Fenster. Wir waren am Ziel. Wir hatten unser Fest, ganz privat, eigentlich nur, um uns noch einmal zu bestätigen, daß wir wirklich hier waren, hier, wo die *Titanic* gesunken war, und das war echt toll. Ein sehr emotionaler Augenblick.« Und so brachten sie ihre Trinksprüche aus.

Cameron hob sein Glas zu Ehren derer, die hier gestorben waren.

Sein Freund trank auf das Wohl der Überlebenden.

Dann warfen sie ihre Gläser ins Meer.

Kapitel 5

*Die schönste Erfahrung ist immer das
Geheimnisvolle – die Quelle jeder wahren Kunst
und Wissenschaft.*

ALBERT EINSTEIN

Am 8. September um 11.25 Uhr vormittags wurde die *Mir 1* zu Wasser gelassen, und Cameron dachte, er habe ungefähr eine Ahnung von dem, was ihn erwartete. Der Tiefentest hatte ihn auf den Grund geführt, zu einer noch tieferen Stelle als die *Titanic*. Für ihn hatte die Sache noch einen anderen Reiz. »Man sieht hinaus aufs Wasser. Man weiß nicht, was dort unten ist. Aber man ist drauf und dran, es herauszufinden. Man geht da runter in die Tiefe und erforscht sie. Man kriegt etwas zu sehen, das noch niemand oder jedenfalls nur sehr wenige Menschen je gesehen haben. Das ist es, was ich am Tauchen und am Wracktauchen im besonderen so mag. Für mich war es Wracktauchen, nur daß wir mit einem Mini-U-Boot tauchten statt mit Preßluft.« Wracktauchen bei der Titanic – ein echter Elitesport.
Cameron machte die Kamera startklar und versuchte, seine Seekrankheit mit Pillen einigermaßen unter Kontrolle zu bekommen. So blieb ihm wenig Zeit, darüber zu staunen, daß sich das berühmteste Schiffswrack aller Zeiten knapp vier Kilometer unter seinen Füßen befand.
Zehn Minuten nach zwölf tauchte die *Mir 1* mit einer Geschwindigkeit von 27 Metern pro Minute ab. Ein Frachtaufzug zum Meeresgrund. Das Gesicht wieder am Bullauge, beobachtete Cameron, wie das Meer ab einer Tiefe von 270 Metern erst blau, dann dunkelblau und schließlich schwarz wurde. Es war ein Gefühl, als wirbelte man in Zeitlupe durch den Weltraum. Wie ein guttrainierter Astronaut ruhte sich Cameron in der ereignislosen Phase der Unternehmung aus, um Energie für die eigentliche Arbeit zu sammeln. Da er noch etwa zwei Stunden vor sich hatte, las er *Endurance,* eine antarktische Überlebensstory, und döste zwischendurch immer wieder ein wenig.
Je weiter sie nach unten kamen, desto kälter wurde es im Tauch-

boot, bis sich die Temperatur bei ungefähr eineinhalb Grad Celsius eingependel hatte. Wenn sie erst mit der Arbeit begannen, würde keiner mehr die Kälte spüren. Als sie noch etwa 270 Meter vor sich hatten, begann der Pilot auf russisch mit dem Countdown. Nun würden sie endlich die *Titanic* sehen! Die letzten 83 Jahre hatte das gigantische Wrack hier unten auf dem Meeresgrund geschlummert, eingehüllt in flüssige Dunkelheit. Nur ganz wenige Menschen hatten es zu Gesicht bekommen.

Etwas gedämpft wurde Camerons Freude durch den Ärger mit dem ROV und den Lichtgerüsten, mit denen sich das technische Team die ganzen letzten Tage herumgeplagt hatte. In Lunenberg Bay hatten die Lampen funktioniert, sogar die Schwenkmotoren hatten sich bedienen lassen, aber in der Tiefe reagierten sie nicht. Doch wenn man überlegte, welche technischen Meisterleistungen erforderlich gewesen waren, um das Filmteam hierherzubringen, konnte man nur staunen, daß alles wenigstens einigermaßen geklappt hatte – sogar ohne daß Zeitplan und Budget zu sehr überzogen worden waren.

In der ganzen Aufregung vor dem Tauchgang hatte niemand daran gedacht, das ferngesteuerte Fahrzeug unter den Bedingungen erhöhten Drucks zu testen. Es machte noch immer Probleme, und schon in Lunenberg war Cameron mit der Steuerung des Halteseils nicht zufrieden gewesen. Es war ein separates Gerät, mit dem die 24 Meter lange Verbindungsleine kontrolliert werden konnte. Dem Regisseur gefiel der Abrollmechanismus nicht, der auf den Vorwärtsschub des Fahrzeugs angewiesen war, um überhaupt in Gang zu kommen.

Nach Camerons Ansicht erweckte es den Eindruck »eines Hundes, der an der Leine zerrt«. In seinem Skriptentwurf hatte er das Fahrzeug als »snoop dog« (einen neugierig schnüffelnden Hund) beschrieben – vielleicht hatte Millard das zu ernst genommen. Cameron jedoch stellte sich seinen Snoop wesentlich eleganter vor: In seiner Phantasie schwebte der kleine Roboter die Treppe des Wracks hinunter, die Leine anmutig wie eine Schleppe nachziehend. Für Cameron war das Fahrzeug fast wie eine Figur im Film, nicht viel anders als der Terminator. Er wollte ein Fahrzeug, das schwerelos dahinflog, nur eben nicht in der Luft, sondern im Wasser.

Das Ziel war also, Snoop so ins Gleichgewicht zu bekommen, daß er weder sank noch auftrieb. Weil ihnen nur ein sehr begrenztes Maß an Energie zur Verfügung stand, wollten sie nichts davon verschwenden müssen, um Snoop in seiner Position zu halten. Es mußte also ein perfekter statischer Balancezustand sein. In der Erdatmosphäre mit ihrem Druck von rund 1 bar wäre das Äquivalent ein Heliumballon, dem man so viele Büroklammern an die Schnur hängt, daß er auf Augenhöhe vor einem schwebt. Die magische Zone. So wünschte es sich Cameron – also würde es am Ende auch so sein.

Sagalewitsch wollte erst einmal sehen, wie sich das ROV in der Tiefe benahm, ehe man drastische Veränderungen einleitete. Doch das Problem verstärkte sich, als durch die Kälte und den Druck in der Tiefe das Öl im Innern des ROV dickflüssiger und zäher wurde. Das gewöhnlich bei Flugzeugen verwendete Hydrauliköl, das Western Space & Marine (WS & M) in Motor und Verbindungskabel benutzt hatte, war zehnmal zu dick, um unter diesen Bedingungen noch einigermaßen flüssig zu bleiben, so daß die Leine steif wurde und der Aufrollmechanismus außer Betrieb gesetzt war.

Der geringe Schub beruhte auf dem gleichen Problem, auch wenn sie anfangs geglaubt hatten, es handle sich um eine elektronische Fehlleistung. Als Cameron nach dem Tiefentest noch immer unzufrieden war, rief Sagalewitsch den Star des russischen Technikteams auf den Plan, den 78jährigen »Goldhand«, der seinen Spitznamen mehr als verdient hatte. Stück für Stück veränderten die Techniker unter der Anleitung von »Goldhand« den Abrollmechanismus und mixten statt des Öls einen »*Keldysch*-Cocktail« aus Kerosin. Beim dritten Tauchgang funktionierte die Apparatur tatsächlich. Genau solche kleinen Wunder hatte sich Cameron vom Team des Mannes erhofft, der seinen Automotor mit einem Stück Schnur repariert hatte.

Nach dem gut zweistündigen Abstieg machten sich nun alle für das Aufsetzen auf dem Grund und die lange Arbeitsphase bereit. Jeder zog noch ein Paar extradicke Socken an, man trank Tee und wurde allmählich munter. Sie knipsten das Furuno-Sonar an – ein Relikt aus den sechziger Jahren – und stoppten den freien Fall durch Abpumpen von Ballast. Gestern hatten sie

Regisseur James Cameron neben dem Operator der A-Kamera und Steadicam-Mann Jimmy Muro auf dem circa 50 Meter hohen Baukran, der als Kamera- und Lichtplattform benutzt wurde.

© 1997 by Twentieth Century Fox. Photo: Merie W. Wallace.

Oben: Die *Mir 1* ist eines von zwei Tauchbooten des russischen Forschungsschiffs *Akademik Keldysch;* auf der ganzen Welt gibt es nur fünf U-Boote, die bis in *Titanic*-Tiefen hinabtauchen können.

© Al Giddings Images, Inc.

Links: James Cameron (rechts) mit »Pilot« Anatoli Sagalewitsch und einem russischen Ingenieur in der *Mir 1*, die sie die vier Kilometer tief zum Grund des Ozeans und dem Wrack der *Titanic* brachte.

© 1997 by Twentieth Century Fox. Photo: Charlie Arneson.

Oben: Zusammen mit Kameramann Al Giddings (links) plant James Cameron jene Aufnahmen, die mit einem Modell des *Titanic*-Wracks gedreht werden sollen. *Unten:* Mit Hilfe von Spiegeln und Rauch wird die Illusion erzeugt, das Modell befände sich unter Wasser.

© (beide Photos) Al Giddings Images, Inc.

Oben: Da Camerons *Titanic* so lang war wie zwei Fußballfelder, baute man, um Kosten zu sparen, nur die Steuerbordseite; zum Meer hin waren lediglich Gerüste und Gestänge zu sehen. Die Backbordseite wurde ebenfalls hier gefilmt und später optisch »umgedreht«.

© 1997 by Twentieth Century Fox. Photo: Merie W. Wallace.

Rechts: Nachts war der hell erleuchtete, zehn Stockwerke hohe und mehr als 200 Meter lange Nachbau der *Titanic* von der mexikanischen Küstenstraße aus kilometerweit zu sehen.

© 1997 by Twentieth Century Fox. Photo: Merie W. Wallace.

Camerons Motto lautete: »Wir machen es entweder richtig, oder wir machen es so lange, bis es richtig ist.« Hier bespricht er mit Hauptdarsteller Leonardo DiCaprio die nächste Szene. In der Regel drehten sie eine Einstellung zehn- bis zwölfmal, ehe alle Nuancen stimmten, die sich der Regisseur vorgestellt hatte.

© 1997 by Twentieth Century Fox. Photo: Merie W. Wallace.

Die »Flug«-Szene, in der sich die beiden Liebenden das erste Mal küssen, wurde an vier verschiedenen Stellen gedreht und erst am Schneidetisch zu einer nahtlosen Einheit zusammengefügt.

© 1997 by Twentieth Century Fox. Photo: Merie W. Wallace.

Oben: Rose *(Kate Winslet)*, eskortiert von Jack Dawson *(Leonardo DiCaprio)*, spricht mit ihrem Verlobten *(Billy Zane)* und ihrer Mutter *(Frances Fisher)*. *Unten:* Molly Brown *(Kathy Bates)* mit Jack.

© 1997 by Twentieth Century Fox. Photo: Merie W. Wallace.

gemäß den Satellitenangaben ihre Transponder ausgelegt. Selbst ein ziviler Satellit ist inzwischen auf etwa neun Meter akkurat, was bei einem Objekt von der Größe der *Titanic* recht genau ist. Allerdings werden die Transponder auf dem Weg nach unten von der Strömung oft abgetrieben, so daß man nicht genau vorhersagen kann, wo sie landen. Das Transpondernetz würde ihnen bei der Lokalisierung der *Titanic* erst helfen, wenn sie gefunden und ihre Position auf dem Raster eingetragen war. Hier auf dem Meeresgrund waren sie erst einmal mehr oder weniger auf sich selbst angewiesen.

Mit dem neuen Seitensichtsonar von Mezotech waren sie zumindest theoretisch in der Lage, die *Titanic* aus einer Entfernung von 400 bis 500 Metern auszumachen. Nur war es leider der erste Tauchgang, bei dem die Russen das neue Sonargerät benutzten. Da sie sich mit ihm nicht richtig auskannten und außerdem unter Druck standen, das Wrack möglichst schnell zu finden, griffen sie lieber auf das vertraute alte Furuno-Sonar zurück, einen »Fischfinder«, der nach vorn funktionierte. Ihn für eine seitliche Suche zu benutzen, ist ungefähr so, als wollte man mit einem Rasenmäher eine Hecke stutzen. Der Bugteil der *Titanic* ist riesig und ragt annähernd 30 Meter vom Meeresgrund auf. Selbst ein grob arbeitendes Gerät mußte ihn eigentlich finden. Sie suchten in einem Umkreis von 360 Grad, nahmen eine Spur auf und entdeckten einen Felsen. So ging es zweieinhalb Stunden weiter, und einmal kreuzten sie sogar ihre eigenen Spuren.

Am liebsten wäre Cameron die Wände hochgegangen. »Ich war stinksauer, denn für mich war das die reinste Zeitverschwendung. Wir verplemperten kostbare Tauchzeit.« Unterdessen landete auch die *Mir 2*, die eine halbe Stunde später zu Wasser gelassen worden war, und fand die *Titanic* auf Anhieb. Da die Jungs im Kontrollraum der *Keldysch* den Standort der beiden *Mirs* jederzeit lokalisieren konnten, war es ein leichtes, die *Mir 1* zur *Titanic* zu lotsen, nachdem die *Mir 2* dort angekommen war. Während sie auf die Ankunft der *Mir 1* wartete, gelang es der *Mir 2*, die beiden Lichtgerüste aufzustellen.

Von den Navigationsfähigkeiten seines Teams war Cameron alles andere als begeistert, aber die Leistung des anderen Teams

unter dem besten *Mir*-Piloten Gena Tschernjew beeindruckte ihn um so mehr. Wie Abernathy es einmal ausdrückte: »Für Herrn James Cameron ist eine Sekunde wie eine Ewigkeit. Er lebt in einer Art Hyperrealität.« Sein erster Tauchgang zur *Titanic* dauerte gerade erst ein paar Stunden, da hatte er auch schon das Gefühl, noch mehr tun zu können. Er beschloß, sich selbst um das neue Mezotech-Sonar zu kümmern, und machte sich gleich daran, es auszukundschaften. »Ich habe sofort angefangen zu üben, an Objekten, die auf dem Grund herumlagen, Steinen und solchem Zeug. Ich habe versucht, sie auf dem Sonarbild zu erkennen, und dann aus dem Fenster geschaut.«
Cameron testete das Kamerasystem und die Scheinwerfer – alles funktionierte. Mit den Lampen hatte es Probleme gegeben: Bei den Tests war eine davon ausgebrannt, eine andere auf dem Boden aufgeschlagen und zerbrochen. Ohne den von Cameron sorgfältig ausgearbeiteten Lichtplan würde die Aufnahmequalität erheblich leiden. Technisch war also alles klar, als sie sich dem Schiff näherten. Aber dann stießen sie plötzlich auf Grund und gerieten in eine praktisch undurchsichtige Sedimentwolke. Cameron spähte durch das leicht nach rechts versetzte Bullauge. Keine zwei Meter vor ihnen erhob sich eine vernietete Stahlplatte, die aber unmöglich zum Schiffsrumpf gehören konnte, da sie zackige Ränder hatte. Das Stück Eisen steckte einfach im Boden wie ein riesiges Messer. Cameron blieb keine Zeit zu reagieren, denn die Strömung trug sie seitwärts, und ein Zusammenstoß ließ sich nicht mehr verhindern. Zwar fuhren sie nicht so schnell, daß er um sein Leben fürchten mußte, aber er machte sich Sorgen um das rechte Lichtgerüst. »Ich hatte Angst, wir würden es abbrechen, also rief ich: ›Anatoli! Wir schwimmen auf ein Stück Metall zu! Rechts! Fahr nach links!‹ Und er starrt aus dem Bullauge, aber das geht ja direkt nach vorn, und er kann das Lichtgerüst nicht sehen. Und ich rufe weiter: ›Da ist was! Glaub mir! Fahr nach links!‹« Aber Anatoli hörte nicht auf ihn, und sie rammten die Stahlplatte.
Sagalewitsch warf das Steuer herum und wirbelte dabei wieder eine Wolke Sediment auf, die ihnen die Sicht raubte. Plötzlich entdeckten sie durch das Gewirbel einen Berg aus Stahl, der etwa dreieinhalb Meter vor ihnen auftragte. Es blieb kaum Zeit,

den ersten Blick auf die *Titanic* auszukosten. Cameron sah ein Stück Reling, und sie bewegten sich direkt darauf zu. »›Höher!‹ sagte ich, ›höher!‹ Und wir steigen. Immer noch ist alles voller Sediment, und wir werden von der Strömung mehr oder weniger seitwärts getragen. Und da verliert Anatoli die Reling aus den Augen, bremst ab, und wir landen auf dem Deck des Schiffs. Eine Schlammwolke steigt auf, und er hat keine Ahnung, wo wir sind.«

Cameron hatte sich so darauf gefreut, die *Titanic* endlich mit eigenen Augen zu sehen, doch es war ganz anders, als er erwartet hatte. »Erst sehe ich gar nichts, gar nichts, gar nichts, dann taucht eine Wand mit Nieten auf, ein Adrenalinstoß, dann stecken wir in einer Schlammwolke, dann taucht ein Stück Reling auf, dann krachen wir aufs Deck, und mein Pilot hat keinen Schimmer, wo wir eigentlich sind.« Wracktauchen ist gefährlich, und eine der wichtigsten Sicherheitsmaßnahmen besteht darin, sich immer genau zu orientieren. Hätte Sagalewitsch das Tauchboot nur ein paar Meter weiter aufgesetzt, hätte es gut in der großen offenen Ladeluke Nummer eins landen können, wo es wahrscheinlich noch heute festsitzen würde.

Cameron schwenkte die Kamera horizontal um 180 Grad und beobachtete die Szenerie auf dem Monitor hinter ihnen. Er spähte aus dem Bullauge neben ihm, dann aus dem weiter links, um sich ein Bild davon zu verschaffen, wo sie sich befanden. Obgleich er die *Titanic* zum erstenmal leibhaftig vor sich sah, hatte er dank seines Modells jedes Detail im Gedächtnis. Das Deck selbst bot die meisten Anhaltspunkte. Obgleich die Holzplanken von Mollusken weggefressen waren, konnte er die Umrisse der Kalfaterung noch sehen. Nur an einer Stelle verliefen die Planken in einem rechten Winkel zur Reling: auf dem Vorschiff. Rasch holte er ein Diagramm der *Titanic* heraus und zeichnete die *Mir* darauf ein. Doch Sagalewitsch glaubte ihm nicht. »Vertrau mir«, sagte Cameron nur und nahm eine Peilung mit dem Kompaß vor. Sie waren etwa 170 Grad nach Süden gewandt. »Fahr das Tauchboot anderthalb Meter hoch, dreh um, so daß wir bei null oder zehn Grad stehen, und viereinhalb oder fünf Meter weiter sehen wir die Ladeluke Nummer eins.« Schließlich gab der Russe nach. Sie stiegen ein Stück, drehten sich um 180

Grad, fuhren ein Stück nach vorn, und da lag tatsächlich die Luke.

Danach zweifelte Sagalewitsch Camerons Anweisungen nie wieder an, und allmählich begann die Angelegenheit Spaß zu machen. Gena hatte gesagt, die *Mir 2* halte sich am Bug auf. Nun übernahm Cameron das Kommando. »Wir werden über die vorderen Ankerwinden und um den Ankerkran herumfahren. Jetzt machen wir uns auf den Weg über die Schiffsmitte in Richtung Ankerkran.« Die Worte waren kaum aus seinem Mund, da steckten die Männer schon in der nächsten Notsituation – sie bewegten sich direkt auf den Ankerkran zu, einen viereinhalb Meter hohen Stahlmast. »Wenn es so weitergeht, kriegen wir nie anständige Aufnahmen!« dachte Cameron wehmütig, als sie daran vorüberflogen. Die Lichter der *Mir 2* waren an der Bugspitze zu sehen.

Drei Stunden nachdem sie auf dem Meeresgrund aufgesetzt hatten, konnte Cameron endlich seine Kamera auf die *Titanic* richten. Später beschrieb er die folgenden Stunden als einen »Haufen Scheiße«. Seine erste Dienstanweisung war, die Lichtgerüste in Betrieb zu nehmen, aber nach einer Dreiviertelstunde kam er zu dem Schluß, daß er seine 160.000-Dollar-Türme vergessen konnte. Später fand man heraus, daß das Problem im akustischen Modem lag. Der Hersteller hatte es fälschlicherweise auf eine niedrigere Tiefe ausgerichtet, so daß es hier nicht mehr funktionieren konnte. Cameron ließ die Gerüste wegschaffen und machte sich an die ersten Aufnahmen.

Doch der Versuch, die beiden Tauchboote so am Wrack zu postieren, daß er die Szene mit den HMI-Lampen an Bord seines eigenen Boots ausleuchten und das andere fotografieren konnte, erwies sich als »absoluter Schlamassel«. Wenigstens ein paarmal bekam er Wrack und Tauchboot gleichzeitig vor die Linse. Nachdem die erste Rolle Film komplett verschossen war, machten sie sich auf den Rückweg: Ein 15- bis 16stündiger Ausflug hatte eine Ausbeute von zwölf bis 15 Minuten Filmmaterial erbracht.

Um Viertel vor zwei Uhr morgens am 9. September erreichte die *Mir 1* in ziemlich ramponiertem Zustand die Oberfläche. Der hydraulische Lichtgalgen hatte sich in ausgeklappter Position verklemmt. Sie versuchten das Hydrauliköl abzulassen, aber das brachte nichts. Beim Durchbruch durch die Wasseroberfläche war die Außenbordausrüstung immer am gefährdetsten, und der Galgen mußte rasch gesichert werden, denn die über einen Meter hohen Wellen kündigten bereits den Hurrikan Luis an. Charlie Arneson hatte Tauchdienst und kam von der *Zodiac* angeschwommen, um zu helfen. Die Russen weigerten sich, einen Mann neben einem Tauchboot ins offene Wasser zu lassen, da 1989 ein Besatzungsmitglied bei einer nächtlichen Tauchaktion ums Leben gekommen war. Er hatte versucht, an einem Tauchboot etwas zu reparieren, und war zu weit abgetaucht. Also sollte Charlie ins Wasser gehen. Cameron sagte über das UQC Bescheid und erklärte das Problem. Wenn Arneson sich näherte, würde Cameron sich mit ihm durch Handzeichen durch das große obere Bullauge verständigen. Die beiden hatten viele Stunden miteinander unter Wasser verbracht und brauchten keine Worte.

Als sie dann endlich an Deck waren, versuchte Cameron zwar, das Bild einen Mannes abzugeben, der sich darüber freut, daß er es geschafft hat, die *Titanic* zu sehen. Innerlich jedoch kochte er. »Ich hatte mir eingebildet, die Russen würden das Wrack kennen, hatte gedacht, man würde es sehen, wenn man hinkam, aber das war nicht der Fall. Ich hatte geglaubt, das Steuern eines Tauchboots wäre eine logische, überschaubare Angelegenheit. Aber auch das stimmte irgendwie nicht. Es war ein totaler Zirkus. Es war wie Topfschlagen.« Die *Titanic* mit einer *Mir* zu besuchen war ein verwirrendes Erlebnis: Man glitt mit einem 18-Tonnen-Fahrzeug von der Größe eines mittleren Lastwagens über den Bauch eines Ungetüms, so groß wie ein halbes Footballfeld. Das natürliche Sichtfeld war auf drei winzige Bullaugen beschränkt, die alle nach vorn gingen, so daß man weder nach rechts noch nach links schauen konnte, sondern nur schräg nach vorn. Eine falsche Kurve, und man hatte das Wrack möglicherweise für mehrere Stunden verloren.

In der Sauna besprach Cameron die Probleme kurz mit Sagalewitsch, ohne jedoch alle Knackpunkte anzusprechen. Später saß er dann mit Giddings und White zusammen und schüttete ihnen sein Herz über die enttäuschende erste Tauchaktion aus. White, der die *Titanic* bereits 17mal besucht hatte, versicherte ihm, daß einige der Schwierigkeiten rein zufallsbedingt waren. Wissenschaftler an Bord untersuchten bereits die extreme Trübheit – das 1000fache des sonst üblichen Werts, mit einer Bodenströmung von 0,7 Knoten. Man ging davon aus, daß die ungewöhnliche Aktivität im Golfstrom dafür verantwortlich war. Doch dieser stärkste und beständigste Strom des Nordatlantiks reichte für gewöhnlich nicht tiefer als 900 Meter. Allem Anschein nach machte er aufgrund einer besonders heftigen Hurrikansaison eine Ausnahme. Den Golfstrom hatten die Filmemacher in ihren Berechnungen nicht eingeplant, und so beschloß Cameron, seinen bisherigen Drehplan durch eine Alternative für schlechte Wetterverhältnisse zu ergänzen. Die Meteorologin Valeria Koslowitsch (die von Cameron den Spitznamen »Wetterhexe« bekommen hatte, weil ihre Vorhersagen geradezu unheimlich oft eintrafen) konnte zwar Vermutungen über die Bedingungen am Meeresboden anstellen und diese auch begründen, aber von oben war eine genaue Vorhersage völlig unmöglich.

Doch eines der vielen Probleme hatte nichts mit dem Zufall zu tun. Sowohl Giddings als auch White drängten Cameron, Sagalewitsch nicht mehr ans Steuer zu lassen und an seiner Stelle Gena für das Kameraboot einzusetzen. Zwar zweifelten beide nicht an Sagalewitschs Qualitäten als Wissenschaftler und Geschäftsmann, aber am Steuer des Tauchboots war er kein Profi. Andererseits wußte Cameron genau, wie wichtig seinem russischen Freund der Hollywood-Film war. Stolz war unter russischen Männern immer noch ein sehr wichtiger Wert, und wenn der amerikanische Starregisseur versuchte, den Chef der *Keldysch* auszubooten, konnte das leicht als öffentliche Demütigung verstanden werden. Zwar hatte Cameron ohnehin den Ruf, daß er auf dem harten Weg zur Perfektion keine Gnade kannte, aber dies war eine Grenze, die selbst er nicht überschreiten wollte. Außerdem war er nicht einmal sicher, ob es überhaupt möglich war, Sagalewitsch als Tauchbootpiloten zu feuern. Immerhin war es sein Schiff.

In seinem Tagebuch grübelte Cameron ausführlich über sein Problem:

Ich finde einfach keine geeignete Möglichkeit, diesen Mann, mit dem ich seit drei Jahren befreundet bin, damit zu konfrontieren, daß er nicht mehr ans Steuer seines eigenen Tauchboots soll. Ich möchte alles andere ausprobieren, ehe ich ihn bitte zurückzutreten. Die schlechte Sicht und unsere Unfähigkeit, die Tauchboote in die richtige Position zu bringen und am Wrack selbst die einfachsten Manöver auszuführen, bringen mich allmählich zu der Überzeugung, daß dieses ganze Projekt eine Sackgasse ist, eine reine Zeit- und Geldverschwendung. Ich ärgere mich auch darüber, daß Anatoli andauernd die Zusammensetzung des Teams verändert, angeblich damit alle seine Jungs die Chance bekommen zu tauchen und in Übung bleiben, aber auf Kosten meines Projekts. Die Hälfte des ersten Tauchgangs ging damit drauf, daß ich Andrej erklären mußte, wie er den langen Lampengalgen bewegen soll, damit er mit meiner Kamera übereinstimmt, und jetzt hat Anatoli für den nächsten Tauchgang einen anderen Ingenieur an seine Stelle gesetzt. Das ergibt keinen Sinn.

Beim morgendlichen Gruppentreffen sprach Sagalewitsch, der diese täglichen Besprechungen leitete, die »Probleme« ziemlich vorsichtig an. Für Cameron hatten die Dinge bereits krisenähnliche Dimensionen angenommen. Nach der Besprechung nahm er Sagalewitsch beiseite und sprach die Sache offen an. »Ich sagte Anatoli, daß ich ein festes Team will. Er erklärte sich dazu bereit. Ich sagte außerdem, daß ich Giddings im anderen Tauchboot möchte, damit er mir bei der Koordination der Lampen hilft, denn ich weiß, daß Al keine Angst davor hat, die Kommunikation zu übernehmen. Und dann verschiebt sich das Gleichgewicht zwischen Russisch und Englisch in den Tauchbooten in Richtung Englisch.« Die Besatzungsliste war bereits veröffentlicht worden, und obwohl Sagalewitsch – um das Gesicht zu wahren – sich weigerte, sie zurückzuziehen, versprach er Cameron, seine Forderungen zu erfüllen.

Am nächsten Tag sollte die Tauchaktion um halb neun Uhr morgens beginnen. Cameron, Sagalewitsch und Andrej Andrejew sollten die *Mir 1* übernehmen, Gena Tschernjew, Jeff Ledda und Al Giddings die *Mir 2*. Schon eine Verbesserung. Zwar hatte Cameron noch immer Anatoli am Steuer, aber er beschloß, das

Thema nicht weiter zu strapazieren. Schließlich »mußte auf dem Schiff ja niemand erfahren, was in den Tauchbooten passierte, solange wir lebend und mit den entsprechenden Filmaufnahmen zurückkamen«. (In Wirklichkeit hatte es sich herumgesprochen, wie Cameron seine Wut gegenüber Sagalewitsch äußerte, und die Geschichten wurden teils ungläubig, meist aber amüsiert aufgenommen.)
Möglicherweise war es sogar besser, Gena als den erfahreneren Piloten in der *Mir 2* zu haben, die Cameron über das Kommunikationssystem dirigieren mußte, ohne die Chance, sich mit Gesten und Handzeichen zu verständigen. Zwar gab es eine Art Behelfssprache für die Verständigung im technischen Bereich, die auch ganz gut funktionierte, wenn man sich direkt gegenübersaß. Aber auf dem UQC war das weit schwieriger. Wie gut Gena Camerons Anweisungen nachkam, hing ganz davon ab, wie gut Anatoli verstand, was der Regisseur ihm mitgeteilt hatte. Die Tauchboote in Stellung zu bringen, mit dem Filmen zu beginnen, das andere Tauchboot zu dirigieren – das alles war ein heilloses Durcheinander. »Ich brachte sie nicht mal dazu, die Lampen einzuschalten«, klagte Cameron. Er wollte die Tauchboote genauso dirigieren, wie er es von Hubschraubern, Booten oder Autos bei einer Actionszene gewohnt war. Ironisch bemerkte er, daß »das völlig außerhalb ihres Horizonts lag. Ich hatte es mit Wissenschaftlern zu tun, wir saßen in wissenschaftlichen Geräten, und ich versuchte, sie zu behandeln wie Kameraaufnahmewagen. Aber ich glaubte wirklich, wir würden es schaffen, und zwar ohne größere Katastrophen.«
In dieser Nacht noch wurden die Filmrollen beider Tauchgänge von einem 18 Meter langen Fischerboot, der *Michael Mariner,* mitgenommen: zwei Rollen von der *Mir 1* und drei von der *Mir 2,* die das zweite Team von oben aufgenommen hatte. Das winzige Boot stach sofort in die reichlich rauhe See und machte sich auf den 36stündigen Rückweg nach St. John. Eigentlich sollte John Bruno den Film zum Labor in Toronto begleiten, aber Arneson, White und mehrere andere bestürmten ihn, lieber nicht zu fahren, da Luis auf der Lauer lag. Auf der großen *Keldysch* war er wesentlich sicherer vor dem Hurrikan als in einer kleinen Nußschale. Bruno ließ sich überzeugen.

Um acht Uhr abends wurde am Modell der *Titanic* eine Instruktionsstunde abgehalten. Cameron war der Überzeugung, daß er noch mehr Zeit in die Planung und vorherige Veranschaulichung investieren sollte. Er beschloß, mit den Tauchbootpiloten nach seinen Anweisungen am Modell zu üben. »Ich dachte, wenn ich sie nicht dazu kriegte, die Modelle richtig zu bewegen, konnte ich das mit den Tauchbooten auf dem Meeresgrund auch nicht schaffen.«

Am 10. September wurde die *Mir 1* um halb neun Uhr morgens zu Wasser gelassen. Cameron war vorsichtig optimistisch und ließ seine neu entwickelten Navigationsfähigkeiten spielen. Beim Abtauchen sah er auf dem Radar, daß sie von einer heftigen Strömung nach Südosten abgetrieben wurden. In einer Tiefe von gut zwei Kilometern waren sie schon über eineinhalb Kilometer vom Kurs abgekommen. »Ich drängte Anatoli, eine Kurskorrektur vorzunehmen, und wir begannen uns seitlich durch die Wassersäule zu bewegen. Aber er wartete zu lange mit dem Ballastabpumpen, und als wir den Boden unter uns sahen, mußte er die Seitentriebwerke einsetzen, um uns genügend abzubremsen.« Sie landeten in einer braunen Sedimentwolke. Als sich die Sicht klärte, bot sich Cameron etwa drei Meter vor ihnen ein unglaublicher Anblick: ein Lehmwall, der aussah, als hätte ihn ein großer Bulldozer gerade frisch aufgeworfen: die Einschlagstelle des Bugs, direkt unter dem Anker. Bei seinem ersten Versuch, die *Mir 1* nach unten zu navigieren, war Cameron direkt neben dem Wrack gelandet, was den Russen äußerst unheimlich war. Ein hartes Aufsetzen auf der *Titanic* wäre eine Katastrophe gewesen, denn wenn sich das Tauchboot in einer der zahlreichen Spalten verklemmte, wären sie womöglich für immer im Wrack steckengeblieben. Für solche Fälle war die *Keldysch* zwar mit einem neun Kilometer langen Schleppseil ausgerüstet, aber das gehörte zu den Ausrüstungsstücken, die keiner besonders gern ausprobieren wollte. Ab Tauchgang drei landeten sie ein Stück vom Wrack entfernt, orteten dessen Lage auf dem Mezotech und steuerten dann darauf zu.

Als die *Mir 2* erschien, war das ein großartiger Anblick – »wie das UFO aus *Close Encounters of the Third Kind* (Unheimliche Begegnung der dritten Art)« –, und Cameron filmte sie, noch ehe sie in Stellung gegangen war. Dann machte er Nahaufnahmen vom Bug des Wracks. Anatoli hatte Schwierigkeiten, sich in die richtige Position für einen Querpaß zu bringen, schaffte es aber schließlich doch. Andrej kam mit dem Lampengalgen immer besser zurecht. Das Mezotech war endlich korrekt kalibriert und zeigte ihnen ein faszinierendes Abbild des Wracks. Letztlich sollte es ihr wichtigstes Gerät werden, um die Tauchboote in die richtige Stellung zu bringen. Die Kommunikation mit der *Mir 2* funktionierte wesentlich besser, seit Giddings an Bord saß. Vielleicht war doch noch nicht alles verloren.

Dann drifteten sie rückwärts über das Deck. Cameron spähte durch das Bullauge und sah die vordere Dehnungsfuge, die wie ein großer Riß quer über das Schiff lief. »Ich sage Anatoli, er soll abdrehen, ehe wir den Davit für Rettungsboot Nummer eins rammen, auf den wir geradewegs zufahren. Er steigt auf, und mir wird klar, daß ausgerechnet ich an Bord der Experte des Wracks bin, weil ich mir das Modell gemerkt habe. Das ist so genau, daß ich jederzeit unsere Position bestimmen kann, selbst wenn ich einen Teil davon zum erstenmal sehe. Nach ausgiebiger Forschung und ausgefeilter Simulationstechnik mit Modellen, Rauch und Fiberoptiken habe ich das Gefühl, an einem vertrauten Ort zu sein, obwohl ich ihn noch nie direkt gesehen habe.«

Die Tauchzeit war so kostbar, daß Cameron oft im Bruchteil einer Sekunde die Entscheidung fällte, bereits die Probebewegung zu filmen, wodurch er in der für ihn ganz ungewohnten Lage war, etwas aufzunehmen, was er noch nie zuvor zu Gesicht bekommen hatte – das war das Feld des Dokumentarfilmers, nicht des Hollywood-Regisseurs. Die Arbeit verlangte eine Konzentration, die keine Zeit für Emotionen ließ; dennoch gingen ihm gelegentlich Gedanken über die Tragödie durch den Kopf, die sich vor 83 Jahren auf diesen verfallenen Schiffsdecks abgespielt hatte.

Um halb vier Uhr nachmittags war das Filmmaterial verbraucht, und wenige Sekunden später kam von der *Keldysch* die Nachricht, daß Luis früher als erwartet eingetroffen war. Die *Mir 1* pumpte Ballast ab und schoß wie eine Rakete zur Oberfläche hinauf, wo sie über eine Stunde von den bis zu siebeneinhalb Meter hohen Wellen herumgewirbelt wurde, ehe sie geborgen

werden konnte. Als die *Mir 2* ebenfalls oben war, zogen sie sich rasch auf die *Keldysch* zurück. Der Wind heulte, und der Schiffskapitän nahm Kurs auf ein etwa 130 Kilometer südöstlich gelegenes Hochdruckgebiet, das Schutz versprach. Hurrikane reisen gern in tropischen Tiefs.
Nach der unruhigen Evakuierung ging jeder seine eigenen Wege. Cameron war noch etwas flau im Magen, und er beschloß, sich früh aufs Ohr zu legen. Nach einem Wodka und einem kurzen Saunaaufenthalt mit seinen russischen Tauchgenossen zog er sich in sein Zimmer zurück; die anderen wollten noch feiern. Diese ersten Tauchgänge hatten Cameron physisch und psychisch ziemlich zugesetzt. Es gab so vieles zu koordinieren. Er war rund um die Uhr eingespannt, von den Besprechungen, bei denen der Tauchgang geplant wurde, bis zum Einsteigen ins Tauchboot und schließlich dem Moment, wenn sie wieder aufstiegen. In dieser Nacht nahm er sich zum erstenmal die Zeit zum Nachdenken.»Ich saß da, und plötzlich fing ich an zu weinen, als ich an den Tauchgang dachte und an alles, was ich gesehen und erlebt hatte. Es überwältigte mich. Dann schwor ich mir, bei jedem künftigen Tauchgang die Zeit zu finden, emotional wirklich ganz dabeizusein. Denn sonst hätte ich ja auch auf dem Schiff sitzen und ein ROV bedienen können. Es gab keinen Grund, physisch dort unten anwesend zu sein, wenn ich es nicht auszukosten wußte.«
Von nun an bestand Cameron darauf, daß sie mit den Tauchbooten auf dem Bootsdeck landeten, um ihren Lunch einzunehmen, und nicht wie bisher irgendwo auf dem dunklen Grund des Ozeans.»Wir tranken unseren Tee, starrten durch die Bullaugen hinaus und dachten an all das, was sich hier ereignet hatte. Das Scriptment war fertig, also wußte ich, wer was machte und was wo passierte, welche Boote wo waren, welche Dramen sich an der Stelle abgespielt hatten, wo wir jetzt saßen. An diesem Punkt erkannte ich, daß ich die Sache verkehrt angegangen hatte und daß es vielleicht noch wichtiger war, die emotionale Bedeutung des Schiffes einzufangen, das, was mit ihm und den Menschen an Bord geschehen war, als die Filmaufnahmen zu bekommen.«
Als ahmte das Leben die Kunst nach, fühlte sich Cameron plötzlich im gleichen emotionalen Zyklus wie Brock, der Schatzjäger,

den er für den Film erdacht hatte.«Anfangs ist er nur an Technik und an seinen ganz egoistischen Zielen interessiert, aber dann läßt er die Tragödie richtig an sich heran. Als ich das Scriptment in ein Drehbuch umarbeitete, wurde diese Figur durch meine eigene Erfahrung erst richtig lebendig.«

Während Cameron so über sich nachsann, vertrieben sich seine Kollegen auf etwas oberflächlichere Art die Zeit. Die bemalten Becher waren inzwischen zu begehrten Sammlerstücken geworden, und John Bruno arbeitete in seinem Zimmer praktisch in Fließbandproduktion. Lewis Abernathy, der damit angab, der Sturm sei nach ihm benannt, gab eine »Rock 'n'Roll-, Kotz-bis-du-umfällst, Wodka und Pillen«-Party. Vorsichtig überquerten die Amerikaner die kulturelle Kluft und erforschten russische Sitten und Gebräuche.

An Bord gab es mehrere Destillierapparate, einige davon höchst einfallsreich. Die Laserspezialisten produzierten ihre eigenen Cocktails, indem sie Kaffee und Obstextrakt in den 95prozentigen Alkohol schütteten, der eigentlich für das Kühlen und Reinigen ihrer Gerätschaften gedacht war. Gelegentlich betranken sich die Amerikaner bis zur Bewußtlosigkeit. Steve Quale kroch eines Abends völlig blau in sein Bett und erkundigte sich am nächsten Tag voller Entsetzen: »Was hab' ich getrunken? Laser-Kühlmittel? Wie meint ihr das?« Abernathy versuchte ein Getränk, das unter anderem angeblich aus Hydrauliköl hergestellt worden war. »Ich hatte Glück, daß ich auf dem Boot nicht blind geworden bin. Die würden den Alkohol direkt aus dem Kompaß trinken«, meinte der Texaner, als er merkte, daß die Backbordnadel nicht funktionierte. »Nicht, daß sie den gebraucht hätten, sie hatten ja das GPS und den ganzen elektronischen Kram.«

Da die Tragödie der *Titanic* weltweit bekannt war, hatten alle ein Thema, über das sie reden konnten. Nur eine Handvoll Russen sprach Englisch, die Amerikaner konnten kein Russisch, und deshalb brauchte man für die meisten Gespräche entweder einen Dolmetscher, oder man mußte sich mit Händen und Füßen verständigen. Abernathy machte es sich zur Aufgabe, die Kluft zu überbrücken. »Ich ging in die verschiedenen Abteilungen und fragte: ›Was macht ihr hier eigentlich?‹ Jeder redet doch gern über sich und das, was er tut.« Er erfuhr, daß die Russen die größte wissenschaftliche Flotte der Welt haben, daß die *Keldysch* das unumstrittene Flaggschiff dieser Flotte ist, die seit dem Zusammenbruch der Sowjetunion im Jahr 1994 größtenteils in Kaliningrad eingemottet gewesen war. Genaugenommen war Camerons *Titanic*-Projekt ein großer Segen für sie. Doch ein wenig der Schirschow-Arroganz hatte abgefärbt: Viele Mitglieder des wissenschaftlichen Teams waren überhaupt nicht angetan von der Idee, ihr bestes Forschungsschiff an eine amerikanische Filmgesellschaft zu vermieten. In gewisser Weise konnte Abernathy das verstehen. »Laden Sie doch mal ein Filmteam in Ihre Wohnung ein. So nett die Leute auch sind, sie hinterlassen eine Verwüstung. Das gleiche gilt natürlich für die *Keldysch*.«

Übrigens litt das Schiff auch unter Abernathys Party. Ein paar völlig betrunkene Amerikaner nahmen den Kran in Betrieb, so daß der Kapitän sie über Lautsprecher zur Ordnung rufen mußte, was fast zu einem internationalen Zwischenfall führte. Als Luis vorübergezogen war, kehrten sie zu ihrem Hauptziel zurück und erreichten es rechtzeitig zum Mitternachtsrendezvous mit der *Ocean Mariner*, die den Film der zweiten Tauchaktion mitnahm.

Noch immer hatte Cameron die Muster vom Wrack nicht gesehen. Der erste Schwung sollte an diesem Tag, dem 12. September, mit dem Flugzeug gebracht werden. Er hatte ein eher unbehagliches Gefühl und rechnete damit, daß er die ersten Tauchgänge vom fotografischen Standpunkt her abschreiben konnte, weil er da immer noch herumexperimentiert hatte. Der nächste Tauchgang war für den folgenden Tag, den 13. September, um vier Uhr morgens angesetzt. Sie rechneten damit, daß das Wasser bis dahin wieder einigermaßen klar sein würde. Sie werkelten immer noch mit dem ROV herum, dessen Leine nach wie vor nicht richtig funktionierte. Auch die Lichtanlage auf den Tauchbooten mußte gewartet werden.

Gegen drei Uhr nachmittags machte sich die Besatzung für den Abwurf des Films bereit – die Sonne schien, die See war glasklar. Der Fallschirmabwurf war hier auf hoher See zweifellos ein Ereignis. Giddings' Dokumentarteam war im Funkraum und nahm auf, wie Ralph White mit dem Piloten in Kontakt trat, der antwortete: »*Titanic*-Forschungsschiff«, woraufhin White schrie:

»Das war also das Ende unserer Tarnung!« Er gab dem Piloten die Anweisung, Film, Nahrungsmittel und Ersatzteile in drei Durchgängen abzuwerfen und einen zusätzlichen »Schönheitseinsatz« für die Kameras zu fliegen. Dann lief auch das Dokumentarteam auf Deck. Die *Keldysch*-Besatzung machte in aller Eile die *Zodiac* bereit, während der Kapitän das Schiff in den Wind drehte, damit das Flugzeug es beim Abwerfen leichter hatte. Die Nachricht hatte sich rasch verbreitet, und die Leute versammelten sich. John Bruno dokumentierte es in seinem Tagebuch:

Das Flugzeug ist noch nicht auf dem Radar aufgetaucht. Jim entdeckt es. Tolles Radar. Das Flugzeug fliegt langsam über das Schiff. Ein Catalina-Flugboot, Modell Zweiter Weltkrieg. Lonja bringt die Zodiac *in Stellung, und Ralph gibt Anweisung für den Abwurf. Der erste Versuch geht 45 Meter daneben, der zweite viereinhalb. Nach dem dritten Abwurf erteilt Ralph dem Piloten die Erlaubnis, nach eigenem Gutdünken die Höhe zu bestimmen, in der er über die* Keldysch *wegfegt. Die Catalina nimmt Kurs auf den Bug und rauscht auf der Steuerbordseite unter uns vorbei und hinterläßt Kratzer im Anstrich. Dann wackelt der große Vogel mit den Flügeln und macht sich auf den Heimflug nach Halifax. Eine tolle Vorführung.*

An White als Versorgungsoffizier wurden zahlreiche Sonderwünsche herangetragen: Snickers für das technische Team, Zigaretten für Abernathy. Aber James Cameron wollte nur seinen Film. Um halb sechs konnte er sich endlich die Muster ansehen. Der Schwenkmechanismus zitterte und mußte reguliert werden. Bei Blendenwert 2 sah der Film leicht überbelichtet aus. Wenn er ihn auf 4 senkte, würde das eine größere Tiefenschärfe geben, was vielleicht die schlechte Sicht ein bißchen wettmachte, die bei nur siebeneinhalb Metern lag. Frühere Expeditionen hatten eine Sichtweite von 18 bis 30 Metern gehabt. Cameron vermutete, daß die ungewöhnlich zahlreichen Sommerhurrikane, die der östlichen Meeresküste zusetzten, Schlamm und Sediment aufgewirbelt hatten, die vom Golfstrom in den Nordatlantik gepumpt wurden. Wenn seine Theorie stimmte, bekam er wahrscheinlich im Lauf dieser Unternehmung keine wirklich guten Sichtverhältnisse mehr – eine traurige Nachricht, denn er wollte die *Titanic* in Panoramaaufnahmen zeigen, wie man sie noch nie zuvor gesehen hatte. Der Aufnahmeentwurf, die Kamera, das Licht, das Filmmaterial, alles war unter diesem Gesichtspunkt ausgewählt worden. Cameron beschloß, sich ein realistischeres Ziel zu setzen und die *Mir*-Tauchboote noch mehr in der Nähe der erkennbaren Teile des Wracks zu filmen.

Dieses Material würde er später mit Weitwinkelaufnahmen des Modells zusammenschneiden. Also hatte sich die Mühe mit den Mustern gelohnt. Ohne sie hätte er womöglich die gesamte Mission abschreiben können.

Kapitel 6

*Chaos ist ein Naturgesetz,
Ordnung der Traum der Menschheit.*

HENRY B. ADAMS

Nachdem Cameron seine Ansprüche zurückgeschraubt hatte, wurden der dritte und der vierte Tauchgang »Aktionen wie aus dem Lehrbuch«. Die größte Panne war ein Kommunikationszusammenbruch, als ComSAT der *Keldysch* das Telefon abstellte, weil das Schirschow-Institut nicht bezahlt hatte. Eine Filmproduktion kann ohne Telefon nicht leben. Sofort traten White und Moore in Aktion. »Wenn die einem das Telefon abstellen, machen sie das nach und nach, also kann einer, der wirklich schlau ist, ihnen immer einen Schritt voraus sein«, sagte Moore. Sie gruben ein altes Satellitenhandbuch aus und wählten einfach immer wieder, bis sie Sanchini erreichten. Sie schaffte das Problem aus der Welt, indem sie ComSAT 1000 Dollar von Camerons American-Express-Konto überwies.
Bis zur fünften Tauchaktion am 17. September hatte sich das Leben auf der *Keldysch* ganz gut eingespielt. Das Tauchen wurde zur Routine, die dreistündige Reise auf den Meeresgrund eine Art Pendelverkehr, »als würde man mit der U-Bahn zur Arbeit fahren«. Das ROV funktionierte inzwischen einwandfrei, und es gelangen einige hochinteressante Aufnahmen. Bei einer besonders dramatischen Aktion schwebte Cameron im Kameraboot über der *Mir 2*, die oben auf der großen Freitreppe gelandet war und Snoop aufs B-Deck abseilte und ins Schiffsinnere ausschwärmen ließ. In aufeinanderfolgenden Einstellungen schlängelte sich Snoop vier Stockwerke weiter hinunter aufs D-Deck. Obgleich die ROVs ursprünglich nicht als bildgebende Geräte entwickelt worden sind, gehört zu ihrer Grundausstattung eine Videokamera, die von den Piloten dazu benutzt wird, die Fahrzeuge zu »fliegen«. Dank eines glücklichen Zufalls gelangen Snoop ein paar sehr eindrucksvolle Bilder. In der darauf folgenden Nacht führte Cameron das Band vor. »Es war richtig unheimlich«, erinnert sich John Bruno. »Plötzlich wurde uns klar,

daß seit 83 Jahren kein Mensch mehr in diese Korridore geblickt hatte.« Hier lag ein alter Lederkoffer, dort ein Stuhl, ein Stück Holzverkleidung, eine Säule, die beinahe intakt wirkte. »Zuerst sieht man Dinge, die man nicht versteht, die man nicht einordnen kann«, meinte Cameron. »Dann fängt man an, Theorien zu entwickeln.«
Frühere *Titanic*-Forscher hatten angenommen, die Holzverkleidung des Schiffes hätte sich zersetzt. Nun entdeckte Cameron, daß Holz nicht nur vorhanden war, sondern daß das meiste weiß angestrichen zu sein schien. »Obwohl die Farbe großenteils abgeblättert war, konnten wir noch Spuren in den Ritzen der handgeschnitzten Eichensäulen und der Wandvertäfelung erkennen. Also hat man damals wahrscheinlich auf Bleibasis hergestellte weiße Farbe benutzt, die die Mollusken ferngehalten hat, denen das andere Holz zum Opfer gefallen ist. Als das Schiff auf dem Grund landete, hatten alle Organismen, die sich von Holz ernähren, eine Blütezeit. Sie zogen durch das Schiff und verzehrten alles, was sie konnten. Was ihnen beim ersten Mal entging, weil es nicht bekömmlich war – wie beispielsweise die weiße Farbe –, wurde wahrscheinlich einfach ignoriert. Als alles gegessen war, war die Blütezeit zu Ende, und die Organismen starben ab. Als die Farbe dann schließlich abblätterte, waren nicht mehr genug holzfressende Mollusken in der Nähe, um wieder richtig Fuß zu fassen. Das ist meine persönliche Theorie, als Nichtwissenschaftler, der auf dem College ein Jahr Meeresbiologie belegt hat.«
Andere Schattenbilder ragten außerhalb der Reichweite des Lichts auf. Cameron war fasziniert. Er wollte weiter gehen. Natürlich wußte er, daß es unvernünftig war, den Roboter, der 400.000 Dollar gekostet hatte, noch tiefer in die *Titanic* zu schicken, wo er womöglich auf Nimmerwiedersehen steckenblieb. Er brauchte Snoop noch, denn er wollte ihn in den Sets der versunkenen Luxuskabinen filmen. »Aber meine Neugier besiegte schließlich meine Vernunft. Ich schwor, das ROV später noch einmal auf Forschungsreise zu schicken, selbst wenn ich von meinem eigenen Geld einen zusätzlichen Tauchgang bezahlen mußte.«
Der sechste Tauchgang sollte John Brunos erster Ausflug zur *Ti-*

tanic werden. Da er wahrscheinlich die Special Effects für den Film überwachen würde, hatte Cameron ihm nahegelegt, das Wrack persönlich in Augenschein zu nehmen – sozusagen als visuelle Hilfe bei der Konstruktion seiner Modelle. Als einziges Teammitglied ohne direkte Aufgabe befand sich Bruno in einer beneidenswerten Lage, beispielsweise gegenüber Abernathy, der immer wieder darum bat, mitgenommen zu werden, aber mit der Begründung, dies sei keine Vergnügungsreise, abgewiesen wurde. Er schmollte, aber Plätze im Tauchboot waren sehr gefragt. Bruno sollte bei Giddings und Tschernjew in der *Mir 2* den Platz des ROV-Piloten Jeff Ledda übernehmen. Wenige Minuten bevor die *Mir 2* auf dem Boden aufsetzte, mußte die Aktion wegen eines Totalausfalls der Hydrauliksteuerung der *Mir 1*-Triebwerke abgebrochen werden. Brunos erster Kontakt mit der *Titanic* war ein kurzes Bild auf dem Mezotech-Sonar. Die Tauchboote stiegen wieder auf in die unruhige See: Ein zweiter Hurrikan, Marilyn, näherte sich der Neufundlandbank.

Der 19. September war ein regnerischer, kalter Tag. Der Seegang lag bei einem Wert von 6 auf der Beaufort-Skala (der Standardskala für den Zustand des Ozeans), die Windstärke betrug 40 bis 50 Stundenkilometer. Überall sah man weiße Gischtkronen. Die Tauchboote wurden um halb elf vormittags zu Wasser gelassen, und Bruno bekam seine zweite Chance in der *Mir 2*. Die *Michael Mariner,* die gerade Muster abholen wollte, weigerte sich, zu warten, bis die Tauchaktion beendet war, sondern machte sofort kehrt, um dem Sturm auszuweichen. Die *Mir 1* wurde um halb neun abends geborgen, ein relativ kurzer Tauchgang, wieder wegen Problemen mit dem Triebwerk. Schon während er aus dem Tauchboot ausstieg, erklärte Cameron, er werde die noch ausstehenden Tauchgänge abblasen und an Land zurückkehren, wenn das Problem nicht auf der Stelle behoben würde. Sagalewitsch machte den Fehler, ihn vor versammelter Mannschaft anzusprechen: »Nur die Ruhe. Es wird keine nervösen Tauchgänge mehr geben.«

Das ärgerte den temperamentvollen Cameron nur noch mehr. »Ich bin nicht nervös!« explodierte er, und die Wellen donnerten, wie um seinen Worten Nachdruck zu verleihen. »Ich bin stinksauer.«

Ursprünglich waren acht Tauchgänge zur *Titanic* vorgesehen. Nach dem abgebrochenen sechsten hatte Cameron neu verhandelt und zehn Gänge durchdrücken können. Das Hydraulikproblem war für die nächste Unternehmung behoben. Aktion acht und neun gingen reibungslos über die Bühne. Das Wetter klarte auf, so daß ein weiterer Fallschirmabwurf möglich war, diesmal von einem kanadischen Wasserbomber, der gewöhnlich zum Löschen von Waldbränden eingesetzt wurde – Muster von drei Tagen und zwei Schachteln Donuts mit der Aufschrift »Al Giddings«, ein Scherz von Ralph. Sie schauten sich das Filmmaterial unverzüglich an, und mit großer Freude sah Cameron, wie Snoop die Treppe hinunterglitt, während die beiden *Mirs* um den Bug und am B-Deck entlangschwebten. Selbst wenn er keine einzige weitere Aufnahme mehr in den Kasten bekam, hatte die Reise sich gelohnt. Giddings ließ die Donuts herumgehen, und binnen 30 Sekunden war nichts mehr übrig.

Am 24. September wirkte der Ozean seltsam gespenstisch – glasig, dunstverhangen, stiller, als er es bisher auf der ganzen Reise gewesen war. Um acht Uhr morgens sollte die zehnte Tauchaktion beginnen. Diesmal setzte sich Giddings zu Cameron und Sagalewitsch in die *Mir 1*, um den Regisseur bei seiner Arbeit unter Wasser zu filmen. Der Fotograf brachte Lampen und Ausrüstung mit, die eine Menge Platz in der Kabine beanspruchten. Da Camerons Kamerasystemsteuerung und -elektronik ebenfalls nicht gerade Taschenformat hatten, wurde es sehr eng. Doch alle waren in Hochstimmung.

Etwa 300 Meter über dem Grund bemerkten sie, daß etwas nicht stimmte. Der Mezotech drehte durch und bildete das Schiff plötzlich so ab, als würden sie sich mit der *Mir* drehen, was aber nicht der Fall war. Sagalewitsch stellte fest, daß das Wasser ausnehmend trübe war. Als sie aufsetzten, war die Sicht schlechter denn je. Von Südosten drückte eine starke Strömung gegen die Steuerbordseite der *Titanic*, wo sämtliche Einstellungen dieses Tages geplant waren. Vielleicht konnten sie Snoop durch die Ladeluke Nummer zwei schicken, aber alles andere mußte abgeblasen werden. Möglicherweise hatten die Deckaufbauten des Schiffs das Welldeck geschützt, wo die Luke sich befand. Cameron hoffte, die schlechte Sicht könne auf eine Sandschicht nah am Boden zurückzuführen sein, so daß es auf dem Schiff – gut 22 Meter weiter oben – besser sein würde.

Sie beschlossen zu warten, bis auch die *Mir 2* gelandet war, und blieben ein paar hundert Meter vom Wrack entfernt in Position. Als das zweite Tauchboot eintraf, gab Cameron die Anweisung, in Stellung zu gehen und über die Sichtverhältnisse Bericht zu geben. Der bessere Tauchbootpilot sollte die Situation auskundschaften. Camerons Tauchtagebuch enthält eine detaillierte Beschreibung dessen, was dann passierte.

Während sie weg sind, wird die Strömung immer stärker und verwandelt sich praktisch in einen Sturm. Die weißen Korallen stehen gerade von ihren Felsen ab, die Beine an all den kleinen weißen Sternen wehen in der Strömung wie kleine Fahnen. Die Mir 2 *informiert uns, daß sie im Windschatten des Schiffs angekommen ist, anscheinend ist die Lage auf dem Welldeck einigermaßen erträglich. Anatoli pumpt Gewicht zu, aber wir treiben immer noch in der Strömung, prallen auf den Boden und schließlich an ein Stahlgewicht, das* Alvin *1985 hier hinterlassen hat. Danke, Bob. Gegen die Strömung ankämpfend, arbeiten wir uns weiter zum Schiff vor. Kleine Schwämme jagen über den Grund wie Tumbleweeds, und allmählich erinnert mich die Strömung an einen Sandsturm in der Wüste. Wir sehen, daß die erst ein paar Tage alten* Mir-*Spuren von der Strömung verwischt und aufgefüllt werden. Ich weiß noch, daß ich bei meinem ersten Tauchgang die Abdrücke von der vorhergehenden* Mir-*Expedition gesehen habe, als wären sie ganz frisch, dabei war die Expedition bereits vier Jahre her. Auch die Spuren der anderen Tauchboote, die hier gewesen waren, konnte man erkennen. Die* Alvin *beispielsweise an den einteiligen Kufen, die* Nautile *an dem flachen Batteriefach, das auch als Kufe dient. Eine solche Bodenströmung hat es offenbar seit mehreren Jahren nicht gegeben.*

Sie beschlossen, an der Backbordseite des Schiffes entlangzuschweben, in der Hoffnung, daß der Rumpf ihnen Schutz vor der Strömung geben würde. Doch in Sekundenschnelle gerieten sie in Schwierigkeiten. Durch die Strömung, die das Schiff umbrandete, entstand ein Strudel, der sie nach steuerbord saugte, sie gegen den Schiffsrumpf schlagen ließ und sie dagegen gedrückt hielt. Langsam stiegen sie über die Reling des Vorderdecks und wurden schließlich über das Deck getragen – weg vom Wrack.

Wir kämpfen uns mit Hilfe der exzellenten Bilder des Mezotech-Sonars wieder zurück und arbeiten uns mühsam hinauf zum Vorderdeck und zur Brücke, wobei wir die Nase des Tauchboots in die Strömung halten und uns mit den Vorwärts- und Rückwärtsbewegungen des Hecktriebwerks entlangmanövrieren. Nach 15 Minuten Schufterei haben wir die 100 Meter zum Welldeck endlich geschafft und sind neben dem gestürzten Vormast. Ich erhasche einen kurzen Blick auf die Mir 2 *unten bei der Ladeluke an der Steuerbordseite des Decks und sehe Drähte, die bedrohlich von der Brücke zur schmaleren Backbordseite des Welldecks unter uns schwingen. Plötzlich kriegen wir wieder eine Breitseite von der Strömung, die uns so heftig vom Wrack wegwirbelt, daß wir jede Orientierung verlieren.*

Sie taumelten ins Nichts.
Selbst unter günstigen Bedingungen war es keine Kunst, das Schiff aus den Augen zu verlieren. Es war sicherer, in die entgegengesetzte Richtung des Wracks zu fahren, dann zu wenden, es auf dem Sonar neu zu orten und sich gezielt wieder zu nähern. Die *Titanic* war gefährlich, denn überall um sie herum lagen Drähte, Taue und Metalltrümmer. Wie jede wahre Schönheit war sie verlockend, konnte einen aber schnell ins Unglück reißen.
Womöglich sogar in den Tod. Die Russen hatten dem Kamerasystem den Spitznamen »die Kanone« verpaßt: Wenn das Glas nachgab, wurde die Titanumhüllung zu einem schweren, direkt auf das Herz des Tauchboots gerichteten Artilleriegeschoß. Auf dem knapp 24 Zentimeter dicken Quarzglas ruhte ein Druck von über einer Million Pfund. Beim kleinsten Riß würde das Wasser mit hypersonischer Geschwindigkeit – über fünffache Schallgeschwindigkeit – explosionsartig den 60 Zentimeter langen Titanzylinder durchbrausen und mit Sicherheit in die *Mir* eindringen.
Mike hatte Jim oft davor gewarnt. »Wenn du manövrierst und

gerade nicht unbedingt filmen mußt, dann dreh die Kamera schräg. Sollte die Verschlußkappe wirklich rausfliegen, dann fliegt sie wenigstens bloß ins Wasser.« Mike war der Ansicht, wenn das Gehäuse versagte, würde die Erschütterung allein noch nicht zu einer Implosion des Tauchbootes führen. Dafür müsse es schon etwas rammen. »Aber in der Praxis war die Kamera fast immer vom Tauchboot weg gerichtet, so daß sie auf etwas außerhalb zielte und uns damit ihre Rückseite zuwandte. Es war so ähnlich, als würde man 16 Stunden lang mit einem Revolver an der Schläfe rumlaufen und allen Leuten sagen: ›Kommt mir bloß nicht an den Abzug! Bleibt weg von der Pistole!‹«
Cameron war für die Bedienung der Kamera zuständig, also mußte er sie in der richtigen Position halten. Während sie sich nun wieder der *Titanic* näherten, informierte er die anderen laufend über den Abstand, den das Sonar anzeigte.

Ich sagte Anatoli, er sollte lieber abbremsen, denn gleich würden wir das Wrack sehen. Wir waren ungefähr auf sechs Meter rangekommen. Ich hörte, wie er das Rückwärtstriebwerk anwarf, aber wir bewegten uns weiter auf den Schiffsrumpf zu. Ich hörte es ganz deutlich auf dem Sonar, auch wenn wir nichts sehen konnten, und ich dachte, vielleicht stimmt was nicht mit dem Sonar oder Anatoli hat mich nicht verstanden, also sagte ich noch mal: ›Mach langsamer! Wir fahren direkt auf das Wrack zu.‹ Und in letzter Sekunde sah ich aus meinem Fenster und merkte, daß die Kamera direkt nach vorn gerichtet war. Um keinen Preis durften wir mit der Glaskuppel des Gehäuses gegen die Titanic *stoßen. Und genau in dem Moment, als ich nach vorn auf den Videomonitor blickte, sah ich aus der Dunkelheit eine Wand von Nieten auftauchen. Wir waren kurz davor zu kollidieren.*

Die Kamera besaß eine Verstärkerkontrolle an den Rädern der Schwenkvorrichtung. Sie funktionierte am schnellsten bei hoher Einstellung, aber wenn man das Rad dann nur ein kleines bißchen zu schnell drehte, blockierte es, und die Kamera war nicht mehr zu bewegen. »Der Trick war: Wenn man die Kamera ganz schnell schwenken wollte, stellte man auf hohe Verstärkung und drehte das Rad ganz langsam.« Doch Cameron wußte nicht, wie der Mechanismus in diesem Moment eingestellt war, und hatte keine Zeit nachzusehen.

Ich packe also das Rad und fange an zu drehen – aber nichts passiert! Es greift nicht, und die Wand kommt auf uns zu. Ich lasse das Rad los, warte einen Moment, bis sich der Encoder einigermaßen beruhigt hat, und drehe noch mal, ganz, ganz langsam. Ich glaube, ich habe in meinem ganzen Leben noch nie so was Schwieriges gemacht. Aber die Kamera schwenkt zur Seite. Dann höre ich ein Kratzen, und wir werden nach vorn geschubst. Durch das rechte Fenster sehe ich, wie die gesamte Schwenkkonstruktion ins Wackeln kommt und dann in einer Staubwolke verschwindet. Ich ziehe den Kopf ein und warte auf den Implosionsknall. Das Implosionsvolumen des Gehäuses ist groß genug, daß die Druckwelle die gesamte Kabine des Tauchboots zertrümmern könnte, das hat man mir oft genug erklärt. In zwei Zehntausendsteln einer Sekunde wäre Feierabend. Und das nicht mal mit einem lauten Knall.

Das Gehäuse schlug in einem Winkel von 45 Grad auf. Der größte Teil des Aufpralls wurde vom Kompendium abgefangen. Den Rest bekam Sagalewitsch zu spüren, der Cameron am nächsten saß und eine geballte Ladung seines Zorns abbekam. Der Regisseur glaubte, sein Pilot habe das Tauchboot gegen das Wrack gesteuert – nach seinen Erfahrungen mit Sagalewitsch ein recht verständlicher Verdacht.
Unterdessen befand sich die *Mir 2* auf dem Welldeck – vermutlich die einzige Stelle auf dem ganzen Schiff, an der es nicht allzuviel Turbulenz gab. Auf diesem Deck, das man auch Schutzdeck nennt, konnten die Passagiere aus der dritten Klasse, die ja keine überdachte Promenade hatten, bei schlechtem Wetter Luft schnappen. Als er die gewünschte Position erreicht hatte, hielt Tschernjew das Tauchboot über der Ladeluke Nummer zwei in Stellung, indem er es mit einem Greifarm an einem Kabel festhielt.
Cameron brach die Tauchaktion umgehend ab und wollte an die Oberfläche zurück, und obwohl Sagalewitsch anderer Meinung

war, blieb er hart. Schließlich teilten sie der *Mir 2* mit, die Aktion sei beendet, sie solle als erste aufsteigen. In diesem Moment bemerkte Sagalewitsch, daß sein Tauchboot fast keine Energie mehr hatte. Die Batterien waren durch das Ankämpfen gegen die Strömung fast erschöpft. Als Sagalewitsch nun die Pumpen anstellte, um den Aufstieg einzuleiten, sprang der Wechselrichter nicht an. Nichts ging mehr, und das in einer Tiefe von 3,8 Kilometern unter der Meeresoberfläche. »Die *Mir 2* war weg, und wir saßen fest, ganz allein.«
Obgleich sie natürlich noch über das UQC Kontakt mit der *Keldysch* aufnehmen konnten, schalteten sie, als sie merkten, daß die Energie knapp war, erst einmal alles ab: die Kamera, das Sonar, das Licht, die Funkverbindung. Es konnte sowieso niemand helfen. »Da sitzen wir also im Dunkeln auf dem Meeresgrund, und ich denke, na gut, kein Problem, wir haben ja die Gewichte zum Abwerfen. Wir kommen hier wieder raus.« Die Abwurfgewichte – ein Sack Nickelkugeln – waren die letzte Hoffnung des Tauchboots. Da sie elektromagnetisch festgehalten wurden, lösten sie sich bei einem totalen Energieausfall automatisch, und die Tauchboote stiegen auf. Die *Mirs* waren katastrophensicher gebaut. Also blieb man optimistisch.
Schließlich schafften sie es, den Wechselrichter so weit in Gang zu setzen, daß etwas Wasser abgepumpt wurde, aber nicht genug. Sie lösten sich vom Grund, stiegen ungefähr 30 Meter auf und sanken dann zurück. »Jetzt begann ich doch nervös zu werden, denn ich dachte, vielleicht ist im Ballastsystem irgendwo ein winziges Loch – wir pumpen Wasser raus, und es dringt sofort neues ein. Immerhin waren wir gerade gegen das Wrack geprallt, also konnte durchaus ein derartiges Problem vorliegen.« Sie warteten eine halbe Stunde, in der Hoffnung, die Batterien würden sich wieder erholen. Noch ein paar Kilo wurden abgepumpt, aber es passierte das gleiche wie vorhin – es ging ein Stück nach oben und gleich wieder nach unten. »Ich dachte schon, wir sind im Eimer.« Beim dritten Versuch hatten sie sich ein Stück vom Wrack entfernt. Nachdem sie der Pumpe noch ein paar Runden abgerungen hatten, begannen sie aufzusteigen, und diesmal fielen sie nicht wieder zurück. Aber es ging so langsam, daß sie nach der Berechnung, die Cameron anhand der er-

sten Viertelstunde anstellte, sechs bis sieben Stunden zur Oberfläche brauchen würden. Das gefiel ihm ganz und gar nicht. Nach dem, was sie zuletzt von oben gehört hatten, war es neblig. Da auch ihr Navac ohne Strom nicht funktionierte, würden sie womöglich meilenweit von der *Keldysch* entfernt auftauchen und sich weder über Radar noch visuell orientieren können. Keine sehr angenehme Aussicht. Sie kauerten im Dunkeln und lauschten dem periodischen Stöhnen der Pumpe. Cameron schrieb in sein Tagebuch:

Ich frage mich, warum Anatoli die Nickel-Notgewichte nicht abwirft, damit wir schneller steigen, und komme zu dem Schluß, daß das entweder zu teuer ist und er die Kosten nicht noch mehr in die Höhe treiben will oder daß es um eine Machogeschichte unter Tauchbootpiloten geht – daß es ein Eingeständnis eines Mißerfolgs ist, wenn man ohne Strom und ohne Abwurfgewichte zum Forschungsschiff zurückkehrt. Schließlich fragt er Al und mich ganz freundlich, ob wir vielleicht schneller fahren wollen. Was ist das für eine Frage? Wir frieren jämmerlich, weil wir die HMI-Lampen kaum brennen haben, deren Vorschaltgeräte Wärme ausstrahlen und das Tauchboot in der Arbeitsphase aufheizen. Wir sagen, er soll unbedingt einen Zahn zulegen, und Anatoli murmelt irgendwas davon, das System müsse getestet werden – der Vorwand, den er anscheinend braucht. Er wirft sparsame 50 Kilo Nickel aus jedem Ballasttank ab – um 100 Kilo leichter beschleunigt sich das Tauchboot auf 18 Meter pro Sekunde Aufstiegsgeschwindigkeit. So sind wir knapp vier Stunden unterwegs. Gleich ist mir wesentlich wohler.

Eine Weile gibt es nichts zu tun. Sie essen ihren Lunch, allerdings nicht zuviel, weil die Bergung möglicherweise sehr lang dauern wird, und wenn sie verloren auf dem Atlantik herumdümpeln, ist es sehr wahrscheinlich, daß sie ihr Essen wiedersehen. Endlich tauchen sie auf, und erstaunlicherweise dauert die Bergung nur ein paar Minuten länger als normal, trotz des Nebels und des Umstandes, daß die *Mir* zweieinhalb Kilometer von der *Keldysch* weggetrieben war. Cameron ist dem hervorragenden Navigationsteam an Bord dafür sehr dankbar. Glücklicherweise übergibt sich diesmal niemand, allerdings landet Giddings dank eines etwas heftigen Kranmanövers mitsamt seiner Ausrüstung auf Cameron und Sagalewitsch. Aber um zehn Uhr abends sind alle wohlbehalten an Deck und erzählen den anderen von ihrem Abenteuer. Cameron betrachtet staunend das vom Zusammenstoß mit der *Titanic* beschädigte Kompendium: Auf der Oberfläche sieht man noch Rost von der *Titanic* – jetzt hat es Sammlerwert.

Inzwischen wußte jeder auf dem Schiff, daß Cameron Sagalewitsch wieder einmal beschimpft hatte, und diejenigen, die Cameron nicht kannten, waren natürlich schnell bereit, aus dem Vorfall Schlüsse über den Charakter des Regisseurs zu ziehen. Dabei war es sicher viel bezeichnender für ihn, daß er den ganzen Abend Ablaufdiagramme zeichnete – er wollte dem meteorologischen Phänomen dort unten in der Tiefe unbedingt auf die Schliche kommen. »Damals wußten wir nicht, was los war«, erklärt er. Seine Berechnungen zeigten eine um einen Knoten stärkere Strömung, vier- bis fünfmal mehr, als sie bisher erlebt hatten. Das Wasser hatte mit solcher Macht über das Schiff geschlagen, daß sich an der Leeseite ein riesiger zylindrischer Strudel gebildet hatte, der das Tauchboot erfaßt und immer wieder gegen das Wrack geschleudert hatte. Erst ein Stück weiter weg hatten sie den Teufelskreis durchbrechen können. »Obwohl ich den Ausdruck noch nie gehört hatte, nannte ich es einen Bodensturm«, sagte er, hoch erfreut, einen wissenschaftlichen Ausdruck geprägt zu haben. »Er wirbelte das Zeug auf dem Meeresboden nach Belieben herum.«

Am nächsten Morgen stand Cameron in Sagalewitschs Büro: Er beantragte einen zusätzlichen Tauchgang, da der zehnte vom filmischen Standpunkt aus ein absoluter Reinfall gewesen war. Da Sagalewitsch das Abenteuer endlich hinter sich bringen wollte, stimmte er einem allerletzten Versuch zu. Cameron jedoch wollte zwei. Die Kosten für ein paar zusätzliche Tauchgänge waren in Anbetracht der Gesamtkosten verschwindend gering, aber Sagalewitsch zögerte und meinte nur, er könne noch nichts versprechen. Nach 20 Tagen auf See lagen die Nerven blank. Erschöpfung machte sich breit und trat allmählich an die Stelle der ursprünglichen Begeisterung. Zehn doppelte Tauchgänge zur

Titanic – 20 Ausflüge in 17 Tagen –, so etwas hatte es noch nie gegeben. Millionen von Kleinigkeiten mußten beachtet und geregelt werden, ständig mußte man damit rechnen, daß Menschenleben in Gefahr gerieten – diese permanente Hochspannung hatte alle ausgelaugt.

Selbst der ansonsten stets gutgelaunte Bruno zeigte Anzeichen von Nervosität. »Da treibt sich tagelang eine Gruppe von irgendwelchen Hollywood-Blödeln bei der *Titanic* rum, als wäre sie eine Freizeitattraktion, wir bumsen gegen irgendwelches Zeug, reißen die Augen auf und staunen über das Ausmaß der Katastrophe, denken uns unsere eigene Version der Geschichte aus. Wir sind Voyeure, wir glotzen auf den Rumpf dieses grandiosen Schiffes, als wäre er ein Tier im Zoo. Dank der beiden *Mirs* ist das alles so mühelos wie ein Sonntagsausflug in den Park. Aber wir sollten nicht vergessen, daß die *Titanic* gefährlich ist, daß das Wrack an einem gefährlichen Ort liegt. Ich glaube, sie hat allmählich genug von unserem Affentheater.«

Auch Cameron war müde, aber körperliche Annehmlichkeiten hatten in seinem Universum wenig Bedeutung. Er war zufrieden, daß ihm einige großartige Aufnahmen gelungen waren, und frustriert, daß sich die Elemente ausgerechnet in dem Moment gegen ihn verschworen hatten, als er die Choreographie dieses seltsamen Tiefseeballetts zu beherrschen gelernt hatte. Instinktiv wollte er weitermachen. Er hatte das Gefühl, kurz vor etwas Außergewöhnlichem zu stehen. Jetzt mußte er dranbleiben.

Aber was sollten sie tun, wenn die Bedingungen auf dem Meeresgrund so schlecht blieben? Cameron beschloß, das ROV in der *Mir 2* mitzunehmen. Wenn das Wasser immer noch so trübe war, konnten sie Snoop im Schutz des Wracks vielleicht trotzdem aussetzen. Er würde Giddings in das Kameraboot setzen, und ihm, sofern die Sicht es erlaubte, Anweisungen geben, wie er die *Mir 2* filmen sollte. Zwar riskierte er in jedem Fall, genau im falschen Tauchboot zu sitzen, aber das ließ sich nun einmal nicht ändern.

Vom Deck beobachtete Cameron, wie die *Mir 1* um zwei Uhr nachmittags zu Wasser gelassen wurde – das erste Mal auf der gesamten Expedition, daß er bei einem Start zuschaute. »Es war ein wunderschöner Anblick, wie die *Mir 1* im grauen Nordatlantik verschwand, Lonja wie ein Held auf ihrem Rücken reitend. Es wirkte gleichzeitig zerbrechlich und winzig und doch mutig und zu allem fähig. Die russische Mannschaft ist dermaßen gut, so eingespielt, daß einem alles viel weniger verrückt vorkommt, wenn man diesen Teil der Aktion gesehen hat.«

Um Viertel vor drei tauchte auch die *Mir 2* ab. Doch kurz darauf wurde es wirklich verrückt: Das ROV verfing sich, kaum daß es ins B-Deck eingefahren war. »Jim und ich hatten mehrmals Funkkontakt, und er schwitzte Blut und Wasser«, erinnert sich Al Giddings. »Er sagte: ›Al, jetzt sind wir echt im Eimer. Das Ding steckt bestimmt ein paar Stunden fest.‹« Das Tauchboot hielt sich am Rand der Öffnung, dort, wo einst die große Freitreppe gewesen war, mit einer Kufe hinter einem Rohr fest. Bei dem Versuch, Snoop herauszuziehen, setzten sie das ohnehin prekäre Gleichgewicht des Tauchboots aufs Spiel – über einem 18 Meter tiefen Loch.

Giddings erinnert sich noch gut an diese Aktion. Die *Mir 1*, die sich bisher im Hintergrund gehalten hatte, kam herübergeschwommen, um zu helfen. »Wir flogen vorwärts, und Gena, der die *Mir 2* steuerte, sagte auf russisch zu Anatoli: ›Du schiebst uns an! Bitte sei vorsichtig! Du rammst uns!‹ Das Ganze mit wirbelnden Propellern und allem. Sofort fuhr Anatoli zurück, versuchte einen anderen Winkel und verfing sich in einem Kabel. Vor so was hat man am meisten Angst – echt nervenaufreibend.« Aber Sagalewitsch gab Vollgas und riß sich los wie ein Hund an der Leine. Dann sank er ein Stück herab und landete auf dem Offiziersdeck.

»Al, hier ist Jim. Hörst du mich?«

»Roger. Verstanden. Leg los.«

»Vermißt ihr irgendwas?«

Giddings antwortete, er habe nichts bemerkt.

»Al, das Gehäuse des Hauptpropellers liegt auf dem Deck!«

Da die Steuerung durch den Verlust des Propellergehäuses erheblich beeinträchtigt war, fuhr Sagalewitsch ein Stück weg, um auf dem Meeresboden aufzusetzen und erst einmal abzuwarten. Schließlich schaffte es Jeff Ledda, den Roboter wieder aus dem Wrack zu holen, und die Tauchaktion wurde, neun Stunden nachdem sie das Wasser berührt hatten, abgebrochen. Auf dem

Weg nach oben mußte Giddings trotz des Ernstes der Lage lachen. Wie die beiden Tauchboote über dem Loch schwebten, erinnerte ihn so sehr an *The Abyss:* an die Szene, als Coffey sein Tauchboot ins Nichts hinuntersausen läßt. Cameron war noch genauso verwegen wie damals, und auch jetzt bewahrte er in einer schwierigen Situation kühlen Kopf. Es wäre leicht gewesen, das Kabel einfach durchzuschneiden und abzuhauen. Aber Cameron blieb ruhig und machte selbst auf dem Höhepunkt einer Krise noch Witze. Giddings hatte viel Erfahrung mit Tauchbootaktionen – er hatte in Woods Hole, Harbor Branch und bei Johnson Sea Link gearbeitet. Er kannte sich aus. »Was Jim sich zumutet – dafür hätten die meisten Leute überhaupt nicht den Mumm. Aber er wurde nicht nur damit fertig, er behielt auch noch einen kühlen Kopf und führte Regie bei einem Film.« Noch ehe sie vom Grund aufstiegen, hatte Cameron Sagalewitsch das Versprechen abgenommen, noch einmal Tauchen zu dürfen.

Die Russen arbeiteten die ganze Nacht, um den angeschlagenen Snoop zu reparieren. Ein Stück Holz – 7,5 mal 25 Zentimeter – wurde aus dem vorderen Backbordtriebwerk entfernt wie ein eitriger Zahn. Cameron hob es auf: ein Stück Holz im Wert von 25.000 Dollar, denn soviel hatte der mißlungene Tauchgang gekostet. Bis zum Morgen waren die Triebwerke mit Schutzgittern versehen, die kleine Videokamera war wieder an ihrem Platz und die Leine auf 28 Meter verlängert. Als Snoop konzipiert wurde, hatte man vor allem daran gedacht, ihn schick aussehen zu lassen: Scheinwerfer in Augenform, eine um 180 Grad bewegliche Kamera. Es war eigentlich nur ein glücklicher Zufall, daß sich der Roboter auch für eine so ehrgeizige Mission einsetzen ließ. Cameron wollte einen Roboter, der »groß, funktionell und robust« wirkte, denn man mußte ihm ja zutrauen, daß er einen Safe aus dem Wrack bergen konnte, wie es Camerons Drehbuch erforderte. Aber er mußte auch leicht und wendig sein, damit er durch schmale Öffnungen paßte.

Der Start war auf sieben Uhr abends angesetzt, der früheste Zeitpunkt, zu dem die *Mirs* wieder zu Wasser gelassen werden konnten. Das Gruppentreffen begann um zwei Uhr nachmittags. Cameron erklärte, daß dies wirklich der letzte Tauchgang sein

werde, was die Stimmung des Teams beträchtlich besserte. »Wir gehen ja alle buchstäblich auf dem Zahnfleisch«, meinte Cameron lachend. »Es reicht. Die *Titanic* möchte, daß wir verschwinden.« Er ging die chronologische Aufnahmeliste des Vortags durch, dann zogen sie sich in den Konferenzraum zurück, um die Videoaufnahmen des Vortags anzusehen. Das Bild war stark verschneit, nicht halb so gut wie das letzte Mal. Gereizt wollte Cameron wissen, was los war, und rief Millard und Ledda herein. Als klar wurde, daß Ledda einen Teil der Aufnahme überspielt hatte, ging Cameron an die Decke. Auf dem letzten Tauchgang würde er niemanden an den Videorekorder heranlassen, sondern alles selbst machen. Dann erkundigte er sich nach dem Schaden an Snoops Leine. Millard antwortete, er habe nur eineinhalb Meter getestet. Das brachte das Faß zum Überlaufen. Bruno verließ den Raum, um nicht mit ansehen zu müssen, wie »Jim endgültig durchdrehte«. Nachdem Cameron ihm seine Ansichten mitgeteilt hatte, fühlte sich Millard – ein bärtiger, stämmiger Mann –, als wäre er durch den Reißwolf gedreht worden.
Als Cameron zwei Stunden später in die *Mir 2* stieg, funktionierte alles blendend. Sein neuer Plan sah vor, Filmbilder mit den guten Passagen des vom ROV aufgenommenen Bildmaterials zu kombinieren. Er war besessen von der Idee, wenn er tief genug in das Schiff vordränge, würde er mit Hilfe der Spuren versunkener Opulenz eine emotionale Beziehung herstellen können zu der *Titanic,* die er auf die Leinwand bannen wollte. Bisher hatten sie das Schiff nur von außen gesehen. Die bisherigen ROV-Aufnahmen zeigten nur freiliegende Interieurs um die Treppen herum. Zwar hatte er das Schiff ziemlich gut kennengelernt, aber es barg noch immer eine Menge Geheimnisse.
Sie landeten bei der Ladeluke Nummer zwei. Zuerst sollte nun das ROV zum G-Deck hinabgelassen werden, um William E. Carters 35-PS-Renault zu filmen. Cameron hatte ihm in seinem Drehbuch eine wichtige Rolle zugedacht: Auf dem Rücksitz lieben sich Jack und Rose. Der Wagen mußte durch diese Ladeluke an Bord gekommen sein. Sie ließen Snoop hinunter aufs D-Deck in der dritten Klasse, Schauplatz einer weiteren großen Filmszene: Hier nehmen Jack und Rose an einem überschwenglichen Tanzvergnügen teil. Die Bodenplanken waren längst weggefres-

sen, nur das Gitterwerk der Balken war noch erkennbar. Sie schwenkten die Kamera. Man sah einen Raum wie eine große Garage, leer bis auf ein paar Pfosten. Kaum vorstellbar, daß sich hier einst Musik und die fröhlichen Stimmen der Reisenden gemischt hatten, voll freudiger Erregung über das bevorstehende neue Leben. Fast alle Dritte-Klasse- Passagiere waren Auswanderer, Leute, die mit »Sack und Pack in die Vereinigten Staaten reisten. Sie hatten ihren gesamten Besitz dabei – Familienfotos, Kleider, Geld, Schmuck.« Und nun lag alles auf dem Meeresgrund verstreut oder hatte sich in nichts aufgelöst. Wenn einer dieser Passagiere ein Musikinstrument besessen hatte, war es garantiert mit an Bord gewesen, und das brachte Cameron auf die Idee mit der improvisierten Tanzszene.

Vorsichtig versuchten sie, Snoop zwischen den verrotteten Planken durchzuquetschen. Es war Maßarbeit, auf jeder Seite nur etwa zwei Zentimeter Spielraum, und dazu wirbelten die Triebwerke permanent Schlamm auf, was die Sicht beeinträchtigte. Cameron kam rasch zu dem Schluß, daß die Unternehmung äußerst riskant und beinahe aussichtslos war. Also holten sie Snoop zurück und zogen weiter.

Die große Freitreppe war zweifellos das architektonische Meisterwerk auf der *Titanic*, die darüber gelegene Glaskuppel mit ihren kunstvollen schmiedeeisernen Verzierungen der krönende Höhepunkt. Vor 83 Jahren schimmerten die vergoldeten Geländer und Eichenholzschnitzereien im Tageslicht, nachts zeigten die Lüster und Kandelaber die eleganten Gäste von ihrer besten Seite, wenn sie zum Dinner die Freitreppe herabschritten. Jetzt war die Treppe nur noch ein klaffendes Loch, an dessen Seite sich Rostzapfen rankten wie Moos.

Sie begannen sich zum D-Deck vorzuarbeiten, dem Empfangsbereich für den Speisesaal der ersten Klasse. Die Scheinwerfer durchdrangen mühsam die dichte blaue Atmosphäre. Hier befanden sie sich in einem wahren Minenfeld von Kabeln – die Kronleuchter, die von der Decke gehangen hatten, schaukelten nun sanft über dem Fußboden. Das Mobiliar war ganz nach hinten gerutscht, ein einziger Trümmerhaufen. Erstaunlicherweise war noch ein großer Teil der Holzvertäfelung intakt, ebenso einige geschnitzte Säulen. Camerons Herz klopfte heftig bei die-

sem Anblick vergangener Pracht. Bisher hatte er eine Stahlhülle gefilmt, jetzt aber sah er das, was die *Titanic* zu etwas Besonderem machte. »Sie war nicht nur ein großes Schiff, sie war luxuriös und wunderschön, und die Holzschnitzereien trugen eine Menge zu dieser Schönheit bei«, dachte er. Sie tasteten sich zur Tür vor, die noch in den Angeln hing, das bronzene Gitterwerk an seinem Platz. Ein merkwürdiges Gefühl, daß seit dem Untergang im Jahre 1912 kein menschliches Auge diesen Raum mehr gesehen hatte. »Die letzten, die diese Tür angeschaut haben, kämpften um ihr Leben, und die meisten von ihnen waren verloren.«
Schließlich machten sie kehrt, arbeiteten sich zum vorderen Teil des Raums vor und suchten den Aufzugschacht. Der charakteristische Bogeneingang, der die beiden Bereiche verband, war zusammengestürzt, interessanterweise stand aber noch ein Teil der Mauer. Bei näherer Untersuchung der am Boden liegenden Trümmer fand sich ein Garderobenständer. Am Rand des Scheinwerferkegels zeigte sich der Kabinengang des D-Decks, die Holzverkleidung auf beiden Seiten leise im Licht schimmernd. Cameron war fest überzeugt, wenn sie in eine der Luxuskabinen vordringen konnten, würden sie die besterhaltene Umgebung erblicken, die das Schiff bisher preisgegeben hatte. Aber das erwies sich als unmöglich. Sie waren fast 30 Meter in die *Titanic* eingedrungen, weiter als je ein Forscher vor ihnen, aber nun war die Leinenlänge ausgereizt. James Cameron war am Ende seiner Möglichkeiten angekommen.

Kapitel 7

*Jemand, der zehnmal soviel nachgedacht hat wie
der Durchschnittsmensch, hat in gewissem Sinne
zehnmal so lang gelebt.*

FRANK J. TIPLER

Als James Cameron in den frühen Morgenstunden des 30. September 1995 in Halifax von Bord der *Keldysch* ging, erwartete ihn bereits ein privater Lear-Jet, der ihn zu einer Pressevorführung von *Strange Days* nach New York bringen sollte. Von ihm stammte das Drehbuch zu diesem apokalyptischen Thriller in der Zeit der Jahrtausendwende, und er hatte den Film produziert; Regie hatte Kathryn Bigelow geführt. Kommerziell ein Flop, war der Film für Cameron ohnehin nur eine kleine Ablenkung gewesen. Er lebte die nächsten drei Jahre für die *Titanic*.
Das Studio war von den Unterwasseraufnahmen immerhin so angetan, daß es bereit war, das Projekt weiter zu unterstützen.
Fox-Chef Chernin bat Cameron um die Ausarbeitung eines Budgets.
Nun jagten sich Termine mit Kostümbildnern und Ausstattern, mit den Leuten vom Casting und von der Budgetabteilung. Nachts schrieb Cameron an den Drehbüchern für den Katastrophenfilm *Bright Angel Falling* und den futuristischen *Avatar*. Außerdem begann er mit der Prävisualisierung und der Planung der Einstellungen und entwarf ein allgemeines Raster für den Ablauf der Dreharbeiten.
Im Februar und März arbeitete er mit einem siebeneinhalb Meter langen Modell der *Titanic* bei Digital Domain. Theoretisch war Camerons sorgfältige Planung genau der richtige Weg, nicht nur vom künstlerischen, sondern auch vom ökonomischen Standpunkt aus. Ein solider Plan, in den alle Einzelteile eingereiht werden konnten, brachte oft Einsparungen in Millionenhöhe. Doch bei einem Mann wie Cameron kann man davon ausgehen, daß ihm in der Planungsphase unweigerlich etwas Größeres, Schnelleres, Besseres in den Sinn kommt. Er war ein guter Beobachter, dem kein Detail entging, und oft sah man ihm

richtig an, wieviel Spaß es ihm machte, einfach nur etwas anzuschauen.

Das Modell der *Titanic* war in einem Raum von Digital Domain aufgebaut; Plastikplanen dienten als Ozean. Der Regisseur und der harte Kern des kreativen Teams scharten sich um das Schiff, und Cameron umkreiste es mit seiner »Lippenstift«-Kamera, die er schon an Bord der *Keldysch* benutzt hatte. Mit ihr konnte er Kamerabewegungen ausprobieren und speichern, was dann letztlich die Grundlage der Aufnahmeliste bildete. Anders als bei vielen Regisseuren gibt es bei Cameron kein Bild, das er zuvor nicht genauestens visualisiert hat. Natürlich ändert er später das eine oder andere, aber nichts wird allein dem Zufall überlassen. Ein weiteres raffiniertes Planungsgerät war der von seinem Bruder Mike erfundene »vid-stick«, mit dem man auf dem Set die Einstellungsfolge am Motiv ausprobieren konnte.

Den »Lippenstift« in der linken Hand, betrachtete Cameron das elektronische Bild auf dem walkmangroßen Monitor in seiner rechten Hand, während er um das Modellschiff herumging. Ihm schlossen sich die späteren Mitglieder des kreativen A-Teams von *Titanic* an, zu denen der für das Produktionsdesign zuständige Brite Peter Lamont und Tommy Fisher aus Los Angeles gehörten, der Spezialist für »praktische« – also nicht vom Computer gestaltete – Visual Effects. Cameron kannte beide von früheren Filmen. Lamont hatte bei *Aliens* und *True Lies* mitgearbeitet, Fisher gehörte seit *Terminator 2* zum Team. Die beiden waren schon etwas älter und ausgesprochen wortkarg – Lamont auf vornehme britische Art, Fisher verschlossen, konzentriert oder in tiefes Nachdenken versunken. Fisher vollbrachte technische Meisterleistungen, die weit über seinen Aufgabenbereich hinausgingen, der darin bestand, sich um die praktischen Effekte zu kümmern – all die ungewöhnlichen Dinge, die auf dem Set real passierten, nicht im Computer. Er stand im Ruf, ein Meister wirklich großer realer Effekte zu sein, wofür er unter Camerons Anleitung eine Vorliebe entwickelt hatte.

Die wichtigste Neueinstellung war jedoch die des 35jährigen Produzenten Jon Landau, der die letzten fünf Jahre als Vizepräsident der Kinofilmproduktion bei Twentieth Century Fox gearbeitet hatte und bei der Premiere von *Strange Days* ganz nebenbei erwähnte, daß er vorhatte, wieder selbst zu produzieren. Fox hatte bereits zugesagt, ihm einen unabhängigen Deal zu geben. So locker er das alles auch einfädelte – die Leute, die ihn näher kannten, waren doch davon überzeugt, daß er wegging, um bei *Titanic* mitmachen zu können. Landaus Arbeit bei Fox war bemerkenswert. Er hatte mit Regisseur Michael Mann bei *The Last of the Mohicans* (Der letzte Mohikaner), mit John Wu bei *Broken Arrow* (Operation: Broken Arrow) und mit Jan de Bont bei *Speed* zusammengearbeitet. Außerdem hatte er einige Zeit davor Warren Beattys *Dick Tracy* koproduziert.

Cameron hatte Landaus Einstellung mit Rae Sanchini, der Chefin von Lightstorm, bereits besprochen. In ihrer Eigenschaft als Ausführende Produzentin war sie das Verbindungsglied zwischen dem Studio und der Produktion, und sie wußte, daß sie deshalb eng mit Landau zusammenarbeiten würde. Da sie wie Cameron die Dreier-Zusammenarbeit bei *True Lies* in guter Erinnerung hatte, unterstützte sie Landaus Einstellung.

Landau erfüllte nicht nur die in ihn gesetzten Erwartungen, er wurde außerdem auch Camerons wichtigster Mitstratege. »Neben den Besonderheiten, um die sich Digital Domain und Tom Fisher kümmerten«, berichtet Cameron, »dachten sich Jon und ich aus, wie der Film gemacht werden sollte – in groben Zügen. Wie machen wir das? Was müssen wir aufbauen? Lieber diese Seite oder die andere? Brauchen wir diesen Teil auch noch? Was ist mit dem vorderen Welldeck? Ist es besser, es mit dem Rest zu verbinden oder es als getrennten Set aufzubauen? Wenn Jon gerade nichts einfiel, hatte ich eine Idee, und so ging es hin und her, bis wir irgendwann die Antwort parat hatten.«

Inzwischen war John Bruno ausgestiegen, um bei seinem eigenen Film *Virus* Regie zu führen, und man holte den 38jährigen Rob Legato von Digital Domain an seine Stelle. Vor ein paar Jahren hatte Legato auf einer Motion-Control-Bühne namens »Image G« für *Star Trek – The Next Generation* (Raumschiff Enterprise: Das nächste Jahrhundert) die Raumschiffmodelle herumgeschoben. Dann hatte Scott Ross, der damalige Chef von Digital Domain, ihn für seine neue Abteilung für Spezialeffekte geholt. Für Legato war es eindeutig ein Schritt nach oben, an einem Kinofilm mitzuarbeiten, denn bisher war er hauptsächlich im Videobereich tätig gewesen. Er lernte schnell und brachte dem Unternehmen zwei Oscar-Nominierungen ein: für Neil Jordans *Interview with the Vampire* (Interview mit einem Vampir) und Ron Howards *Apollo 13*. Jetzt gesellte er sich am filmischen Lagerfeuer zu den Meistern, um auszuklügeln, wie man einen untergehenden Ozeanriesen mit seinen zerberstenden, umstürzenden Schornsteinen darstellte oder wie man die Bilder an den Modellen und Miniaturen mit dem am Set gedrehten Material zusammenschnitt. Ein zweigeteilter Prozeß, der außerdem detaillierte Nachbildungen des heutigen Wracks und der freischwimmenden *Mirs* erforderte.

Bis zum Ende der Dreharbeiten wurden sieben Schiffsmodelle gebaut: von einem 18 Meter langen Teilstück bis zu detaillierten maßstabsgetreuen Modellen unterschiedlicher Größe, vom Maßstab 1:20 bis zu 1:8, letzteres eine insgesamt 18 Meter lange Nachbildung vom Heck zum Mittschiff. Die größte vollständige Nachbildung, ein kunstvolles 13,5 Meter langes Modell, entstand im Lauf von fünf Monaten und kostete fast 450.000 Dollar.

Außerdem stellte Cameron die *Titanic*-Experten und Schriftsteller Don Lynch und Ken Marschall ein, deren detaillierte Zeichnungen in ihrem Buch *Titanic: An Illustrated History* zu finden sind. Sie stellten ihre Sammlung von *Titanic*-Raritäten zur Verfügung und berieten das Team hinsichtlich gewisser Einzelheiten des Schiffs und der menschlichen Tragödie seines Untergangs: Wer was sagte, wer wo gewesen war, was genau sich wo abgespielt hatte.

Ein Aspekt von Camerons Vision der *Titanic* legte die Parameter der Produktion letztlich fest: Er wollte den Zuschauer an Bord des untergehenden Ozeanriesen bringen. Um dies zu bewerkstelligen, brauchte er Kameraeinstellungen, die das Gefühl vermittelten, »dabeizusein«, die einen direkten, persönlichen Blick auf die Charaktere und ihr Schicksal ermöglichten. Frühere Filme über die Katastrophe hatten den eigentlichen Untergang in einer Reihe ausgeklügelter Vignetten dargestellt, bei denen Miniaturmodelle fotografiert worden waren.

»Bisher hat man entweder kleine Teile des Schiffs genau nachgebaut oder für die Aufnahmen mit einer breiteren Perspektive

Modelle benutzt, so daß man bei näherem Arbeiten auf ein paar Ecken und Winkel beschränkt war«, erklärt Cameron. »Oder man hat auf der *Queen Mary* oder einem vergleichbaren Schiff gedreht, das der *Titanic* ein bißchen ähnlich sah, in der Hoffnung, das würde sowieso keinem auffallen. Aber die *Queen Mary* kann man natürlich nicht untergehen lassen. Also hat man entweder große Einstellungen von Menschen, die auf Deck herumspazieren, aber nicht auf dem richtigen Deck, oder man sieht eine akkurat nachgebaute Stelle, die viel kleiner ist als in Wirklichkeit. Was die Genauigkeit betrifft, hat man beim Speisesaal in *A Night to Remember* (Die letzte Nacht der Titanic) ziemlich gute Arbeit geleistet, aber es war eben wieder nur ein Ausschnitt des echten Speisesaals.«

Sie hatten es sich also zur Aufgabe gemacht, auf der Leinwand ein Schiff erstehen zu lassen, das schon mit seinem Namen Großartigkeit verkörperte. Diese Art von intellektueller Herausforderung war genau das, was Cameron liebte, und Jon Landau war ein idealer Partner. Gemeinsam entwarfen sie eine Reihe von Szenarien. Anfangs glaubten sie noch, es reiche aus, nur Teilstücke des Schiffes nachzubauen. Das größte davon – eine 120 Meter lange Nachbildung des Rumpfs – konnte sowohl bei der großen Aufbruchszene in Southampton als auch beim Aussetzen der Rettungsboote verwendet werden.

Sie zogen in Erwägung, ein riesiges Containerschiff umzubauen, einen flachen Kahn von 210 bis 240 Metern Länge, den man für Ozeantransporte verwendete. Auf seinen langen, flachen Decks wollte man die Sets für den Bug und das Poopdeck bauen und einen falschen Rumpf über die Seite hinabhängen. Außerdem sollte ein Überhang für reichlich Platz sorgen, damit die Beleuchtungseinrichtung und die Kameraausrüstung problemlos untergebracht werden konnten. So war es möglich, die Szenen vor der Katastrophe auf offenem Wasser zu drehen. Anschließend konnten die Sets abtransportiert und für die Innenszenen im Studio und für die Verfilmung des Untergangs in großen Wassertanks wieder aufgebaut werden.

Als Tank zog Cameron ein Trockendock in Erwägung: ein großes Becken, aus dem man das Wasser abläßt, nachdem das Schiff zur Reparatur hineingefahren ist. Cameron legte Wert darauf, daß alles »schön« aussah, und die Lichtqualität war einer der Hauptfaktoren bei der Besichtigung von Drehorten überall auf der Welt. Außerdem spielten natürlich auch ökonomische Erwägungen eine Rolle, vor allem erschwingliche Arbeitskräfte. »Eigentlich suchten wir vor allem eine Stelle, wo wir billiger bauen konnten als in Los Angeles – da sind die Preise horrend«, sagt Cameron. An jedem in Frage kommenden Drehort wurden die Tariflöhne und die Verfügbarkeit von Arbeitskräften kalkuliert, unter anderem auch in Australien und der Tschechischen Republik. Cameron versicherte Chernin, er gehe überallhin, um diesen Film zu machen, selbst wenn er sich eine Weile von seiner Familie trennen mußte. Produktions-Scouts wurden nach Schweden, Polen und in die Karibik geschickt. Als der Januar kam, hatte Lamont eine Ausstattungsabteilung in London, eine in Los Angeles und eine in Mexico City. Dort baute man Requisiten und Sets, ohne zu wissen, wohin man sie letztendlich schicken würde.

»Wir fingen an, die Ostsee auszukundschaften, um zu sehen, ob wir zum Drehen acht oder 16 Kilometer aufs Meer hinaus mußten. Wir berechneten die Produktionserfordernisse für einen Tageszyklus – wie lange braucht man zum Drehort, wie viele Stunden Tageslicht hat man in einer bestimmten Jahreszeit zur Verfügung. Die logistischen Probleme waren ungeheuerlich«, bemerkt Cameron. Für die Untergangsszene besichtigte man ein großes Wasserbecken auf Malta.

Aus Erfahrung wußte Cameron, daß Dreharbeiten im Wasser eine Produktion immer zusätzlich erschweren. »Wasser führt zu einer zusätzlichen Unsicherheit«, meint er. Visionen von den Problemen bei *Waterworld* geisterten in Camerons und Landaus Kopf herum, und so konzentrierten sie ihre Bemühungen wieder darauf, einen Innenraum zu finden, der groß genug war, um die Sets für die *Titanic* »auf hoher See« zu beherbergen. Das würde ihnen wenigstens ein gewisses Maß an Kontrolle über die Elemente geben, ein wichtiger Faktor, weil sich die Katastrophe ja in einer klaren, ruhigen Nacht ereignet hatte. Kein Wind. Kein Regen. Kein Nebel. Da sich das Geschehen über mehrere Stunden hinzog, mußte alles zusammenpassen. Die Szenen mit den Rettungsbooten, die sich vom Schiff entfernten, mußten auf spiegelglattem Wasser gedreht werden.

Auf ihrer Suche nach großen Räumen in aller Welt begutachteten sie Zeppelin-Hangars – an die 100 Meter hoch, 300 Meter lang, offen, ohne tragende Pfeiler –, weiterhin Steinbrüche und eine U-Boot-Fabrik in South Carolina. Jedes überdimensionale Gebäude der Welt wurde in Erwägung gezogen. Aber nichts erfüllte die Anforderungen.

Dann sah Landau sich ein paar von Digital Domains Versuchen an, Wasser vom Computer simulieren zu lassen, und es schien, als wäre das fehlende Puzzleteil endlich gefunden. »Wir könnten an Bord drehen, ohne uns wirklich fortzubewegen, denn auf einem Schiff merkt man die Bewegung nur, wenn man hinuntersieht.« Bewegte Aufnahmen konnte der Computer liefern. Das bedeutete, sie mußten ihre Sets nur am, nicht auf dem Ozean bauen und konnten für die Aufnahmen außerdem noch den natürlichen Horizont nutzen.

Cameron erwärmte sich sofort für die Idee. An Land war der Zugang zu Ausrüstung und Arbeitskräften wesentlich einfacher, und für die Untergangsszenen konnten sie ein Becken bauen. Inzwischen trug er sich auch mit dem Gedanken, das Schiff als Ganzes nachzubauen, nicht nur in Teilstücken.

»Die größte Entscheidung war, die Sets für die Außenaufnahmen nicht nach innen zu bringen«, sagt Cameron. »Wir hätten sie in zu viele unzusammenhängende Teile zerlegen müssen, um sie auf Studiobühnen aufzubauen.« Der Visualisierungsprozeß zeigte, daß man, um den Eindruck eines Schiffs in voller Größe zu vermitteln, mehr Tricktechnik brauchte, je kleiner man das Schiff aufteilte. Da Effekte jedoch viel Geld kosteten, setzte dieser Umstand eine neue komplizierte Serie von Kosten-Nutzen-Berechnungen in Gang. »Wir kamen zu dem Schluß, daß der Schauwert, das Schiff in einem Stück zu haben, größer war als die potentiellen Probleme und Kosten beim Auseinandernehmen.« Cameron war bereit, es zu wagen, und zwar in großem Rahmen. Er und Peter Lamont entwarfen eine über 230 Meter lange *Titanic*, zehn Stockwerke hoch bis zur Spitze der Schornsteine. Jetzt brauchten sie nur noch einen Platz, wo man sie parken konnte. Bald kristallisierte sich heraus, daß die effektivste Lösung, die ihnen auch am meisten Kontrolle über das Projekt gewährte, ein eigenes Studio war. Aber wo? Inzwischen war es schon April.

Mexiko war eine naheliegende Möglichkeit. Auf dem Freeway von Los Angeles leicht zu erreichen, Crew und Ausrüstung erster Güte – das waren alles eindeutige Pluspunkte, billige Arbeitskräfte und erschwingliche Bodenpreise eine Notwendigkeit. Sie einigten sich auf Rosarito, einen Urlaubsort, der in den siebziger Jahren bei den Collegestudenten Südkaliforniens populär gewesen und jetzt etwas heruntergekommen war.

Ursprünglich sollte nur eine temporäre Einrichtung entstehen: zerlegbare Bühnen und ein paar große Zementbecken für die Wassertanks. Anders als bei den meisten Filmen, bei denen der technische Aspekt der Regie hauptsächlich darin besteht, zu entscheiden, wo die Kamera plaziert wird, mußte Cameron für die *Titanic* jetzt ein großes Bauvorhaben in die Wege leiten.

Der geographische Aspekt war ein unvorhersagbarer Faktor des Budgets. Die Budgetanalyse der voraussichtlichen Kosten war ein Finanzierungsplan für den Film, der – jedenfalls theoretisch – die Produktionsentscheidungen diktierte. Wahrscheinlich war er das wichtigste Einzelelement des Genehmigungsprozesses. Ein großer Teil der vorbereitenden Planung in der Vorproduktionsphase bestand darin, ein vertretbares Budget festzulegen.

Der Umstand, daß jeder Schätzung eine gewisse Irrtumswahrscheinlichkeit innewohnt, hält die sieben großen Studios nicht zurück, etwa 200 Filmen pro Jahr grünes Licht zu geben. Bei den meisten Filmen sind die Zahlen stimmig. Schätzungen für Beleuchtung, Strom, Kostüme und angeheuerte Arbeitskräfte sind ziemlich routinemäßige Kalkulationen auf den MovieMagic-Kostenverteilungsbögen. Selbstverständlich gibt es gewisse Schwankungen: Kostümfilm, Drama und Komödie unterliegen alle ihren eigenen Regeln. Bis in die frühen neunziger Jahre waren diese Formeln einigermaßen stabil.

Cameron und sein Team hatten große Schwierigkeiten, die Zahlen zu schätzen. Sicher, es hatte schon andere episch angelegte Filme gegeben, aber die Dimensionen der *Titanic* waren bisher einmalig. Weil es so lange gedauert hatte, die genaue Vorgehensweise festzulegen – wieviel gebaut werden sollte, was am Modell gefilmt werden konnte, die Anzahl von Computersimulationen –, war es schon problematisch genug gewesen, von wichtigen Abteilungen endgültige Teilbudgetberechnungen zu bekommen, beispielsweise für Kostüme, Bauten oder »praktische« Effekte am Set. Solange man nicht wußte, was man wo aufnahm, konnte man auch nicht beurteilen, wieviel es kosten würde. Bis Ende März war man mit der Visualisierung beschäftigt. Nachdem dann der Entschluß für Rosarito feststand, konnte das Zahlenjonglieren ernsthaft beginnen. Man wußte, wohin die Sets geliefert werden mußten, was wiederum bestimmte, wo sie gebaut werden konnten. Nun mußte auch das eingespielte Team von Mitarbeitern, das Cameron überallhin folgte, erweitert werden. Während in anderen Fällen eine einigermaßen korrekte Schätzung dadurch möglich ist, daß man die letzte – von Produzent, Autor und Regisseur abgesegnete – Drehbuchfassung zugrunde legt, war das Skript bei Cameron-Filmen immer etwas irreführend. »Die Frage war: Was machen wir wirklich? Wenn da steht: ›Sie gingen auf dem Deck der *Titanic* spazieren‹, dann ist wohl kaum einer auf die Idee gekommen, daß wir genau das inszenieren würden«, sagt Cameron. »Ich glaube, das war nicht mal mir selbst klar, als ich das Skript geschrieben habe.«

Schon 1994, noch bevor er nach Rußland reiste, hatte sich Cameron über das Budget von *Titanic* Gedanken gemacht. Damals glaubte er noch, den Film für rund 80 Millionen Dollar machen zu können, denn in diesem frühen Stadium sah er *Titanic* noch als kleines Intermezzo zwischen *True Lies* und *Avatar*, einer futuristischen Effekte-Extravaganz über gentechnisch gesteuertes Leben, von der er von vornherein wußte, daß sie viel Geld kosten würde.

Zu der Schätzung gelangte er, indem er eine Produktion in etwa den Ausmaßen von *True Lies* veranschlagte und von den recht hohen Kalkulationskosten für den kreativen Stab ein gutes Stück abzog, denn er wußte, daß *Titanic* kein Starvehikel werden würde. Grob definiert umfaßten die Kalkulationskosten für den technischen Stab Dinge wie Kameras, Kabel und Spezialeffekte, Zahnräder und Kurbeln und Leute, die sie bedienten – Leute, die mehr mit den Händen als mit dem Kopf arbeiteten (»below the line«). Das andere große Stück Budget, die Besetzung und alles, was damit zusammenhing, gehörte zum kreativen Stab (»above the line«). Diese Kosten umfaßten gewöhnlich auch Sonderwünsche wie Limousinen und schloßähnliche Luxuswohnwagen, Friseure, persönliche Masseurinnen, Küchenchefs und natürlich die Gagen. Die »Oben-unten«-Analogie entging Leuten, die Metaphern mochten, natürlich nicht, deutete sie doch so etwas wie einen Produktionshimmel und eine Produktionshölle an.

Zwar bezeichnete Cameron seine erste Schätzung als »wild geraten«, aber er verließ sich doch so weit darauf, daß er sie bei einer der ersten Besprechungen mit Chernin nannte. Zwei Jahre und zwei Skriptfassungen später, im April 1995, errechnete eine auf etwas wissenschaftlicherem Weg zustande gekommene Budgetanalyse Kosten in Höhe von 125 Millionen Dollar, dies allerdings ohne den Bau des Baja-Studios, eine Investition, die wesentlich höher lag als Camerons anfängliche Schätzungen. Chernin fand den Betrag lachhaft übertrieben und schickte Cameron zurück ans Reißbrett, um ihn auf höchstens 110 Millionen zurückzuschrauben.

Der Regisseur versuchte, der Anweisung Folge zu leisten, indem er etwa 80 computergenerierte Einstellungen strich. Das war ein völlig normaler Vorgang; bei jedem Film gab es in der Vorproduktionsphase ein gewisses Maß an Feilschen mit den Visual-Effects-Firmen. Welche Einstellungen kriegt ihr auch billiger hin? Was können wir weglassen? Bei Fox diskutierten Chernin, Mechanic und der Produktionschef der Twentieth Century Fox Tom Rothman intensiv darüber, wie man mit Cameron umgehen sollte; schließlich schaltete sich sogar Rupert Murdoch ein. Das Studio machte sich nicht nur Sorgen wegen des Budgets und des für Cameron ungewöhnlichen Genres, sondern auch wegen einer Miniserie über die *Titanic* im Fernsehen, die sich gerade in Arbeit befand. Camerons ursprüngliches Angebot an die Fox hatte gelautet »eine Idee, die so alt ist, daß sie schon wieder neu ist«. Aber wenn es nun Monate früher eine Fernsehsendung gab, wie neu konnte die Idee dann tatsächlich noch sein? Inzwischen brannte Cameron darauf, endlich offiziell grünes Licht von Fox zu bekommen und loslegen zu können. Er führte mehrere Gespräche über ein mögliches Startdatum des Films. Wenn dies erst einmal feststand, spulte sich sozusagen alles von hinten ab, um dieses Datum einzuhalten.

Seit *Terminator 2* waren alle Cameron-Filme im Sommer gestartet worden. Orion hatte den Film eigentlich für Oktober terminiert gehabt, und er hatte eingeschlagen wie eine Bombe. Aber diese Entscheidung war nicht schwer gewesen: Ein kleines Studio setzte einen Genrefilm gegen die Konkurrenz ein. *Titanic* jedoch – ein Kostüm-Action-Liebesfilm mit einem Schuß modernem Melodram – widersetzte sich jeder Kategorisierung. Cameron selbst war sich nicht sicher. »Ich war nie der Meinung, es wäre ein richtiger Sommerfilm, und hatte die Fox-Leute immer wieder gefragt: ›Was haltet ihr davon?‹ Und sie haben rumgedruckst: ›Ohhh, wir könnten am 4. Juli starten oder an Weihnachten.‹ Und ich habe nachgehakt: ›Ja, gut, aber ist es für euch ein Sommerfilm?‹ Ich wollte rauskriegen, ob sie das wirklich wollten, aber ich bekam einfach keine richtige Antwort. Na gut, die Zeit vergeht. Ich tue, was nötig ist und gebe Geld für die Vorproduktion aus.«

Irgendwann aber saßen die Leute aus der Chefetage bei Fox zusammen und stellten fest, daß sie für den Sommer 1997 keinen großen Film hatten. Einige Projekte, auf die sie gezählt hatten, waren nicht zustande gekommen. Hals über Kopf teilte man Cameron mit, er solle mit den Dreharbeiten beginnen, aber nur, wenn der Film im Sommer 1997 starten könne. »Bumm! Das war wie ein Schuß vor den Bug: ›Wenn du's nicht bis Sommer schaffst, machen wir den Film überhaupt nicht!‹ Ich hab' gesagt: »Okay, wenn ich den Film nächsten Sommer fertig haben soll, dann hätte ich aber auch schon spätestens vor zwei Monaten grünes Licht kriegen müssen.‹ Inzwischen hatte ich zwei Jahre meines Lebens in diesen Film gesteckt, und ich hatte nicht vor, ihn einfach zu vergessen.«

Als Absicherung gab Chernin noch grünes Licht für Jan de Bonts *Speed 2* (Speed 2 – Cruise Control); Cameron ärgerte sich, daß der Film ebenfalls auf einem Schiff spielte. Für den Start der *Titanic* peilte Fox den 4. Juli an, den gleichen Termin, an dem *Terminator 2* im Jahr 1991 Premiere gehabt hatte. Ein Glücksdatum. So unwahrscheinlich es auch schien, daß sie einen dermaßen komplexen Film in etwas über einem Jahr fertigstellen konnten, zeigte Camerons eigene Erfahrung, daß es zumindest möglich war. *Terminator 2* war innerhalb von 13 Monaten produziert worden, vom Skript bis zur Leinwand, und der Film war alles andere als unkompliziert gewesen. Natürlich hatte man für ihn nicht eigens ein Filmstudio errichtet – was übrigens ein paar seiner milliardenschweren Freunde im Valley, die unter dem Namen DreamWorks arbeiteten, seit zwei Jahren erfolglos versuchten. War Cameron trotzdem überzeugt, es zu schaffen?

Nun, er hätte nicht darauf gewettet, aber es war machbar. Cameron teilte dem Studio mit, er werde sein Möglichstes tun, wenn die Studioleute im Gegenzug bereit waren, im März oder April den Termin noch einmal mit ihm zu besprechen.

Camerons ursprünglicher Produktionsplan sah eine Fünftagewoche vor, so daß er das Wochenende zum Schneiden hatte, aber der Antrag wurde abgelehnt. Das Studio verlangte sechs Arbeitstage pro Woche, da man so 1,2 Millionen Dollar zu sparen glaubte – ein Irrtum, der das Studio am Ende rund zehn Millionen kostete. Bei *Terminator 2* half das Wochenende, die Dreharbeiten früher abzuschließen, obwohl der Schnitt insgesamt fünf Monate in Anspruch nahm.

Man könnte darüber streiten, ob das grüne Licht zu diesem Zeitpunkt rein theoretisch gemeint war. Indem das Studio Cameron mit dem Sommertermin unter Druck setzte, hatte es sich stillschweigend für den Film verpflichtet. Bisher hatte Cameron das Projekt mit leise tröpfelnden Entwicklungsfonds und eigenen Geldmitteln finanziert. Doch jetzt brauchte er nur noch den Geldhahn aufzudrehen.

Kapitel 8

*Der menschliche Körper ist ein Werkzeug, mit
dem man in der menschlichen Seele Kunst
erzeugen kann.*

ALFRED NORTH WHITEHEAD

Die nach dem Budget wichtigste Voraussetzung, um vom Studio für einen Film grünes Licht zu bekommen, ist die Besetzung. Für *Titanic* zog Cameron Unbekannte, Neulinge, aber auch einige Stars in die engere Wahl. Anfangs standen Kate Winslet als Rose oder Leonardo DiCaprio als Jack für ihn nicht zur Debatte. Beide wurden ihm von der Besetzungschefin Mali Finn ans Herz gelegt, die mit Cameron schon bei *Terminator 2* und *True Lies* zusammengearbeitet hatte und seinen Geschmack kannte.
Seit Finn, eine ruhige Frau mit Brille und einem durchdringenden Blick, im Oktober an Bord der *Titanic* gekommen war, beschäftigte sie sich intensiv mit Porträts und Videobändern verschiedener Schauspieler. Die Wände ihres Büros in Burbank waren mit Fotos der echten *Titanic*-Passagiere gepflastert. Die meisten jungen Schauspieler, mit denen Finn Kontakt aufnahm, wollten unbedingt vorsprechen und wären zu allem bereit gewesen, um mit James Cameron arbeiten zu dürfen.
Trotz Camerons Einwänden beharrte Finn auf Kate Winslet. »Triff dich mit ihr, sie ist bemerkenswert«, empfahl sie ihm.
Winslet hatte ihren ersten Vorsprechtermin in einem Studio in Los Angeles. Cameron machte von allen seinen Schauspielerinnen Probeaufnahmen und hatte dasselbe auch mit den Schauspielern vor. Trotz seiner Erfahrung im Filmgeschäft war er etwas nervös, weil er einen Kostümfilm drehen würde. Zwar hatte er in *Aliens* und in den *Terminator*-Filmen zukünftige Welten erschaffen, aber *Titanic* war insofern etwas anderes, als es hier um tatsächliche historische Vorgänge ging. Die Vergangenheit war viel greifbarer als irgendeine ätherische Zukunft.
Bei dem Vorsprechtermin in Culver City sorgte Deborah Scott für Winslets Kleidung; Scott war schon seit November dabei, nach zeitgenössischen Kostümen Ausschau zu halten. Russell

Carpenter, der Kameramann von *True Lies,* war für die Beleuchtung zuständig. Cameron wollte erstklassige Probeaufnahmen. Er mußte seine Hauptdarstellerin in einem zeitgenössischen Kostüm und einer perfekt ausgeleuchteten Umgebung sehen, um sich zu vergewissern, daß sie ihrer Aufgabe nicht nur gewachsen war, sondern daß sie auch ins Team paßte. Wie er es ausdrückte, legte er Wert darauf, »daß die Chemie zwischen Regisseur und Schauspieler stimmt«. Der Erfolg des Films würde zu einem großen Teil davon abhängen, daß er die richtige Hauptdarstellerin fand, denn die Geschichte entfaltet sich hauptsächlich aus ihrer Perspektive. »Ich wollte eine Frau, die moderne Emotionen kanalisierte, die in die damalige Zeit paßte und doch eine von uns war.« Er beschrieb Rose als »einen Audrey-Hepburn-Typ: forsch, klug und elegant«. Für jede junge Schauspielerin war das eine Traumrolle – obendrein mit wirklich tollen Kleidern.

Cameron hatte seine Auswahlmöglichkeiten dadurch stark eingeschränkt, daß er die beiden Hauptfiguren so jung machte. Rose ist 17, Jack 20. Cameron glaubte fest, der Film müsse von einer ersten Liebe handeln. Eine ganze Anzahl prominenter junger Schauspielerinnen sprach für die Rolle vor, unter anderem Gwynneth Paltrow, Claire Danes, die Französin Gabrielle Anwar. Für jede war es an sich schon eine Ehre, zu dem erlesenen Kreis zu gehören. »Es ist nicht schwer, gute Schauspieler zu finden«, meint Cameron. »Aber es ist schwer, Schauspieler zu finden, die diese Altersgruppe mit der dramatischen Bandbreite bewältigen, die sowohl über die Intensität als auch die Subtilität dieser Rollen verfügen. Und die natürlich auch in der Lage sind, die Dreharbeiten für einen großen Film durchzustehen, denn das ist anstrengend.«

Obwohl Winslet für eine so junge Schauspielerin eine beeindruckende Rollenliste vorzuweisen hatte, beruhten Camerons anfängliche Einwände darauf, daß man sie so eng mit Kostümfilmen in Verbindung brachte. Die 21jährige Schauspielerin hatte bereits in zwei Filmen mit Stoffen aus dem 19. Jahrhundert mitgewirkt – Adaptationen von Jane Austens *Sense and Sensibility* (Sinn und Sinnlichkeit) und Thomas Hardys *Jude the Obscure* – und neben Kenneth Branaghs Hamlet die Ophelia gespielt. Selbst die Handlung ihres Leinwanddebüts, Peter Jacksons packendem Film *Heavenly Creatures,* spielte im Neuseeland der fünfziger Jahre – also ebenfalls eine Art Kostümfilm.

Die große Frage bei Winslets Vorsprechtermin war, ob sie die Szene mit einem amerikanischen Akzent spielen sollte. Rose war eine komplizierte Figur, die irgendeinen Akzent brauchte – den sogenannten mittelatlantischen Akzent Philadelphias, den der Jet-set der Jahrhundertwende bevorzugte. Winslet hatte ihren Text auswendig gelernt, und man ließ einen guten Ersatzschauspieler neben ihr auftreten. Sie war voller Selbstvertrauen und versuchte es gleich mit dem Akzent. Die Szene wurde gedreht.

Cameron war von ihrer Schönheit und ihrem einnehmenden Wesen sehr angetan, fand aber, daß irgend etwas fehlte. Er bat sie, die Szene mit ihrem normalen britischen Akzent zu wiederholen. »Sie haben bewiesen, daß Sie Amerikanisch beherrschen. Vergessen Sie das alles jetzt, und spielen Sie die Szene bitte noch einmal.« Die Anweisung funktionierte. »Sie war umwerfend, wirklich umwerfend. Wir machten viele, viele Aufnahmen. Ich erkannte, daß es für sie keine schlechte Perspektive gab, weder von ihrem Gesicht her noch vom fotografischen Standpunkt. Sie war exquisit und extrem flexibel. Sie konnte eine Idee aufnehmen, mit ihr herumspielen, sie sich zu eigen machen, und es kam immer etwas Interessantes dabei heraus. Und es machte Spaß. Es war anstrengend, aber es machte viel Spaß.« Zwar hatte er in den nächsten Tagen noch mit mehreren jungen Schauspielerinnen Vorsprechtermine und sagte auch keinen davon ab, aber als Winslet das Studio verließ, hatte er das fast sichere Gefühl, daß sie seine erste Wahl sein würde.

Sie wollte die Rolle unbedingt und hatte auch keine Ambitionen, dies vor Cameron zu verheimlichen. Sie rief ihn aus England an. »Da fuhr ich irgendwo in meinem Humvee rum, und sie ruft an und sagt: ›Sie verstehen mich nicht. Ich bin Rose. Ich weiß gar nicht, warum Sie überhaupt noch eine andere vorsprechen lassen!‹ Sie war so überzeugt und energisch. Ich hielt mir den Bauch vor Lachen«, sagt Cameron. »Ich dachte, okay, das ist die richtige Einstellung für ein solches Projekt.«

Wenige Wochen später war Winslet erneut in Los Angeles, diesmal bei Lightstorm, um mit Leonardo DiCaprio zu lesen.
Als Finn DiCaprio vorschlug, war Cameron ebenfalls nicht sonderlich begeistert, denn er hatte den Schauspieler bisher nur in *What's Eating Gilbert Grape?* (Gilbert Grape – Irgendwo in Iowa) als behinderten Jugendlichen gesehen, eine Rolle, die dem jungen Schauspieler eine Oscar-Nominierung eingebracht hatte. Doch wie Winslet hatte auch DiCaprio inzwischen mehrere eindrucksvolle Parts gespielt, unter anderem den surrealistischen Dichter Arthur Rimbaud in *Total Eclipse,* den heroinabhängigen Schriftsteller und Rocker in *Basketball Diaries* (Jim Carroll – In den Straßen von New York) und in seiner jüngsten Rolle einen Teenager mit einem Familientrauma, neben Meryl Streep und Diane Keaton in *Marvin's Room* (Marvins Töchter).
Cameron und DiCaprio begegneten sich zum erstenmal bei einem informellen Treffen im Februar 1996 in den Büros von Lightstorm in Santa Monica. Cameron, der etwas zu spät kam, betrat den Konferenzraum und wunderte sich, daß sämtliche weiblichen Mitglieder von Lightstorm anwesend waren, selbst die Finanzchefin. Offensichtlich wollten alle Leo sehen. »Es war eins dieser Hollywood-Gruppenphänomene, aus denen ich mich gewöhnlich raushalte«, lacht Cameron. »Leo ist anscheinend daran gewöhnt, denn er hat alle Anwesenden um den Finger gewickelt.« Der 21jährige Schauspieler, der »ein bißchen pubertär aussah« und sich mächtig produzierte, beeindruckte Cameron nicht weiter – ein junger Hüpfer, wenn auch zugegebenermaßen einer von der hübschen Sorte. Aber immerhin war er beeindruckt genug, um Winslet einfliegen und mit DiCaprio lesen zu lassen. Ein weiteres Treffen wurde für die darauffolgende Woche anberaumt.
Dieses leitete DiCaprio damit ein, daß er nicht auf Video gefilmt werden und auch nicht die Szene spielen wollte, die Cameron vorbereitet hatte. Ein unübliches Verhalten, das nicht gerade darauf hinwies, daß er die Rolle unbedingt haben wollte, aber Leonardo nahm seine Schauspielerei viel zu ernst, um einen Vorsprechtermin zu vertun. Er fand den Film faszinierend, hatte aber gegen die Rolle des Jack einige Vorbehalte. Sie schien ihm zu »leicht«. Ihm waren menschliche Tragödien lieber als ti-

tanische, wo die schauspielerische Leistung womöglich in den prächtigen Kulissen, den überwältigenden Sets und dem mitreißenden Sound unterging. DiCaprio spielte seine Figuren sympathisch und intelligent. Die Tatsache, daß diese Rollen nebenbei eine ganze Mädchengeneration zum Schluchzen brachten, war ihm eher lästig. Im November sollte Baz Luhrmanns *Romeo and Juliet* (Shakespeares Romeo und Julia) anlaufen und DiCaprio endgültig zum Superstar machen.

Cameron ließ sich nicht abwimmeln. »Sie lesen trotzdem!« befahl er. »Ich habe Kate eigens aus England einfliegen lassen. Hier ist Ihr Text.«

In der achtseitigen Szene lernen sich die beiden jungen Leute nach Roses Selbstmordversuch bei einem Gespräch an Deck näher kennen. Rose sucht Jack auf, um ihm zu danken, daß er ihr das Leben gerettet hat. Zwar läßt das Drehbuch offen, ob Rose wirklich springen wollte, aber sie rutscht aus, als sie über die Reling zurückklettern will, und wäre über Bord gegangen, wenn Jack nicht rettend eingegriffen und ihr Schicksal gewendet hätte – eines von Camerons Lieblingsmotiven.

Im Drehbuchentwurf begibt sich Rose am nächsten Tag aufs Zwischendeck: ihr erster Ausflug in den Aufenthaltsraum der dritten Klasse und Jacks ausgelassene, wilde, emotionale Welt. »Jack wendet ihr den Rücken zu, aber Fabrizio und Tommy sehen sie kommen«, heißt es im Skript. »Als Jack sieht, wie den beiden der Mund offenstehen bleibt, dreht er sich um.« Cameron beschreibt die Szene als Variation des Aschenputtelmythos mit umgekehrtem Geschlecht.

Beim anschließenden Spaziergang auf Deck bedankt sich Rose sehr sittsam bei Jack. Sie wandern herum. Sie reden miteinander. Sie sind fasziniert voneinander.

DiCaprio begann.

Außen. Schiffsdeck – Tag.

(Jack und Rose gehen nebeneinander her. Sie kommen an Leuten vorbei, die in Liegestühlen sitzen, lesen und sich unterhalten. Ein paar sehen dem ungleichen Paar neugierig nach. Er fühlt sich in seinen groben Kleidern fehl am Platz. Beide sind verlegen, wenn auch aus unterschiedlichen Gründen.)

Jack (sieht sich um) Das ist also die erste Klasse. Riecht jedenfalls besser hier als bei uns. Haben Sie eigentlich auch einen Namen?

Zugegeben, die Szene war bisher nur ein Entwurf.
Bei solchen Zeilen hatte DiCaprio nicht viel zu tun. Aber es war eben nur ein Scriptment – ein unvollständiges Dokument, das einem Schauspieler die Arbeit nicht unbedingt leichtmachte. Schauspieler lesen nicht wie gewöhnliche Leute, deshalb schreiben Drehbuchautoren auch nicht wie andere Schriftsteller. Schauspieler konzentrieren sich auf den Dialog und als erstes auf die Stimme ihres Charakters. Manche »zählen« sogar ihre Zeilen.
Wenn ein Schauspieler mit dem richtigen Material in Berührung kommt, entfaltet sich die Szene oft wie durch Magie. »Ich glaube, Schauspieler sind hauptsächlich daran interessiert, einen Charakter darzustellen, der sich emotional in irgendeine Richtung entwickelt«, meint Finn.
Cameron fügt hinzu: »Das Schwerste an diesem Film ist, die Liebesgeschichte zu erzählen, in der sich zwei Menschen begegnen, sich verlieben und zu dem Schluß kommen, daß sie füreinander bestimmt sind – für die 96 Stunden, bis das Schiff mit einem Eisberg kollidiert. Und das muß man glaubhaft machen und interessant, zu etwas, was man noch nie gesehen hat und was doch universell ist. Junge trifft Mädchen – das ist die älteste Geschichte der Welt. Wie kann man sie also spannend und aufregend und neu erzählen? Und das auch noch in einem Kostümfilm, wo alle mit komischen Hüten und Kleidern rumlaufen?«
In dieser Szene ist Jack »außer sich vor Freude, in ihrer Nähe zu sein und ein bißchen eingeschüchtert. Sie dagegen hat mit der Situation zu kämpfen, daß er sie bei ihrem Selbstmordversuch erwischt hat, so daß sie ihm irgendwie etwas schuldet. Aber er stammt aus einer anderen Klasse und ist irgendwie ungehobelt. Zwischen ihnen tobt dieser ganze Konflikt zwischen Anziehung und Distanz.« Es war eine wunderschöne Szene, um die Schauspieler zu testen – tiefgehend und voller emotionaler Spannung. Als sie fertig waren, fühlte sich Winslet plötzlich den Tränen nah und furchtbar erschöpft. Sie war mitten in den Dreharbeiten von

Hamlet herübergeflogen, was an sich schon anstrengend genug war, dazu kamen die Auswirkungen der Zeitverschiebung und nun diese hochemotionale Szene. Doch sie war von DiCaprio so beeindruckt, daß sie Cameron beiseite zog und ihm zuflüsterte: »Selbst wenn Sie mich nicht nehmen – ihm müssen Sie die Rolle geben.«
Später teilte ihr Cameron in seinem Büro mit, daß sie die Rose spielen sollte.
Außer sich vor Freude, machte sie auf dem Rückweg zum Flughafen halt und schickte Cameron eine einzelne rote Rose mit der Notiz: »Danke. Ihre Rose.« Sie unterschrieb einen Vertrag, der eine Gage von knapp einer Million Dollar vorsah.
Mit DiCaprio machte Cameron genau die gegenteilige Erfahrung. Er mußte den Schauspieler davon überzeugen, daß Jack eine wirklich lohnende Rolle war. Während DiCaprio den Text las, beobachtete Cameron ihn fasziniert: »Er sah so gut aus und so unglaublich lebendig.« Im Lauf der Szene spielten sich hinter den unruhigen blaugrünen Augen mindestens zehn verschiedene Gefühlsregungen ab. »Er las die Szene einmal, dann sprang er auf, fing an rumzukaspern und Geschichten zu erzählen, und ich brachte ihn einfach nicht dazu, sich noch mal auf dasselbe zu konzentrieren. Aber für den Bruchteil einer Sekunde fiel ein Lichtstrahl aus dem Himmel und erleuchtete den Wald.«
Nach monatelanger Suche hatte Cameron endlich seinen Hauptdarsteller gefunden, aber DiCaprio konnte sich nicht entschließen und drängte immer wieder auf Veränderungen des Drehbuchs. »Das ist eben Leos Methode. Zuerst hat mich das geärgert, weil ich mein Skript und die Figuren darin gut fand, und da kommt dieser Knabe daher und erzählt mir, was daran alles nicht stimmt. Aber letztlich war es nur gut für den Film, denn ich war gezwungen, noch mehr über Jack nachzudenken. Nicht um ihn neurotisch oder verkorkst zu gestalten, sondern um mir klarzumachen, was er fühlt, wie sein Leben ausgesehen hat, bevor er auf dieses Schiff kam, wie er auf all diese reichen Leute reagiert.
Der Film handelt von einem Mädchen, das sich in einen Jungen verliebt, in den sie sich nicht verlieben soll, und es ergibt für sie überhaupt keinen Sinn, daß sie sich ausgerechnet in ihn verliebt

hat. Aber das Publikum muß spüren, daß er genau der Richtige für sie ist. Die Zuschauer müssen von dem Jungen genauso hingerissen sein wie sie. Deshalb mußte ich einen Schauspieler finden, der die Fähigkeit hatte, die Herzen im Sturm zu erobern. Und Leo kann das.«

Als Vorbild für die Figur des Jack diente Cameron der Schriftsteller Jack London, ein autodidaktischer Freigeist der Jahrhundertwende, bekannt beispielsweise für seine Werke *White Fang* (Wolfsblut) oder *The Call of the Wild* (Der Ruf der Wildnis). Bei der Recherche der Rolle hatte er Schwierigkeiten, Beispiele dafür zu finden, wie die Leute 1912 »auf der Straße« sprachen. Die Romanciers jener Zeit – Wharton, James – dokumentierten hauptsächlich die Oberschicht. Um ein Gefühl für die Umgangssprache zu bekommen, studierte er die damaligen Groschenhefte.

DiCaprio wollte nicht den leuchtenden Helden mimen. Was hätte eine solche Rolle an Kreativität zu bieten? »Er wollte gebeten werden«, sagt Cameron. »Man mußte ihn verführen. Es behagte ihm nicht, in einem großen Film aufzutreten.«

DiCaprios geheimnisvolle Schönheit hat oft zu Vergleichen mit James Dean geführt, mit dem ihn sein düsterer Charme verbindet. »Ich war schon lange fasziniert von ihm«, sagt Finn, »aber ich dachte, es wäre wunderbar, ihn in einer Rolle zu sehen, die diese ganze Energie, diesen Überschwang, diese Lebenslust verkörpert. Ihn einen irischen Jig tanzen zu lassen.«

In einem früheren Stadium hatte Finn einen jungen New Yorker Schauspieler namens Billy Crudup für die Rolle favorisiert. Sie ließ Crudup auf ihre eigenen Kosten einfliegen, so fest glaubte sie an ihn. Aber Billy lehnte ab, aus ähnlichen Gründen, aus denen DiCaprio so lange zögerte. Er wollte Schauspieler sein, kein Filmstar. Vielleicht war es ganz gut so, denn Crudup war noch weniger bekannt als DiCaprio, was bei Fox auf wenig Gegenliebe gestoßen wäre. Dort wollte man immer noch Brad Pitt oder Tom Cruise.

Als das *Titanic*-Drehbuch in Hollywood die Runde zu machen begann, rief Cruises Agent tatsächlich an, um sich nach der Rolle zu erkundigen. Cameron erinnert sich daran mit einer großen Genugtuung, denn Cruise ist einer jener seltenen Stars, bei dem

Talent den Glamour überwiegt. Die Möglichkeit, mit ihm zu arbeiten, war durchaus verlockend. Cameron war geschmeichelt, aber andererseits wollte er unbedingt einen jüngeren Jack.

Die Verhandlungen mit DiCaprio zogen sich über die nächsten Wochen hin, in denen Cameron gleichzeitig an der Fertigstellung des Skripts arbeitete und die Produktion weiter vorantrieb – was angesichts des Starttermins dringend notwendig war. Immerhin hatte die Fox ein bißchen Geld lockergemacht, um mit den Set-Aufbauten für die Unterwasser-Innenaufnahmen des Wracks zu beginnen.

Die Sets sollten für die Gegenwartsszenen benutzt werden, in denen es beispielsweise darum ging, daß ein Safe aus Suite B-52, der Hockley-Suite, geborgen wurde. Die Möbel – unter anderem ein großer Flügel – sowie die Wandverkleidung wurden angesengt und dann mit Harz überzogen, das die brüchige, verkohlte Oberfläche binden sollte. Danach wurde alles mattbraun gestrichen, so daß der Eindruck eines Innenraums entstand, der seit 85 Jahren unter Wasser stand. Wenn man Holz brennt, oxidiert die Oberfläche, was grundlegend dem Prozeß entspricht, der bei einem längeren Aufenthalt im Wasser eintritt.

Für Cameron waren die Wrack-Sets ein Schlüsselstück, um die Verbindung zwischen der *Titanic* damals und heute herzustellen. Nun, da sie fast fertig waren, wollte er sie unbedingt in Augenschein nehmen. Zusammen mit Charlie Arneson setzte er sich in seinen Jeep und machte sich auf den Weg nach Escondido. (Nach der Tauchaktion hatte Cameron Arneson für Recherchen über die *Titanic* und ihre Zeit eingestellt.)

Als Vorlage für den Set-Entwurf von Suite B-52 benutzte man das Videoband, das Snoop von der Tauchaktion mitgebracht hatte. Obgleich Cameron die Suite auf der Steuerbordseite, B-51, fotografiert hatte, war es durchaus möglich, daß sich die entsprechende »Millionärssuite« auf der Backbordseite in einem ähnlichen Zustand befand. Als er in Escondido ankam, war Cameron dennoch von dieser Interpretation der Ausstattungsabteilung nicht begeistert.

»Jim gefielen die Oberflächen nicht«, sagt Arneson. »Er hat die *Titanic* aus erster Hand gesehen, also wußte er genau Bescheid. Man hatte anhand von Fotos und Videoaufnahmen und so weiter gearbeitet. Cameron griff sich einen Pinsel und machte sich ans Werk. Im Endeffekt blieb er eineinhalb Tage, obwohl er bloß sein Bob-Marley-T-Shirt und eine Jeans dabeihatte. Er hat sich um jedes Detail gekümmert. Und Rae hat sich die Haare gerauft. ›Wo ist Jim? Arbeitet er am Skript? Nein, er ist in Escondido und kümmert sich um die Innenrequisiten!‹ Eigentlich war es für Jim eine Art Erholung nach der ganzen Schufterei«, erklärt Arneson.

In der letzten Phase der Skriptüberarbeitung hatte Cameron zunehmend das Gefühl, als stiege er mühsam bergauf, um sich schließlich mit einer Achterbahn in die Tiefe zu stürzen. Mittendrin setzte er auch die Gespräche mit DiCaprio fort, aber schließlich hatte er die Nase voll und sagte dem jungen Schauspieler: »Wissen Sie, ich glaube, Sie sollten den Film lieber nicht machen, denn Sie machen mir den Kerl noch zu einem grüblerischen Neurotiker, und ich habe nicht vor, ihn zucken und humpeln zu lassen und das ganze andere Zeug, das sie ihm anhängen wollen. Und offen gestanden habe ich das Gefühl, Sie suchen an der falschen Stelle nach einer guten Rolle.

Für einen Schauspieler ist es am schwersten, wenn er absolut nichts zwischen sich und dem Publikum hat. Kein Zucken, kein Hinken, kein dunkles Geheimnis aus der Vergangenheit. Nur ein offener, ehrlicher Kerl, der interessant und sympathisch ist. Das ist der Unterschied, ob man eine Szene mit einer Requisite spielt, an die man sich klammern kann, oder ohne eine derartige Krücke. Es hat in der Filmgeschichte nur wenige Männer gegeben, die dazu fähig waren. Männer wie Gary Cooper oder Jimmy Stewart haben einen unauslöschlichen Eindruck hinterlassen, weil sie genau das getan haben, aber das hat Seltenheitswert. Wenn man es kann, dann kann man alles.« Cameron hatte eine persönliche Beziehung zu der Rolle, denn – so behaupteten manche Beobachter – seine eigene Persönlichkeit liegt irgendwo zwischen dem freigeistigen Künstler Jack – so möchte auch Jim sein – und Brock, dem Mann, der sich so in logistische Details, in seine ganze Mission verbeißt, daß er den Blick aufs Ganze verliert.

Endlich gab DiCaprio nach, allerdings unter der Bedingung, daß Cameron Jack in anderer Hinsicht ausschmückte. Nicht jeder

junge Schauspieler hätte das Selbstbewußtsein gehabt, Forderungen an einen erfolgreichen Regisseur zu stellen. »Die meisten haben das Gefühl, sie müssen erst ein bestimmtes Level erreichen, ehe sie sich mit dem Regisseur hinsetzen und sagen: ›Können wir gemeinsam an der Rolle arbeiten?‹« meint Finn.
Jetzt mußte Cameron nur noch Fox davon überzeugen, daß DiCaprio das Zeug hatte, den Film zu tragen. Zu diesem Zeitpunkt fand Winslets elitärer filmischer Lebenslauf und ihre Verbindung zum Kreis von Merchant-Ivory in den Augen des Studios mehr Gnade als DiCaprio, der gleichzeitig *Romeo and Juliet* für Fox drehte. Chernin hätte lieber Chris O'Donnell oder Matthew McConaughey angeheuert: O'Donnell hatte sich gerade einen – wenn auch eher leichtgewichtigen – Namen als Batmans Robin erworben, und McConaughey war mit *A Time to Kill* (Die Jury) erfolgreich gewesen. In *Titanic* gab es eine Menge Sprechrollen; da hatte Cameron doch genug Möglichkeiten, unbekannte Schauspieler unterzubringen.
Doch letztlich war Cameron überzeugt, daß sowohl O'Donnell als auch McConaughey zu alt waren. Er bot McConaughey die Rolle von Roses reichem, arrogantem Verlobten Cal an, aber McConaughey lehnte ab und kehrte lieber für Spielbergs ersten DreamWorks-Film *Amistad* in den Gerichtssaal zurück. Die Rolle von Cal übernahm schließlich Billy Zane.
Dem Rest der Besetzung wollte Cameron »unbekannte« Gagen zahlen. Mit der Ausnahme einiger weniger Hauptrollen, hieß das Tarifgage plus zehn Prozent, rund 2000 Dollar die Woche – das absolute Minimum, wenn er die Schauspieler nicht beleidigen wollte. Doch Cameron brauchte das Geld für andere Bereiche. »Wenn man sich beispielsweise *A Time to Kill* ansieht – Joel Schumacher hatte Kevin Spacey, Donald Sutherland, Kiefer Sutherland, Ashley Judd, Oliver Platt und Patrick McGoohan in den Nebenrollen. Solche Nebenrollenschauspieler belasten das Budget sehr«, meint Finn. »Ihre Wochen- oder Filmgage liegt wesentlich höher als bei anderen Nebenrollendarstellern.«
Bei der Besetzung für *Titanic* erlaubte sich Cameron allerdings auch einen kleinen Luxus: die Oscar-Preisträgerin Kathy Bates als Molly Brown. Anfangs zögerte Bates, weil sie die Rolle zu klein fand. Cameron hatte die Molly Brown bei ihrem gemein-

samen Aufenthalt auf der *Keldysch* Linda Hamilton angeboten, aber sie hatte abgelehnt. Eine Bewerberin, die bei den Probeaufnahmen einen guten Eindruck hinterließ, war die Country-Sängerin Reba McEntire. Aber Bates, die der tatsächlichen Molly Brown auch noch sehr ähnlich sah, wurde immer mehr seine einzige »unsinkbare Molly Brown«. Doch das Studio weigerte sich, ihre Gagenforderung zu erfüllen. Selbst als sie auf 500.000 Dollar herunterging, war man nicht zu einer Einigung bereit, und schließlich bot Cameron an, selbst die Differenz von 150.000 Dollar zu übernehmen.

Nachdem DiCaprio die Massen so erfolgreich wieder mit Shakespeare bekannt gemacht hatte, behaupteten die Studiobosse, sie seien von Anfang an dafür gewesen, ihm die Rolle des Jack zu geben. Aber in Camerons Erinnerung lief die Sache ganz anders: »Ich rief Peter Chernin an und sagte: Leonardo DiCaprio ist der Mann, den wir brauchen. Ihr müßt mir da einfach trauen. Und die Studioleute meinten: ›Gibt es denn keine andere Möglichkeit?‹ Sie wollten einen Star. So ist eben die Studiomentalität: ›Wir können keinen Film für über 100 Millionen mit Unbekannten machen. Das geht einfach nicht!‹ Und sie bekamen regelmäßig die Muster von *Romeo and Juliet* zu Gesicht, da mußten sie es eigentlich besser wissen als ich. Deshalb haben mich ihre Befürchtungen erst ziemlich nervös gemacht«, sagt Cameron, »aber ich verlasse mich immer auf meinen ersten Eindruck. Das klingt vielleicht abgedroschen, aber schließlich tut das Publikum das gleiche.«

Natürlich setzte Cameron DiCaprio durch, und Romeo bekam die Rolle. Als seine Agenten im Juni den Vertrag abschlossen, ergriffen sie die Gelegenheit, seine Gage auf 2,5 Millionen Dollar zu verdoppeln. Es ließ sich nicht mehr leugnen, daß Leonardo DiCaprio ein Star geworden war

Kapitel 9

*Es gibt – jedenfalls in Amerika – nur einen
Grund, warum Leute Geld ins Filmgeschäft
stecken: Sie wollen Profit machen. Einen anderen
Grund gibt es nicht.*

CURTIS HARRINGTON

Twentieth Century Fox steckte in der Klemme. Sie hatten einen Film halb abgesegnet, und Hollywoods verwegensten Regisseur am Ruder.
Die Tatsache, daß Camerons beide letzte Filme – *Terminator 2: Judgment Day* und *True Lies* – eine Menge Geld eingespielt hatten, machte es nicht unbedingt leichter, zu seinem jetzigen Projekt ja zu sagen. »Die Arbeit mit ihm jagt einem jedesmal wieder Angst ein«, erklärt Bill Mechanic.
Selbst für den oberflächlichen Betrachter scheint *Titanic* ein extremer Bruch mit Camerons bisherigen Science-fiction- und Actionfilmen. Andererseits reagierte das Studio schon beinahe so zurückhaltend, als Cameron verlauten ließ, *True Lies* sei ein Actionfilm und eine Komödie. »Sagt Ihnen der Titel *Last Action Hero* irgendwas?« bekam er auf der Chefetage der Fox mehr als einmal zu hören.
»Peter Chernin mochte das Drehbuch sehr«, sagt Cameron. »Er fand, es hatte Substanz, und so etwas sollte man verfilmen. Aber er war höllisch nervös, aus offensichtlichen Gründen. Er war höllisch nervös aus denselben Gründen, aus denen andere Studios den Film von vorneherein abgelehnt hätten, um es deutlich zu sagen. Er war nervös, aber er hat es gewagt. Verstehen Sie, was ich damit sagen will? Man braucht Mumm. Man braucht Mumm, um etwas zu tun, was einem als Geschäftsmann erst mal gegen den Strich geht. Aber weil Chernin aus dem literarischen Bereich kommt, wußte er mein Vorhaben zu schätzen. Er hatte natürlich keine Ahnung, ob es kommerziell funktionieren würde oder nicht. Er teilte durchaus nicht meine Überzeugung, daß das Publikum den Film tatsächlich mögen würde.«
Natürlich war es von Vorteil, zu den intelligenten, oscarverdäch-

tigen Kinomachern zu gehören. Camerons Filme waren mit Oscar-Nominierungen überhäuft worden – 18 Nominierungen für vier Filme – und hatten sieben der begehrten Statuetten davongetragen, wenn auch hauptsächlich im technischen Bereich. Keiner war an den Regisseur selbst gegangen. Andererseits war Chernin ja auch kein Kunstmäzen. Er war Geschäftsmann, dem es vor allem darum ging, die Beziehung zwischen der Fox und Lightstorm zu erhalten, und er sah auch gewisse kommerzielle Erfolgsaussichten in Camerons großem Schiffsprojekt. »Es gibt zwei Arten von Filmemachern: solche, die kleine Filme machen, und solche, die große Filme machen. Ich glaube, Cameron gehört in die Kategorie von David Lean – einer, der persönliche Geschichten in großem Rahmen erzählt«, meint Mechanic.

Kurz nachdem man Cameron von seinem Ausflug nach Escondido zurückgeholt hatte, reichte er sein fertiges Skript ein. Da er inzwischen auch die Besetzung der Hauptrollen geklärt hatte, stand dem Start der *Titanic* nur noch das fehlende endgültige Budget im Wege. Jetzt hatte Cameron Farbe von den Sets an den Fingern und spürte, wie der Film zum Leben erwachte. Das Studio ließ verlauten, es suche einen Partner, jemanden, der das »Risiko« – das heißt die Kosten – mit ihnen teilte. Cameron brauchte Geld, und zwar eine Menge, falls er überhaupt noch eine Chance haben wollte, den Termin am 4. Juli 1997 einzuhalten. Er bot Fox vier Millionen seines eigenen Honorars an, ein letzter verzweifelter Versuch, die Zahlen auszugleichen und endlich das Okay zu bekommen, ohne das er nicht loslegen konnte. Es war die erste der drei Phasen, in denen Cameron letztlich sein gesamtes Honorar und seine Gewinnbeteiligung opferte.
Er hatte an allen Ecken und Enden gekürzt, wo es ihm innerhalb seiner Vorstellungen realistisch erschien, um im Rahmen des Budgets zu bleiben. Die Fox wollte *Titanic* mit einem Budget von 110 Millionen machen. Mit Camerons jüngstem Angebot lag die Zahl in Reichweite.
Am 28. Mai bekam der Film grünes Licht. Cameron hatte die erste große Hürde genommen.

Digital Domain hatte einen Flugzeughangar in Playa Vista, der alten Hughes-Aircraft-Fabrik, übernommen, wo eine Flotte von

Modellen seetüchtig gemacht wurde. Schon seit April lief in Mexiko die Set- und Ausstattungskonstruktion auf vollen Touren. In Los Angeles lagerten Tausende von Kleidungsstücken neben Hunderten von Schnurrbärten und Perücken. Fünfhundert Speisesaalstühle und Sets von der Größe eines Ballsaals wurden teilweise aus Entfernungen von über 3000 Kilometern angeliefert.

Das Okay von Fox hatte in den Baja-Studios bahnbrechende Auswirkungen. Cameron und Landau hatten schon die ganzen letzten Monate mit Simon Bax, dem Finanzchef von Fox, Baupläne gewälzt. Es war schwierig, Baufirmen nur für die ursprünglich von Fox geplanten Bauwerke zu finden – das 180 mal 180 Meter große Becken und die ebenfalls umfangreiche Stage 2 mit ihrer 24 Meter hohen Decke, unter der mehrstöckige Aufbauten beim Sinken gedreht werden sollten. Ursprünglich war Roberto Curiel nur für Tank eins und die Fundamente der Einzelstudios angeheuert worden, letztendlich jedoch baute er in drei kurzen Monaten ein voll funktionsfähiges Filmstudio mit drei verschiedenen Einheiten, dem größten Freilufttank der Welt und einem Filtersystem, das 68 Millionen Liter Salzwasser verkraftete. Allein die Organisation eines solchen Bauvorhabens – ungefähr mit der Konstruktion einer Sportarena vergleichbar – dauert normalerweise über drei Monate. Curiels Firma, Maya Curiel, eine Partnerschaft mit seiner Frau, war für schwere Betonarbeiten bekannt. Für die Stahlkonstruktionen holte man Arturo Hauter, der Gerüste erstellte und die Schienen und den Rahmen für den über 50 Meter hohen Kran konstruierte.

Das zwölf Hektar umfassende Stück Land, auf das Curiel am 6. Juni ein paar Vermesser schickte, war nichts Besonderes, bis auf eine geometrische weiße Skulptur an der Straße, das Relikt eines aufgegebenen Entwicklungsprojekts. Nicht einmal die Anwohner konnten sich daran erinnern, was es gewesen war. Um das riesige Becken herauszusprengen, das Camerons Ozeanriesen beherbergen sollte, waren 10.000 Tonnen Dynamit notwendig.

Anfang Juli wimmelte das Gelände von 1500 Bauarbeitern und weiteren 400 Kulissen- und Requisitenherstellern, die unter der

Aufsicht von Peter Lamont unermüdlich am Werk waren. Täglich trafen neue Kulissen ein, Teile wurden aus Mexico City geliefert und vor Ort zusammengebaut. Natürlich gingen beim Transport Dinge verloren, manches traf beschädigt ein und mußte repariert werden. Buntglasfenster zerbrachen. Jeden Tag wurden rund 500 bis 600 Meter Beton ausgegossen. Schweißer, Installateure und Fahrer von Schwertransporten arbeiteten Hand in Hand, um ein Studio und den größten Set der Filmgeschichte zu erbauen. Selbst Cameron verspürte ein wenig Ehrfurcht angesichts der Ausmaße seines Projekts; es war, als baute man eine kleine Stadt.

»Wenn man einen Film anfängt, fühlt man sich immer so«, sagte Cameron, der sich vom Vorarbeiter der Baufirma jeden zweiten Tag Videoaufnahmen schicken ließ, wie es voranging. Wenn er sah, wie sich die kleine Stadt aus dem Staub entwickelte, mußte Cameron lachen. »Mit der Ausnahme von D. W. Griffith, der wahrscheinlich auch damals eine Scheune gemietet hätte, hat meines Wissens noch nie jemand auf einem Stück Land gestanden und gesagt: ›Hier will ich ein Filmstudio bauen, um einen Film zu drehen.‹«

Den ganzen Sommer hindurch sammelte die Ausstattungsabteilung die einzelnen Teile, die notwendig waren, um die *Titanic* von Grund auf nachzubilden. Als sich Lamont zum erstenmal mit Cameron traf, lautete die Anweisung: »*Titanic* – ohne Kompromisse!« Und an diese Devise hielten sie sich die ganze Produktion hindurch.

Keine der Requisiten war vorhanden, und da die meisten Schiffbruch erleiden würden, konnte auch nichts davon gemietet werden. Mehr als 900 Zeichnungen wurden angefertigt, mit detaillierten Darstellungen vom Aschenbecher bis zum Schiffsrumpf. Etwa 450 Tischgedecke samt White-Star-Emblem, 200 Deckstühle und 100 Wandleuchter kamen vom Fließband. Teppichmuster wurden vom ursprünglichen Hersteller, BMK Stoddard, bestellt. Lightstorm sicherte Lamont sogar den Originalbauplan von Harland & Wolf, wo der Ozeanriese gebaut worden war. Jetzt bestand das Problem nur noch darin, alles an Ort und Stelle zu bringen und es samt Kostümen und Requisiten, Schauspielern und so weiter drehbereit zu machen.

Unterdessen stieg Fox in ernsthafte Verhandlungen mit einem potentiellen Finanzpartner für *Titanic* ein. Das Studio hatte ein hübsches kleines Paket anzubieten: einen bereits besetzten Film mit einem Weltklasseregisseur und einem großartigen Drehbuch.

Geteilte Rechte für einen Film waren nichts Ungewöhnliches mehr. Bei *True Lies* hatte Fox sich mehr oder weniger mit Universal zusammengetan, die durch ihre Tochtergesellschaft CIC den Löwenanteil der ausländischen Verleihrechte innehatte. Cameron hatte von Anfang an klargestellt, daß er versuchen würde, das Projekt anderswo unterzubringen, wenn Fox den Film nicht machen wollte. Das war sein gutes Recht.

Im Oktober, als Fox zögerte, waren sich Cameron und Universal recht nahegekommen. Das Studio hatte ihn bei der Nachproduktion von *Waterworld* um Hilfe gebeten. Einige der Special-Effects-Aufnahmen funktionierten nicht, und schließlich hatte Cameron dem Studio John Bruno ausgeliehen, und er traf sich mehrmals in lockerem Rahmen mit Casey Silver von Universal Pictures, um über *Titanic* zu sprechen. Silver war begeistert von Camerons Drehbuch. Universal zeigte Interesse.

Aber auch Chernin war an dem Projekt interessiert. Er schätzte das Drehbuch – actionreich, aber nicht oberflächlich, tragisch und doch nicht deprimierend. In einer Welt, in der das Publikum auf Hollywood und vor allem auf Actionfilme zunehmend übersättigt und argwöhnisch reagierte, waren Camerons durchdachte, intelligente Werke eine löbliche Ausnahme.

Nach einigen internen Diskussionen kam das Studio zu dem Schluß, daß man aus dem Film am meisten herausholen konnte, wenn man die internationalen Verleihrechte innehatte, denn Fox kontrollierte ihre eigenen Auslandsrechte. Bei *Braveheart* hatte dieses Arrangement gut funktioniert. Paramount hatte auf eigenes Betreiben den Film mitfinanziert und wurde in Übersee durch United International Pictures vertreten, ein Joint-venture mit Universal.

Die im Sommer gestarteten Filme würden die Ära der 100-Millionen-Projekte einläuten. Und das beinhaltete noch nicht einmal die Kopie- und Werbekosten, also die Kosten dafür, den Film allein in Nordamerika in bis zu 3000 Kinos anlaufen zu lassen, und für das Marketingmaterial wie beispielsweise Poster und Trailer.

Lightstorm brachte Fox mit Universal und Silver zusammen. Die Verhandlungen kamen ernsthaft in Gang, als Cameron gerade seine Unterwasserkulissen in Escondido zusammensammelte und sich anschickte, in den Tanks die ersten wichtigen Sequenzen zu drehen. Als Ergebnis von Camerons ausgeklügeltem, aber kurzlebigem, unabhängigem Verleihplan hatte Universal *True Lies* in allen wichtigen Ländern außer in Deutschland und Japan verliehen. Silver war ernsthaft interessiert. »Ich fand das Drehbuch sehr gut«, erinnerte sich Silver im Herbst 1997. Aber er zögerte noch aufzuspringen, weil er Angst hatte, der Zug würde doch noch entgleisen. »Fox leitete die Produktion. Ich hatte das Gefühl, keine Kontrolle ausüben zu können«, bemerkte Silver. Außerdem litt er nach dem Desaster von *Waterworld* an einem posttraumatischen Flopsyndrom: Der Film hatte sich zum Synonym für Inkompetenz auf hoher See entwickelt. Die berühmt-berüchtigten Pannen bei den Dreharbeiten hatten das Studio zum Punchingball der Medien gemacht. Als alles vorbei war, hatte der japanische Eigner von Universal, Matsushita, 60 Millionen Dollar Verlust an dem Film abgeschrieben.

Silver war nicht in Risikolaune. »Vielleicht«, sagte er. Einmal. Zweimal. Wochenlang. »Ich wollte ja sagen und konnte nicht nein sagen«, erinnert er sich.

Der »Lava-Krieg« machte die Sache nicht besser: Die beiden Studios befanden sich in einem Kopf-an-Kopf-Rennen, wer den ersten Vulkan-Katastrophenfilm auf den Markt bringen würde. In einem nervenaufreibenden Starttermingeplänkel tat Universal alles, um die Postproduktion von *Dante's Peak* zu beschleunigen. Amüsanterweise wurde dieser Film von Camerons Ex-ehefrau Gale Anne Hurd produziert, Linda Hamilton spielte die Hauptrolle, und Digital Domain sorgte für die Spezialeffekte. Er sollte schon im Frühling und nicht erst im Sommer anlaufen, wenn Fox mit seinem *Volcano* an den Start ging. Weder Chernin noch Mechanic fanden das besonders lustig. Silver hatte ein paarmal zu oft »Vielleicht« gesagt.

Nun wandte Fox seine Aufmerksamkeit Paramount zu.

Durch seine Frau Colleen Camp, die für die Rolle der Molly Brown vorgesprochen hatte, kannte der Produktionschef Jon Goldwyn das Drehbuch von *Titanic*. Camp, eine lebhafte Blondine, die für Nebenrollen in großen Filmen bekannt war, gehörte ganz zufällig zu den ganz großen Titanophilen. Goldwyn erwähnte gegenüber Sherry Lansing, seiner Vorgesetzten und Chefin der Paramount Pictures Motion Picture Group, wie großartig das *Titanic*-Projekt seiner Meinung nach war. Als im *Hollywood Reporter* ein Artikel veröffentlicht wurde, in dem angedeutet wurde, daß Fox einen Partner suchte, war Paramount sofort zur Stelle.

Es gab verschiedene Telefongespräche auf verschiedenen Ebenen. Jon Goldwyn, Sherry Lansing und ihr Boß Jonathan Dolgen, Chef der Viacom Entertainment Group, telefonierten mit Mechanic, Chernin und dem Produktionschef der Twentieth Century Fox, Tom Rothman – wen sie eben erreichten. Schließlich erklärte sich Fox bereit, sie das Skript lesen zu lassen, um so eine Alternative zu Universal zu bekommen, wo man immer noch zögerte.

»Sie haben das Skript gelesen«, erinnert sich Mechanic, »und waren begeistert. ›Wir wollen auf jeden Fall einsteigen‹, sagten sie. ›Kommen wir zu einer Einigung.‹ Wir gingen zurück zu Universal, wo man inzwischen weich geworden war. Sie hatten schon einige Filme mit großem Budget um die Ohren, beispielsweise *Dante's Peak* und Sylvester Stallones *Daylight,* und waren ein wenig nervös.«

Mechanic kehrte mit dem Angebot von Paramount zu Lightstorm zurück und schlug vor, Cameron und Sanchini sollten sich mit den Studioleuten treffen und feststellen, ob sie sich eine Zusammenarbeit vorstellen konnten. Die Lightstormer kannten Universal ja von *True Lies*. Silver war ein Freund. Die Paramount-Leute kannten sie nur vom Hörensagen. Inzwischen hatte die Fox den Deal in groben Zügen ausgearbeitet. Fifty-fifty bei der Finanzierung und fifty-fifty beim Profit, zu dem nicht nur die Einnahmen an den Kinokassen gehörten, sondern auch die gesamten Nebenrechte – der Verkauf des Soundtracks, die Videoverwertung sowie die kompletten Fernsehrechte. Paramount war bereit, *Titanic* auf dem heimischen Markt zu vertreiben. Die

Filmemacher würden eng mit dem Studio zusammenarbeiten, vor allem bei der ersten Marketingkampagne in den Kinos. Mechanic wollte niemandem etwas aufschwatzen.

Lightstorm hatte keine Einwände gegen das Paramount-Team, setzte sich aber weiter für Universal ein. Einmal schien es fast so, als hätte sich Silver zu einer Entscheidung durchgerungen. Aber wiederum war es nur eine halbherzige Aussage: »Ja, wir machen den Deal. Nicht, daß wir es wirklich wollen, aber wir stehen zu unserem Wort.« So trug am Ende Paramounts Begeisterung doch den Sieg davon. Fox holte Dolgen und Lansing an Bord. Eine Entscheidung, die alle Beteiligten außer Paramount an einem bestimmten Punkt bereuen würden.

Mechanic, der zu Fox gekommen war, als die Dreharbeiten zu *True Lies* noch im Gang waren – Zeit genug, um ein Gefühl für Camerons Produktionsstil zu entwickeln –, meint, das Studio habe sich sehenden Auges auf das Geschäft eingelassen. »Wir haben ja nicht gedacht, wir machen einen Low-Budget-Film«, sagt er. »Wir haben nicht mal daran geglaubt, daß das Budget eingehalten wird, deshalb war es auch der einzige Film in drei Jahren, bei dem wir die Rechte aufgeteilt haben. Man kann ja nie wissen, und wenn das Budget überschritten wurde – was bekanntlich eintraf –, dann will man nicht die ganze Last der Verantwortung auf den Schultern haben.« Aber ein Partner ist nicht unbedingt nur jemand, der einem einen Teil der Probleme abnimmt, wie Fox nur allzubald erfahren sollte.

Inzwischen war Cameron, nachdem er noch bis zum Tag davor Vorsprechtermine mit verschiedenen Schauspielern gehabt hatte, startbereit für die Fahrt nach Halifax, wo die Gegenwartsszenen mit der *Titanic*-Expedition des Schatzjägers Brock Lovett gedreht werden wollten. Finn hatte sowohl mit Sean Connery als auch mit Gene Hackman wegen der Rolle des Brock Kontakt aufgenommen. Als Anfang Juni noch immer kein Brock in Sicht war, griff Cameron auf Bill Paxton zurück. Bevor Paxton mit *Twister* und *Apollo 13* zwei große Filme hintereinander gedreht hatte, kannte man ihn am besten als Marine Hudson, den Feigling aus *Aliens,* und Cameron gab seinem alten Freund aus der Zeit bei Corman in praktisch jedem seiner Filme zumindest eine kleine Rolle.

Gloria Stuart übernahm den Part der »alten Rose«, einer 102jährigen Verkörperung von Kate Winslets 17jähriger. Cameron sagte Finn, er wolle kein allzu bekanntes Gesicht, damit die Rolle ein Geheimnis ausstrahle. Stuart, die sich 1939 nach fast 50 Filmen – unter anderem James Wales *Old Dark House* (Das alte dunkle Haus) und *The Invisible Man* (Der Unsichtbare) – aus dem Geschäft zurückgezogen hatte, war 86 und würde eine dreistündige Make-up-Sitzung über sich ergehen lassen müssen, ehe sie in die 102jährige Rose verwandelt war. Um sich besser in die Figur hineindenken zu können, besuchte Cameron die 103jährige Bildhauerin Beatrice Wood in Ojai, Kalifornien, »um zu sehen, wie vital ein Mensch in diesem Alter sein kann«. Roses Enkelin Lizzy Calvert würde von Suzy Amis dargestellt werden. Das Halifax-Team wurde ergänzt durch Camerons alten Tauchkumpel Lewis Abernathy, der Brocks zynischen Freund Lewis Bodine spielen sollte.

»Eine Rolle, die dein bester Freund dir eigens auf den Leib geschrieben hat? Was Besseres kann man sich doch nicht wünschen«, seufzte Abernathy, nachdem er in Camerons Auffahrt vorgesprochen hatte – aufgenommen auf Hi-8, mit seiner Frau in Bill Paxtons Rolle. Zwei Wochen verbrachte er mit einem Schauspieltrainer, und schon saß er in einem Flugzeug nach Halifax und büffelte seinen Text. Etwa ein Drittel der Zeit verbrachte das Team in den Filmstudios im nahegelegenen Dartmouth und drehte die Innenaufnahmen in den *Mir*s und im Schiffslabor, wo die »alte Rose« ihre hypnotisierende Geschichte erzählt. Außerdem filmten sie die *Keldysch* auf See.

Die Gruppe war wesentlich kleiner, als es Cameron sonst gewöhnt war, und so hatte sie eine Chance zusammenzuwachsen. Der erste Regieassistent Josh McLaglen, den Landau eingestellt hatte, war neu im Team, und er machte sich großartig. Kameramann Caleb Deschanel war der zweite Neuling. Cameron hatte zu den Kameraleuten immer ein eher gespanntes Verhältnis gehabt. Die kreativeren unter ihnen waren ihm persönlichkeitsmäßig meist recht ähnlich und daher gewachsen gewesen. Da Kameraleute auch für die Beleuchtung zuständig sind, haben sie den technischsten Job am Set und sind es gewohnt, auf ihrem Terrain das Sagen zu haben. Ihr zweiter Mann ist der Oberbeleuchter, der Gaffer oder Elektriker, unter ihm arbeiten die Kamerabühnenleute, die Grips. In der üblichen Befehlskette gab der Regisseur diesen Leuten keine direkten Anweisungen, sondern wandte sich an den Kameramann, der sie dann entsprechend an sein Team weitergab. Aber bei Cameron arbeiteten alle für den Regisseur.

In Hollywood war es kein Geheimnis, daß Cameron seine Filme selbst ausleuchten konnte. Aber er tat es nicht und ermunterte seine Mitarbeiter zum Experimentieren – bis zu einem gewissen Grad. Farbe, aber mit Grenzen. Er wußte, was er wollte, und er wußte, wie er es erreichen konnte. Er war pingelig, wenn es um praktische Dinge ging wie die »Logik« von Lichtquellen, aber auch bei Farbschattierungen, die man unterschiedlich interpretieren konnte. Cameron mochte Deschanel. Bei Büchern und Kunst waren sie auf derselben Wellenlänge. Aber filmisch gesehen paßten sie nicht zusammen.

Im Lauf ihrer Diskussionen erkannte Cameron, daß Deschanel die Beleuchtung für die historischen Szenen in Rosarito in gedämpften, traditionellen Farbtönen drehen wollte. Er jedoch wollte strahlende Farben. Er hatte als Kind den *Wizard of Oz* (Das zauberhafte Land) geliebt, und der Film gehörte immer noch zu seinen Lieblingen. Sein Ansatz für die in Halifax gedrehten Gegenwartsszenen war den in Kansas spielenden schwarzweißen Anfangs- und Schlußszenen der Technicolor-Extravaganz von 1939 nachempfunden.

Strahlende Farben waren tatsächlich für die Zeit um 1912 durchaus angemessen, wenn auch nur in den oberen Schichten, denn sie standen für Luxus und Reichtum. Rasch erkannte Cameron, daß die verbreitete Annahme einer grauen Jahrhundertwende größtenteils auf den Sepiafotos der Zeit beruhte. Ob Deschanel wußte, wie man ein Schiff beleuchtet? Sicher, er mochte ein angesehener Künstler sein, aber ein 230 Meter langer Set war etwas, was nicht jeder bewältigte. Cameron war nervös.

Die Situation war ohnehin recht chaotisch. Wegen wetterbedingter Probleme mit der *Keldysch* war die Produktion fast vom ersten Moment an in Verzug geraten. Kein gutes Zeichen, wenn so etwas nach wenigen Wochen bei einer Drehzeit von sechs Monaten passiert. Die Dreharbeiten auf See waren schwierig,

vor allem an Tagen, wenn man die Aktivitäten von zwei Schiffen und einem Hubschrauber koordinieren mußte. Ein Marineschiff wurde herbeigeholt, um das russische Schiff zu unterstützen, auf dem der Sea-Stallion-Helikopter, der Rose zur *Titanic* bringt, nicht landen konnte. Die Sea Stallion ist der einzige Hubschrauber der Welt, der die über 2200 Kilometer lange Reise zur *Titanic*-Untergangsstelle hin und zurück schafft. Wie immer brachte Cameron mit Vorliebe die tollsten technischen Spielzeuge in seinen Filmen unter.
Ehe sie Halifax verließen, sagte Cameron Landau, er solle Deschanel entlassen. »Er ist daran gewöhnt, daß die Leute sagen: ›Oh, Caleb, überwältige uns mit deiner Magie!‹ Na ja, ich will nicht, daß mich jemand mit seiner Magie überwältigt«, erklärt Cameron und verzieht fast angeekelt das Gesicht. »Ich mag keine Überraschungen.« Dies zeigte sich auch in einer sternklaren Nacht auf dem Nordatlantik, als Cameron – halb verhungert nach endlosen Stunden ununterbrochener Arbeit – von einem Catering-Mädchen, das die Runde machte, einen Teller Suppe gebracht bekam. Ohne hinter der Kamera hervorzukommen, nahm der Regisseur einen Löffel voll, und der Dampf kam ihm aus den Ohren. Die kochendheiße Suppe flog mit Schwung über Bord. Deschanel, der auch einen Löffel probieren wollte, sah seinen Teller ebenfalls davonsegeln. »Bringen Sie mir nie wieder kochendheiße Suppe!« schrie er das erschrockene Mädchen an.
Als sie irgendwo in einer abgelegenen Stadt mit einem Hochzeits-Partyservice vorliebnehmen mußten, gab es einige denkwürdige Mahlzeiten, vor allem die am Abend des 8. August. Lewis Abernathy erinnert sich vor allem daran, wie still der Set an diesem ihrem letzten Abend in Halifax war, als er gegen elf Uhr ins Studio von Dartmouth zurückkehrte. Es war keine ungewöhnliche Zeit für eine Pause. Filmcrews haben mehr oder weniger im Zwölfstundentakt am Set zu erscheinen. Ein paar Stunden Verzögerung am Anfang der Woche führten zu einem Mitternachtslunch am Freitag. Am Sonntag, dem Tag der Ruhe, wurden die Uhren neu gestellt. Abernathy sah sich um und fand schließlich Cameron, der in einer alten Laborkulisse saß, neben sich einen Sanitäter und Josh McLaglen, den Regieassistenten. »Was ist los mit dir?« fragte er. Cameron erklärte, er habe Ma-

genprobleme. Wahrscheinlich hatte er etwas gegessen, was ihm nicht bekommen war. Das war nichts Ungewöhnliches, denn er hatte einen ziemlich empfindlichen Magen und den ganzen Tag im Streß alle möglichen seltsamen Dinge in sich hineingestopft. Eine Magentablette, und alles war wieder in Ordnung.
Abernathy hatte, weil er ja seine erste Filmrolle spielen sollte, gewissenhaft seine Mahlzeit im Hotel eingenommen. Das Essen vom Lieferservice war scheußlich, und er wollte nicht rülpsen, wollte keinen schlechten Atem und keine Blähungen – »all das, was mir normalerweise immer passiert«. Er ging zurück in seinen Wohnwagen und verbrachte weitere zehn Minuten damit, sich schön zu machen.
Schließlich wurde es ihm doch zu langweilig, und er kehrte auf den Set zurück, verwundert, daß ihn immer noch niemand vor die Kamera gerufen hatte. »Hal-loooo? Hal-loooo?« rief er. Nichts. Als er die Cafeteria betrat, bot sich ihm eine Szene, vergleichbar mit dem Lazarett in *Gone With the Wind* (Vom Winde verweht). 85 Leute waren von einem höchst merkwürdigen Leiden befallen. Einige faselten von Lichtstrahlen und Bewußtseinsveränderungen. »Da kapierte ich endlich: Lebensmittelvergiftung! Bald stehen wir knietief in der Kotze! Schlimm verdorbene Meeresfrüchte können zu Halluzinationen führen, und der Caterer mochte Muscheln.« Er entdeckte Jim bei ein paar Leuten, die ihn auf den Parkplatz hinausbrachten. »Ich rief: ›Jim! Jim! Wo gehst du hin?‹« erinnert sich Abernathy. »Er drehte sich um, und ich bekam einen Schock. In den 15 Minuten, seit ich ihn das letztemal gesehen hatte, hatte er sich total verändert. Ein Auge – und hier imitiert das Leben die Kunst –, ein Auge war vollständig rot, wie das des Terminators. Eine Pupille, keine Iris, puterrot. Das andere Auge sah aus, als hätte er seit der Kindheit Klebstoff geschnüffelt. Wenn man jemanden sieht, der sich aus heiterem Himmel so zu seinem Nachteil verändert hat, denkt man unwillkürlich, die nächste Station ist der Tod. Ich fragte noch mal: ›Jim, alles in Ordnung?‹ Und er antwortet mit schwerer Zunge: ›Der beschissene Lieferservice hat mich vergiftet. Die bringen mich ins Krankenhaus.‹ Und ich stottere: ›Jim, kann ich denn gar nichts für dich tun?‹ Dabei denke ich an eine Organspende oder einen Anruf bei den nächsten Angehörigen,

bei der Leichenhalle ... Wen soll ich in deiner letzten Stunde anrufen? Aber er grinst nur breit und antwortet: ›Mach den Film fertig, Lewis, du weißt ja, was zu tun ist!‹ Jetzt klang seine Stimme klar und deutlich und außerdem so fröhlich, daß ich sagte: ›Jetzt weiß ich, daß du wirklich schlimm dran bist. Schafft ihn weg!‹ Und er stieg bereitwillig mit den anderen in den Wagen.«
56 Leute wurden in die Notaufnahme des städtischen Krankenhauses gebracht, wo man sie sofort unter Quarantäne stellte. Als sich jedoch kein Brechreiz einstellte, wurde klar, daß es sich um keine gewöhnliche Art von Lebensmittelvergiftung handeln konnte. Auch Abernathy hatte einen ganz anderen Verdacht. Er tat sich mit dem Sanitäter des Teams zusammen, der bisher so gelangweilt gewesen war, daß man ihn als Statist eingesetzt hatte. »Aber im Augenblick der Krise wurde er echt zum Supersanitäter«, staunt Abernathy. »Er beruhigte alle, maß ihren Blutdruck und verhinderte, daß sie ausflippten.« Unterdessen dämpfte Abernathy das Licht und legte Roy Orbison auf. Paxton und ein Lastwagenfahrer brachen aus dem Krankenhaus aus und stießen zu der Party.
Landau jedoch fand den Vorfall alles andere als komisch.
Später wurde Abernathys Vermutung vom Polizeilabor bestätigt: Jemand hatte die Muschelsuppe mit PCP versetzt. »Als erstes versammelten wir alle in einem großen Raum«, sagt Landau. »Wenn eine 23jährige gesunde junge Frau ohne ersichtlichen Grund umkippt, dann ist das schon unheimlich. Jonestown, dachte ich nur.« Der Produzent bewahrte Proben von allen Lebensmitteln auf.
Die örtlichen Behörden stellten zwar Ermittlungen an, aber die Sache wurde mehr oder weniger als Streich von Anwohnern abgetan, die am letzten Abend, an dem sich Hollywood in Halifax befand, eine Party veranstalten wollten. Der unangenehmste Nebeneffekt war, daß das Filmteam einen Tag länger bleiben mußte.
Später erzählte man sich, Bill Paxton habe sich erkundigt, wie er »die Suppe« in all seine Verträge einbauen lassen könnte.

Als das Team am 9. August nach Los Angeles zurückkehrte, lagen sie eine Woche hinter dem Terminplan und entsprechend über dem Budget. »Es gab Anzeichen, daß die Dinge etwas durcheinandergerieten«, meint ein Beobachter. »Paramount wurde nervös.« Dolgen rief Chernin an und drohte damit, auszusteigen, wenn Fox nicht zu Neuverhandlungen bereit war, in denen die Höhe ihrer Investition begrenzt wurde. Er drohte mit gerichtlichen Schritten. Chernin, der mit dem Rücken zur Wand stand, erklärte sich einverstanden.

Ausgehend von einem Budget um die 110 Millionen Dollar, stimmte Fox zu, bei Kostenüberschreitungen seinen Partner mit 20 Prozent zu entschädigen und Paramounts Beteiligung auf 65 Millionen Dollar zu beschränken. Alles, was darüber hinausging, würde Fox allein tragen.

Später bezeichnete die Presse diese Vereinbarung als »einen der besten Deals, seit die Indianer Manhattan verkauft haben.«

Kapitel 10

*Regieführen ist ein instinktiver Vorgang, wie die
Wahl der Stimmlage bei einem Sänger ... Es
ist wie Löwenbändigen oder Dirigieren. Man
muß wissen, wo die Kamera steht, wenn man mit
der Arbeit beginnt, sonst wird man von allen
möglichen bösen Dämonen überfallen, und dann
werden die eigenen Zweifel auf der
Leinwand sichtbar.*

ORSON WELLES

Baustaub hing in der Luft. Das Studio in Baja nahm Ausmaße an, von denen anfangs niemand auch nur zu träumen gewagt hätte. Schon recht früh wurde klar, daß es billiger war, Stahlgerüste aufzustellen statt Pop-up-Bühnen zu mieten und Garderoben einzubauen statt Umkleidekabinen zu leihen. Mitte August sah sich ein Mitglied der Chefetage von Fox dort um und kam zu der Erkenntnis, daß die Anlage ganz und gar nicht wie eine Einrichtung auf Zeit wirkte. Wenn man Dingen wie Elektrizität etwas mehr Aufmerksamkeit schenkte, konnte Baja ein permanenter Aktivposten in der Bilanz des Studios werden. Mit vier Studiobereichen und dem größten Wassertank der Welt war das »100-Tage-Studio«, wie man es bald nannte, das erste Filmstudio, das einer der Hollywood-Giganten seit den dreißiger Jahren gebaut hatte.

Das Grundstück war sorgfältig für den Start der *Titanic* ausgewählt worden. Im Mai brachten Cameron, Landau und mehrere Abteilungschefs der Produktion das siebeneinhalb Meter lange Modell nach Baja. Sie stellten es an der Küste auf und verbrachten den Tag damit, es aus unterschiedlichen Blickwinkeln in Augenschein zu nehmen, besonders unter dem Aspekt seiner Position zur Sonne und den vorherrschenden Winden. Bei diesem Treffen wurde beschlossen, wo Stage 1, der A-Tank, der im größten Bereich seiner 33.000 Quadratmeter knapp einen Meter tief war, entstehen sollte. Dort würden später die Rettungsboote ausgesetzt werden. Für das große Schiff verlief durch die Mitte des Tanks ein zwölf Meter tiefer Graben in südwestlicher

Richtung parallel zur Küste. Daneben war eine gut vier Meter tiefe Rinne für die Stunttaucher.

Am 9. September 1996 traf Cameron in Rosarito ein. Am 10. August hatte es eine kleine Feier gegeben, an der neben dem Bürgermeister von Rosarito auch Arnold Schwarzenegger, Tom Arnold, Bill Paxton und der Gouverneur von Baja teilnahmen. Cameron entkorkte eine Flasche Champagner, vielleicht seine letzte Freizeitbeschäftigung, ehe er gänzlich in seinem Film untertauchte. Er mietete ein Haus am Meer, gut elf Kilometer südlich vom neuen Filmstudio.

Cameron probte mit seinen wichtigsten Schauspielern eine Woche in Los Angeles und eine Woche in Rosarito. Die Hälfte der Zeit verbrachten sie mit der Deckspaziergangsszene von DiCaprios Vorsprechtermin. »Wir wußten alle, die Szene konnte noch viel besser werden«, sagt Cameron.

In Mexiko versammelten sie sich in dem niedrigen sandfarbenen Bürogebäude in der Nähe des Eingangs. Cameron ließ die Schauspieler die Szene improvisieren – erst als sie selbst, dann in ihren Rollen, aber mit eigenen Worten – und das Ganze auf Video aufnehmen. Spielt verrückt, traurig, spielt so, als wäre es euer erstes Rendezvous, tu so, als würdest du ihn hassen, tu so, als wäre er für dich der schönste Mann der Welt. Später verarbeitete Cameron all die unterschiedlichen Emotionen in der endgültigen Fassung der Szene – in Nachtarbeit, bevor sie am Morgen gedreht wurde.

Einer von Camerons ersten Tagesordnungspunkten nach seiner Rückkehr aus Halifax war, einen Ersatz für den gefeuerten Kameramann zu finden. Wahrscheinlich bekam kaum einer Camerons Temperament heftiger zu spüren als der Kameramann. Adam Greenberg, der bei *Terminator 2* den Posten innegehabt hatte, hält mit seiner harten Meinung über Cameron nicht hinter dem Berg, obwohl er eine Oscar-Nominierung für den Film bekommen hat, was für einen Actionfilm fast unerhört ist. Als man Russell Carpenter ein paar Monate nach Fertigstellung von *True Lies* fragte, ob er noch einmal mit Cameron zusammenarbeiten würde, seufzte er und meinte, hätte man ihm diese Frage ein paar Wochen nach Drehschluß gestellt, wäre seine Antwort ein klares Nein gewesen, aber inzwischen sei ihm klar, daß der

Regisseur das Beste aus ihm herausgeholt hatte. Carpenter filmte sowohl *Terminator 2* als auch die Testaufnahmen für *Titanic*. Weil er durch die Arbeit an *Terminator 2* mit riesigen Sets vertraut war, war es nur naheliegend, ihm Deschanels Stelle anzubieten. Aber als Carpenter Anfang September nach Baja kam, hatte er nur einen Gedanken: »Wie sollen wir hier je rechtzeitig mit dem Drehen anfangen?«

Es war wie ein Wunder, als es dann am 18. September tatsächlich soweit war. Die ersten Szenen wurden in der Suite von Rose und Cal gedreht – Rose packt ihre französischen Impressionisten aus. Zwei Tage später traf DiCaprio am Set ein, und gleich am ersten Drehtag hatte er die formidable Aufgabe, Winslet nackt zu skizzieren. Sie zog sich aus und nahm – unbefangen wie Manets *Olympia* – auf einem Empiresofa Platz. »Wie Kleopatra«, steht in Camerons Skript.

Nachdem sie auf dem Bug des Schiffs ihren ersten leidenschaftlichen Kuß mit Jack getauscht hat, lädt Rose ihn in ihre Kajüte ein. »Jack, ich möchte, daß du mich so zeichnest wie dein Mädchen in Frankreich. Wenn ich das trage«, sagt sie, den großen Diamanten in der Hand, »wenn ich nur das trage!«

DiCaprio als Jack stottert und fummelt mit seinen Kohlestiften herum. Er ist »wie vom Donner gerührt – beinahe komisch«, beschreibt es Cameron im Drehbuch. Als die Skizze 85 Jahre später in einem Safe vom Wrack der *Titanic* geborgen wird, kommt die Handlung des Films ins Rollen. Cameron filmte DiCaprio beim Zeichnen, aber auf den Nahaufnahmen im Gegenschnitt, die viel später im September 1997 entstanden, sind Camerons Hände zu sehen, wie er Winslet von einem Foto skizziert, während er dabei telefonierte.

Es ergab sich rein zufällig, daß Kate gleich bei der ersten Szene mit Leo die Hüllen fallen ließ, aber Cameron meint, daß sich dieser ungewöhnliche Einstieg als sehr günstig herausstellte. »So entstand eine Art Spannung zwischen ihnen, eine Nervosität, die der Szene sehr guttat. Natürlich traue ich den beiden zu, daß sie das auch hingekriegt hätten, wenn es der letzte Drehtag gewesen wäre, aber ich glaube, so hat die Szene dieses gewisse Etwas, so macht sie einfach noch mehr Spaß.«

Gewöhnlich war Cameron an jedem Drehtag von mindestens

100 Leuten umringt – bei den Massenszenen waren es bis zu 1200 –, aber bei der Zeichenszene war nur eine Handvoll in Stage 3 anwesend. Als nächstes stand die Konfrontation beim Frühstück zwischen den Verlobten Cal und Rose auf dem Drehplan. Dies war ein vergleichsweise kleiner Set, einer der ersten, der filmbereit war. Zu diesem Zeitpunkt war der Drehplan noch sehr flexibel, weil es sich mehr oder weniger ergab, wo man gerade drehen konnte. Die Wände von Stage 2 wurden gerade erst hochgezogen, als man die Kulissen in der Halle aufbaute.

Rasch zeigte sich, daß man mit dem Bau des großen Schiffs beginnen mußte, bevor Tank 1 gänzlich fertig war; das Gerüst wurde aufgestellt, als der Zement des Beckens noch feucht war. Schon in der Planungsphase hatten Lamont und Cameron beschlossen, daß das Schiff um zehn Prozent gekürzt werden konnte, ohne daß es dem Publikum auffallen würde. Statt das ganze Schiff maßstabsgerecht zu verkleinern, nahmen sie jedoch lieber einfach Teile weg: je ein fünfeinhalb Meter langes Stück zwischen den Schornsteinen, dazu sechs Meter vom Poopdeck. Das ergab 90 Prozent der Schiffslänge. Das meiste blieb in Originalgröße, nur die Schornsteine, die Davits und die Rettungsboote waren jeweils um zehn Prozent verkleinert. Bei einem Maßstab von eins zu eins hätten sie neben dem verkürzten Schiff zu groß gewirkt.

»Wenn man sich die *Titanic* als eine Packung Toastbrot vorstellt«, erklärt Cameron, »dann haben wir Scheibe fünf, Scheibe acht, Scheibe zwölf und Scheibe zweiundzwanzig herausgenommen. Also war sie jetzt vier Scheiben kürzer, aber wenn man sie anschaute, sah man immer noch eine ganze Packung. Wir haben es so eingerichtet, daß die Tür zum Erste-Klasse-Salon auf einer Linie mit Rettungsboot Nummer 7 liegt, damit alles übereinstimmt.« Bei solchen magischen Kinotricks zahlte es sich aus, daß Cameron sich so eingehend mit der *Titanic* befaßt hatte. »Wenn man etwas ganz akkurat haben will, heißt das noch lange nicht, daß man es perfekt nachbilden muß. Es heißt nur, daß es aussehen muß, als wäre es perfekt, und das ist etwas anderes«, meint er. »Die *Titanic* war 100prozentig maßstabsgerecht, man hatte nur sozusagen ihre Gene neu kombiniert, aber so, daß nicht mal die Experten, die auf Deck kamen, etwas bemerkten.«

Er hörte es sehr gern, wenn jemand sein Schiff lobte, das sich Balken um Balken auf einem Wald von Stahlbeinen erhob.
Tommy Fisher hatte seinen Lastwagen auf einer Zufahrtsstraße zwischen dem Tank und dem Meer geparkt. Innerhalb von acht Wochen bekam er 300 Tonnen Stahl in Einzelportionen geliefert. Tommy und sein Team steckten die Teile dann zusammen, als spielten sie mit einem riesigen Konstruktionsbaukasten. Nach Bauplänen, die zwei Ingenieurteams erarbeitet hatten, verschraubten sie die Deckaufbauten der *Titanic*. Zwar wäre Verschweißen besser gewesen, aber Schweißer waren Facharbeiter und wesentlich teurer. Fisher überwachte sein eigenes 15köpfiges Team von Amerikanern und weitere 15 Mexikaner. Fisher vollbrachte wahre Wunder – deshalb machte er ja auch schon beim dritten Cameron- Film mit. Für *Titanic* hatte Cameron allerdings besonders ausgefallene Wünsche. Das Schiff sollte in zwei Winkeln gekippt werden können – drei und sechs Grad. Dazu hatten Cameron und Fisher es so eingerichtet, daß es zwischen den Schornsteinen 2 und 3 auseinanderbrechen konnte. Der 60 Meter lange vordere Teil war auf einen »Heber« gebaut, der sich wie ein Aufzug durch die zwölf Meter Wassertiefe bewegen konnte, so daß das Schiff auf Kommando sank. In Gang gesetzt wurde er von acht über fünf Meter langen sogenannten hydraulischen Widdern oder Stoßhebern.
Herauszufinden, wie man eine Kulisse von der Größe eines Gebäudes versenkt, war enorm kompliziert. Die hydraulische Lösung war Camerons Idee gewesen, und bei einer Brainstorming-Sitzung entwarf er für Fisher gleich eine kleine Skizze. Doch das System mußte eigens angefertigt werden und würde garantiert einiges kosten. Um Geld zu sparen, wollten sie die Hydraulikvorrichtung noch für andere Zwecke nutzen, beispielsweise um den Speisesaal zu heben und zu senken. Als die Kulisse eintraf, wurde sie auf Stage 2 eingebaut. Diese Halle hatte fast neun Meter Kellerraum, der wie ein Tank gefüllt oder als trockene Bühne genutzt werden konnte. Cameron würde das gigantische Hydrauliksystem einsetzen, um die 1,3 Millionen Pfund schwere Kulisse der großen Freitreppe und des Speisesaals zu heben und zu senken; er hatte vor, diesen in der Katastrophenszene voll besetzten, bis zu drei Stockwerken hohen Set zu fluten.

Gelegentlich erledigte Fisher auch Jobs, die beispielsweise darin bestanden, daß er ein neues Stück Kamerazubehör zurechtfeilte. Camerons Filme bedeuteten harte Arbeit, aber genau das machte Tommy Spaß. Er freute sich, daß es Menschen gab, die solche Filme machten. Seine schlimmste Angst war es, auf ewig Filme wie *My Dinner With André* (Mein Essen mit André) machen zu müssen, bei dem zwei Leute am Tisch sitzen und sonst nichts passiert. Dann hätte er gleich zum Arbeitsamt gehen können.

Während sie darauf warteten, daß Stage 2 endlich fertig wurde, vertrieb sich Cameron die Zeit, indem er in einem kleinen Tank in Stage 4 einige Szenen drehte, die direkt nach der Katastrophe spielten. Das Vorhandensein von jederzeit nutzbaren Drehmöglichkeiten, durch die man Ausfälle wegen Wetter, Krankheit oder sonstigen Unannehmlichkeiten wettmachen kann, nennt man »Cover«, und zwei Wochen an Cover-Sets zu drehen, ist schon eine Leistung.

Das leise Plätschern des Wassers in dem 30 mal 30 Meter großen Tank verleiht Stage 4 die Atmosphäre einer düsteren Grotte. Geräusche hallen von der Oberfläche des 1,2 Meter tiefen Teichs wider, der flimmernde Reflexionen auf die dunkelblauen Wände wirft. Zuerst ist die »Todesszene« an der Reihe. Die beiden Liebenden klammern sich an ein Stück Eichenholz. Cameron gefällt das Holzstück nicht, es sieht nicht kräftig genug aus, um zwei Leute über Wasser zu halten. Er gibt Lamont die Anweisung, ein Trümmerstück anhand eines echten Wrackstücks anfertigen zu lassen, das er im *Titanic*-Museum in Halifax gesehen hat.

Sie machen weiter mit ein paar Gruppenszenen, die erste größere Sequenz. Cameron watet in Wasserstiefeln durch die Fluten, hin und her zwischen den Kameras und seinem »Video Village«, den Monitoren, die der Kamera elektronisches Feedback geben. Die Stromzufuhr ist wie alles bei *Titanic* speziell für den Gebrauch im Wasser entwickelt worden.

Heute sind drei Kameras in Aktion. Man hat bereits ein paar Probeläufe gemacht, damit Cameron sich vorstellen kann, was sich vor den Objektiven anspielt. Jetzt nimmt er sein kabelloses Mikrophon und spricht zu der Menge. »Ich möchte euch schrei-

en hören, und zwar im Ernst. 1500 Menschen werden heute nacht sterben. Das ist die gesamte Bevölkerung der Stadt, in der ich aufgewachsen bin«, ruft er dramatisch und fügt hinzu: »Wir werden das ein paarmal machen. Also verschwendet eure Energie nicht gleich beim ersten Take.« Die Komparsen lauschen gespannt, was der große Regisseur ihnen zu sagen hat.
Der Job des ersten Regieassistenten Josh McLaglen ist es, dafür zu sorgen, daß alle drehbereit sind. »Ihr friert, ihr seid am Ertrinken, verloren in einem tiefschwarzen Ozean!« feuert er die Leute an. »Stellt euch vor, was diese Menschen empfunden haben!« Sämtliche Anweisungen werden auf spanisch wiederholt für die Komparsen aus der Gegend.
Ein paar Tage später wird eine Szene mit Fifth Officer Lowe gedreht, dem Helden der *Titanic*. Sein Boot machte als einziges der 20 Rettungsboote kehrt, um eventuell überlebende Passagiere aus dem eiskalten Wasser zu retten. »Hal-looo!« ruft Lowe und versucht mit seiner Taschenlampe die Dunkelheit zu durchdringen. »Lebt noch jemand da draußen? Kann mich jemand hören?« Zwischen zwei Einstellungen sagt Cameron dem Schauspieler – Ian Gruffud –, es sei eher unwahrscheinlich, daß der echte Offizier Lowe eine Taschenlampe hatte. »Zu diesem Zeitpunkt mußte er sich ganz auf seine Ohren verlassen.« Lowe konnte nur fünf Menschen retten, von denen zwei später starben.

Das Stück Eichenplanke kommt von Lamont zurück und gefällt Cameron schon viel besser. Winslet watet ins Wasser und ruft DiCaprio neckisch zu: »Darling! Lassen wir uns auf den Trümmern nieder!«
Cameron wollte »Atem sehen, damit man die Kälte glaubt«. Die Menschen erfroren. Niemand kam mit einem Revolver, um sie zu erschießen. Nachdem Cameron mit Fisher lange über praktikable Methoden diskutiert hatte – beispielsweise, den Set zu kühlen –, beschloß er gemeinsam mit Landau, den Atemhauch in der Postproduktion digital einzufügen. Das war etwas völlig Neues.
Die Szene wurde in derselben Nacht gedreht, als Bill Mechanic den Set besuchte. Sein Boß, Peter Chernin, hatte soeben einen

großen Sprung auf der Karriereleiter hinter sich. Der frühere Chef von Fox Filmed Entertainment war Anfang Oktober zum Präsidenten der Muttergesellschaft News Corporation ernannt worden, womit er neben dem größten Medienmogul des Jahrhunderts, Rupert Murdoch, praktisch die Nummer zwei in Nordamerika war. Chernin war froh, einige Dinge an seine eigene Nummer zwei, Bill Mechanic, delegieren zu können. Als im Dezember 1994 Fox Filmed Entertainment gegründet wurde, hatte er Mechanic von Walt Disney weggeholt, wo dieser den weltweiten Videovertrieb und den internationalen Kinoverleih leitete.

Bis jetzt hatte Mechanic kaum etwas mit Cameron zu tun gehabt. Aber nun gehörte er zu seinem Ressort. Im Dezember sollte die Sache offiziell werden, und Mechanic übernahm Chernins alten Posten als Chef von FFE.

Mechanic mußte sich um eine Menge teurer Filme kümmern, unter anderem Jan de Bonts *Speed 2,* dazu noch *Volcano* und *Alien Resurrection* (Alien 4: Die Wiedergeburt), einen ziemlich gewagten Versuch eines weiteren Sequels unter dem französischen Kunstfilmregisseur Jean-Pierre Jeunet. Doch Mechanic hatte die Vorgänge um *Titanic* aufmerksam genug verfolgt, um zu wissen, daß dieser Film eine Sonderbehandlung brauchte. Ein falscher Schritt, und er wurde zum internationalen Zwischenfall. Das konnte man nicht über viele Filme sagen. Heute wollte Mechanic nur freundlich seine Aufwartung machen.

Cameron, ein geborener Geschichtenerzähler, sitzt wie ein jovialer Jugendgruppenleiter am Rand des Rettungsboots, das auf dem Grund von Tank 4 festgebunden ist. Mit den weitausholenden Gesten eines Orchesterdirigenten entspinnt er die Schreckensvision von Hoffnungslosigkeit und Todesangst. »Ihr seid gerade 18 Meter weit in die Tiefe abgeseilt worden. Das war schon furchtbar genug, aber jetzt seht ihr, wie dieses Schiff kopfüber im Wasser versinkt. Vor einer Stunde dachtet ihr noch, es wäre unsinkbar.«

Kurz darauf machen sie sich bereit zur nächsten Einstellung: ein weiter Schwenk. 50 Puppen schwimmen im Tank. McLaglen wendet sich an die Komparsen. »Die Leute links von mir sind tot. Ihr liegt einfach nur da. Die rechts von mir sind ... sagen wir mal, halb tot ...«

Titanic war inzwischen weit hinter dem Zeitplan zurückgeblieben, aber weil das Schiff ohnehin noch nicht fertig war, half es auch nichts, wenn man sich bei den Dreharbeiten beeilte. Die Sets, die einigermaßen standen, wurden noch gestrichen. Ein Witz machte die Runde: Zieht nie irgendwelche Sachen zur Arbeit an, die ihr noch behalten wollt. Man präparierte alles »auf Kamera«. Cameron sagte der Ausstattungsabteilung: »Wir brauchen das und das. Macht es fertig, während wir ausleuchten.« Das konnte von einer bis zu sechs Stunden dauern, vor allem, wenn ein komplizierter Aufbau noch einmal verändert werden mußte. Am 14. Oktober sollen um elf Uhr die Dreharbeiten im spektakulären Speisesaal beginnen. Um vier Uhr morgens muß Charlie Arneson, der sich inzwischen fast um alles kümmert, was mit der physikalischen Betriebseinrichtung zu tun hat, sich mit einem Sturm auseinandersetzen, der das Wasser fast einen Meter hoch durch seine noch nicht getestete Filtrationsanlage jagt. Aber sie hält stand, und nach zwei Stunden ist alles wieder einigermaßen unter Kontrolle.
Fünf Stunden später strömen mehr als 100 Schauspieler, Statisten und Techniker durch den Eingang von Stage 2, vorbei an den Kantinentischen mit Lakritze, Krackern und Snacks, eine Stahltreppe hinunter und durch ein Labyrinth staubiger Gerüste hinein in eine andere Welt. Hier glitzern Kristallüster, die ihr weiches Licht verbreiten. Der Erste-Klasse-Speisesaal der *Titanic* ist wie ein elegantes Gemälde, die Zeit ist stehengeblieben. 100 Tische sind für ein Essen gedeckt, das nie stattfinden wird – in einer Symmetrie und Perfektion, die sich mit Kubricks *Barry Lyndon* oder *The Shining* (Shining) durchaus messen kann.
Der Mittelpunkt des Geschehens ist auf der entgegengesetzten Seite des Raums, wo Cameron die Erste-Klasse-Gäste filmt, die zum Abendessen eintreffen. Die Luft ist verraucht und riecht nach Kaugummi. 150 Schauspieler, Techniker und Statisten befreien sich zwischen den Einstellungen so von der Anspannung. Wenn die Kamera läuft, sind nervöse Hampeleien verboten. In jener Zeit hampelten Menschen von Format nicht herum, er-

klärt Etiketteberaterin Lynne Hockney, eine schlanke, graziöse Engländerin mit einem Pagenkopf. Sie ist Tanzhistorikerin und auch für die Choreographie des Tanzvergnügens im Zwischendeck zuständig. Ihr täglich abgehaltener Kurs für gute Manieren umfaßt alles von »Wie esse ich eine Mahlzeit mit sieben Gängen?« bis zu »Wie erhebe ich mich anmutig aus meinem Deckstuhl, auch wenn mich mein Korsett noch so einschnürt?«
»Schnitt!« ruft Cameron, als DiCaprio den Saal betritt. Das ist eine Szene wie Aschenputtel auf dem Ball – das Dinner, zu dem Cal den jungen Künstler so herablassend eingeladen hat, als Dank, daß er Rose das Leben gerettet hat. Doch zu Cals Überraschung hat sich der verwilderte Kerl aus der dritten Klasse mit Molly Browns Hilfe in einen echten Gentleman verwandelt, samt Perlmuttmanschettenknöpfen und Smoking.
Sie probieren die Szene noch einmal. »Das war ein bißchen zu schüchtern, Leo«, meint der Regisseur zu dem fahrigen Nicken, mit dem Jack die anderen Gäste begrüßt. Sie versuchen es erneut. »Schnitt! Leo, du solltest dem Kellner nicht zunicken!«
»Aber das habe ich doch dauernd getan!« beklagt sich Leo.
»Ich weiß. Es wirkt zu mechanisch«, erklärt Cameron, dessen Blick beständig zwischen den Schauspielern und seinen Videomonitoren hin und her wandert. Das Licht gefällt ihm. Er braucht nicht wie die meisten Kameraleute durch die Kamera zu blicken, um das Licht beurteilen zu können, er kann das auch per Video. Zwischen den Takes saust er durch den Raum, stellt eine Tischlampe richtig hin, verrückt einen Stuhl, gibt diesem oder jenem Schauspieler eine Anweisung. Dann ist er wieder an seinem Monitor. Das Scriptgirl scheucht jeden weg, der zwischen Cameron und das Videogerät kommt. Er setzt sich auf seinen Regiestuhl. »Ich tue gern so, als wäre ich mit einem Bier und einem Leihvideo zu Hause, damit ich natürlich reagiere«, sagt er mit einem Lächeln zu den Umstehenden.
Sie drehen noch ein paar Takes. Bernard Hill, der Captain Smith spielt, erreicht den Tisch einfach nicht rechtzeitig. »Bernard! Wo ist Bernard? Du kommst zu spät! Jedesmal! Du mußt früher dasein. Es ist mir egal, wen du über den Haufen rennen mußt, um es zu schaffen.«
Nun wendet sich Cameron wieder dem Monitor zu. Er gibt dem

zweiten Kameramann Jimmy Muro die Anweisung zu einem minimalen vertikalen Schwenk. »Ich möchte, daß es aussieht wie der Palast in Versailles, schwindelnde Höhe.«
»Wenn ich das alles sehe, kann ich nur eins sagen: Dreht Komödien!« lacht Tom Sherak, leitender Angestellter bei Fox Filmed Entertainment und wirbelt mit der Schuhspitze den Staub auf. Landau führt ihn auf dem Gelände herum, spielt den Gastgeber und zeigt ihm die Sehenswürdigkeiten. Die beiden Männer sind leger gekleidet, Landau trägt eine Khakihose und Sherak Jeans und ein hellblaues Arbeitshemd. Es ist ein heller, sonniger Tag, und die *Titanic* am Horizont wirkt jetzt eher wie ein Schiff als wie das Skelett eines Ungetüms. Drei Schornsteine stehen aufrecht, einer liegt auf der Seite, mit Ketten umwickelt und bereit, vom Kran hochgehievt zu werden. Die ganze kleine Stadt des Baja-Studios summt vor Geschäftigkeit wie ein Bienenschwarm. Suchscheinwerfer sind eingeschaltet, um niedrig fliegende Flugzeuge zu warnen.
»Sehen Sie die Nissenhütten dort?« sagt Landau zu Sherak und zeigt auf ein paar verrostete Stahlkästen, in denen Drehbänke, Schweißapparate und andere lärmende Maschinen untergebracht sind. »Die haben wir jemandem abgekauft, der sie für *Die Hard 3* (Stirb langsam – Jetzt erst recht) gebaut hat.«
»Sie meinen, wir haben unser eigenes Zeug zurückgekauft?« erkundigt sich Sherak einigermaßen entsetzt, als sie am Requisitengebäude vorbeikommen, dessen Tür von einer dagegen gelehnten »Leiche« offengehalten wird. Mexikaner mit freiem Oberkörper, abgeschnittenen Jeans und Arbeitsstiefeln hämmern an Rettungsbooten herum.
Sherak ist offensichtlich beeindruckt von der Anlage. Er ist einer der wenigen, die schon zu *Aliens*-Zeiten bei Fox waren, und Cameron mag ihn besonders gern. Obgleich Sherak gesteht, daß er Besuche am Set haßt, ist er heute auf persönliche Einladung des Regisseurs hergekommen. Camerons Einladungen sind so rar, daß man sie nicht ignorieren sollte. Nur eine Handvoll Menschen hat er hergebeten, um ihnen zu zeigen, was er hier treibt – seine Eltern, Linda Hamilton, den Besitzer seines griechischen Lieblingsrestaurants. Sie alle waren begeistert, und Cameron freute sich darüber. Mitten auf einer staubigen Wegkreuzung bleibt Sherak stehen und dreht sich auf dem Absatz um. »Hier sieht man NAFTA in

Aktion!« sagt er und deutet mit großer Geste auf die Flaggen von Mexiko, Kanada und den Vereinigten Staaten, die alle über Stage 2 im Wind flattern. Dem Reporter zuliebe, der neben ihm hergeht, erklärt Sherak, warum das so passend ist: Cameron stammt aus Kanada und hat schon in allen drei Ländern gedreht.

Ein Baufahrzeug rumpelt vorüber und scheucht die drei Männer mit lautem Hupen aus dem Weg. Der Reporter tritt zur Seite und kritzelt eifrig, während sie zu Stage 2 weitergehen. Dies ist der erste Pressebesuch – später kann sich die *Titanic* vor Reportern und Journalisten kaum mehr retten. Camerons Beziehungen zur Presse waren schon immer etwas gespannt. Das Fernsehen störte ihn wesentlich weniger, denn dort berichtete man einfach über die Premieren seiner Filme, und sein Name wurde bei gelegentlichen Expertensendungen über Spezialeffekte erwähnt. Den Journalisten dagegen gab Cameron immer genügend Stoff zum Schreiben und haßte meistens, was sie schrieben. Trotzdem hatte er – wahrscheinlich als einzige Hollywood-Größe – noch nie einen Publizisten eingestellt, um die Berichterstattung nach seinen Wünschen zu beeinflussen. Er glaubte, wenn er ehrlich war, würden die Zeitungen die Wahrheit schreiben, aber seine Erfahrungen bestätigten diese optimistische Einstellung nicht unbedingt.

Deshalb war Camerons Politik der offenen Türen eine Überraschung, vor allem, wenn man den Zustand der Sets bedachte. Viele Regisseure verweigerten der Presse den Zutritt zu ihren Sets, auch wenn sie wesentlich weniger um die Ohren hatten, weil sie auf diese Weise einen von vielen Störfaktoren ausschalteten. Doch Paramount, die für die amerikanische Publicity des Films zuständig war, legte großen Wert darauf, das Werbepotential zu nutzen, das ein Set von den Ausmaßen eines römischen Zirkus in sich birgt. Außerdem ärgerte sich Cameron noch immer über einen Vorfall bei den Dreharbeiten zu *The Abyss*. Damals hatte er nur einen einzigen Schreiber an den Set gelassen, und der Typ hatte ihn niedergemacht. Diesen Fehler würde er nicht ein zweites Mal machen.

Als Sherak und seine Begleiter eintreffen, ist Cameron immer noch mitten in der Szene, in der die Schauspieler die große Freitreppe herunterkommen. Die Frauen tänzeln in ihren Gewändern. »Gebt ihnen reichlich Platz«, befiehlt Cameron und warnt die Männer, nicht auf die Schleppen der Damen zu treten. Er möchte ja nicht, daß seine Schauspielerinnen die Treppe hinunterpurzeln.

Dann entdeckt er Sherak und begrüßt ihn mit einem freundschaftlichen Schulterklopfen. »Das ist ein echter Actionfilm!« meint er grinsend. Die Männer posieren für den Fotografen und wirken auf der eleganten Treppe mit ihrem Marmor und ihrem edlen Eichenholz seltsam fehl am Platz. Sherak hat das gleiche an, was Cameron als Arbeitskostüm trägt: Jeans und blaues Arbeitshemd, nur daß bei dem Regisseur die Drehbuchseiten aus der Gesäßtasche ragen und er statt Slippern braune Wildlederstiefel trägt. Am nächsten Tag sind alle wieder im Speisesaal und drehen die große Dinnerszene. Sie proben ein paarmal, wobei die Schauspieler ihren Text vom Skript ablesen, um ein Gefühl für die Szene zu bekommen.

»Erzählen Sie uns von den Unterkünften der dritten Klasse, Mr. Dawson«, sagt Frances Fisher, die Roses Mutter spielt und das Gespräch in Gang bringt. »Sie sollen auf diesem Schiff recht annehmlich sein.«

»Die besten, die ich je gesehen habe, Ma'am. Fast keine Ratten«, antwortet Jack. Der Kommentar ruft schallendes Gelächter hervor. Cameron stützt sich neben DiCaprio auf den Tisch und erklärt der Runde von zwölf Schauspielern: »Es fängt damit an, daß Ruth alles daransetzt, Jack fertigzumachen, dann kommen noch ein paar subtile Seitenhiebe von Cal, der glaubt, der Affe vom Zwischendeck ist zum allgemeinen Amüsement hier. Sie sind alle ziemlich stolz auf das Leben, das sie führen, aber am Ende hat Jack den Spieß umgedreht, nur durch seine Ehrlichkeit, ohne es zu beabsichtigen, nur indem er er selbst ist und Schluß macht mit dem Gentleman-Theater.«

Nach dem zweiten Glas Champagner fordert Jack die Versammlung auf, die Zeit zu nutzen. »Er hält seine Rede, er ißt und redet gleichzeitig und läßt sich Champagner nachschenken.« Cameron läßt DiCaprio das Glas falsch in die Hand nehmen, nicht am Stiel, sondern oben, als Gegensatz zu allen anderen am Tisch.

»Er erklärt ihnen seine Lebenseinstellung, die allen plötzlich sehr poetisch vorkommt, tiefgründig und wertvoll, unabhängig

vom gesellschaftlichen Status.« Die Szene endet damit, daß Rose einen Trinkspruch auf Jack ausbringt: »Weil jeder Tag zählt!«
Jack wird gefeiert. Ruths Attacke ging nach hinten los.
Cameron hockt hinter der Kamera, zwischen dem kanadischen Schauspieler Victor Garber, der den Schiffsbauer Thomas Andrews spielt, und Kathy Bates. Seine Augen funkeln, während er zuhört, wie die beiden seine Zeilen zum Leben erwecken.
Ein weißhaariger Kellner fragt Jack, wie er seinen Kaviar serviert haben möchte.
»Für mich keinen Kaviar, bitte«, sagt Jack mit einer wegwerfenden Handbewegung. »Den hab' ich noch nie gemocht.«
Winslet wendet sich direkt an Garber, aber Cameron unterbricht. »Wie spielst du das? Ich meine, die Sache mit dem Kaviar?«
»Ich werfe ihm einen Blick zu, richtig?«
»Die ganze Szene dreht sich darum, daß ihr euch anschaut, du und Jack.« Cameron macht eine Pause, um seine Worte wirken zu lassen. »Und davon sehe ich bis jetzt nicht sehr viel.«
»Du wirst es schon sehen«, verspricht Winslet.
»Ganz bestimmt«, lacht Cameron. »Die Frage ist nur, wann.«
Sie schluckt ihre Verblüffung hinunter und legt los, genau richtig und absolut hinreißend.
Zufrieden läßt Cameron die Kamera laufen. Sie drehen ein paar Einstellungen, und jedesmal wird echter Beluga-Kaviar aufgetischt, der allein schon ein beträchtliches Sümmchen kostet. Am Ende des Abends muß man den völlig überlasteten Arm des Kellners in einen Gips stecken, der den Ellbogen zum Tragen des Tabletts in der erforderlichen 90-Grad-Position hält.

Die *Titanic*-Experten Ken Marschall und Don Lynch werden an Bord begrüßt wie Mitglieder des Königshauses. Jede ihrer Reaktionen wird registriert und im Flüsterton besprochen. Die Videoleute, die eine Dokumentation über die Dreharbeiten machen, richten ihre Kamera auf die beiden. Cameron selbst ist gespannt auf ihre Meinung über seine Vision des Schiffes, die er vor ihnen hat entstehen lassen.
Lynch, ein zurückhaltender Mann, sieht sich alles in Ruhe an,

ohne viel zu sagen, während der lebhaftere Marschall vor Begeisterung fast außer sich gerät. Als man ihn gebeten hat, bei dem Film eine Beraterfunktion zu übernehmen, war ihm schon klar gewesen, daß es ein ehrgeiziges Projekt sein würde, aber er hatte sich nicht träumen lassen, was Cameron und seine Crew sich in ihrem Streben nach Perfektion alles einfallen lassen würden. Bis jetzt war für die beiden Historiker der Film *A Night to Remember* aus dem Jahr 1959 der Höhepunkt gewesen, der von *Titanic*-Fans wegen seiner technischen Genauigkeit sehr bewundert wird. Marschall hatte den Film etwa hundertmal gesehen. Aber neben *Titanic* wirkte *A Night to Remember* wie aus dem Sandkasten, und während sich Marschall auf dem Set umsah, wurde ihm klar, daß hier an nichts gespart worden war.

Cameron hatte sich sogar um die Decken gekümmert, die die meisten Regisseure wahrscheinlich einfach nicht gezeigt hätten. Noch in der hintersten Ecke des riesigen Speisesaals waren die Tische mit kunstvoll verzierten Porzellantellern und Silberbesteck gedeckt. Die Schnitzereien an der Wandvertäfelung waren nicht aus dem üblichen Kinogips, sondern aus Eichenholz. Echtem Eichenholz. Hektarweise, ein Deck ums andere. Die Einzelheiten waren überwältigend. Endpfosten von Geländern wurden nach Teilen aus Marschalls Sammlung gearbeitet, die er vom Schwesterschiff der *Titanic*, der *Olympic*, erworben hatte, als sie 1935 verschrottet und in Einzelstücken bei einer Auktion versteigert wurde.

Cameron konnte sich kaum etwas Schöneres wünschen, als daß diese Experten sein Schiff mit Lob überschütteten. Marschall und Lynch gehörten zu den ganz wenigen Menschen, die wirklich nachvollziehen konnten, wieviel Mühe dahintersteckte. Viele Kritiker meinten, er hätte Kompromisse eingehen können – und müssen. Cameron hatte es sogar ein paarmal versucht. Beispielsweise ließ er die Deckenleuchter aus Finanzgründen aus Plastik anfertigen. Aber die starken Scheinwerfer brachten sie zum Schmelzen, und die Leuchter mußten aus Glas nachgeliefert werden. Deshalb ließ Cameron bei der Herstellung der Kronleuchter Lamont nicht erst mit Plastik herumexperimentieren, sondern gleich Kristall nehmen, damit sie beim Untergang des Schiffs auch richtig klimperten.

Cameron macht die Experten mit seinen Schauspielern bekannt.

»Hallo, ich bin Colonel Gracie!« sagt Bernard Fox.

»Allerdings!« stimmt ihm Marschall staunend zu.

In einer Drehpause zeigt Cameron den beiden Experten am Modell, wie er die große Freitreppe am Wrack fotografiert hat, und sein ausgestreckter Zeigefinger übernimmt die Funktion von Snoop Dog. »Wir sind hier durchgegangen«, sagt er, während er den Weg der Kamera nachzieht, »dann hingen wir links auf dem D-Deck und waren zum Schluß hier.« Bumm, sein Finger stößt auf eine lackierte Tür. »Und hier müßte ein kleines Messingschild sein, auf dem steht ›Drücken‹«, sagt er und klopft vorwurfsvoll auf das Holz. Er läßt jemanden aus der Ausstattungsabteilung kommen, der die Sache umgehend in Ordnung bringen soll.

Selbst im Schlaf hat Cameron keine Ruhe vor der *Titanic*. Immer wieder hat er den Alptraum, selbst auf dem Schiff zu sein, das sich dem Eisberg nähert. Er weiß, welches grausige Schicksal den Passagieren bevorsteht, aber ihm macht die Ausstattung des Schiffs viel mehr Kopfzerbrechen. »Wir haben diese Tür falsch gemacht!« schreit er. »Sie öffnet sich nach innen! Wir dachten, sie geht nach außen!« Er wollte nach bestem Wissen und Gewissen sagen können, daß man in einer Zeitmaschine in die Vergangenheit reisen konnte und an Bord der *Titanic* alles so vorfinden würde, wie er es zeigte. Das Publikum könnte den Film natürlich auch genießen, wenn er nicht diese Detailgenauigkeit besäße, aber Cameron wollte auch die Experten beeindrucken.

»Ahh! Das ist wirklich unglaublich!« staunte Marschall.

Tatsächlich war es, wie Lamont beim Überprüfen der Zahlen erkannte, nur minimal teurer, mit echtem Eichenholz zu arbeiten, als Sperrholz oder Gips so anzustreichen, daß es aussah wie echtes Holz. Außerdem sollte ja auch kein Styropor aus der Wand bröckeln, wenn das Schiff sank und die Wassermassen über die Treppen brausten. Nein, es mußte splitterndes Holz sein.

Insgesamt arbeitete das Filmteam zehn Tage in der luxuriösen Speisesaalkulisse – die Hälfte der Zeit unter Wasser.

Kapitel 11

*Es gibt Regeln im Machtspiel von Hollywood,
eine ganze Menge Regeln sogar.*

MARTIN SCORSESE

Das kippbare Schiffsheck war der Traum eines jeden Stuntkoordinators – oder sein Alptraum, je nachdem. Auf jeden Fall war es das Komplizierteste, was der 35jährige Simon Crane jemals gemacht hatte. Mit seinem braungebrannten Gesicht und seinem strahlenden Lächeln ähnelte Crane einem robusten, etwas älteren Tom Cruise. Wie die meisten Stuntkoordinatoren hatte er als Stuntman angefangen. Zwar hatte er auch schon in *Aliens* mitgespielt, aber weil er den ganzen Film über eine *Alien*-Maske getragen hatte, war nicht damit zu rechnen, daß Cameron ihn wiedererkannte.

Seither hatte Crane in England gearbeitet – nicht gerade ein Zentrum für Actionfilme – und war deswegen nie groß herausgekommen. Wahrscheinlich war er in der Branche (und sicher auch beim Publikum, obwohl das nicht mal seinen Namen kannte) am besten bekannt als der Kerl, der in der Anfangssequenz von *Cliffhanger* (Cliffhanger – Nur die Starken überleben) von einem Jet zum anderen hangelt. Mit dem Erfolg von Mel Gibsons *Braveheart* und dessen hoch gelobten Kampfszenen, die Crane koordiniert hatte, gewann er endlich internationale Anerkennung. Der Zeitpunkt hätte kaum günstiger sein können.

Seine beiden vorigen Filme hatte Cameron mit Joel Kramer gemacht. Kramer hatte seine Karriere als Schwarzeneggers Stuntdouble begonnen und war dessen großer Favorit. Zweifellos hatte er bei *Terminator 2* großartige Arbeit geleistet und war für *True Lies* die naheliegende Wahl.

Aber dann gab es am Set einen Unfall: Ein Stuntman hatte sich bei einer Explosion schwere Verbrennungen am Arm zugezogen. Cameron wollte den Schauspieler in vorschriftsmäßige Stuntkleidung stecken, aber Kramer hielt ein neues Körpergel für sicher genug, und zum erstenmal mußte der Notarzt auf Camerons Set anrücken. Cameron war am Boden zerstört, denn er hielt sich auf seine Sicherheitsvorkehrungen sehr viel zugute. Zwar gab er Kramer nicht direkt die Schuld an dem Vorfall, aber als Cranes Forderungen für die Arbeit an *Titanic* deutlich geringer ausfielen, fiel ihm die Wahl nicht schwer.

Bei *Titanic* gab es eine Menge Stunts, aber die schwierigsten waren die Sprünge vom Deck und das »gekippte Poopdeck«, ein fast zehn Meter langes Stück vom Heck, das hydraulisch in die Vertikale bewegt werden konnte.

In den letzten Minuten vor dem endgültigen Untergang hob sich das Heck der *Titanic* ganz langsam um 45 Grad aus dem Wasser – Zeit genug, so glaubt man, daß sich mindestens die Hälfte der auf dem Schiff verbliebenen 1200 Passagiere dorthin flüchtete. Als das Schiff dann mittendurch brach, ging das Heck erst rapide nach unten und stieg dann sehr schnell wieder empor, diesmal in die Senkrechte. Dieses dramatische Ereignis würde der Actionhöhepunkt sein, der ultimative Cameron-Moment des drei Stunden und zwölf Minuten langen Films.

Um die Szene effektvoll zu gestalten, würden 250 Menschen ausreichen – 150 Komparsen und 100 Stuntleute –, die an dem schrägen Deck festgezurrt waren oder an ihm herabrutschten. In der Postproduktion sollten durch Computersimulation weitere Personen und auch der aufgewühlte Ozean eingefügt werden.

Bei der Planung der Einstellung ließ man händeweise Zinnsoldaten und Murmeln das Deck eines gekippten Modells hinabrutschen, studierte die Dynamik des Falls und wie sie unten aufkamen. »Wie Kegel oder Pins oder wie man das in Amerika nennt«, sagt Crane. »Einer fiel runter, traf einen anderen, so daß jetzt zwei fielen und wieder einen trafen. So eine Art riesige Flippermaschine. Aber man will ja nicht, daß das nach Stunts aussieht, man will, daß es echt wirkt.«

Die Komparsen sollten mit Gurten an den Seiten gehalten werden, während die Stuntleute in der Mitte herabpurzelten, die meisten im freien Fall, einige ebenfalls in Gurten, die sie auffingen. Crane hatte den Set so gut wie möglich abgepolstert. Gegenstände, die aussahen wie aus Metall, waren in Wirklichkeit aus Schaumstoff, so daß die Stuntleute auf einen Ankerspill oder eine Bank fallen und davon abprallen konnten. Alles schien gut vorbereitet.

Die Szene wurde minutiös geplant und lange geprobt. Das war natürlich langweilig, denn Sicherheit ist nun einmal keine sehr spannende Sache, zählt aber letztlich am meisten. Wie alles andere auf dem Filmset sollte Gefahr ja nur eine Illusion sein.

»Daß mir keiner grinst«, ermahnte Crane die 250 Leute, die sich unter der hellen Nachmittagssonne auf dem gekippten Deck versammelt hatten. »Wir nehmen alles auf Video auf.« Abends, nach den Dreharbeiten im Speisesaal, sah sich Cameron die Aufnahmen an und gab Crane Anweisungen, was er ändern sollte. Schließlich war er zufrieden, und die eigentlichen Dreharbeiten konnten beginnen.

Doch vor laufenden Kameras gab es sofort Probleme: Stuntleute fielen auf andere Stuntleute und verletzten einander. Eine Treppe hinunterzufallen ist eine ziemlich leichte Übung, aber wenn man es 100mal macht, tut man sich dabei mindestens einmal weh. Bei dieser Szene jedoch gab es bei jedem Take mindestens 100 Stuntleute, also 100 Stunts, die zehnmal wiederholt wurden, und das drei Tage lang. Camerons Perspektive wechselte ständig – mal von oben auf dem Kran oder das Deck hinunterrutschend mit einer Handkamera. Bei einem großen Teil der Aufnahmen war das Deck nur um 30 Grad geneigt, doch es wurde aus einem schrägen Kamerawinkel aufgenommen, so daß es steiler aussah. In der Senkrechte fielen die Stuntleute herunter wie Steine und verschwanden viel zu schnell aus dem Bild.

»Bei allem über 25 Grad hält man sich fest auf Leben und Tod. Schon 45 Grad fühlen sich an wie ein Sturz direkt in die Tiefe«, bemerkt Cameron.

Der Sinn für einen ebenen Untergrund ist evolutionsmäßig so tief verwurzelt, daß selbst kleine Abweichungen zu einer starken Desorientierung führen. Insgesamt gab es drei Knochenbrüche: ein Knöchel, eine Rippe und ein Wangenknochen. Niemand erlitt schwere Verletzungen, aber jeder Schaden war Grund zur Besorgnis. Als Cameron merkte, was los war, stoppte er den freien Fall und ließ alle anschnallen. Der freie Fall wurde später per Computer eingefügt.

Bis Oktober 1996 hatten Cameron und sein Team rund 75 Millionen Dollar ausgegeben und würden bis zum angepeilten

Drehschluß am 23. März mindestens noch einmal soviel verbrauchen, nicht eingerechnet Bankzinsen, Marketing, Verleih und einige mit den Special Effects verbundene Kosten. Damit lag die Produktion weit über dem Budget und war auf dem besten Weg, der teuerste Film aller Zeiten zu werden.

Natürlich war diese Entwicklung an Bill Mechanic, der Anfang des Monats den Set besucht und Kürzungen gefordert hatte, nicht unbemerkt vorbeigegangen.

Natürlich war Cameron alles andere als erfreut, aber was sollte er machen? Er hatte die falschen Zahlen nicht zu verantworten, sie waren ihm von Experten genannt worden, von den Leuten, die Kostenvoranschläge ausarbeiten und Verträge unterschreiben. Danach beginnt das Spiel, und die Regeln ändern sich allmählich.

Ehe der Film grünes Licht bekam, hatten sie schon drei Runden mit Kürzungen hinter sich. Kurz nach Produktionsbeginn hatte Chernin noch eine fünfseitige Liste mit weiteren Streichungen nachgereicht, die Cameron durchgegangen war. Schließlich hatte er sich mit einigem einverstanden erklärt.

Bis zu Mechanics zweitem Besucht hatte Cameron, wie er sagt: »den Straffungsprozeß hinter sich. Allmählich ging es an die Substanz.«

In den letzten drei bis vier Wochen wiesen die Kostenberichte beträchtliche Schwankungen auf. Schlimmer noch: Niemand konnte genau sagen, was er ausgegeben hatte und was der Film am Ende kosten würde. Mit den logistischen und finanziellen Anforderungen einer kleinen Stadt zurechtzukommen, war wesentlich komplizierter, als irgend jemand sich hatte träumen lassen. Jeden Tag landeten Hunderte von Warenbestellungen auf dem Schreibtisch von Produktionsleiter Grant Hill.

Theoretisch war Landau für die Finanzen zuständig, aber ihm wuchsen die unzumutbaren Anforderungen allmählich über den Kopf. Zwar hatte er eigentlich einen Vertrag mit Fox, aber das Studio machte sich keine Illusionen, daß Landau sich gegen Cameron durchsetzen würde. Landaus Loyalitäten waren eindeutig, sie gehörten dem Film. Und jeder, der das frühe Material zu Gesicht bekommen hatte – einschließlich Mechanic –, wußte ja auch, daß hier etwas Besonderes entstand. Wer wollte da im Wege stehen? Mechanic ganz bestimmt nicht. Er wollte nur etwas Ordnung in die »aus dem Gleichgewicht geratene« Situation bringen.

Aber Cameron war für Vorschläge nicht unbedingt offen. Ihm ging es in erster Linie darum, den Film zu machen, und er erklärte unmißverständlich, daß er nicht bereit war, Memos von irgendwelchen Fox-Chargen zu lesen. Er war nicht geneigt, mit einem anderen Studiovertreter als mit Chernin zu sprechen; der jedoch scheute die Konfrontation mit ihm. Selbst nachdem Mechanic zum Chef von Fox Filmed Entertainment ernannt worden war, tolerierte ihn Cameron nur äußerst ungern.

Mechanic, ein ruhiger, mittelgroßer Mann mit Brille, wurde von vielen irrtümlicherweise als unbedeutender Videomann eingestuft – bis der Betreffende begriff, was er in seiner achtjährigen Amtszeit bei Buena Vista Home Video geleistet hatte. Unter anderem dank seiner Devise der »verkaufbaren Preise« konnte das Unternehmen den Geschäftsumsatz von 30 Millionen auf drei Milliarden steigern. Mechanic, ein Absolvent der USC Film School, bestimmte praktisch die Regeln des Videomarkts, als die Branche noch in den Kinderschuhen steckte. In seinen drei Jahren bei Fox gestaltete er seine Abteilung komplett um.

Obwohl er wußte, daß es mit jemandem wie Cameron, der nach Mechanics Meinung immer alles kontrollieren mußte, etwas riskant war, beschloß Mechanic, seinen eigenen Statthalter auf der *Titanic* einzusetzen. Er wußte, daß die einzige Hoffnung für Fox darin bestand, daß am Ende ein großer Film in die Kinos kam, und er wollte nichts tun, was diese Hoffnung zunichte machte. Cameron zu feuern, stand nicht zur Debatte, aber er konnte versuchen, die Ausgaben unter Kontrolle zu bringen. Er rief Marty Katz an.

Mechanic kannte Katz aus seiner Zeit bei Disney; dort hatte Katz acht Jahre lang die Film- und Fernsehproduktion des Studios geleitet. Er hatte den Ruf eines strikten, nüchternen Verwalters. Als ehemaliger Leutnant der US-Armee leitete er seine Operation mit militärischer Präzision. Bei jedem anderen wäre er der Studiovollstrecker geworden, aber bei Cameron ging das nicht. Katz war der »Förderer« des Studios. Zwar unterschrieb er einen Vertrag als »Produktionsberater«, doch tatsächlich fungierte er als eine Art Überwachungsproduzent und arbeitete eng mit Landau zusammen, den er ebenfalls von Disney kannte, aus der Zeit, als Landau *Dick Tracy* produziert hatte.

Katz war sehr beeindruckt von der Situation in den Fox-Baja-Studios, als er Ende Oktober dort eintraf. Seit 20 Jahren war er nun im Filmgeschäft, aber so etwas hatte er noch nie gesehen. Eine solche Anlage für 20 Millionen Dollar aus dem Boden zu stampfen war an sich schon eine große Leistung. Aber sie für 20 Millionen Dollar aus dem Boden stampfen zu lassen, während man in einer Filmgroßproduktion steckte, war geradezu unglaublich. Die Arbeitsleistung dieses Sets war enorm. Daß sieben Tage die Woche rund um die Uhr an einem Film gearbeitet wurde, hatte Katz noch nie erlebt. Schon einfache Dinge wie die Kommunikation waren ein logistisches Kunststück. Jeder trug ein Walkie-talkie, Hunderte davon waren im Umlauf.
Eine Unmenge Arbeit hatte den Film an diesen Punkt gebracht, und es wäre ein Unding gewesen, hierherzukommen in der Erwartung, man könne die »Sache in die Hand nehmen« und erklären, wie man sie »wieder in Ordnung brachte« – das war Katz sofort klar. Er hatte genug von Cameron gehört, um zu wissen, daß er mit einer solchen Einstellung ungefähr fünf Minuten am Set bleiben würde. Andererseits würde er sich mit einer passiven Haltung nie den Respekt verschaffen, den er brauchte, um seinen Job angemessen zu erledigen. Eine heikle Situation. Aber Katz spürte auch, daß seine Hilfe gebraucht wurde.
Er hatte sofort das Gefühl, daß er der richtige Mann für diese Aufgabe war. Viele in seiner Position waren einfach Erbsenzähler, Männer, die blindlings den Pfad des geringsten ökonomischen Widerstands entlangmarschierten. Katz hielt sich einiges darauf zugute, daß er die Interessen des Studios mit denen des Filmemachers unter einen Hut bringen konnte und damit letztlich das Beste für den Film erreichte. Die enorme Belastung hatte dazu geführt, daß alle mehr oder weniger von einem Tag zum nächsten lebten und dabei ihre Arbeit irgendwie bewältigten. Katz legte einige 20-Stunden-Schichten ein, um Schritt zu halten.
Es war überwältigend. Es gab schweres Gerät, das eine Million

Dollar im Monat kostete – Kräne, Generatoren, Gabelstapler. Bei dieser Produktion gab es nicht nur die sonst üblichen Abteilungen, hier gab es Abteilungen für Seewesen, für Filmtechnik, für allgemeine Technik, es gab eine Wohnungsvermittlung und eine Fahrbereitschaft. Zwar konnte man einige davon an vielen Sets finden, aber bisher hatte kein einzelner Film alle gehabt – weder *Cleopatra* noch *Ben Hur* noch *Gone With the Wind*.
Wenn Cameron nicht drehte, wurden Hunderte von Handwerkern und technischen Hilfskräften mobilisiert, um alles für die nächsten Aufnahmen vorzubereiten. Wenn er nachts drehte, wurde von sechs Uhr morgens bis fünf Uhr nachmittags die Kleinarbeit erledigt. Wenn im Wasser gedreht wurde, stand die Spätschicht oft vor Sets, die von Wasser, Stunts und praktischen Effekten völlig zerstört waren. Abteilungschefs von Ausstattung und Special Effects standen um sechs Uhr morgens bereit, um die Anweisungen des Regisseurs für den nächsten Tag entgegenzunehmen. Bis unter die Decke überflutete Räume mußten wieder in makelloser Pracht erstrahlen, 1800 Geschirrteile vom Boden aufgehoben, Kostüme geflickt und getrocknet werden. Man konnte nur staunen, wieviel Arbeit die Kostümabteilung in einer Nacht erledigte. Es war wie in einer Fabrik. Die große Szene im Hafen von Southampton hatte ihre eigenen Probleme. Mehr als 1000 Komparsen winkten, wofür mindestens 8000 Kleidungsstücke nötig waren, von Hosenträgern bis zu Hüten. Das Gebäude der Kostümabteilung schien endlos lang, ein Ständer nach dem anderen, vollgehängt mit Jacketts und Ballkleidern. Nebenan in der Frisuren- und Make-up-Abteilung hingen die Wände voller Bärte und Perücken in allen Farben und Formen. In der Requisitenabteilung wurden Ornamente, Möbel und alle möglichen Kleingegenstände hergestellt, oft im Handumdrehen. Durch höhere Gewalt oder durch Camerons Anweisungen zerstörte Gerätschaften wurden über Nacht ersetzt. Es war wie Zauberei. Zauberei, die allerdings viel Geld kostete.
Im Gegensatz zu manchen Gerüchten machte es Cameron sehr zu schaffen, wenn er die Kostenberichte durchsah und ihm klar wurde, daß er niemals genügend Szenen kippen konnte, um die Ausgaben auszugleichen. Geld, das er eigentlich anderweitig verplant hatte, wurde für Transport, Kabel und Lampen ge-

braucht. Natürlich dienten auch solche Posten seiner Sache, aber man hatte ihm einen etwa um die Hälfte zu niedrigen Kostenvoranschlag gemacht. Es hatte einfach noch niemand etwas Derartiges durchgezogen – niemand hatte je ein hydraulisch bewegbares Schiffsheck gebaut oder eine Hebebühne, mit der man ein ganzes Schiff versenken konnte. Also konnte auch niemand wissen, was so etwas kosten würde.

In der Presse wurde gern darüber berichtet, daß Cameron den Zeitplan überzogen hatte; die Ironie lag darin, daß er, wenn er in der Zeit gelegen hätte, sowieso nichts hätte tun können, weil das Schiff einen Monat zu spät fertig wurde. Für ein großes Bauvorhaben war das nicht viel, aber das erwähnte niemand.

Dazu kamen noch die Auseinandersetzungen mit dem Studio. Cameron war es leid, immer wieder die gleichen Diskussionen zu führen. Die Geschichte war zu lang, soviel brauchte man nicht, lautete ein stets wiederkehrendes Argument. Cameron war anderer Ansicht und hoffte inzwischen nur noch, die Studioleute würden irgendwann einsehen, daß sie ihn unter anderem deshalb eingestellt hatten, weil sie glaubten, daß er von Drehbüchern mehr verstand als sie. Alle jammerten über sein großes Ego, aber das störte ihn nicht weiter. Die Studiobosse hatten in den letzten drei Jahren über 10.000 Dinge nachgedacht, aber er nur über eines – diesen Film.

Kürzungen hier, Kürzungen dort. Die Szene, in der Jack Rose beibringt, wie man über Bord spuckt, gefiel dem Studio nicht. Sie wollten die Überflutung des Korridors in der dritten Klasse nicht sehen, bei der ein Auswanderer und sein Sohn von einer Flutwelle mitgerissen werden. Konnte die langatmige Tour durch die Innereien des Schiffs nicht abgekürzt werden? Der Kesselraum und der Maschinenraum waren doch entbehrlich, schließlich gehen Jack und Rose nie dorthin. Camerons Antwort war immer dieselbe: »Ich glaube, ich weiß, was der Film braucht. Meiner Meinung nach kommen wir ohne das nicht aus. Es wäre ein Verlust.«

»Wir verlieren Licht!« rief Jimmy Muro, ein schmaler Mann mit braunem Haar und traurigen Augen. Er war nicht nur der erste Kameraassistent, er meisterte auch den Entengang mit der Steadicam, die sehr freie Kamerafahrten erlaubt. Muro genoß bei Cameron eine Sonderstellung, und viele langjährige Mitarbeiter wunderten sich, wie »nett« Cameron zu ihm war. Es gab eine Menge Leute, die die A-Kamera bedienen konnten; Cameron ließ Muro das mehr oder weniger nebenbei tun, denn einen guten Steadicam-Mann zu finden war ein echtes Problem.

Muros erster Film mit Cameron war *The Abyss*. Er erinnert sich noch, wie er damals aus seiner Heimatstadt New York am Set eintraf. Das erste, was ihm auffiel – davon abgesehen, daß in einem Nuklearreaktor gedreht wurde –, war, daß Ed Harris, einer der Stars, in einem Betonkorridor auf dem Boden lag und schlief. Tja, dachte sich Muro, das wird eine echte Herausforderung. Die Erfahrung veränderte sein Leben. Jetzt wohnte Muro in Los Angeles und gehörte zum harten Kern des kreativen Teams, das Cameron bis ans Ende der Welt gefolgt wäre. Und hier waren sie nun angekommen, auf der Baja-Halbinsel.

Am 15. November war der 225 Meter lange *Titanic*-Set vollendet. Die nächsten neun Tage war dies der Mittelpunkt der Dreharbeiten für die Southampton-Szenen. Das große Schiff in voller Höhe vor sich zu sehen – fünf Stockwerke von Dock zu Deck –, frisch gestrichen, mit allen Details, jedes Rettungsboot an seinem Platz, war ein erhebender Augenblick für Cameron und seine Mitarbeiter. Allein der Anblick gab ihnen das Gefühl, auf dem Gipfel angekommen zu sein.

Das Schiff zeigte mit der Nase nach Norden, die Steuerbordseite zum Dock. So konnten sie die vorherrschenden Winde ausnutzen, und der Rauch konnte von den Schornsteinen nach achtern wehen, was die Illusion von Bewegung auf hoher See verstärkte. Doch Camerons Perfektionismus verlangte, daß das Schiff mit der Backbordseite am Pier andockte, wie es historisch richtig war. Um das zu erreichen, wurden alle Signaturen, einschließlich der über einen Meter hohen Lettern »White Star Lines« auf dem Hafengebäude, rückwärts geschrieben. Bei der Postproduktion sollte der Film dann »gefloppt« (gekontert), also seitenverkehrt wiedergegeben werden, so daß sich der Blickpunkt verkehrte.

Nun, da die *Titanic* in ihrer ganzen Pracht vor ihnen steht, sind alle startbereit. Der erste Regieassistent Josh McLaglen ruft:

»Hintergrund!«, und etwa 1000 Komparsen setzen sich in Bewegung, dazu 19 Pferde, zehn Kutschen, drei Hunde und ein burgunderroter Renault, der von einem Kran in die Ladeluke gehievt wird. Solche Szenen sind hart für einen Regieassistenten. McLaglen ruft: »Action!«, was die Hauptakteure auf den Plan bringt. Mitten im Gedränge steigen die Hockleys und ihre Entourage aus dem Reisewagen, wie eine Prozession eitler Pfauen. Die Szene besteht aus 100 winzigen Bewegungen, die sich in einer Serie von Vignetten nach und nach entfalten. Winslet mit ihrem weißen Nadelstreifen-Reisekostüm und einem üppigen violetten Hut ist ein prächtiger visueller Anker in der Menge. »Eine Menschenmasse wuselt über den Pier neben der *Titanic*, wie Ameisen auf einem Marmeladenbrot«, heißt es in Camerons Skript. Die Hockleys sind zu spät gekommen und müssen vom Dock her einsteigen, nicht vom Hafengebäude aus wie die anderen Angehörigen ihrer Klasse.

Cameron geht mit raschen Schritten zwischen den Grüppchen seiner Hauptdarsteller und dem »Video Village« hin und her, das etwa sechs Meter entfernt steht. Im flackernden Schwarzweiß des Playback-Monitors wirkt die Szene direkt unheimlich authentisch, wie eine Wochenschau der damaligen Zeit.

Der letzte Schnitt ist ausgerufen. Cameron bittet einen Assistenten, ihm einen Cappuccino zu bringen – ohne Koffein. Für die Dreharbeiten hat er dem Koffein abgeschworen, wie ihm etliche seiner Freunde geraten haben. Am Drehort von *Terminator 2,* als vor Ort gefilmt wurde, war Cameron nach den Berichten eines Teammitglieds so aufgeputscht, daß er nachts auf dem Korridor seines Hotels hin und her lief, um sich abzureagieren.

Rob Legato von Digital Domain ist aus Los Angeles gekommen, um die Special-Effect-Einstellungen zu besprechen. Sie plaudern kurz darüber, wie man das echte Schiff am besten durch ein Modell ersetzt, wenn es den Hafen verläßt. Dann führt Cameron Legato zum Kran, sie werden 30 Meter in die Luft gehoben und überfliegen den Bug der *Titanic*. Die Windstärke liegt bei etwa 20 Knoten, bemerkt Cameron – so haben die Passagiere der *Titanic* in der Nacht der Katastrophe den Wind auch gespürt.

Die untergehende Sonne schickt rosa- und orangerote Strahlen über den lavendelfarbenen Himmel. Das Licht auf dem Schiff ist überwältigend. Dann geht der Mond auf, eine perfekte weiße Scheibe. Vom Kran aus wirkt er wie ein magisches Ausstattungsstück, nach dem Wunsch des Regisseurs angefertigt. Cameron absorbiert jedes Detail seines Schiffs. Southampton war das letzte Mal für einige Zeit, daß das *Titanic*-Team das Tageslicht erblickte.

Das Erntedankfest kam, und die Presse benahm sich schlimmer denn je. Cameron verstand das nicht. Vielleicht waren die Journalisten einfach faul, und sein Film war ein großes Ziel und deshalb einfach zu beschießen. Seit dem ersten Pressebesuch waren noch mehrere Reporter am Set gewesen, und die ersten Berichte waren nicht gerade großartig. Cameron spürte die Unruhe. *Newsweek* veröffentlichte einen Artikel mit der Überschrift: »A Sinking Sensation« (ein Wortspiel mit sinking = sinkend und sinking sensation = ungutes Gefühl im Magen), *Time* schloß sich an mit »Glub, Glub, Glub (Gluck, gluck, gluck) ... Kann James Camerons extravagante *Titanic* der Katastrophe entrinnen?« Als Budget wurde ein Betrag zwischen 120 und 180 Millionen Dollar genannt – genug, um *Titanic* in den Wettbewerb um den teuersten Film aller Zeiten zu bringen.
Camerons Antwort lautete: »Wir drehen ein Spektakel. Spektakel kosten Geld.« Das schien nur angemessen, brachte die Presse aber noch mehr in Fahrt. Sofort wurden Parallelen zu *Waterworld* gezogen, der mit 170 Millionen Dollar den derzeitigen Rekord hielt.
Die ersten Spekulationen darüber begannen, wie unwahrscheinlich es war, daß die Finanzierungspartner Fox und Paramount ihr investiertes Geld herausholen würden. Um die Sache noch schlimmer zu machen, erzählte Sumner Redstone, der Chef von Viacom Inc., Wall-Street-Analytikern, wie gut das Studio daran getan hatte, seine Investition zu begrenzen. Redstone hatte sich beim Kauf von Paramount übernommen, und Viacom hatte sich davon noch nicht erholt, im Gegenteil. Redstone war entschlossen, jede Gelegenheit zum Prahlen zu nützen.
Zu diesem Zeitpunkt ging es schon gar nicht mehr darum, wer als der Schlaue dastand, sondern eher, wer weniger dumm aus-

sah. Fox war in der wenig beneidenswerten Position, dem eigenen Geschäftspartner gegenüber in die Defensive gehen zu müssen. Es gab sogar Vermutungen, daß Paramount Gerüchte über Camerons Exzesse in Umlauf brachte, was zu jeder Menge studiointernem Geplänkel führte. Ein ganzes Jahr sollte es dauern, bis die ersten positiven Besprechungen des Films optimistischere Prognosen hervorriefen, in denen davon ausgegangen wurde, daß zumindest Paramount etwas Geld machen würde.

Kapitel 12

*Jede genügend fortgeschrittene Technologie ist
von Zauberei nicht mehr zu unterscheiden.*

ARTHUR C. CLARKE

Der Film war nicht mehr unter Kontrolle, aber er war auch nicht außer Kontrolle. Marty Katz wußte, wie es aussah, wenn Dreharbeiten außer Kontrolle gerieten: Dann bewegte man sich nicht mehr vor-, sondern seitwärts, oder noch schlimmer: rückwärts. Notwendige Dinge wurden nicht erledigt. Sicher, es ließ sich darüber streiten, ob Cameron vielleicht allzu perfektionistisch war. Waren wirklich so viele Takes nötig? Aber das war kein Anzeichen dafür, daß das Chaos ausgebrochen war. Cameron arbeitete hart, gewissenhaft und vor allem organisiert. Er führte seine Truppen, er tat alles, was sie auch taten, und dann noch 100 Prozent mehr.

Katz erinnert sich an die Nacht, als sie die Szene nach dem Zusammenprall mit dem Eisberg drehten. Das Eis wurde in Blöcken à 100 Pfund geliefert. Cameron ergriff eine Axt und begann draufloszuschlagen. Nachdem die Crew ihre anfängliche Verblüffung überwunden hatte, folgte sie Camerons Beispiel. 13 Männer, die mit Äxten auf Eisblöcke einschlagen: Es wirkte wie eine etwas fortgeschrittenere Version der Eingangssequenz von *2001*. Schließlich legte Cameron seine Axt weg, trat einen Schritt zurück und stand 30 Sekunden beobachtend daneben. Schließlich hielt er es nicht mehr aus, schob seinen schmächtigen Nebenmann beiseite und nahm ihm die Axt ab. Es war urkomisch. Der Regisseur setzte, so Katz, einen »unglaublichen Standard«. Er wußte, daß dieser Film harte Knochenarbeit erforderte, aber er schuftete mehr als jeder andere.

Auch dieses Engagement gab Anlaß zu Klatsch und Tratsch. Die Gerüchteküche Hollywoods brodelte. Man verglich Camerons »Exzesse« mit dem durchgedrehten Oberst in Francis Coppolas *Apocalypse Now*. »Er ist ein richtiger Kurtz geworden«, hieß es hinter vorgehaltener Hand.

Auch die Installierung und Inbetriebnahme des Krans – des

Cam-Krans, wie er genannt wurde – konnte leicht als Marotte eines gigantomanischen Regisseurs mißverstanden werden. Man hatte den Kran vom Bau des Schiffs behalten und überlegte nun, ihn als Lichtgerüst einzusetzen. Doch als Cameron hinaufkletterte, um ein paar Kameraperspektiven auf das gekippte Heck auszuprobieren, war er begeistert, wie geschmeidig der Kran sich bewegte, und plazierte Muro mit seiner Steadicam dort oben. Wegen des Windes setzten sie einen Kreiselkopf unter die Steadicam, und so führte eins zum anderen, bis sie schließlich den kognitiven Sprung machten: »Holen wir uns eine Wescam und schrauben wir sie an der Plattform fest!« Der Kran wurde ein unbezahlbares Werkzeug für alle weitausholenden Schwenks und Zoomaufnahmen vom Schiff, und man sparte ein Vermögen an Hubschraubermiete. Wieder eine Erfindung, die nicht aus der Fachzeitschrift *American Cinematographer* stammte.

Katz betont immer wieder, daß *Waterworld* ebenfalls ein Film mit bedeutenden technischen Problemen war, die man mit einer ähnlichen Herangehensweise vielleicht eher in den Griff bekommen hätte. Was natürlich nicht heißen soll, daß bei *Titanic* alles glatt lief. Es gab zahlreiche Schwierigkeiten. Beispielsweise war das ursprüngliche Beleuchtungsbudget neun Millionen Dollar zu niedrig angesetzt. Anfangs hatte man geplant, die Beleuchtung von einem Set zum anderen mitzunehmen. Aber als alle Lichter und Kabel auf dem Schiff endlich dort waren, wo man sie haben wollte, schien es absolut unlogisch, sie ab- und später wieder aufzubauen. In jedem einzelnen der kilometerweit aneinandergereihten Bullaugen hatte man von Hand eine Lampe installiert – noch nie waren für eine Produktion solche Längen von Kabel und ein solches Lichtermeer verwendet worden. Beim Stundenlohn der Crew ergab es auch keinen Sinn, zwei Stunden mit dem Umzug eines Generators zu verbringen, es war billiger, einen neuen anzuschaffen, und so arbeitete bald praktisch jeder verfügbare Generator an der Westküste für die *Titanic*.

Doch auch dort, wo man sich zwischen den Abteilungen leichter hätte austauschen können, funktionierte es nicht, weil nichts zentral geregelt wurde. Wenn die Lichtabteilung einen Kran brauchte, wurde einer angemietet, auch wenn vielleicht in der Halle der Special Effects nebenan fünf davon ungenutzt herumstanden. Zwar flößte es Katz eine gewisse Bewunderung ein, wie unbeirrbar sich die einzelnen Abteilungen darauf konzentrierten, ihrem Regisseur rechtzeitig die Dinge zur Verfügung zu stellen, die er zum Drehen brauchte, aber er sah ein großes Problem darin, daß es keinen übergreifenden Plan gab.

Katz wollte niemandem Vorwürfe machen. Wenn er etwas zu kritisieren hatte, dann höchstens, daß man nicht früher gemerkt hatte, daß es so nicht weitergehen konnte. »Es ist schließlich kein Verbrechen, zu sagen: Moment mal, wir müssen hier ein bißchen langsam machen. Selbst wenn es ein paar Wochen Verspätung bedeutet, brauchen wir ein bißchen Zeit, um uns das genauer zu überlegen, um uns zu vergewissern, daß wir die richtigen Arbeitsgeräte am richtigen Ort haben, und wir müssen das Studio fertigbekommen.« Schon vor dem Umzug nach Rosarito hatte Landau um zwei Extrawochen gebeten, damit sie nach Halifax ein wenig Luft holen und abwarten konnten, bis das Studio etwas weiter gediehen war. Aber die Dreharbeiten in Halifax hatten schon länger gedauert als veranschlagt, und das Studio wollte unbedingt seinen Sommerfilm. Der Bescheid von Fox lautete kurz und bündig: »Abgelehnt.« Es war einfach zuviel Arbeit vor Weihnachten. Die Produktion begann überstürzt und hatte es schwer, einen Rhythmus zu finden.

Katz – äußerlich ein Zwillingsbruder von Joe Pesci, bis zu seinem Sprechrhythmus und den Cowboystiefeln – schätzte seinen Job realistisch ein. Weil er wußte, daß er mit seinen besonderen Talenten – Finanzkatastrophen mit kühler Objektivität in Schach zu halten – sicher keinen Popularitätswettbewerb gewinnen würde, nahm er die Sache mit Humor. An der Wand seines Büros in Santa Monica hing in einem Rahmen eine Notiz, die er einmal seinem Vorgesetzten bei Disney, Jeffrey Katzenberg, geschickt hatte: »Sagt die Hämorrhoide zum Arschloch: Was wäre ich ohne dich, zu dem ich jederzeit aufblicken kann.« In die rechte untere Ecke hatte Katzenberg als Antwort gekritzelt: »Marty, wie recht du mal wieder hast!«

Nicht lang nach seiner Ankunft Ende Oktober machte sich Katz an eine administrative Generalüberholung. Zwar war er nicht von jedem Abteilungsleiter gleichermaßen angetan, aber die meisten benötigten seiner Meinung nach lediglich ein paar zusätzliche Arbeitskräfte. Nur in der Konstruktionsabteilung gab es eine Entlassung, da der Betreffende Katz' Überzeugung nach keinerlei Bereitschaft zu kooperativer Zusammenarbeit an den Tag legte und seinen vielschichtigen Aufgaben einfach nicht gewachsen war. Katz stellte kurzerhand einen Experten ein, den er ebenfalls von Disney kannte.

Er holte einige zusätzliche Produktionsleiter, so daß Landau sich nur noch um Cameron kümmern mußte. »Jim brauchte einen Menschen als Kontrapunkt, einen, der einfach für ihn da war, egal, ob er zuhörte oder nicht. Jim brauchte ihn, also verlangte er ihn. Jon hatte eine Beziehung zu ihm entwickelt, also sagte ich ihm: ›Okay, Jon, du kannst deine Zeit mit Jim verbringen. Ich übernehme die Kostenberichte, das Management der Abteilungen und die Kommunikation mit dem Studio. Ich kümmere mich um alles, solange du dafür sorgst, daß Jim in kreativer und terminlicher Hinsicht alles hat, was er braucht.‹ Schon nach kurzer Zeit wußten wir wenigstens, wofür wir unser Geld ausgaben«, berichtet Katz.

Jetzt waren einige schwerwiegende Entscheidungen zu treffen. Das Geld war schnell und großzügig ausgegeben worden, aber so waren sie dahin gekommen, wo sie jetzt standen. Die ersten drei Monate der Dreharbeiten waren nicht verplempert worden, sondern hatten großartige Bildsequenzen hervorgebracht. Wenn Cameron früher gewußt hätte, daß er sein Budget so weit überziehen würde, hätte er dann etwas ändern können? Hätte er es getan, wenn er gekonnt hätte? Einem Regisseur wird eine gewisse künstlerische Narrenfreiheit zugestanden, während Produzenten immer treuhänderische Verpflichtungen dem Studio oder dem Geldgeber des Films gegenüber zu erfüllen haben. Cameron war damit beschäftigt gewesen, Regie zu führen. Wenn niemand – nicht seine eigenen Produzenten, nicht das Studio – ihm sagen konnte, wieviel er ausgab, wie konnte man von ihm erwarten, daß er fundierte finanzielle Entscheidungen traf? Jeder kleine Vorfall – ein Problem mit der Gewerkschaft, eine Beschwerde der Zollbehörde – konnte Landau für unabsehbare Zeit beanspruchen. Er verbrachte den Tag bei Besprechungen, die Nacht am Set und arbeitete praktisch 20 Stunden pro Tag. Michael Eisner erklärte Katz einmal, es gebe zwei Arten von

Fehlern: normale Fehler und »den großen Fehler«. Jeder macht Fehler, man kommt darüber hinweg. Aber von dem einen großen Fehler erholt man sich nie. Und einen solchen glaubte Katz am Horizont drohend auftauchen zu sehen. Das große Schiff sollte zweimal gekippt werden: in Winkel 1 um drei Grad und in Winkel 2 um sechs Grad. Das klang nicht nach sonderlich viel, aber wenn man einen über 200 Meter langen Aufbau aus Holz und Metall hydraulisch bewegen will, ist das alles andere als eine Kleinigkeit. Nicht nur mußte der riesige Tank entleert und neu gefüllt werden, das Schiff mußte auch wieder gesichert werden, ganz zu schweigen vom Wiederaufbau der beschädigten Dekoration. Eine wahre Herkulesarbeit. Der ursprüngliche Plan sah vor, vor der Weihnachtspause Winkel 1 und gleich danach Winkel 2 zu erreichen.

Wäre alles nach Plan verlaufen, hätte man das vielleicht sogar geschafft, aber es kam ganz anders. Das vollständige Schiff war viel schwerer, als man gedacht hatte. »Es kamen ja immer neue Sachen darauf«, meint Fisher achselzuckend. Da noch niemand zuvor einen Luxusdampfer nachgebaut hatte, konnte man auch niemandem einen Vorwurf machen, daß er sich verschätzt hatte. Wie lange es dauern würde, das Schiff zu kippen, wußte auch niemand – die Schätzungen lagen zwischen sechs und 36 Tagen. Vom ersten Moment an gefiel Katz der Plan nicht, denn selbst wenn sie das Schiff um drei Grad kippen konnten, gab es noch keine Garantie, daß sie es vor dem 21. Dezember schafften. Das Wetter, ein Schauspieler, der krank wurde – es gab so viele Dinge, die zu einer Verzögerung führen konnten, und das Team würde bestimmt nicht länger als bis zum 21. am Set bleiben. Die Leute hatten bereits mehr als 90 Drehtage hinter sich – in dieser Zeit wurde ein durchschnittlicher Film fertiggestellt. Sie hatten genug, sie wollten zu ihren Familien. Das würde bedeuten, daß sie das Schiff bis nach der Pause auf drei Grad stehenlassen und es nach der Pause in Winkel 2 bringen mußten. Wenn sie in der Zeit, die man brauchte, um das Schiff zu kippen, untätig herumstehen mußten, würden alle durchdrehen. Katz hatte Alpträume, daß der Film abgebrochen wurde, daß Leute fürs Nichtstun bezahlt werden mußten, nur damit sie nicht wegliefen. Wie lange? Zwei Wochen? Einen Monat?

Er stand vor einem Dilemma. Sicher, Fox konnte Cameron sagen: »Wir machen das nicht, basta. Dreh weiter.« Als Geldgeber hatte das Studio das Recht dazu. Auf der anderen Seite hatte Cameron als erfahrener Filmemacher genauso das Recht, zu sagen: »Na gut, dann kann jemand anderes den Film fertigmachen! Ich mache das nicht.« Wenn man Cameron zu etwas zwang, was er nicht billigte, würde er aussteigen, da war sich Katz ganz sicher. Und dann konnte man den ganzen Film vergessen.
Die einzige Hoffnung bestand also darin, den Regisseur zu überzeugen, daß es besser wäre, Winkel 1 wegzulassen. »Jim ist ein harter Bursche, aber wenn man ihm etwas vernünftig erklärt, so daß es ihm sinnvoll erscheint, und wenn es kein Kompromiß ist, was man ihm vorschlägt – das Wort existiert nicht in seinem Wortschatz –, sondern ein Handel, dann kann es klappen«, überlegte Katz. Landau sprach als erster mit Cameron. »Wir stecken in einer großen Krise. Es sieht aus, als würden wir die Kipperei nicht schaffen. Die einzige Lösung wäre, daß wir den Drei-Grad-Winkel auslassen und gleich damit anfangen, den Set für die sechs Grad auseinanderzunehmen.«
Anfangs wehrte sich Cameron. Die Baufirmen ließen Jon wissen, daß sie den Termin für sechs Grad einhalten konnten. »Jon ist ein großartiger Cheerleader«, sagt Katz. »Er bringt die Leute dazu, daß sie ihm zuliebe etwas leisten wollen.« Katz war 100prozentig pragmatisch. Er hakte nach. Die Bauleute begannen, sich in die Büsche zu schlagen.
»Man gibt eine Viertelmillion am Tag fürs Drehen aus«, überlegte Cameron. »Und plötzlich ändern sich über Nacht die Regeln. Man hat aber schon einen bestimmten Weg eingeschlagen. Man macht den Film ja bereits.« Instinktiv glaubte er an seinen ursprünglichen Plan, den er in der viel objektiveren Vorproduktionsphase ausgearbeitet hatte. Wenn die Dreharbeiten erst einmal begonnen hatten, verengte sich automatisch der Horizont, und man konzentrierte sich ganz auf die gerade anstehende Aufgabe. Da war es ein leichtes, den Blick für den Film als Ganzes zu verlieren.
»Ich dachte: ›Oh, es sieht dann einfach nur so aus, als geht das Schiff von doink nach doink‹«, erklärt Cameron und demonstriert mit den Händen ein lächerlich rapide sinkendes Schiff.

»Nichts dazwischen.« Aber er begann darüber nachzudenken, ob man einige der Drei-Grad-Einstellungen vielleicht an einem Modell machen konnte. Oder war es möglich, sie auf dem geraden Deck mit gekippter Kamera zu drehen? Würde das Publikum den Unterschied bemerken? »Und ich denke, aahhh, das ist ein großer Kompromiß. Aber vielleicht kriegen wir es hin.«
Cameron verbrachte jeden Sonntag bei seiner Familie in Los Angeles – wenn er aus dem Schneideraum herauskam. Da er vorgehabt hatte, mit dem Hubschrauber zu »pendeln«, hatte er sich sogar einen Hubschrauberlandeplatz bauen lassen. Sein Traum war es, einen Film im Ausland zu drehen, mit allen damit verbundenen Kostenersparnissen, aber nur eine Stunde nach Hause zu brauchen. Als aber der Hubschrauber an einem Morgen wegen eines Gewitters nicht aufsteigen konnte, war er gezwungen, das Auto zu nehmen. Er kam eine Stunde zu spät an den Set. Daraufhin beschloß er, von nun an einen Wagen der Fahrbereitschaft zu nehmen, denn die dreistündige Fahrt gab ihm Zeit, die Einstellungsliste noch einmal durchzugehen und ein bißchen zu schlafen.
An diesem Sonntag sah Cameron das Skript durch, kennzeichnete alle Totalen in der Drei-Grad-Neigung, strich ein paar und überarbeitete die restlichen. »Ich dachte, die kann ein Effekt werden, jene ein Modell, das können wir als Split-Screen drehen – ich kann die Boote in den Vordergrund nehmen, ich kann das Schiff in den Hintergrund nehmen, ich kann den Hintergrund auf Split-Screen machen und drehen und den Kamerawinkel verändern.« Ein paar Einstellungen konnten auf dem geraden Deck, andere bei sechs Grad Neigung gedeichselt werden. Aber Winkel 1 wurde hauptsächlich durch Visual Effects ersetzt. »Man muß eben flexibel bleiben.« Am 22. November begann Cameron auf dem großen Schiff zu drehen. Zwei Tage später begannen sie das Heck auseinanderzunehmen. Cameron mußte lachen. Da baut man eine der größten, teuersten Filmkulissen der Geschichte und hat nur zwei Tage Zeit, darauf zu drehen, solange sie intakt ist.
Die Implosion der großen Glaskuppel war ursprünglich am Modell geplant, denn der gesunde Menschenverstand legte nahe, daß dies billiger war. Aber da man den Set ohnehin bauen muß-

te, erschien es preiswerter, die Szene in natura zu drehen. Die Preisdifferenz zwischen einem Set, das einem solchen Druck gewachsen war, und einem, das auf »normale« Zwecke begrenzt war, war minimal, während man für gute Modelle viel Geld investieren mußte. Sie bauten den Set so, daß sie ihn fluten konnten.

Der ganze Speisesaal war auf eine Plattform gebaut, die sich wie ein Aufzug heben und senken ließ, kontrolliert von Fishers acht hydraulischen Hebeln. Wenn die Plattform sank, strömte Wasser herein. Das einzige Problem war, daß es nicht schnell genug nach unten ging. »Ich hab' zu Fisher gesagt: ›Du bist viel zu langsam, das muß doppelt oder dreimal so schnell gehen.‹ Ich wollte den Leuten ein bißchen Angst einjagen«, kichert Cameron, »aber wir mußten wirklich doppelt so schnell sinken.«

Wasser läßt sich nicht kontrollieren, und genau dieses Gefühl wollte James Cameron vermitteln, wenn er den Speisesaal überschwemmte.

Zuerst waren alle nervös wegen der ungewohnten Gleichgewichtsdynamik eines beweglichen Sets – über einer Million Pfund Holz und Stahl. Aber nachdem sie ein paar Stunden dort gearbeitet hatten, waren sie es einigermaßen gewöhnt. Dann plötzlich stieß der Set ein tiefes Stöhnen aus und sank ohne ersichtlichen Grund eineinhalb Meter tiefer. »Sachen fielen von der Wand, und Wasser schoß herein, und Mann, ich kann euch sagen, die Szene wurde *echt!*« erinnert sich Cameron, der gemeinsam mit McLaglen die Situation in die Hand nahm.

»Alle vom Set, sofort!« Die Evakuierung verlief geordnet. Sie hatten den Sicherheitsdrill gut verinnerlicht, die Ausstiegsluken an der Decke und die anderen gekennzeichneten Notausgänge. Es wurde nie ganz geklärt, was passiert war – anscheinend irgendein kleiner Computerdefekt. »Aber von da an hatten alle begriffen, daß der Set sinken konnte und wir wirklich auf der *Titanic* waren«, sagt Cameron. »Und nie wieder hat jemand bei den Sicherheitsinstruktionen vor sich hin gedöst.«

Das Wasser am Set war leuchtend grün, überall hingen zarte Wasserperlen, die Wände schienen zu schwitzen. Cameron wollte einen »fremden Raum« schaffen, unnatürlich, nicht von dieser Welt.

Landau, der in einem Gummianzug darin herumwatete, prägte den Ausdruck: »Unterwassereleganz«.

Bei der Arbeit im Speisesaal trug die Crew meistens schwarze Gummianzüge. Für besonders anspruchsvolle Einstellungen ordnete Cameron volle Tauchausrüstung an, mit Maske und Preßluftflasche: der Regisseur der Schwarzen Lagune. Am Set watet er durchs brusthohe Wasser – die Maske auf die Stirn geschoben, kontrolliert Cameron die Monitoren. »Martin, hör auf, dauernd den anderen zu helfen«, ermahnt er einen Nebendarsteller. »Ich hasse das. Jeder ist auf sich allein gestellt.«

Die Implosion der Kuppel zerstörte die Große Freitreppe und war der Höhepunkt der Flutsequenz. Zwei Wochen brauchte Tommy Fisher, um sie vorzubereiten. Als sie zu drehen begannen, hatte er gerade elf Stunden mit den letzten Handgriffen verbracht. Die Szene mußte mit einem Take im Kasten sein, es gab kein zweites Mal, und Cameron hatte zur Sicherheit sieben Kameras im Raum verteilt. Zwei waren von der Kuppel nach unten postiert, zwei sahen durch ein Fenster herein. Cameron selbst bediente eine Handkamera, Muro die Steadicam. Von der Decke hing außerdem eine »Bungee-Kamera«. Statt jede Kamera einzeln losfahren zu lassen, rief Cameron: »Kamera ab!«, und jeder hatte sieben Sekunden Zeit, um zu rufen, wenn er ein technisches Problem hatte. Nach sieben Sekunden begannen sie mit dem Countdown, der die Wasserlawine freisetzte.

Drei Container schicken 180.000 Liter Meerwasser los, die durch die kunstvolle Filigrandecke brechen. Stuntleute zappeln in dem Strudel, Stühle und Drähte wirbeln vorüber. In weniger als einer Minute ist alles vorbei.

Cameron eilte sofort zu den Monitoren und begutachtete den Take, eine Kamera nach der anderen. Das Playback erfüllte die Luft mit gellenden Schreien. Cameron starrte auf den Bildschirm, wie »ein Mann, der das Kleingedruckte auf seinem Pakt mit dem Teufel liest«, schrieb eine Zeitschrift.

Noch eine Einstellung wurde gedreht – das Wasser bricht durch die Fenster im Speisesaal –, dann verabschiedete sich Cameron durch sein Mikro mit einem: »Fröhliche Weihnachten und eine gute Nacht euch allen.« Der Weihnachtsurlaub wurde um eine

Woche verlängert, damit man reichlich Zeit hatte, das Schiff um sechs Grad zu kippen.

Für Bill Mechanic war es mit der Weihnachtsfreude nicht weit her. Der frischgebackene Studiochef rang die Hände wegen *Speed 2,* wo man mit dem Zeitplan ins Schleudern geraten war, und wegen *Alien 4,* mit dem er ebenfalls Probleme hatte. Nebenbei war er noch in ein eigenes Projekt involviert: Er wollte mit einem eigenen Trickstudio Disney Konkurrenz machen. Millionen von Fox-Dollars hatte er bereits in ein voll bemanntes Studio in Arizona gesteckt. Sein erster Film, an dem bereits seit drei Jahren gearbeitet wurde, war eine romantische Version der Geschichte der Romanoff-Prinzessin Anastasia und sollte an Thanksgiving starten. Wenn dieser Film floppte, wäre es eine große öffentliche Blamage.

Alle diese Sorgen gingen Mechanic durch den Kopf, aber das rote Blinklicht auf seinem Radar war eindeutig die *Titanic.*

In der Weihnachtspause zitierte Katz Cameron, Landau und Sanchini in Mechanics Büro. Es war der 23. Dezember. Die Gruppe gab einen kurzen Situationsbericht. *Titanic* lag deutlich über dem Budget und war zwei Wochen hinter dem Zeitplan. Sie hatten noch 60 Drehtage vor sich. Mechanic interessierte sich für die Zukunft: Würde sich Cameron an die Termine halten? Konnte sich Mechanic darauf verlassen, daß er mit dem revidierten Budget auskam? Würde er noch mehr herausschneiden? Den Drehplan straffen? Der Qual ein Ende bereiten? Andererseits konnte man sowieso nicht genug herausschneiden, um die Überziehungen wettzumachen. »Nur wenn wir heute aufhören würden zu drehen, würden genügend Produktionstage wegfallen, um die Überschreitung auszugleichen«, erklärte Cameron Mechanic. »Aber natürlich haben wir das Schiff noch nicht versenkt, und ich glaube nicht, daß sich jemand einen Film namens *Titanic* ansehen würde, in dem das Schiff nicht untergeht!«

Doch Cameron nahm die Situation durchaus nicht auf die leichte Schulter. Er war sich der Probleme bewußt und konnte sich auch in die Lage des Studios hineinversetzen.

Schließlich bat er die anderen zu gehen und blieb mit Mechanic allein zurück. »Hören Sie«, sagte er, »es gefällt mir auch nicht, daß es so gekommen ist. Ein Studio sollte nicht in eine Lage geraten, in der selbst ein Erfolg keinen Gewinn bringt. Ich fühle mich dafür verantwortlich. Ich werde keine halben Sachen machen, aber ich werde tun, was ich kann, damit Sie Ihre Investition doch wieder herauswirtschaften können, indem ich Sie vom einzigen Profitbeteiligten befreie – von mir. Ich gebe meine Profitbeteiligung an Fox zurück.«

Dieses Angebot war mehr als ungewöhnlich – so etwas hatte es noch nie gegeben. Sagen wir es einmal so: In einem Wohnwagen auf der anderen Seite der Stadt saß ein anderer großer Regisseur und vergoß Tränen, ja, er weinte wirklich, als er einem Studiochef die Nachricht übermittelte, daß sein Film das Budget überzogen hatte. Er weinte, aber er bot nicht an, Geld zurückzugeben.

Manche Studios haben Strafparagraphen für Regisseure, die ihr Budget überziehen. Die übliche Kurskorrektur sieht dann so aus, daß der Regisseur für jeden Dollar, den er überzieht, zwei von seinem eigenen Profit zurückzahlen muß. Wenn der Film beispielsweise 100.000 Dollar über dem Budget liegt, hätte das Studio 200.000 Dollar Profit machen müssen, ehe eine Gewinnbeteiligung für den Regisseur errechnet wird. Diese Klausel galt als beleidigend und wurde von den großen Regisseuren kaum je angenommen. Auch Cameron hatte eine solche Klausel nicht in seinem Vertrag.

Mechanic wußte Camerons Angebot zu schätzen, meinte aber, es spiele keine Rolle, da es ohnehin nicht sehr wahrscheinlich war, daß *Titanic* mehr als die Kosten einspielte, so daß es ohnehin keinen Gewinn zu teilen geben würde. Fox war nur noch daran interessiert, nicht noch mehr Geld zu verlieren.

Auch jetzt noch hätte Fox das Recht gehabt, Cameron zu feuern. Aber obwohl die Studiobosse in Hollywood sich das sicher oft vorstellen, können sie einen Regisseur nicht einfach hinausschmeißen. Nach den Bestimmungen der Directors Guild of America (der Regisseursgewerkschaft) kann ein Regisseur nur entlassen werden, wenn er mehr als zehn Prozent über dem Budget liegt.

Cameron war überzeugt, daß *Titanic* ein kommerzieller Erfolg werden würde. Seine Schätzung lag bei 400 Millionen Dollar weltweit an den Kinokassen – eine ordentliche Summe. Wenn man die Video- und Fernsehrechte dazunahm, war der Film als durchaus profitabel zu bezeichnen, wenn auch nicht übermäßig. Camerons Profit belief sich auf zehn Prozent des Bruttogewinns. So gesehen belief sich sein Angebot an Fox auf ein Geschenk von zehn bis 20 Millionen Dollar.

Aus seiner Filmwelt in Rosarito herausgerissen, sah sich Cameron mit der Tatsache konfrontiert, daß selbst seine milde optimistische Prognose nur von einer kleinen Minderheit geteilt wurde. Zwischen den Partnern Paramount und Fox wuchs die Spannung täglich. Eine gewisse Hoffnungslosigkeit machte sich breit, denn inzwischen ging es längst nicht mehr um die Frage, wie sie mit *Titanic* mehr Geld verdienen, sondern wie sie ihre Verluste einigermaßen begrenzen konnten.

Im September hatte es bei Paramount eine Umbesetzung gegeben, so daß jetzt Robert G. Friedman Vizevorsitzender der Motion Picture Group of Paramount war und damit für Marketing und Verleih zuständig. Robby, wie man ihn überall in der Branche nannte, hatte seine Karriere im Postraum von Warner Brothers begonnen und sich in 26 Jahren hochgearbeitet, bis man ihn schließlich zum Präsidenten des weltweiten Marketings und Vertriebs ernannte. Er war ein kräftiger Mann mit silbergrauen Haaren und eisblauen Augen, ein cleverer Geschäftsmann, aber mit einem Talent, Leute vor den Kopf zu stoßen. Genau diese Wirkung hatte er auf Mechanic, mit dem er regelmäßig ziemlich hitzige Diskussionen führte, daß man ein Veröffentlichungsdatum für *Titanic* festsetzen sollte.

Paramount mußte bei der jährlichen ShoWest, der Zusammenkunft der National Association of Theater Owners (der Vereinigung der Kinobesitzer), einen siebenminütigen Ausschnitt des Films vorführen, und dabei war es natürlich wichtig, einen Starttermin zu nennen. Friedman sprach sich für das Wochenende des 4. Juli aus, das Fox bei den ersten Partnerschaftsbesprechungen vorgeschlagen hatte. Jetzt drängte Paramount, Fox sollte Cameron unter Druck setzen, damit er diesen Termin einhielt.

Da man bereits beträchtlich hinter dem Zeitplan herhinkte, war es sehr fraglich, ob Cameron seinen außergewöhnlich komplizierten Film so rasch fertigstellen würde. Nach allem, was in der ersten Hälfte der Dreharbeiten passiert war, schien es eher unwahrscheinlich, daß der Starttermin im Sommer eingehalten werden konnte. Aber das Studio war nicht bereit, über Termine zu diskutieren. »An diesem Punkt hatten sie so viel Geld in den Film gesteckt, sie mußten die Tatsache einfach verdrängen, daß sie es nicht bis zum Sommer schaffen konnten«, erklärt Cameron. Aus der Perspektive der Fox verschlang der Film um so weniger Geld, je früher Cameron sein Werk ablieferte.

Wegen der Sechstagewochen war bisher nur sehr wenig Material geschnitten worden. Im September forderte Cameron zum erstenmal einen zusätzlichen Cutter an. Das war natürlich im Budget nicht vorgesehen und wurde sofort ein neues Streitthema. Niemand wollte zahlen. Fox stimmte schließlich der Einstellung von Richard Harris zu, der mit Cameron bei zwei früheren Filmen zusammengearbeitet hatte. Harris sollte im Januar anfangen.

Mechanic verlor allmählich die Geduld. Zwar gehörte es zu den Rechten des inländischen Verleihunternehmens, den Starttermin festzulegen, aber Fox hatte bereits wesentlich mehr investiert als Paramount, und Mechanic war der Meinung, man solle sich dort etwas mit Forderungen zurückhalten. Unterdessen beharrte Paramount auf dem Standpunkt, ein Deal sei schließlich ein Deal, und man sei immerhin für 65 Millionen der Negativkosten verantwortlich. Dazu kamen noch die Kosten für Kopien und Werbung. Fox hatte die Budgetüberziehungen am Hals und sollte *Titanic* unbedingt als Sommerfilm herausbringen.

Mechanic war der Meinung, daß Paramount dringender einen Sommerfilm brauchte als die Fox. Das heißeste Ding auf Paramounts Tanzkarte war *Face/Off* (Im Körper des Feindes), der Actionfilm von Regisseur John Wu, der am 27. Juni starten sollte, mit John Travolta und Nicolas Cage in den Hauptrollen. Fox hatte mit *Speed 2,* der am Wochenende des 4. Juli in die Kinos kam, ebenfalls ein starkes Pferd im Rennen. Aus offensichtlichen Gründen legte Mechanic keinen gesteigerten Wert darauf, Konkurrenz für die *Titanic* auf diesem Datum landen zu sehen, aber es war nun einmal Paramounts vertragliches Recht, den nordamerikanischen Starttermin für *Titanic* festzulegen. Als Mechanic den Termin schließlich doch akzeptierte, tat er das mit der Einstellung, nun sollte Paramount für die Kosten der Beschleunigung aufkommen. Es war, als würde eine Grenze in den Sand gemalt. Mechanic wollte Friedman dazu bringen, Farbe zu bekennen.

Nach einer flüchtigen Weihnachtsfeier verbrachte Cameron zwei Tage mit Legato in einem Effects-Studio von Buena Vista und die verbleibenden 19 Tage im Schneideraum. Ursprünglich konzentrierte er sich auf die Modellaufnahmen, aber gegen Ende nahm er sich auch ein paar Szenen mit den Hauptdarstellern vor. Winslet und Zane waren da, um eine der Vergangenheit-Gegenwarts-Überblendungen zu drehen, in der Cal seine Verlobte mit der Diamantkette erwischt. Die Kamera geht in Nahaufnahme, 85 Jahre »verstreichen«, und die Hand an der Kette gehört jetzt der »alten Rose«.

DiCaprio und Danny Nucci waren ebenfalls gekommen, um ein paar Aufnahmen im Greenscreen-Verfahren zu machen, unter anderem für die Szene am Bug, in der Jack ruft: »Ich bin der König der Welt!« Zusammen mit seinem italienischen Freund Fabrizio beobachtet er Delphine, und Fabri tut so, als könne er die Freiheitsstatue sehen. »Ganz klein natürlich.« Da die Aufnahmen des fahrenden Schiffs auf hoher See mit Modellen gemacht wurden, mußten die Schauspieler getrennt fotografiert und später in die Szene eingefügt werden. Dazu filmte man sie vor einer Leinwand in einem merkwürdigen Grünton. Wenn man dem Computer später den Befehl gab, die Farbe zu entfernen, so änderte er nichts, was an der Szene natürlich ist (früher war Blau, die »Bluescreen«, in Mode, jetzt ist es Grün). Ein fotografisches Element wie dieses kann mit 50 anderen Bildern kombiniert werden, um ein vollständiges Bild zu ergeben – genau wie bei einem Puzzle.

Cameron stellte für *Titanic* einige immens komplexe Einstellungen zusammen, die bis zu 400.000 Dollar kosteten und bei denen bis zu 200 Elemente – Schatten, Rauch und Vögel beispielsweise – kombiniert werden mußten. Die Szene mit Nucci und DiCaprio beginnt ganz simpel: Die Schauspieler stehen vor einer Kulisse von Himmel und Meer, eine Windmaschine zerzaust ihnen die Haare. Aber einen Augenblick später, als die Kamera nach hinten fährt, um das ganze Schiff zu zeigen, entsteht das

Bild fast gänzlich im Computer. Mit Ausnahme des Schiffs, das ein Modell ist, wird alles, einschließlich DiCaprio und Nucci und der auf Deck herumspazierenden Menschen, computersimuliert. Im vorangegangenen Sommer hatte Cameron viele seiner Hauptakteure – auch Winslet und DiCaprio – in den Computer »scannen« lassen, da er Aufnahmen wie diese voraussah.

Dazu mußten die Schauspieler sich in einen Apparat setzen, der einer Kabine für Schnellfotos ähnelte, vollkommen reglos, während eine vertikal angebrachte fluoreszierende Glühbirne ihre Köpfe umkreiste. Mittels Laserstrahl wurden so die Daten in einer digitalen Bibliothek gespeichert, aus der auch Körperbewegungen abgerufen werden können – wie Gehen, Bücken, Fallen. Später wurden diese für »digitale« Statisten an Deck der *Titanic* benutzt.

Als sich das Team wieder in Rosarito einfand, hatte Cameron ganze zwei Tage Ferien gehabt.

Kapitel 13

Angst gilt nicht.
JAMES CAMERON

Als Besetzung und Techniker nach den Weihnachtsferien wieder in Rosarito eintrafen, fanden sie die *Titanic* mit dem Bug unter der Wasserlinie. Die vorderen 45 Meter des Schiffs waren entfernt worden, aber man hatte ihr Abbild auf den Grund des Tanks gemalt. Selbst bei Einstellungen von oben war die Täuschung nicht zu erkennen.
Ein 180 Meter langer Set, drei Stockwerke hoch und mit einer Armee von Komparsen bemannt – das war Filmemachen im großen Rahmen; größer ging es kaum.
Die erste Aufgabe bestand darin, die Panik auf den Decks und das Zuwasserlassen der Rettungsboote zu filmen.
Es war Zeit für James Cameron, die *Titanic* zu versenken.
Durch die Magie des Filmemachens ging die Nacht des 19. Januars 1997 nahtlos in die des 15. April 1912 um 1.30 Uhr über, die letzten Minuten der *Titanic*. Rauchfetzen steigen aus drei Schornsteinen, als das Schiff stöhnend im Meer versinkt. Alles macht sich bereit zum Drehen. Das Schiff glitzert mit 40.000 Ampère, hell erleuchtet wie ein Baseballstadion. 3000 Lichter sind durch 112 Kilometer Kabel miteinander verbunden. Der Chefbeleuchter John Buckley hat seit Monaten einen Kloß im Hals, wenn er an den Tag denkt, an dem es heißt: »Okay, schalte die Lichter ein! Laß uns die *Titanic* sehen!« Eine der größten Herausforderungen des ganzen Films bestand darin, das große Schiff in sanftem Licht erstrahlen zu lassen. Zu diesem Zweck hatten sie vier Solaire-Ballonlampen mit je fünfeinhalb Metern Durchmesser. Um sie in Stellung zu bringen, standen zwei größere und acht kleinere Kräne, sogenannte Cherrypickers (Kirschpflücker), zur Verfügung.
Vom großen Kran herab hängten sie einen eigens konstruierten 12 mal 18 Meter großen Reflektor – mit Musselin bespanntes Silber. Er warf ein wunderschönes Licht, doch der Wind verfing sich in ihm wie in einem Segel. Als eines Nachts Sturmböen mit

110 Stundenkilometern über den Set hinwegfegten, gingen Beleuchtungsgeräte im Wert von 120.000 Dollar zu Bruch. Da erfand das Team den »Meisterzylinder«: ein Stück Wasserrohr mit sechs Metern Durchmesser, das man an den großen Kran hängte, wenn der Regisseur nicht oben saß. Wenn es richtig windig wurde, benutzten sie freistehende Kontrastlichter, aber nur im höchsten Notfall. Cameron gefielen sie überhaupt nicht.

Bei Tag stellten die Lichttechniker die Kräne und die schweren Lampen auf. Es dauerte Stunden, um die nächtlichen Dreharbeiten vorzubereiten. Und wenn Cameron beim Drehen seine Pläne änderte, war es eine Tortur – 40 Elektriker arbeiteten bis zu sechs Stunden nonstop durch.

8000 Lampen wurden für den Film eingesetzt – 4000 Filmlampen und 4000 in der Dekoration sichtbare Lampen. Viele davon mußten überflutet werden, was die Sache noch komplizierter machte. Für die Arbeit im Wasser benutzen Filmemacher gewöhnlich Gleichspannung, weil das bedeutend sicherer ist, aber man kann die wesentlich begehrteren HMI-(Tageslicht-) und Xenon-Lampen nicht einsetzen. Wechselstrom jedoch ist für einen Menschen schon bei 0,5 Ampère potentiell tödlich – die Schwingungen erzeugen im menschlichen Herzen Kammerflimmern, der Körper leitet Hitze und Elektrizität.

Beim Fluten des Speisesaals hatte Buckley eine äußerst unangenehme Begegnung mit etwa 20 Ampère von einer Tischlampe, die er aus dem Wasser holen wollte. Sein Arm war noch tagelang taub.

Man konnte die Spannung im Wasser spüren, aber wenn es ein bißchen höher stand, verteilte sie sich. Buckley wanderte im Wasser herum und machte Stichproben. Das Schiff hatte 650 Bullaugen, und Cameron lag viel daran, einen perfekten ozeangrünen Ring um diejenigen zu bekommen, die unter die Wasserlinie sanken.

Kameramann Russell Carpenter und seine Techniker sausen in Zodiac-Schlauchbooten im Tank herum und stellen Lampen ein. Carpenter bekommt per Kopfhörer seine Instruktionen von Cameron, der das Schiff von seinem 50 Meter hohen Kran überblickt. »Weg mit dem Unterwasserlicht am Bug, das sieht

man«, sagt der Regisseur. »Ein bißchen mehr Licht auf die Deckaufbauten direkt hinter dem dritten Schornstein.«
»Wir haben eine 5K auf der anderen Seite, die können wir rüberbringen. Das dauert nur zehn Minuten«, sagt Carpenter.
»Gut«, antwortet Cameron. »Dann hol sie gleich her.« Gleich, das bedeutete, daß man nicht bis zum nächsten Take abwartete. Cameron fing nichts an, wenn er nicht wußte, wie lange es dauern würde, denn ihm gingen immer zehn solcher Aktionen im Kopf herum. Eine nahm zehn Minuten in Anspruch, eine andere eine Stunde. Also mußte er bis zum Drehen eine Stunde warten.
Auf übermannshohen Stahlrädern gleitet der Kran am Schiffsrumpf entlang und schickt kleine Wellen über das Wasser. Er braucht etwa zehn Minuten vom Bug zum Heck und kündigt seinen Start mit dem hektischen, hohlen Klingeln eines Feueralarms an. Der Kranfahrer, ein stämmiger Texaner, der mehr oder weniger zum Inventar gehört, läßt die Plattform sanft aufsetzen. Cameron springt heraus und ist weg wie der Blitz, eine kleine Gruppe im Schlepptau – Landau, McLaglen, Carpenter – alle bereit, Befehle entgegenzunehmen. Sie haben gelernt, schnell zu gehen, um mit dem Regisseur Schritt zu halten, der hinüber zum »Video Village« eilt, auf der Ostseite des A-Tanks. Unterdessen mischen sich an Deck der *Titanic* befrackte Komparsen unter die Crew in ihrer üblichen Arbeitskleidung. Kostümierte Puppen werden an der Reling befestigt. Seide knistert im Wind. Natürlich hat niemand auf solche Geräusche geachtet, als die echte *Titanic* sank. Ein paar der Puppen bewegen sich – auf Wirkung plazierte Statisten.
Die Luft ist kühl und erfrischend, und die Klappstühle, der zirkulierende Cappuccino und die Erwartung eines Feuerwerks verleihen dem Set eine festliche Atmosphäre, wie bei einem abendlichen Picknick am See. Doch Cameron hat kein Auge für solche Feinheiten, er konzentriert sich ausschließlich auf die bevorstehende Arbeit. »Shelly«, sagt er zum Scriptgirl, deren Aufgabe es ist, darauf zu achten, daß die Anschlüsse stimmen. »Hast du ihnen gesagt, wer in eins-neun-fünf rudert?« In der Szene diskutiert Molly Brown mit Quartermaster Hitchens im Rettungsboot 6, während im Hintergrund die Evakuierung in vollem

Gang ist. Nahaufnahmen für die Szene wurden auf Stage 4 bereits gedreht und müssen natürlich zu dem, was jetzt geschieht, passen.
Cameron legt die erste Aufnahme fest. Heute abend hat er fünf Kameras zur Verfügung, aber momentan benutzt er nur zwei, eine Technocrane und die Steadicam. Muro balanciert am Rand eines Kamerakahns und wird ein bißchen mehr geschaukelt, als ihm lieb ist, während er die Insassen von Boot 6 ins Bild holt. Ein ganzer Wust von Leuten steht hinter ihm, mit Tonangeln, Licht- und Reflektorengalgen. Haarstylisten und Make-up-Leute halten sich bereit. Im Zodiac-Boot ist mehr Gedränge als im Rettungsboot.
Die beiden Boote treiben etwa sechs Meter vom Rand. Cameron prüft das Bild am Monitor.
Der Vorbereitungsrummel hat seine ganz eigene Dynamik. Cameron weist McLaglen an, zum B-Deck zu laufen und die Komparsen proben zu lassen, damit er eine Massenszene auf dem Vorderschiff zu sehen bekommt.
»Wäre es nicht schrecklich, irgendwo da draußen im Nichts herumzuirren?« fragt Cameron niemand Bestimmten.
Es ist Mitternacht, und alle warten, daß sich der Wind legt. Vor 85 Jahren glitt die *Titanic* über spiegelglattes Wasser. »Wie ein Mühlteich«, sagt Captain Smith im Drehbuch. Cameron starrt zum Nachthimmel hinauf und sieht in der Phantasie 1000 Sterne. Sein Film wird mehr digitale Effekte haben als irgendein Film bisher.
Die Komparsen setzen sich in Bewegung, aber Cameron gefällt nicht, daß nur so wenig los ist. »Sie reagieren nicht auf das, was passiert, sie spazieren nur rum«, sagt er McLaglen über Kopfhörer. Sie probieren es noch einmal. Diesmal ist es besser.
»Was ist mit dem Boot?« erkundigt sich Cameron. Fisher und Bates spielen Karten. »Molly Brown schlägt wieder zu!« kichert Bates und zeigt ihre Karten her. Sie gewinnt schon wieder. Es sind drei Rettungsboote auf dem Wasser, und vier hängen auf der Seite des Schiffs. Eins schlägt windschief gegen den Rumpf, historisch korrekt. »Nachdem ich jetzt selbst mit den Rettungsbooten gearbeitet habe, muß ich sagen, 20 Boote in zwei Stunden zu Wasser zu lassen ist nicht schlecht«, meint Landau über

die historische Rettungsaktion. »Aber man hätte vermutlich 500 Leute mehr retten können, wenn man es effizienter angepackt hätte.«

Um halb eins kooperiert die Natur endlich, und Cameron gibt die Regieanweisung: »Action!« Die Komparsen legen sich nervös und erwartungsvoll ins Zeug.

Außen/*Titanic*/Boot 6

(Der Rumpf der *Titanic* ragt wie ein riesiger Fels bedrohlich über Boot 6 auf.)

HITCHINS Rudert weiter – weg vom Schiff. Rudert.

MOLLY Habt ihr Jungs noch nie im Leben gerudert? Los, gebt mir die Ruder. Ich zeig' euch, wie man das macht.

Wenn man zu drehen beginnt, ist es, als hätte jemand einen Schalter betätigt, und Cameron funktioniert auf einem anderen Niveau als die Normalsterblichen um ihn herum. Er ist ein Supercomputer, der 1000 Dinge verarbeitet. Seine Blicke wandern über den Set und kommen schließlich auf den Monitoren zur Ruhe. Er absorbiert die Information, die optischen Hinweise, die Daten aus dem Kopfhörer, das Geplauder neben ihm mit der stillen Intensität eines Seiltänzers. Er befindet sich in einer anderen Dimension.
Eine weiße Leuchtrakete explodiert über dem Schiff.
»Schnitt! Jimmy, das war zu früh! Wir müssen das Boot drauf haben.« Nach jedem Take zerrt ein Helfer in einem Gummianzug das Rettungsboot wieder in die richtige Position. Beim dritten Take zeigt sich, daß die Leuchtsignale zu hoch explodieren und die Kamera zu lange braucht, um ihnen zu folgen.
»Die Rakete ist in 120 Metern Höhe losgegangen. Die Hälfte wäre gut. Kannst du die Ladung reduzieren?« fragt Cameron Tommy Fisher. »Wie groß ist sie jetzt?«
Fisher weiß es nicht genau.
Cameron drängt: »Hast du keine Skala, nach der du alle gleichmäßig reduzieren kannst?«
Fisher antwortet: »Doch.«
»Russ, du hast nicht genug Wasser im Bild.«
»Mehr Wasser, Sir!«

Cameron beschließt, daß er mehr Kontur aus dem Schiffsrumpf herausholen will. »Mehr Licht von der Seite«, sagt er nachdenklich, »jetzt gleich.« In seiner Stimme liegt eine träumerische Dringlichkeit, und er sieht Carpenter nicht an, sondern starrt auf das Schiff. Aber seinem Ton ist zu entnehmen, daß es gefährlich ist, wenn man die Anweisung nicht augenblicklich befolgt.
Carpenter setzt den großen Kran in Bewegung und befestigt einen sechs mal zwölf Meter großen Musselinreflektor, der das Licht sanft umleitet.
In dieser Nacht besuchen der Studiobauherr Roberto Curiel und seine Frau Maya den Set. Sie kommen auch bei Cameron vorbei. »Konnten Sie denn kein besseres Schiff bauen?« fragt Cameron. »Das hier geht gleich unter.«

Um zwei Uhr früh machen sie Lunchpause.
Cameron geht in seinen Wohnwagen, um seine Aufnahmeliste durchzugehen und sich zu überlegen, wie er in der zweiten Hälfte am besten vorgeht. »Gewöhnlich zeigen sich die Probleme schon früh am Tag, deshalb ordne ich beim Lunch alles nach Bedarf neu und versuche, den Rest des Drehtags zu retten«, erklärt Cameron. »Bei einem so komplexen Film wie diesem kommt man morgens an den Set und weiß nicht: Sind meine Schauspieler da? Kann ich die Szene drehen, die ich auf dem Plan habe? Sind die Sets in Ordnung? Funktioniert die Hydraulik? 30 Fragen muß man beantworten, bevor man auch nur eine einziges Filmbild abgedreht hat.«
Landau kommt zu ihm in den Wohnwagen, um ihm die neuesten Nachrichten aus dem Studio zu übermitteln. Fox besteht darauf, daß die Szenen mit dem überfluteten Korridor gestrichen werden, ebenso alle Szenen im Maschinenraum und im Kesselraum. Die Forderung ist nicht gerade neu.
Cameron lehnt ab, genau wie bisher. Er behält seine Szenen.
Aber er ist bei den Innenszenen auf dem Schiff zu einer Konzession bereit: Er läßt sie vom zweiten Team unter der Regie von Steve Quale drehen. Das war für einen Regisseur, der prinzipiell nicht an ein zweites Team glaubt, ein großes Zugeständnis. »Das ist, als würde ein Maler jemand anderen die Ecken seines Bildes malen lassen.«

Um drei Uhr sind sie bei der nächsten Einstellung: Die Menschen drängen sich panisch auf den Bug. McLaglen überwacht die Aktivität an Deck, Kate und Leo eilen durch die Menge. Winslet springt über Geländer, in hohen Absätzen und langem Kleid, rauf und runter. Vielleicht scheint das ein Kinderspiel im Vergleich mit dem, was Cameron sonst von seinen Protagonistinnen erwartet – Jamie Lee Curtis mußte in *True Lies* aus einem Hubschrauber baumeln, Linda Hamilton in *Terminator 2* durch einen Hagel von Glasscherben rennen. Trotzdem ist es noch ein bißchen mehr als das, was von einer Schauspielerin gewöhnlich erwartet wird oder wozu die meisten bereit sind. Stuntleute stürzen sich über Bord – 15 Meter freier Fall ins Wasser.

Cameron filmt vom Kran aus, Carpenter gesellt sich zu ihm. Der jungenhafte Kameramann mit der Brille und einer Körpergröße von weit über einsachtzig ist einer der wenigen am Set, der nicht zu Cameron aufblicken muß. Mit den beiden und dem Mann an der Wescam ist auf der Plattform kaum Platz zum Manövrieren. Während sich die meisten Regisseure eine Sicherheitskamera an die Seite stellen würden, hat James Cameron eine besondere Begabung, Einstellungen kompliziert zu machen. Er holt sich den richtigen Mann für den richtigen Job und geht davon aus, daß er eine Meistereinstellung bekommt. Selbst seine B-Kamera ist ständig in Bewegung, die Steadicam schwebt herum, und nebenbei gibt es noch ein paar Dollyfahrten. So bekommt man natürlich viele ehrfurchteinflößende Aufnahmen, aus denen Cameron großartige Sequenzen komponiert, aber es ruft auch eine ziemliche Anspannung hervor.

Bei manchen Evakuierungsszenen waren die Leute so weit verstreut, daß man sich mit Funk verständigen mußte, dem sogenannten Clearcom. Kanal 1 war dem A-Team vorbehalten – Cameron und einem engen Kreis von Mitarbeitern, der sich von einer Einstellung zur nächsten ändern konnte, zu dem aber immer McLaglen, Fisher und die Kameraführer gehörten. Alle anderen kommunizierten über Walkie-Talkies, 50 offene Kanäle. Tom Fishers Sohn Scott erwischte oft versehentlich Camerons Wellenlänge, auf der es manchmal recht lautstark zuging. Cameron hatte ein Standardrepertoire von Beschimpfungen, von »Das

kapiert doch jeder Idiot!« bis zu Nachfragen, ob der Betreffende die High School beendet hatte.
Fishers persönlicher Lieblingsspruch war an den Mann hinter der B-Kamera, Memo Rosas, gerichtet. Cameron saß auf dem Kran und drehte große, weite Schwenks mit der Wescam. In einer solchen Situation konnte er eigentlich keine weiteren Kameras plazieren, obwohl er gelegentlich Muro mit der Steadicam irgendwo auf der Seite hereinschmuggelte. Memo hatte bei ein paar Einstellungen kaum etwas zu tun, und zu Camerons Mißfallen wanderte er davon. »Holt Memo zurück! Wir schuften hier alle, und er macht sich davon zur Pediküre! Das soll er gefälligst in seiner Freizeit erledigen!« Pediküre! Wie kam er bloß darauf?
Manchmal waren die Ermahnungen mehr als verdient. Cameron geizte nicht mit Kraftausdrücken, wenn er etwas besonders deutlich machen wollte. Anfangs war das für Leute schockierend, die noch nicht allzuviel mit Lastwagenfahrern, Zeitungsredaktionen oder launischen Filmemachern zu tun gehabt hatten, aber nach einer Weile gewöhnten sich die meisten daran. Jeder bekam irgendwann einmal sein Fett weg, schluckte einmal kräftig und versuchte darüber zu lachen. Wer das nicht fertigbrachte, hielt es am Set nicht lange aus.

200 Meter Schiffsrumpf in einer einzigen Einstellung zu überqueren, ist keine leichte Aufgabe. Daß Cameron in seinem Kran die Kamera nun innerhalb weniger Minuten an jede beliebige Stelle des Schiffs bringen konnte, brachte für Carpenter einige Probleme mit sich. Der Kameramann erinnert sich an eine Nacht, kurz vor Sonnenaufgang. Cameron wollte unbedingt eine Einstellung, die über die gesamte Schiffslänge hinwegschwebte. »Wir hatten Elektriker, Oberbeleuchter, alle zusammen – es war, als würden wir von einem sinkenden Heißluftballon Ballast abwerfen. Gerade hievten wir die Lampen über die Seite, um sie aus dem Bild zu kriegen, so nach dem Motto: ›Achtung, hier kommt Jim mit der Wescam!‹«
Genaugenommen benutzten sie ja keinen besonderen Kran, sondern einen gebrauchten Baukran. Cameron gab dem Mann an der Wescam Anweisungen, der sie per Kopfhörer an den

Kranfahrer weiterleitete. Dann machte man ein paar Probeläufe. Aber auch als man dann ernsthaft mit dem Drehen begann, lieferte der Regisseur permanent neue Anweisungen: »Schneller! Schneller! Schneller! Schwenk nach rechts! Nach rechts! Jetzt langsam! Langsamer! Okay, jetzt zoom heran!« Die Kamerabewegungen waren so kompliziert, daß es nur etwa einmal bei drei bis vier Versuchen klappte. Und dann gab es vielleicht noch eine Pechsträhne. Wenn man mit Cameron im einen und dem Kranfahrer im anderen Ohr eine bestimmte Markierung treffen mußte, konnte man das leicht vermurksen. Und Cameron war nicht für seine Geduld in bezug auf Murks bekannt.

In dieser Nacht nun schien alles schiefzugehen. In Camerons Kopfhörer versagten die Batterien. (Batterien waren immer ein Reizthema. Sie waren klein und billig, und es gab nach Camerons Meinung keinen Grund, sie nicht in großen Mengen vorrätig zu haben.) Camerons Stimme war mal zu hören, dann wieder nicht. An Deck bellte Josh: »Ich kann Jim nicht verstehen! Das ist ja wie Sabotage!« Dann ging dem Generator der Wescam der Sprit aus. Der Kameraassistent verfehlte immer wieder sein Ziel. »Noch einmal, und du bist gefeuert!« Er patzte wieder. Und wurde gefeuert.

»Ein Film ist immer nur so gut wie seine Statisten«, meint Billy Zane, der am Rand des Sets steht und auf seine nächste Szene wartet. »Wenn ein Komparse plötzlich direkt in die Kamera glotzt, wenn er nicht weiß, was er zu tun hat, wenn er nicht richtig angezogen ist oder man ihm erlaubt hat, blauen Lidschatten zu tragen, dann hat man schon den unerwünschten Lacheffekt. Man verdirbt die Realität des Moments, egal, wie toll die Aufnahme danach noch wird.«

Die Komparsen von *Titanic* mußten sich anhand von Material, das ihnen Finn zur Verfügung gestellt hatte, über die Zeit der Jahrhundertwende informieren, damit ihre Gespräche authentisch klangen, auch wenn sie nur im Hintergrund stattfanden. Daß Cameron so viel Mühe in solche Dinge steckte, um die richtige »Atmosphäre« zu schaffen, beeindruckte Zane, der selbst Regieambitionen hegte. Cameron nahm sich Zeit, um den Kom-

parsen zu erklären, was hinter Szene 171 steckte, was ihm an der Szene besonders wichtig war, wenn nicht unbedingt in emotionaler Hinsicht, so doch zumindest logistisch.
Zeit loszulegen. Cameron ergreift eine Handkamera mit Weitwinkelobjektiv und stürzt sich mitten in eine Horde spielender Kinder. Mit der Kamera auf der Schulter macht er einen glücklichen Eindruck, alle Sorgen der vorangegangenen Stunden sind verflogen. Umgeben von der Kinderschar, sieht er aus wie der Rattenfänger von Hameln, der zu einem fröhlichen Tanz aufspielt.
»Die ganze von den Crewmitgliedern erfundene Technik, der ganze Schwung des Films – das ist wirklich umwerfend«, sagt Zane und läßt sich auf einem Regiestuhl nieder. Seine Beine ruhen auf der Backbordreling. Wenn er Feierabend hat, beginnt für die meisten die Arbeit erst richtig. »Gerade wenn man glaubt, jetzt hat man dieses Licht richtig gut eingefangen ...« Während die Sonne ihre ersten Strahlen über die mexikanischen Hügel schickt, erinnert sich Zane an all die wunderschönen Sonnenaufgänge, die er von den Decks der *Titanic* gesehen hat. Versonnen philosophiert er über den besessenen Schöpfergeist, der diesen Film regiert. »Er ist ein Draufgänger erster Klasse, auf der Leinwand und dahinter. Es ist faszinierend, von dieser Energie zu zehren und sie zurückzugeben. Wenn ein Film riskant ist, wenn es eine Menge zu verlieren gibt, entsteht manchmal eine Art Magie. Man gibt alles als Darsteller und bestimmt auch als Regisseur. Man braucht das Risiko. Die Gefahr.«
Zane genoß Camerons Fähigkeit, die technischen und emotionalen Aspekte der Schauspielerei gegeneinander auszubalancieren. Der Regisseur sparte nicht mit Takes. »Film«, sagte er immer, »ist das Billigste, was wir hier am Set haben.« Er drehte eine Szene zwölf-, 20mal, um sie genau richtig in den Kasten zu bekommen, mit allen emotionalen Details. Für den oberflächlichen Betrachter sieht es vielleicht wie eine Menge zusätzlicher Arbeit aus, wenn man den gleichen Text immer wieder von vorn aufsagt, aber für Zane war es das Paradies, ein Luxus in der kostenbewußten Welt der Filmbranche.
»Die ersten Takes sind nur dafür da, zu sehen, worum es in der

Szene geht«, erklärte Cameron ihm einmal. »In den nächsten konzentrieren wir uns auf bestimmte Vorstellungen, und in den letzten verfeinern wir sie und stellen sie fertig.« Dieser Prozeß nahm dem Regisseur (und den Schauspielern) den Druck von den Schultern, alles sofort richtig zu verstehen, und machte das Filmen eher zu einem Forschungsprozeß.

Ein typischer Drehtag an einem großen Film wie *Titanic* kostet rund 300.000 Dollar. Für einen Take? Zwei Takes? »Ich glaube nicht«, antwortet Cameron. »Man hört erst auf, wenn man weiß, jetzt ist es richtig.«

Die Frühstücksszene zwischen Cal und Rose gehört zu denen, die viele Takes in Anspruch nahmen. Durchschnittlich rechnete Cameron mit sieben bis acht Takes pro Einstellung; nur sehr selten lag er über 15. In der Frühstücksszene versucht Cal seine Verlobte Rose einzuschüchtern, die die vorhergehende Nacht mit Jack verbracht hat. Cameron wollte, daß Zane wütend ist, aber mit dem richtigen Maß Verzweiflung.

Innen. Roses und Cals Suite/Privatpromenade – Tag

(Sonntag, 14. April 1912. Ein sonniger, klarer Tag. Sonne überflutet die Promenade. Rose und Cal frühstücken schweigend. Die Spannung zwischen ihnen ist deutlich spürbar.)

CAL Ich hatte gestern gehofft, du würdest noch zu mir kommen.
ROSE Ich war müde.
CAL Du mußt dich zweifellos unter Deck etwas verausgabt haben.
ROSE (fährt auf)
Du hast also deinen Totengräber von einem Diener auf mich angesetzt? Typisch für dich.
CAL Du wirst dich nie wieder so aufführen! Verstanden?
ROSE Ich bin nicht einer deiner Vorarbeiter, den du herumkommandieren kannst! Ich bin deine Verlobte.

(Cal springt auf, fegt die Porzellantassen krachend vom Tisch. Dann macht er einen bedrohlichen Schritt auf Rose zu, starrt wütend auf sie herab und packt die Armlehnen ihres Stuhls, so daß sie zwischen seinen Armen gefangen ist.)

CAL   Meine Verlobte, ja! Praktisch meine Frau – wenn auch noch nicht vor dem Gesetz. Also wirst du mich ehren, wie es sich für eine Frau gehört, ihren Mann zu ehren! Ich lasse mich nicht zum Narren machen. Gibt es noch irgendwelche Unklarheiten?

Sorgfältig feilte Cameron an Zanes Ausbruch herum. Nach den ersten Takes sagte er: »Mein Problem ist, daß es mich nicht überrascht, als er den Tisch umwirft. Ich denke, das sollte ein verdammter *Schock* für den Zuschauer sein. Als ich mir die Szene vorgestellt habe, ging es mir um ... um diese Kontrolle. Es ist wie der Unterschied zwischen herkömmlichen Reifen und Gürtelreifen. Herkömmliche geraten allmählich immer mehr ins Rutschen, bis man schließlich schleudert. Aber bevor man auf Gürtelreifen plötzlich schleudert, bleiben sie perfekt in der Spur. In einer kontrollbesessenen Welt kann Cal die Fassade bis zu einem bestimmten Punkt aufrechterhalten. Aber wenn er sie verliert, geschieht das abrupt und auf katastrophale Weise. Es ist kein sanfter Übergang.«
»Kein Aquaplaning«, spinnt Zane die Metapher weiter.
»Genau, kein Aquaplaning. Das kommt später.«
»Reifen. Du denkst also dabei an Reifen!«
»Findest du die Metapher nicht gut?«
»Weißwandreifen mit einem ...
»Rennstreifen ...«
»Rennstreifen und ein kräftiges Profil. Also Vorsicht!«
»Ja«, bestätigte Cameron, während er Zane schon im Monitor betrachtete. »Hat er auch auf Film ein gutes Profil oder was?«
Sie drehten sechs Takes. Cal warf den Tisch um, und zwei Kamerabühnenleute zerrten ihn von den Dollyschienen, als die Kamera vorüberfuhr. Nach jedem »Cut!« eilte ein halbes Dutzend Produktionsassistenten herbei, hob das zerbrochene Porzellan auf und warf es in blaue Plastikeimer.
»Cal ist der Archetyp einer sterbenden Ära«, meint Zane. »Die edwardianischen Vertreter des stählernen Zeitalters. Diejenigen, die unser Land, unsere Wirtschaft geformt und mitgeschaffen haben. Wir werden Zeuge einer Veränderung in einem Charakter, den wir nur allzugern hassen. Doch wie auch immer –

Rose liegt ihm trotzdem am Herzen. Aber er muß erst dazu kommen, daß er das merkt. Ursprünglich weiß er nicht, was Liebe heißt, daß Liebe mehr beinhalten kann, als einen Menschen zu besitzen.«

Zanes Charakter wurde größtenteils als Kontrast zu Jack angelegt, dem »Botschafter der Boheme«, dem Repräsentanten des neuen amerikanischen Geists, der neuen Entwicklung in Kunst und Sozialwesen. »Die Konfrontation mit der Schönheit und Romantik dieser avantgardistischen Ästhetik, mit dem Bohemien, der in seinen Augen zunächst nichts weiter ist als ein Taugenichts, ist ein echter Schock für Cal. Plötzlich durch Roses Augen zu sehen, daß ein Paar Stiefel die blanksten Gamaschen und die gepflegtesten Hände ausstechen können«, meint Zane. »Es ist die Geschichte von dem Mädchen, das den Collegeknaben sitzenläßt und sich mit dem Grunge-Boy zusammentut. Damit hebt sie die Welt der Eliteakademiker aus den Angeln und zwingt sie, die Schönheit und Bedeutung eines weniger stromlinienförmigen Lebens zu sehen.«

Zane erinnert sich: »Einer von Camerons Lieblingssprüchen am Set war: ›Ich weiß nicht, wie ich am Ende dastehen werde, aber wir finden schon einen Weg.‹ Das ist wirklich eine Herausforderung für einen Schauspieler.«

Als Autor und Regisseur hat Cameron gewisse Vorteile. »Das Großartige an der Personalunion von Autor und Regisseur ist, daß sie wissen, was sie nicht wissen«, erklärt er. In jedem Skript gibt es Szenen, die aus irgendeinem Grund nicht funktionieren, und als Regisseur kann er seiner Forschernatur nachgeben und sich noch einmal hinein vertiefen. Im Gegensatz dazu bekommt ein angeheuerter Regisseur ein Skript vorgelegt, und es besteht die stillschweigende Erwartung, daß er die Szenen innerhalb des vorgegebenen Rahmens koloriert und das abliefert, wofür das Studio ihn bezahlt.

Zane zufolge lauerte das Abenteuer zwischen dem Ruf »Action!« und dem abschließenden »Cut!«.

»Es ist wirklich einmalig, wenn man sich auf diese Weise Gehör verschaffen kann«, sagt Zane und starrt in den hellen Morgen. Inzwischen packen die Techniker um ihn herum zusammen. »Das ist die Geschichte, die er erzählen wollte. Ich glaube, es

wird ein erstaunlicher Film, weil eine so extreme Leidenschaft dahintersteckt. Man findet eine solche Atmosphäre eigentlich höchstens bei unabhängigen Filmen, wo man wirklich aus Liebe und Begeisterung arbeitet. Bei den größeren Budgets ist das nicht mehr so, das ist eine ganz andere Gattung. Weil das Studio alles verwerten will, was Cameron einfällt, ist es bereit, auch mal 200 Millionen Dollar hinzublättern, aber das ist eine absolute Seltenheit. Dieser Film ist Camerons Baby.«
Trotz solcher Begeisterung zeigten auch die gelassensten Schauspieler Streßsymptome, als der Februar 1997 ins Land zog. Die ganzen Nachtschichten auf dem Schiff, die Warterei in der kalten Seeluft, in Korsett oder Frack – all das zehrte an ihren Kräften. Nach Scott Fishers Ansicht lag dies nicht nur daran, daß Cameron so hart war, sondern auch daran, daß die Schauspieler vom sonstigen Standard her nicht an seine Anforderungen gewöhnt waren. »Normalerweise läuft es eher nach dem Motto: ›Hey, ich komm' an den Set, ich arbeite, ich gehe zurück in meinen Wohnwagen.‹ Aber bei diesem Film ging es eher: ›Okay, du kannst an den Set kommen und dich zwischendurch auch mal eine Weile ausruhen, und du wirst in manchen Szenen im Hintergrund sein, so daß wir nicht viel von dir sehen. Aber ich bezahle dich dafür, daß du an diesem Film arbeitest, und das tun wir alle – 16 Stunden am Tag.«
Die Arbeit auf dem Schiff war *hart*. Die Garderoben waren nicht ein paar Meter weit weg, wie das im Studio der Fall war, sondern 15 Minuten, und der Anmarsch erfolgte per Auto und per Frachtaufzug. Da die Schauspieler nicht einfach so auftauchen konnten, ließ Cameron sie meist in der Nähe bleiben, wenn er sie möglicherweise bald brauchte. Aber wenn es Probleme gab, konnte aus ein paar Minuten schon mal eine Dreiviertelstunde werden.
Die Dreharbeiten waren für die Schauspieler nicht nur physisch, sondern auch psychisch anstrengend. Ihr Talent war für Cameron ein Rohstoff, zwar ein kostbarer Rohstoff, aus dem er aber – wie mit jedem Handwerkszeug, das ihm zur Verfügung stand – alle Möglichkeiten herausholte. Genauso wie die Beleuchtung perfekt stimmen mußte, wie die Effekte dem neuesten Stand der Technik entsprechen mußten, wollte er, daß die Schauspieler al-

les gaben, und er scheute sich nicht, nachzuhelfen, wenn es ihm nötig erschien. Er nahm Winslet und DiCaprio oft ordentlich in die Mangel.

Cameron machte Winslet mit den kleinen Sprengkapseln bekannt, die einen Kugeleinschlag simulierten, damit sie bei der Verfolgung im überfluteten Speisesaal nicht erschrak, wenn die Dinger um sie herum im Wasser hüpften – diese Erfahrung hatte sie bei Jane Austen natürlich noch nicht gemacht. Dann war da noch die Szene, in der sie mit einer Axt ihren mit Handschellen gefesselten Geliebten befreien will. Das Wasser war eiskalt! Anfangs wollte Winslet es ganz authentisch machen, aber die Wirklichkeit belehrte sie eines Besseren: Ziemlich schnell wurde die Arbeit unterbrochen und das Wasser aufgeheizt.

Wenn Cameron morgens aufs Gelände kam, holte er gleich sein Funkgerät heraus und fragte: »Sind alle da?« Danach kam die Frage: »Wie fühlt sich Kate heute?« Ihretwegen verloren sie immerhin etwa einen Tag pro Woche an Drehzeit. Ein paarmal lief es darauf hinaus, daß Cameron sich ein Attest von ihrem Arzt zeigen ließ. Seit 18 Jahren hatte Cameron keinen einzigen Arbeitstag wegen Krankheit verpaßt. Ist Kate wirklich krank, und kriegen wir den Versicherungsanspruch? Oder ist sie nicht krank?

»Ach, soo krank ist sie auch wieder nicht.«

Ein paar Tage ließ Cameron sie gewähren und krank feiern.

Aber wenn Kate da war, war sie großartig. Sie wurde nie hysterisch. Der Film lag ihr am Herzen. Sie arbeitete hart.

Leo lag nur einmal mit einer Mandelentzündung flach. Aber er trödelte gern. Immer kam er zehn oder 15 Minuten zu spät an den Set, meistens, weil ihn seine neuesten Videospiele aufgehalten hatten.

Nach den Regeln der Schauspielergewerkschaft Screen Actors Guild stand jedem Schauspieler eine zwölfstündige Arbeitspause zu. Zu Beginn der Dreharbeiten schlugen viele Darsteller – vor allem die weiblichen, die oft zwei bis drei Stunden mit Frisur und Make-up zu tun hatten – die Klausel in den Wind und kamen schon nach zehn Stunden zurück an den Set, um gleich bei der ersten Aufnahme des Tages wieder mitzumachen. Aber Mitte Februar hatte die Erschöpfung alle fest im Griff, und diese

Einstellung änderte sich allmählich. Was der Vertrag nicht verlangte, tat man auch nicht.

Wenn Cameron morgens ins Studio kam, dachte er oft: »Eigentlich dürfte Filmemachen nicht so anstrengend sein.«
Niemand arbeitete dermaßen anstrengende Schichten wie er, und auch das versuchten seine Kritiker auszuschlachten. »Cameron liebt es, sich und andere zu quälen«, hieß es. Aber das stimmte nicht, er liebte nur gute Ergebnisse, und für die mußte man sich manchmal quälen. Große Leistungen bekommt niemand geschenkt, und er akzeptierte es, hart dafür arbeiten zu müssen.
Im Februar vergrößerte sich auch die sonntägliche Arbeitslast. Wenn er gerade nicht im Schneideraum gebraucht wurde, traf sich Cameron mit dem Komponisten James Horner wegen der Filmmusik.
Horner ist zwar in Los Angeles geboren, spricht aber mit einem britischen Akzent, da er lange an der Royal Academy of Music in London beschäftigt war. Als er nach Los Angeles zurückkehrte, fand er Arbeit bei Roger Cormans New World Pictures, wo er auch Cameron kennenlernte. Als die beiden 1986 zum erstenmal zusammenarbeiteten, hatte der Komponist sich schon einen Namen gemacht – mit *Cocoon* (Cocoon) für Ron Howard und *48 Hours* (Nur 48 Stunden) unter der Regie von Walter Hill, der auch *Aliens* produzierte.
Durch die enge Nachproduktionszeit bei *Aliens* verwandelte sich die zweiwöchige Arbeit am Soundtrack in eine Art Dampfkochtopf, den ihre Beziehung nur mit knapper Not überlebte. Für *The Abyss* holte Cameron Alan Silvestri, und für *Terminator 2* und *True Lies* Brad Fiedel, der bereits bei *Terminator* für ihn gearbeitet hatte. Bei *Titanic* wollte Cameron etwas Neues. Im September hatte er Kontakt mit John Williams aufgenommen, der durch seine Musik für Steven-Spielberg-Filme in Hollywood sehr erfolgreich geworden war. Er besaß einen Privatbungalow bei Amblin Entertainment, in einer idyllischen Ecke des Geländes der Universal-Studios. Im Herbst 1996 war Williams mit den Kompositionen für *The Lost World* (Vergessene Welt: Jurassic Park 2) beschäftigt.

Williams' Agentur Gorfaine/Schwartz war der begehrteste Musikbetrieb von Los Angeles, und Michael Gorfaine vertrat zufällig auch Horner. Er steckte seinem Klienten ein Exemplar des Drehbuchs von *Titanic* zu. Zwar hatte Horner an einer Zusammenarbeit mit Cameron kein unmittelbares Interesse, aber auf das Thema *Titanic* sprang er sofort an. »Ich hatte keine Lust, einen von Jims Actionfilmen zu vertonen«, sagt Horner. »Ich wollte einen Film machen, in dem Jim sich ganz weit auf seinem Ast vorwagt, so daß jeder hört, wie das Holz splittert.«
Gorfaine bat Randy Gerston von Lightstorm, ein gutes Wort für Horner einzulegen. Gerston, dessen Geschmack alles zwischen Nine Inch Nails über Portishead bis zu Puccini einschloß, bewunderte Horner und glaubte, daß er sicher ein interessantes Element zu dieser Mischung beisteuern würde. Und es konnte auch nicht schaden, wenn einem Michael Gorfaine einen Gefallen schuldete.
Inzwischen hatte Horner bereits fünf Oscar-Nominierungen eingeheimst, darunter für *Apollo 13* und *Braveheart,* die Cameron beide sehr gefielen. Als Gerston ihm vorschlug, sich mit Horner zu treffen, ließ er sich nicht lange bitten.
Horner wurde in die Malibu Hills eingeladen.
Musik ist ein wichtiger Bestandteil jedes Films, vor allem aber eines großen Epos, und Cameron hatte eine ziemlich genaue Vorstellung von dem, was er wollte – und vor allem von dem, was er nicht wollte. Auf keinen Fall ein edles Streicherarrangement, bei dem man dauernd dachte: Aha, wir sehen einen Kostümfilm! Wie beim Casting, beim Dialog und beim Licht wollte er etwas, was gleichzeitig in den historischen Zusammenhang paßte und doch einen Bezug zur Gegenwart hatte. Cameron schrieb seine Drehbücher gern bei Musik und hatte *Titanic* bei den keltischen Klängen der New-Age-Sängerin Enya verfaßt, deren ätherische Musik ihn zu Tränen rühren konnte. Eine Zeitlang hoffte er sogar, Enya könnte die Musik für *Titanic* komponieren. Gerston schlug ihm vor, mit der Idee eines »musikalischen Projekts« an sie heranzutreten, bei dem sie mit einem etablierten Komponisten zusammenarbeiten würde. Enya hatte noch nie Filmmusik geschrieben, und der Umstand, daß sie für ihr letztes Album zwei Jahre gebraucht hatte, machte Gerston

nervös. Ein Album enthält etwa 30 Minuten Musik, und Cameron brauchte dreimal soviel in sechs Wochen. Doch Enya antwortete ohnehin, sie sei nicht an »musikalischen Projekten« interessiert.
Cameron plante immer noch, Enya für den »temp track« zu benutzen, eine Mischung von Musik aus dem Plattenschrank, die mit der Arbeitskopie zusammengestellt wird, um eine Atmosphäre zu umreißen. Diese temporären Tracks sind der Fluch eines Komponisten, denn der Regisseur verliebt sich oft in seine eigene Musikmischung, und der Komponist muß sich dann notgedrungen gegen die Vorstellungen durchsetzen, denen sein Boß seit sechs Wochen nachhängt. Stanley Kubrick stellte für *2001* ein klassisches Repertoire zusammen, das ihm so gut gefiel, daß er schließlich gar keine eigens komponierte Filmmusik mehr wollte und damit eine der faszinierendsten Musikmischungen der Filmgeschichte kreierte.
Randy Gerston sprach nie direkt mit James Horner. Aber er informierte Michael Gorfaine über Camerons musikalische Vorlieben.
»Ich hab' da diese verrückte Idee«, sagte Horner beim ersten Gespräch mit Cameron.
»Was?«
»Sie denken bestimmt, ich bin übergeschnappt, aber ich stelle mir dauernd etwas vor, das ein bißchen – ich traue es mich kaum zu sagen –, ich stelle mir etwas vor, das ein bißchen klingt wie Enya.«
»Quatsch! Jemand hat Ihnen gesteckt, daß Sie das sagen sollen!« lachte Cameron.
Horner tat völlig ahnungslos. Und er bekam den Job.
Im Lauf ihrer ersten zweistündigen Unterhaltung sprachen die beiden darüber, wie sie ihre Zusammenarbeit am fruchtbarsten gestalten könnten. Cameron betonte, daß er keine Überraschungen liebe, und: Könne Horner ihm die Schlüsselthemen auf einem Synthesizer vorspielen?
Horner versprach es, wenn auch nicht ganz ohne Vorbehalte. Er machte so etwas nicht gern. An diesem Punkt seiner Karriere hatte er es eigentlich auch nicht nötig. Der Terminplan war ohnehin eng, und so hatte er noch eine Sorge mehr am Hals.

Horner schlug eine keltische Instrumentierung vor. Die *Titanic* war in Belfast gebaut worden, und bei ihrem Untergang waren sehr viele Iren an Bord. Zwar war das eine eher ungewöhnliche Wahl für einen solchen Film, aber Camerons Vorgabe war eine Herausforderung. Eine Oboe, die drei Töne spielt, egal wie einmalig diese auch sein mögen, ist immer noch eine Oboe, die drei Töne spielt. Horner wollte etwas, was diesen Ballast nicht mit sich trug. Wenn er hauptsächlich mit Synthesizer und Gesang arbeitete, konnte er die Musik innerhalb der allgemeinen »Stimmung« der Filmmusik mal modern und mal schwermütig klingen lassen. Nur einige wenige Szenen verlangten ein volles Orchester.

Cameron wollte Melodien. Große Liebesgeschichten brauchten eingängige Themen, wie »Lara's Theme« (Laras Thema) aus Dr. Schiwago. Sie brauchten Melodien, die zum Mitsummen anregten. Cameron hatte so viele Filmmusiken gehört, die allesamt für teures Geld wunderschön aufgenommen waren, aber man vergaß sie sofort. »Wenn man die richtige Melodie hat, ist es egal, ob man sie solo auf dem Klavier spielt oder sonst was – es funktioniert«, riet Cameron. Er schickte dem Komponisten 36 Stunden ausgewählter Filmmuster mit der Anweisung: »Tauchen Sie in diese Bilder ein, schreiben Sie Jack, schreiben Sie Rose, schreiben Sie *Titanic* – gleichgültig, wie Sie die Melodien in Ihrem Kopf aufteilen. Und wenn Sie erst mal so weit sind, sind 90 Prozent der Arbeit erledigt.«

Drei Wochen später war Horner bereit. Er lud Cameron ins Studio ein und begann ohne Einleitung das *Titanic*-Thema auf dem Klavier zu spielen. Als er fertig war, standen Cameron Tränen in den Augen. Die Musik war genau so, wie er es sich erhofft hatte, sie glitt sanft zwischen Intimität, Grandeur und überwältigender Traurigkeit hin und her. Ganz mühelos schlug die Musik eine Brücke über die 85 Jahre zwischen damals und heute.

»Das ist großartig! Genau so muß es sein.«

Der Komponist hatte noch zwei weitere Melodien auf Lager. Eine, bittersüß mit tiefen, melancholischen Untertönen, sollte zu Roses traurigeren Momenten gehören und zu Jacks Tod. Als Horner aufhörte, weinte Cameron. Dann spielte Horner ihm ein paar Dudelsackmelodien auf der Flöte vor. Sie beschlossen, den

Dudelsack-Sound abzuschwächen, den Cameron doch als zu spezifisch einer Nationalität zugehörig empfand. Letztlich wurde er eingesetzt, um die ausgelassene Stimmung beim Tanzen im Zwischendeck heraufzubeschwören.
Horner hatte sich die Unterstützung der 27jährigen norwegischen Popsängerin Sissel als »Stimminstrument« gesichert. Zwar war sie in den Vereinigten Staaten fast unbekannt, aber ihre Platten verkauften sich in Skandinavien sehr gut. Inzwischen hatte sie auch einen internationalen Hit: das Duett mit Placido Domingo »Fire in Your Heart«, den offiziellen Song der Winterolympiade von 1994. Auf ihre Stimme schnitt Horner die Filmmusik zu.
Inzwischen war der März 1997 halb vorüber, und Horner war erstaunt, daß Cameron immer noch fest entschlossen schien, den Termin am 4. Juli einzuhalten. Horner selbst war gar nicht überzeugt, daß die Arbeit zu bewältigen war. Das Komponieren, Orchestrieren, Synchronisieren und Aufnehmen der Musik dauerte mindestens acht bis zehn Wochen. Dann standen noch Effekte und der Endschnitt aus. Und Cameron zeigte eine Neigung, Szenen mehrmals umzuschneiden.

Der Druck des Studios war enorm. Seltsamerweise schien es Cameron nicht weiter gestört zu haben, solange er sich mitten in den Dreharbeiten befand. Jetzt, da das Ende absehbar war, setzte die Wirkung ein.
Digital Domain hatte sich bisher hauptsächlich auf Modelle konzentriert, wollte jetzt aber unbedingt geschnittene Sequenzen sehen, um mit der Computeranimation zu beginnen. Es gab fast nichts, was man der Firma an die Hand geben konnte. Man schrieb den 1. März, und mit Müh und Not wurde ein siebenminütiger Trailer für das ShoWest-Treffen zusammengestellt.
Die Vorbereitungen für die jährliche Zusammenkunft der Kinobesitzer hatten das Thema des Starttermins etwas forciert. Als nationaler Verleiher würde Paramount den Trailer präsentieren, und Friedman hielt es für dringend notwendig, anzukündigen, ab wann der Film in die Kinos kommen sollte. Wenn man die *Titanic* in den Hafen steuerte, reichte es nicht aus, sie mit dem Etikett »Demnächst in Ihrem Kino« zu versehen. Friedman wollte

den 4. Juli. Sämtliche Studios der Stadt warteten gespannt, wo die *Titanic* andocken würde, denn sie wollten ihre eigenen Sommerfilme nicht in ihr Kielwasser geraten lassen. Ob der Film gut oder schlecht war, spielte keine Rolle. Wenn er startete, würde er die Kinokassen dominieren, denn das Publikum war neugierig, und der harte Kern von Cameron-Fans treu wie immer. Camerons Filme waren immer als Nummer eins der Hitliste angelaufen; selbst *The Abyss* hielt sich zwei Wochen lang an der Spitze. Doch Cameron wollte sich nicht auf ein Datum festlegen lassen. Er wußte, daß sie es mit großer Wahrscheinlichkeit nicht schaffen würden, und eigentlich war abgemacht gewesen, den Starttermin an Weihnachten noch einmal zu besprechen. Damals hatte keine richtige Diskussion stattgefunden, aber jetzt gab es fast noch mehr Druck, den 4. Juli einzuhalten. Selbst Fox drängte jetzt, weil ziemlich offensichtlich war, daß *Speed 2* kein Erfolg und auf ein weniger konkurrenzorientiertes Datum im Juni gelegt werden würde.

Die Ironie, daß *Titanic* jetzt auf das vom anderen »Schiffsfilm« freigeräumte Datum gedrängt wurde, entging Cameron natürlich nicht. Im Herbst hatte er es reichlich demotivierend gefunden, als er hörte, daß Fox das angestrebte *Titanic*-Datum ausgerechnet dem Film von Jan de Bont gegeben hatte.

Die Lightstorm-Chefin Rae Sanchini hatte seit Drehbeginn ihre Zeit zwischen dem Set in Rosarito und dem Hauptquartier ihrer Firma in Santa Monica aufgeteilt, was dadurch noch komplizierter geworden war, daß sie kurz zuvor ihr erstes Kind – eine Tochter – bekommen hatte, wofür sie ganze fünf Tage zur Erholung Urlaub genommen hatte. Als ausführende Produzentin des Films teilte sie die Verpflichtungen gegenüber dem Studio mit Landau und Cameron. Doch da sie von den dreien die meiste Zeit in Los Angeles verbrachte, fiel der Kontakt mit den Studios hauptsächlich in ihre Verantwortung.

Nachdem Friedman sich den ersten Schnitt des Trailers angesehen hatte, rief er Sanchini an einem Sonntag abend zu Hause an und sagte: »Ich habe gerade Ihren Trailer für die ShoWest gesehen und mich beinahe übergeben.«

Sanchini, die den Trailer noch nicht zu Gesicht bekommen hatte, erinnert sich, daß die Reaktion von Paramount sie mit einer

»seltsamen Panik« erfüllte. Paramount hatte die Muster nicht auf regelmäßiger Basis erhalten, denn Fox bekam als produzierendes Studio die täglichen Muster. Da sich die Beziehung zu ihrem Partnerstudio so verschlechterte, hatte die Fox jede Gefälligkeit rückgängig gemacht, die sich rückgängig machen ließ. Anscheinend hatte sich Paramount der Illusion hingegeben, daß Cameron den Actionknüller des Sommers vorbereitete. Nun ging es im Trailer vor allem um die Figur von Rose als alter Frau und um die Liebesgeschichte, und das traf Paramount wie ein Schock.

Cameron hatte den Trailer linear aufgebaut, so daß sich die Geschichte des Films in fünf Minuten Stück für Stück entfaltete. Vom Konzept her unterschied sich das stark von dem eher abstrakten Stil, mit dem man die meisten derzeitigen Filme zu verkaufen versuchte – vor allem die von Cameron. Moderne Trailer zeigten nie viel vom eigentlichen Film, aber dieser hier war *Titanic* in Miniaturausgabe. Natürlich kam Jacks Tod nicht vor und auch nicht, wer am Schluß den Diamanten behält, aber der Trailer endete mit einem Schwenk über das sich aufbäumende Schiffsheck – dem letzten Atemzug der untergehenden *Titanic*.

Am nächsten Tag schickte man Sanchini per Boten ein Tape, und nachdem sie es sich angesehen hatte, gab es für sie nur ein einziges Problem. »Der Trailer hatte einen offensichtlichen Makel – er kehrte immer wieder zu der gealterten Rose zurück, wie ein griechischer Chor, und das nahm dem Ganzen den Schwung.« Nachdem Sanchini die Sache mit Cameron und Landau durchdiskutiert hatte, ließ sie Rose, die Erzählerin, herausschneiden, so daß sich die Geschichte jetzt nur noch anhand der Dialoge ableiten ließ. Diese überarbeitete Version nahm Paramount äußerst nervös mit zur ShoWest.

Am 4. März 1997 wurde der *Titanic*-Trailer vorgeführt. Das Publikum reagierte mit lautem Jubel und donnerndem Applaus.

Kapitel 14

Ein Typ aus Hollywood stirbt und kommt in den Himmel. Als er durchs Himmelstor späht, sieht er jemanden, der mit einer Filmkamera hoch oben auf einem Kran sitzt. »Ich wußte gar nicht, daß James Cameron tot ist«, sagt er, und Petrus antwortet: »Nein, nein, das ist der liebe Gott. Er denkt, er ist James Cameron.«

QUENTIN TARANTINO in der *Howard Stern Show*

Die nächste Hürde hatte mit der Schwerkraft zu tun. Der »Riser« war der gut 60 Meter lange Abschnitt des Schiffs, der zwischen Schornstein 2 und 3 begann und direkt vor der Brücke verlief. Die Firma M Industrial Mechanical (MIM) hatte ihn entworfen. Er war genau nach Camerons und Fishers Anweisungen gebaut worden und funktionierte wie ein Aufzug – ein Aufzug für 635.000 Kilo. MIM machte ihn etwa doppelt so schwer wie vorher geplant, weil unterwegs beschlossen wurde, mehr Stahl zu verwenden. Die acht fünf Meter langen hydraulischen Zylinder waren von Stage 2 geholt und an den Riser montiert worden, als eine Art Flaschenzugkonstruktion, die es ermöglichte, den Abschnitt gut elf Meter unter Wasser zu versenken. Indem der hintere Teil angehoben und der vordere gesenkt wurde, konnte man mit dem Neigungswinkel spielen, den Abschnitt bis etwa zwölf Grad kippen und sogar ein bißchen rollen.

Es dauerte zehn Tage, den Riser vorzubereiten. Während der Zeit filmte Cameron Jack und Rose, wie sie durch das Schiffsinnere rennen. Und die Liebesszene, die er einfach auf den Rücksitz eines Autos verlegte – eine Anspielung auf die altbewährte Teenager-Tradition. Hier wurde das Vertraute exotisch, da der Wagen – es handelte sich um einen burgunderroten Renault – im Frachtraum eines Schiffes stand. Dieser Wagen hatte ein historisches Vorbild: Er hatte William E. Carter gehört, einem Playboy, der in Europa gewesen war, um Polopferde zu kaufen. Sein Luxusschlitten hatte 3000 Dollar gekostet, eine stolze Summe, wenn man bedenkt, daß man 1912 für einen Ford Model T 400 Dollar bezahlte.

Um den Riser zu installieren, mußte man den A-Tank leeren und wieder füllen. Die Hydraulik wurde über zwei Laptop-Computer gesteuert, die Fishers Leute bedienten. Als sie den Schiffsabschnitt das erstemal senkten, konnten sie ihn allerdings nicht wieder anheben. Er war zu schwer. Fisher baute Stahlkäfige, die er dann mit riesigen Styroporblöcken füllte. Diese Konstruktion wurde unter dem Schiff angebracht, um einen natürlichen Auftrieb zu schaffen. Aber so sank das Ganze nicht schnell genug, also gab Cameron die Anweisung, man solle den Furnierholzbelag entfernen und statt dessen ein Metallgitter einbauen, das den Widerstand verringerte. Innerhalb von sieben Tagen wurde die Plattform 40mal angehoben und wieder gesenkt. Begonnen wurde damit am 6. März. Es war die anstrengendste Woche des ganzen Films – und die teuersten Drehtage in der Geschichte des Kinos.

Bei einem großen Actionfilm wie *Die Hard* (Stirb langsam) kostet ein Drehtag normalerweise zwischen 100.000 und 150.000 Dollar. Camerons Drehtage bei *Titanic* kamen auf einen Tagesdurchschnitt von 225.000 bis 250.000 Dollar. Zwei extrem komplizierte Szenen – die Implosion der Kuppel und der Hafen von Southampton – kosteten sogar 500.000 Dollar pro Tag!

Wenn die Action ihren Höhepunkt erreichte, filmte Cameron immer mit sieben Kameras. Muro war an Bord mit seiner Steadicam, die genau das Gefühl der unmittelbaren Nähe vermittelte, das Cameron für das Sinken des Schiffes vorschwebte. Er hatte die Absicht, den Zuschauer mit Weitwinkelobjektiven mitten ins Geschehen zu ziehen, so daß der Zuschauer den Eindruck bekam, daß um ihn herum alles versank. Zu seinem eigenen Team mit den Handkameras holte sich der Regisseur alle zur Verfügung stehenden Kameraleute, darunter auch Steve Quale, der vom zweiten Drehteam gerufen wurde.

Sie drehten Szenen mit Faltboot B – eines von vier faltbaren Rettungsbooten, die in der Nähe der Brücke verstaut waren. Fabrizio und Cal und mehrere andere zogen daran, versuchten es zu wassern, während das Wasser des Ozeans schon ihre Füße umspülte. Quale beschrieb die Szene: »Jim hatte mehrere Ka-

meras vorne, und Jimmy Muro filmte die Musiker, die am Heck spielten, um möglichst viel aus den Untergangsszenen herauszuholen, denn man konnte das Schiff nur ein paarmal am Tag sinken lassen. Die Produktion ging dem Ende entgegen, und er hatte jetzt wirklich keine Zeit mehr.«
Quale nahm seinen Platz ein, um zu filmen; die in Plastik verpackte Kamera ruhte auf seiner Schulter. Während der Set unterging, kletterte er eine Leiter hinauf und hielt sich immer ein kleines Stück über Wasser. Er sollte nicht weiter als bis zum Hals unter Wasser kommen. Quale trug einen Taucheranzug – eine Gummiausrüstung, in der er aussah wie das Michelin-Männchen. Damit er nicht vom Wasser davongetragen wurde, hatte man seine Füße mit 200 Pfund Blei beschwert.
Cameron rief: »Action!« Das Wasser stieg immer höher, Quale kletterte sein Leiterchen hinauf. Auf der obersten Sprosse erfaßte ihn die Strömung. Er hielt die Kamera über den Kopf, aber Cameron hatte noch nicht »Cut!« gerufen. Der Film lief noch immer. Von Quales Perspektive aus wirkte die Einstellung phantastisch. Er war ein Mann mit einer Mission. Das Wasser ging ihm bis ans Kinn. Er holte tief Luft, bereit, gleich loszuschreien oder den Atem anzuhalten. Dann hörte er das erlösende: »Cut!«
Quale wußte, daß er nicht ertrinken konnte, weil alles von den Computern genauestens programmiert war, aber als das Wasser um ihn herum immer höher stieg, wurde er doch etwas nervös. »Aber überall waren Rettungsboote und Taucher«, fügte er hinzu. Und die Taucher hätten ihn gleich entdeckt – der Mann unter der Kamera, die wie ein Bambusschößling aus den Fluten herausragte.
Aber niemand wäre auf die Idee gekommen, sich in Camerons Arbeit einzumischen. Er hätte vielleicht eine Ausnahme gemacht, wenn es um Leben und Tod gegangen wäre, aber sonst ließ er sich nur sehr ungern von irgendwelchen Bedenken stören und reagierte meistens ziemlich ungehalten. Quale staunte oft, wie schwierig und anstrengend es war, einen komplexen Film wie *Titanic* zu drehen. So viele verschiedene Dinge mußten gleichzeitig berücksichtigt werden, und das kleinste Detail konnte riesige Probleme auslösen.
Ein paar Abende zuvor hatten sie eine Szene gefilmt, bei der

mehrere hundert Leute über den Riser rannten – und einer rannte in die falsche Richtung, wodurch die ganze Einstellung ruiniert war. Cameron kam mit seinem Kran angeschwenkt, drohte mit dem Finger und rief streng: »Du da unten! Ja, du, dich meine ich! Renn das nächstemal gefälligst in die andere Richtung!« Und entschwand wieder. Beim nächsten Take machten alle alles richtig.

Es war die letzte Einstellung des Abends. Der Riser versank in der Tiefe. Ein Trupp von Stuntleuten versuchte, Faltboot A zu richten. Das Wassern speziell dieses Bootes war eine Art *Titanic*-Skandal. Es hatte als letztes Rettungsboot die *Titanic* verlassen, voll besetzt mit Frauen – aber als es gefunden wurde, saßen nur Männer darin. Was sich wirklich abgespielt hatte, blieb unklar. Cameron entschied sich für folgende Version: Eine Woge überschwemmt das Deck und bringt das Boot zum Kentern, während die Männer versuchen, es loszumachen. Rechts von dem Boot gibt es ein schreckliches Gedränge, und diejenigen, die es schaffen, wieder in das halb mit Wasser gefüllte Boot zu klettern, sind eben Männer.

Es wurde schon fast wieder hell, und die Aufnahme mußte abgeschlossen sein, ehe die Sonne aufging. Beim ersten Take gelang es den Stuntleuten nicht, das Boot zu richten, es kenterte und sank. Pech. Beim nächsten Mal passierte das gleiche. Dritter Versuch. Sie kippten das Boot um, aber es kam leer wieder hoch. Cameron wollte, daß Leute sich daran klammerten, während es sich drehte. Er stand mit einer Handkamera auf einer Leiter und verlor langsam die Geduld mit Crane. »Du hast doch gesagt, das würde funktionieren! Was ist los? Diesmal muß es klappen!« rief er über das Becken.

Das war kein einfacher Stunt. Jeder Take mußte wegen der mit dem Versenken des Risers verbundenen Logistik zwei Stunden vorbereitet werden. Sechs Stuntfehler in Folge hatten im Verlauf von anderthalb Tagen über 500.000 Dollar verschlungen.

Crane sagte genervt: »Ihr könnt froh sein, daß sie geschafft haben, es umzudrehen!«

Diese Bemerkung ärgerte Cameron. »Was soll das heißen: Wir können froh sein? Das ist schließlich ihr Job!«

Crane, der seit Weihnachten ständig leise vor sich hin kochte, hatte nun endgültig die Schnauze voll. »Fick dich selber!« schrie er zurück. Das passierte nicht über Walkie-Talkie, sondern vor 30 Crew-Mitgliedern. Auf jeden Fall untergrub es die Autorität des Regisseurs.
»Was hast du gesagt?« fragte Cameron ungläubig.
Crane war eigentlich kein Typ, der seinem Ärger Luft machte, und für die Anwesenden war sein Wutausbruch fast noch sensationeller als der Untergang des Schiffs. »Du hast mich genau verstanden«, sagte er trotzig.
»Also gut – du bist gefeuert!« gab Cameron zurück.
Daraus entspann sich ein hitziger Schlagabtausch, der damit endete, daß Crane den Set verließ. Aus Solidarität folgten ihm die 60 Stuntleute, die an diesem Abend Dienst hatten.
Inzwischen ging die Sonne auf, und alle wollten Schluß machen. Cameron und seine engsten Vertrauten zogen sich zu ihrem täglichen »Mikro-Meeting« zurück, bei dem das Hauptthema die Koordination der Stuntleute war.
Solche Situationen sind der Grund, warum Produzenten Millionen verdienen. Landau wußte, daß es eine Katastrophe wäre, wenn er jetzt den Stuntkoordinator und seine Crew verlieren würde. Viele der Leute hatten im Film inzwischen eine Identität angenommen. Würde Jim seine Entscheidung zurücknehmen?
»Wo denkst du hin!« Cameron war sauer. »So was kann er mir doch nicht an den Kopf werfen!« Er fand, daß man alles sagen konnte, aber eben nur unter vier Augen. Die Befehlskette am Set durfte man nicht brechen.
Alle im Raum hatten irgendwann schon einmal einen heftigen Wortwechsel mit Cameron gehabt. Zum Beispiel McLaglen. Von den 165 Drehtagen war der Regieassistent sicher an 100 fluchend und schimpfend weggegangen.
Zu Beginn der Woche, als die Rettungsboote installiert worden waren, hatte Cameron gesagt, er wolle zeigen, wie eins der Boote überflutet wird, während es wegrudert. Es dauerte eine Weile, bis die Statisten ihre Tauchanzüge anhatten und ein Stuntman an der Ruderpinne saß. Schließlich kletterte McLaglen selbst in das Boot und nahm die Sache in die Hand. Währenddessen schrie ihm Cameron die ganze Zeit über sein Mikro ins Ohr:

»Weißt du, wieviel Geld du gerade verplemperst?« Wieviel Geld er verplemperte! Er setzte alles ein und tat das Menschenmögliche! Aber so etwas passierte eben in der Hitze des Gefechts. Dann traf man Cameron beim Mittagessen, und er lobte einen für die ausgezeichnete Arbeit. Würde McLaglen wieder mit ihm arbeiten? Sofort!
Joshs Ansicht nach besaß Cameron echte Führungsqualitäten, denn er konnte Menschen motivieren. Er machte das mit ganz unterschiedlichen Mitteln. Und manchmal eben mit Aggressivität.
»Bei anderen Produktionen gibt es meistens mehrere kleine Hierarchien«, erklärte Scott Fisher. »Das Kamerateam hat dann seine eigene Befehlskette, so in dem Stil: ›Wir müssen mal eben was an der Kamera machen. Deshalb müssen wir kurz pausieren.‹ Oder der Produzent kommt und sagt: ›Macht das so und so.‹ Bei Jim Cameron gibt es nur einen Mann: Jim Cameron. Da gibt es kein ›wir‹ und ›die anderen‹. Es gibt Jim und dann alle anderen, sonst nichts. So will er es haben. Aber eigentlich ist es auch gut so, weil die Verhältnisse klar sind. Das ist oft viel einfacher.«
Cameron sagte, es gebe nur eine Möglichkeit für Crane: Er müsse sich öffentlich entschuldigen. Crane weigerte sich.
»Dann soll er gehen«, sagte Cameron. »Und seine Stuntleute gleich mit.« Er konnte die Rettungsschwimmer einsetzen. Und in Los Angeles saßen jede Menge Stuntleute herum, schauten sich Jerry Springer an und würden für ihr Leben gern arbeiten.
Landau hatte keine Lust, dem Studio die verfahrene Situation erklären zu müssen. Er war fest entschlossen, Frieden zu stiften. Es kam zu einem Kompromiß. Während Cameron am folgenden Tag mit den Chefs der verschiedenen Teams am Rand des A-Tanks irgendwelche logistischen Probleme besprach, kam Landau mit Crane, und Crane sagte, es tue ihm leid, es sei einfach alles ein bißchen viel gewesen. Er entschuldigte sich zwar nicht in aller Öffentlichkeit, aber es genügte trotzdem. Crane konnte sein Gesicht wahren und mußte nicht vor seinen Stuntleuten zu Kreuze kriechen, und Cameron war besänftigt.

Als allerletztes mußten sie das große Schiff auseinanderbrechen lassen.

Die Fishers bauten es ab, entfernten einen Teil des Bugs und bauten es auf Bodenhöhe in zwei Teilen wieder auf, die auseinandergezogen werden konnten. Sie versuchten, Cameron auf Video an einem Modell den Effekt vorzuführen. Die Planken brachen auseinander, es sah beängstigend aus. Cameron war sehr angetan. Aber als gedreht werden sollte, schien er nicht zufrieden. Er hatte gedacht, daß sich nur eine Seite des Schiffs bewegen würde. Da schon alles aufgebaut sei, werde er drehen, aber die Fishers sollten sich darauf vorbereiten, das Schiff noch einmal aufzubauen. Er drehte. Und war begeistert.
Das Schiff lag jetzt zerstört in seinem großen Becken, viele Einzelteile waren quer über das Gelände verstreut. Die Magie des Industriezeitalters.

Als der Speisesaal-Set von Stage 2 entfernt wurde, entstand an seiner Stelle ein Labyrinth aus Gängen. Diese Korridore wurden im Februar und im März ständig überschwemmt. Das Studio setzte alle Hebel in Bewegung, um die Szene streichen zu lassen, in der die Tür zum Zwischendeck explodiert. Ein russischer Immigrant und sein Sohn werden von einem Wasserschwall fast 20 Meter weit einen Korridor hinuntergespült – einer von Tommy Fishers praktischen Effekten. Um die Illusion realistisch erscheinen zu lassen, wurden drei Frachtcontainer mit Wasser über dem Set aufgestellt, und zur Tür führte ein Trichter. Cameron rief »Action«, ein Stuntman packte die Puppe und rannte zur Tür, die knarzte und ächzte, weil das Wasser dagegen drückte. Dann hieß es »Go!«, die Tür sprang auf, und 180.000 Liter Wasser strömten aus den Tanks.
Cameron, der mit einer Handkamera im Korridor daneben stand, war wenig beeindruckt. »Das Wasser kam nie höher als einen Meter«, meinte er geringschätzig, aber geduldig zu Scottie Fisher. »Ich will eine richtige Flut, keine Pfütze.« Er befahl, sie sollten alles entsprechend ändern. Sie kratzten sich am Kopf, und er sagte ihnen, wie.
Er wollte die Zahl der Wassercontainer verdreifachen. Aber so, wie der Korridor gebaut war, würde er dieser Wassermenge nicht standhalten können, die Wände würden einstürzen. Da andere Sets angrenzten, war auch nicht genug Platz, um die Wän-

de zu verstärken. Und es konnte extrem gefährlich werden, wenn ein Set unter den Wassermassen auseinanderbrach. Nehmt den Korridor heraus, sagte Cameron, und baut ihn um wie einen Kanal. Stapelt die Wassercontainer höher, dann entsteht mehr Druck.
Scott Fisher konnte es nicht fassen. Obwohl Cameron zwei Studios im Nacken saßen wegen der 100 Millionen Dollar teuren Budgetüberschreitung, hatte er die Nerven, so eine Szene noch einmal zu drehen. Zwar bewunderte Fisher den Erfindungsreichtum weniger einflußreicher Regisseure, die eben irgendwie durchkommen mußten. Aber andererseits respektierte er Camerons visionäre Kraft. Cameron kämpfte dafür, die Aufnahmen so zu bekommen, wie er sie haben wollte, und dann kämpfte er dafür, sie – wenn nötig – noch einmal drehen zu können. Es ging ihm vor allem darum, den Film so gut zu machen wie nur irgend möglich. Wenn er eine Chance sah, etwas auch nur ein klitzekleines bißchen zu verbessern, dann nutzte er diese Chance.
Der letzte Drehtag begann am 20. März und endete am 22. März. Die pausenlose Arbeit begann auf Stage 4, wo eine riesige Kulisse aufgebaut war, die als Sonnenuntergang für die Kußszene zwischen Rose und Jack dienen sollte. Eine Weitwinkelaufnahme. Genau auf die bemalte Leinwand, die, wie Carpenter sagte, ziemlich unecht aussah, aber Cameron wollte trotzdem drehen. »Wenn es nicht funktioniert, nehmen wir's nicht.«
Am Ende der Szene war es »ein bißchen wie am Schluß eines Super-Bowl-Spiels«, erzählt Landau. »Jim forderte alle auf, eine Schweigeminute einzulegen, zum Gedenken an die Menschen, die in dieser Tragödie ihr Leben gelassen hatten oder deren Leben zerstört wurde. Er wollte unsere Arbeit in den richtigen Kontext stellen.« Landau und DiCaprio hatten ebenfalls einen dramatischen Abschluß der aufreibenden Dreharbeiten vorbereitet.
Kate umarmte Jim, und in dem Moment, als sie ihn wieder losließ, gab Landau Leo ein Zeichen – und Leo kippte einen Eimer eiskaltes Wasser über Cameron.

Zurück blieben nur die Unermüdlichen – der innere Zirkel sozusagen. Noch 48 Stunden. »Die besten Tage bei einem Film mit

James Cameron sind diese Schlußtage«, sagt Arneson. »Sie sind unglaublich lang, aber Jim kann die Kamera nicht weglegen. Er ist total vereinnahmt von dem Film. Er weiß, bald ist alles vorbei, aber er stemmt sich richtig dagegen. Obwohl er total erschöpft ist, will er nicht, daß es zu Ende geht.«

Am nächsten Tag schauten sie sich die Muster der Kußszene am Bug an, und Carpenter fand die Kulisse toll. »Man würde nie denken, daß es alles nur gemalt ist. Es ist wirklich verblüffend, was bei diesem Film alles funktioniert hat.«

Am Tag 162 von 163 Drehtagen waren sie wieder im Labyrinth draußen, um die berstende Tür noch einmal zu filmen. Diesmal mit der dreifachen Wassermenge. Die Fluten im »Kanal« waren wie ein reißender Strom.

Am 22. März beendeten sie die Arbeit mit Captain Smiths Tod auf der Brücke der *Titanic*. Der britische Schauspieler Bernard Hill erinnerte sich an diese Szene als an einen persönlichen Höhepunkt. Er hatte die Möglichkeit gehabt, diese historische Figur zum Leben zu erwecken, und fand es großartig, daß ihm für diese Figur eine so perfekt nachgebaute Brücke zur Verfügung stand. Aber am Abend des letzten Drehtags war Hill nirgends zu sehen. Er hatte seinen Tod schon Wochen vorher gespielt, als sie die Brücke auf dem Riser versenkt hatten. In der Zwischenzeit war die Brücke entfernt und in einem Becken auf einer anderen Bühne wieder aufgebaut worden. Ein Stuntman übernahm Hills Rolle, als fast 250.000 Liter Wasser durch das Glas brachen. Cameron trug einen Taucheranzug, einen Helm und eine komplette Taucherausrüstung. Er war der einzige Kameramann, der bei dieser Szene anwesend war. »Das Wasser hat mich überrollt wie ein Bulldozer, und ich wurde erbarmungslos gegen die Wand gedrückt«, erzählt er. »Ich weiß nur noch, wie ich gedacht habe: ›Lieber Gott, nimm mich am besten gleich zu dir, denn die Nachproduktion wird eine Tortur!‹«

Die Umarmung der Liebenden wird unterbrochen durch die Kollision mit dem Eisberg. Nachdem man mit verschiedenen Spezialeffekt-Varianten herumexperimentiert hatte, überzeugte Cameron sein Spezialeffekte-Team, echtes Eis zu benutzen.

© 1997 by Twentieth Century Fox. Photo: Merie W. Wallace.

Oben: Rose auf dem Empire-Sofa in der Szene, in der Jack sie nackt zeichnen wird.

© 1997 by Twentieth Century Fox. Photo: Merie W. Wallace.

Links: Cameron filmte Leonardo DiCaprio, wie er Kate Winslet zeichnet. Die Großaufnahmen der zeichnenden Hände aber wurden erst Monate später als »Inserts« gedreht, wobei Cameron selbst zeichnete.

© 1997 by Twentieth Century Fox. Photo: Merie W. Wallace.

Obwohl es nur etwa dreieinhalb Meter vom Heck bis zum Boden waren, fühlte es sich für Hauptdarstellerin Kate Winslet viel tiefer an.

© 1997 by Twentieth Century Fox. Photo: Merie W. Wallace.

Oben: Szenen wie diese, in der Jack seine Rose zum Heck zieht, wurden auf Camerons *Titanic*-Nachbau gedreht, der dafür um sechs Grad gekippt wurde.

© 1997 by Twentieth Century Fox. Photo: Merie W. Wallace.

Unten: Unerschrocken bediente Cameron selbst eine Handkamera und rutschte mit den Stuntleuten das gekippte Deck hinunter.

© 1997 by Twentieth Century Fox. Photo: Merie W. Wallace.

Oben: Schauspielerin Linda Hamilton und Regisseur James Cameron plaudern 1991 während der Dreharbeiten zu ›Terminator 2‹. Sie heirateten, während ›Titanic‹ entstand.

© 1991 TriStar Pictures, Inc.

Links: Bei den Dreharbeiten zu ›The Abyss‹ bekam Cameron einen Vorgeschmack davon, was es bedeutet, wenn Filmemachen zum Extremsport wird: Zehn bis zwölf Stunden am Tag verbrachte er unter Wasser in zwölf Metern Tiefe; dann mußte er eineinhalb Stunden dekomprimieren; er tat dies, indem er mit dem Kopf nach unten in einem Drei-Meter-Tank hing – wobei er durch ein Plexiglasfenster die Muster (die am Vortag gedrehten Szenen) betrachtete.

© 1989 by Twentieth Century Fox.

Oben: Cameron und seine Mitproduzenten Rae Sanchini und Jon Landau am Drehort. *Unten:* Da konnten alle wieder lachen: DiCaprio, Cameron, Peter Chernin von Twentieth Century Fox, Bill Mechanic und Paramount-Chefin Sherry Lansing bei der US-Premiere von ›Titanic‹ im Dezember 1997.

Hier begann die »Titanicmania«: James Cameron und Leonardo DiCaprio nehmen bei der Weltpremiere von ›Titanic‹ im November 1997 in Tokio die Ovationen japanischer Fans entgegen.

© 1998 by Tom Wagner/SABA.

Kapitel 15

*Du liebst deine Arbeit. Weiß Gott, du liebst sie
wirklich. Und das ist der Fluch. Es ist das
Zeichen auf deiner Stirn, für alle sichtbar. Sie
wissen, sie haben dich. Ein Mann, der seine
Arbeit liebt, ist der einzige Typ Mann,
den sie fürchten.*

AYN RAND, *The Fountainhead*

Die Natur fürchtet jedes Vakuum, und das gilt auch für die Presse. Die Dreharbeiten für *Titanic* waren mit dem 22. März abgeschlossen, und sofort brach ein ungeheurer Medienterror los.

Man nannte den Film »Waterworld 1997«, und allein der Name *Titanic* klang nach einer Prophezeiung, die sich selbst erfüllt. Cameron hatte schon die ganze Zeit gedacht, daß der Titel ihm Hohn und Spott einbringen würde, aber er war davon ausgegangen, daß die Journalisten mit ihren Attacken warten würden, bis der Film fertig war. Weit gefehlt. Es war ein Blutsport mit drei Hauptzielen: das wackelige Datum des Kinostarts, die aggressiven Arbeitsbedingungen und das überzogene Budget.

Mit den Sicherheitsfragen ging es los. Beim Kippen des Hecks hatte es einen Zwischenfall gegeben, als ein Kabel gerissen war und die Plattform bei 90 Grad stehenblieb, während etwa 50 Stuntleute und Statisten an Bord angeschnallt festsaßen. Sofort wurde darüber berichtet, und man vermischte das Mißgeschick mit anderen Stuntunfällen zu einem einzigen Report des Grauens. In Wirklichkeit ging die Crew zum Mittagessen, während Fisher das Problem behob. Die Geiseln waren innerhalb von 40 Minuten wieder frei, und keinem war etwas zugestoßen, höchstens daß die Frisur etwas zerzaust war. Landaus Ehefrau und sein achtjähriger Sohn waren an der Reling festgeschnallt gewesen. Der Produzent mußte wirklich in einer brenzligen Lage stecken, wenn er sogar seine eigene Familie in Gefahr brachte! Wie beim Kinderspiel »Stille Post«, bei dem eine geflüsterte Botschaft am Schluß völlig entstellt ankommt, nachdem sie im

Raum die Runde gemacht hat, so schien alles, was mit *Titanic* zu tun hatte, verdreht zu werden.

Als der Kameramann Brent Hershman nach einem 19stündigen Arbeitstag bei dem New-Line-Cinema-Film *Pleasantville* auf der Heimfahrt starb, erschien in *Time* ein Artikel mit der Überschrift »Hollywoods brutale Arbeitspraktiken«, und neben der Überschrift war ein Foto von James Cameron abgebildet.

Der Regisseur, der überaus stolz auf seine Sicherheitsbilanz war, ärgerte sich sehr über solche Geschichten, die seiner Meinung nach alles verzerrten. Er hatte das erste Filmstudio in der modernen Kinogeschichte gebaut, um den größten Film, der je gedreht wurde, zu produzieren, und es hatte nur einen einzigen ernsteren Zwischenfall gegeben – ein Bauarbeiter hatte sich verletzt, als er an Stage 2 vom Gerüst herunterkletterte. Eine Notoperation war nötig geworden, eine Milzextirpation. Aber nicht der Bauunternehmer, sondern ein Filmsanitäter hatte den Verwundeten ins Krankenhaus gebracht. Eigentlich hätte der Bericht hervorheben sollen, daß man dem Mann das Leben gerettet hatte. Der Medivac-Hubschrauber, der beim Studio stationiert war, mußte kein einziges Mal eingesetzt werden.

In einem besonders üblen Artikel in der *Los Angeles Times* stand, Winslet habe eine häßliche Wunde am Knie gehabt, die sie sich bei den Dreharbeiten geholt hatte, und man zitierte eine Äußerung der Schauspielerin über Cameron: »Wenn irgend etwas auch nur andeutungsweise schiefging, ist er sofort ausgerastet. Man konnte sich echt nicht gut konzentrieren, wenn er so herumbrüllte.« Allerdings betonte sie, die Schauspieler habe er nie angeschrien. »Ich glaube, Jim wußte, uns konnte er nicht so anschreien wie die Crew, weil wir dann nicht gut gespielt hätten.«

Cameron war sehr gekränkt durch diese Bemerkungen. Er wehrte sich, schrieb einen empörten Brief an die *Los Angeles Times,* der am 5. Mai abgedruckt wurde. »So wie ein Bergsteiger sich selbst keinen guten Dienst erweist, wenn er später erzählt, der Berg, den er gerade bestiegen hat, sei ein harmloser Hügel gewesen, so ist es auch für die Leute, die durch die Feuertaufe meiner Filme gegangen sind, nicht gut, wenn sie die Erfahrung als Routine abtun«, schrieb er und fuhr dann fort: »Ich habe mich noch nie mit soviel Liebe und Leidenschaft einem Projekt gewidmet wie der *Titanic*.«

Winslet, die in London kontaktiert wurde, erklärte, man habe ihre Aussage entstellt, und schrieb ebenfalls einen richtigstellenden Brief an die *Times*. Aber im Grunde waren ihre Bemerkungen verständlich. Sie hatte das Interview einfach zu früh gegeben. Nach Dreharbeiten mit Jim Cameron haben die Darsteller und die Crew immer das Gefühl, als hätten sie einen endlosen Gewaltmarsch hinter sich. Es dauert sechs oder sieben Monate, bis die Erschöpfung nachläßt und sich ein rosiger Schimmer über alles legt. Wenn man Leute, die mit ihm gearbeitet haben, ein Jahr später fragt, dann sagen sie, es sei für sie das größte Abenteuer ihres Lebens gewesen. Kates Interview kam ein bißchen zu früh, und mit ihren 21 Jahren war sie ja auch noch ziemlich neu im Metier.

Der überzogene Etat wirkte auf die Medien wie ein rotes Tuch auf einen Stier. Die Endsumme belief sich auf 200 Millionen Dollar – 66 Prozent über dem geplanten Budget von 120 Millionen. Das Studio in Baja California brachte Fox noch 20 bis 30 Millionen Dollar Schulden. *Titanic* war teurer als *Waterworld* und somit der kostspieligste Film, der bisher je gedreht worden war. Ein etwas zweifelhafter Ruhm in einem Jahr, in dem unabhängige Filmproduktionen wie *Sling Blade, Shine* und *The Englisch Patient* (Der englische Patient) die Oscar-Verleihung dominierten.

Cameron versuchte die Presse zu ignorieren und sich ganz auf die Nachproduktion zu konzentrieren. Nachdem die Hauptdreharbeiten abgeschlossen waren, mußte er fast 400.000 Meter Film – etwa zwölf Tage – schneiden. Dazu kamen mehr als 500 visuelle Effekte. Jeder wußte, was keiner auszusprechen wagte – der 4. Juli als Termin für den Kinostart konnte auf keinen Fall eingehalten werden.

Vertreter von Fox und Paramount beobachteten den Regisseur sehr genau, um herauszufinden, wie schnell er *Titanic* fertigstellen konnte. Im April wurde den Kinobesitzern mitgeteilt, sie sollten mit dem 18. Juli oder mit Anfang August rechnen, aber es könne durchaus passieren, daß der Film erst im Herbst in die Kinos komme. Am 15. April brachte *Variety* einen Artikel mit der

Überschrift »That Sinking Feeling«, in dem berichtet wurde, daß Cameron zwar Tag und Nacht an der Fertigstellung des Films arbeite, ein Kinostart am 4. Juli jedoch kaum möglich erscheine. Dafür wurden vor allem die zahlreichen visuellen Effekte verantwortlich gemacht. Der Regisseur, so hieß es, halte seine beiden Geldgeber hin und habe seine Entscheidung schon mehrmals verschoben.

Der Artikel hatte eine unerwartete Wirkung. Erstens brachte er Rob Friedman auf 180, weil Bill Mechanic zitiert wurde, der den Eindruck erweckt hatte, als wäre das Datum des Kinostarts die Entscheidung von Fox, nicht von Paramount. Zu dem Zeitpunkt freute man sich bei Paramount, daß man die Hälfte des teuersten Films der Welt für mickrige 65 Millionen Dollar hatte kaufen können. Friedman rief also aufgebracht bei *Variety* an. Die Zeitschrift brachte daraufhin einen Artikel mit der Überschrift: »Keine Ansage vom Regisseur der *Titanic*.« Er begann mit den sorgfältig gewählten Worten: »Zwei große Studios warten noch immer auf Nachricht.« Friedman wurde zitiert: »Paramount diktiert, wann der Film in die Kinos kommt. Cameron und ich haben noch nicht festgelegt, welches Datum Paramount für den Kinostart wählen wird.«

Inzwischen griffen sich die beiden Studios sowohl in der Öffentlichkeit als auch im privaten Rahmen gegenseitig an. Mechanic fand, daß er mit Leuten zu tun hatte, die jahrelang Krimskrams verkauft hatten und sich plötzlich eines Tages im Filmgeschäft wiederfanden. Das Filmbusineß war ein Glücksspiel, und die Paramount war risikoscheu. Ihr ging es nur ums Geld und nicht darum, eine Sache perfekt zu machen. Konsum statt Kunst. Selbst kleine Dinge, die nicht unbedingt finanziellen Charakter hatten, wurden zum Problem – zum Beispiel, als Cameron beschloß, James Horner für die Filmmusik zu engagieren. Horners Forderung lag ein bißchen über der 500.000-Dollar-Grenze, die für den Komponisten vorgesehen war, und er wollte eine etwas höhere Beteiligung an den Soundtrack-Tantiemen. Friedman lehnte ab. Mechanic führte mehrere Telefongespräche und kam bis zu Jon Dolgen durch, dem Vorsitzenden der Muttergesellschaft der Paramount, der Viacom Entertainment Group. Und Dolgen billigte Camerons Wunsch.

Und jetzt würde also der Kinostart im Sommer platzen. Für die Presse war das wieder ein gefundenes Fressen. Wäre es vielleicht gelungen, den Termin einzuhalten, wenn Paramount aktiver beteiligt gewesen wäre? Ja. Es hätte vielleicht geklappt, wenn jemand bereit gewesen wäre, einen Teil der Last zu tragen, und immer wieder nachgefragt hätte, wie man helfen könnte, den Fortgang zu beschleunigen. Soll man zusätzliche Cutter hinzuziehen? Können wir sonst noch etwas übernehmen? Aber das war nicht geschehen. Der sogenannte Partner wurde zu einem lästigen »Freund«, der immer zum Abendessen mitkam, aber nie die Rechnung übernahm. Es fiel den beiden Studios sehr schwer, einigermaßen zivile Umgangsformen zu wahren. Immer häufiger erschienen in den Zeitungen bissige Bemerkungen von Quellen, die »nicht namentlich genannt« werden wollten. Als *Titanic* das Independence-Day-Wochenende für andere Filme freigab, löste das eine Kettenreaktion aus, die alle wichtigeren Kinostarts bis zum Jahresende beeinflußte. Bei Fox ahnte man bereits, daß *Speed 2* den hochgesteckten Erwartungen höchstwahrscheinlich nicht gerecht werden würde, und man verschob den Start deshalb auf den 27. Juni, weil an diesem Termin der einzige ernsthafte Konkurrent Paramounts *Face/Off* war. Columbias *Men in Black* (Regie: Barry Sonnenfeld) hatte nun freie Bahn, und Will Smith, der Star des Films, verkündete: »Der 4. Juli gehört mir!« Am 4. Juli 1996 hatte der Schauspieler mit *Independence Day* viele Lorbeeren eingeheimst. Die große Frage war nun: Wo würde die *Titanic* anlegen? Niemand wollte etwas mit ihr zu tun haben. Als Harrison Ford, Star von Jack Ryans Paramount-Film *Air Force One* (Airforce One), in Erfahrung brachte, daß das Studio den 25. Juli erwog, rief er sofort Jon Dolgen an, weil er nicht wollte, daß sein Film am selben Tag in die Kinos kam.

Mechanic wollte den 1. August. Als letzter Sommerfilm starten und trotzdem noch vier Wochen Spielzeit im Sommer – dann läuft im Herbst alles glatt. Zu diesem Zeitpunkt glaubte man bei Paramount schon nicht mehr, daß Cameron überhaupt noch einen Termin im Sommer schaffen konnte. Man dachte bereits an Thanksgiving, was die Fox nicht akzeptieren wollte, weil schon zwei ihrer großen Produktionen – *Anastasia* und *Alien Resurrection* – für dieses Datum angesetzt waren.

»Sie war total auf den November fixiert, und ich fand das idiotisch«, sagte Mechanic. Familienfilme wie *Mrs. Doubtfire* (Mrs. Doubtfire – Das stachelige Kindermädchen) und *The Addams Family* (Die Addams Family) waren im November gut angekommen. Sie kamen an Thanksgiving in die Kinos und liefen dann bis nach Weihnachten. Aber in der Erwachsenenkategorie (und dort ordnete er *Titanic* ein) hatten sich mit diesem Zeitplan nur zwei Filme durchgesetzt: *Ransom* (Die Uhr läuft ab) und *Dances With Wolves* (Der mit dem Wolf tanzt), der dann neun Oscars kassiert hatte. Mechanic war deshalb der Ansicht, wenn man nicht davon ausging, daß ein Film neun Oscars gewinnen würde, war der November kein besonders günstiger Monat. Friedman beharrte jedoch auf seinem Standpunkt und schaffte jede Menge Computeranalysen heran, die alle seinen Standpunkt unterstützten. Die Streitereien gingen weiter.

Cameron zog sich in der Zwischenzeit nach Malibu zurück und baute sein Anwesen zu einem Postproduktionsstudio um. Auf dem wunderschönen Gelände standen mehrere separate Gebäude, die sich um einen sprudelnden Brunnen gruppierten. Das Tonteam hatte ein Gebäude für sich. Im Gästehaus befanden sich drei Schneideräume. Er installierte zwei »V-Tel«-Videokonferenzverbindungen, eine mit Digital Domain, die andere mit Skywalker Sound.

Wie fast alle Terminpläne bei *Titanic* war auch der für die Special Effects eine Katastrophe. Als Präsident von Digital Domain und Spitzenmanager argumentierte Scott Ross, die Firma könnte den größten Teil ihrer Arbeit erst machen, wenn Cameron die geschnittenen Sequenzen schickte. Aber der Regisseur war der Ansicht, daß sie ihre Zeit besser nutzen konnte. Einige der Modellaufnahmen der *Mir*-U-Boote auf dem Grund des Ozeans waren immer noch nicht abgeschlossen, und an denen konnte sie doch jederzeit arbeiten. Cameron hatte angefangen, ein paar der Spezialeffekte an andere Firmen abzugeben, was zu Reibungen mit DD führte. Fox hatte kurz zuvor ein Unternehmen namens VIFX gekauft, und das übernahm einen großen Teil der Spezialeffekte – vor allem den »Atem«, der dem Team in den Tankszenen nach dem Untergang entgangen war, und die Sequenz im Maschinenraum.

Diese filmte Steve Quale als Second Unit und verwendete dafür eine geniale Kombination aus Miniaturen und einem echten Schiff, der *Jeremiah O'Brian*. Dieses ausrangierte Liberty-Schiff aus dem Zweiten Weltkrieg lag in San Francisco. Zwar war es kleiner als die *Titanic* und hatte nur einen Motor, nicht zwei wie die *Titanic*, aber Quale konnte improvisieren und stellte im Inneren überall Lampen und Stege im Verhältnis eins zu drei auf, so daß der Raum viel größer wirkte.

Camerons Weisung lautete: »Denk an die dynamische Bewegung in *Das Boot!*« Quale erfüllte diese Forderung mit energischen Kameraschwenks und vielen um ihr Leben kämpfenden Besatzungsmitgliedern. VIFX schuf digitale Schauspieler, die vor Greenscreen-Hintergrund auf den Stegen gefilmt wurden. Damit VIFX die Arbeit nach Camerons Angaben machen konnte, mußte DD einen Teil der Software »ausborgen«, den hauseigenen Code, den die Special-Effects-Hersteller immer streng bewachen. Ross wollte nicht so recht, aber Cameron blieb stur. Obwohl er der Chef von DD war, galt seine Loyalität zuerst und vor allem dem Film.

Letztlich trugen 17 Special-Effects-Firmen insgesamt 500 Aufnahmen zu dem Film bei. Manche Ignoranten, die über den Film schreiben wollten, fragten Cameron, warum er das Schiff überhaupt habe nachbauen lassen, wenn er doch alles mit visuellen Effekten hätte machen können. Die Antwort lautete: Dann hätte der Film dreimal soviel gekostet.

Cameron meldete sich zweimal am Tag bei DD und schaute sich die Szenen in der Entstehung an. Das V-Tel ermöglichte DD, ihm Bilder zu zeigen, die er dann kommentieren konnte. Er konnte sie sogar mit einem elektronischen Stift markieren. Cameron hatte zwei V-Tel-Sitzungen am Tag, eine um zwölf Uhr mittags, die andere um sieben Uhr abends. Manchmal war die Sieben-Uhr-Sitzung erst um elf Uhr nachts zu Ende, nachdem sie sich 100 Einstellungen angeschaut hatten. Die Sitzungen wurden mitgeschnitten, und es gab einen Vollzeitangestellten, der nichts anderes tat als die Gespräche zu transkribieren, zwölf Stunden am Tag.

Cameron hatte eine junge Special-Effects-Produzentin namens Camille Cellucci eingestellt. Sie hatte als Praktikantin bei Industrial Light and Magic begonnen und dann bei Sony Picture Imageworks gearbeitet. Sie brachte ihm Filmmaterial zur Begutachtung, das er sich an einem »Kem«-Schneidetisch anschaute. Zwar waren die Bilder detaillierter als auf Video, aber auch der Kem war etwas riskant, also entwickelten sie ein System, genannt FPP – Final Pending Projection. Einmal in der Woche fuhr Cameron mit seinem Humvee den Pacific Coast Highway hinunter, um sich bei DD die Aufnahmen auf einer großen Leinwand anzusehen. Dazu kamen die Muster der Special Effects. Dann machte sich Cameron die ganze Nacht ans Schneiden. Erst mit der Morgendämmerung hörte er auf, schlief bis Mittag, und die V-Tel-Sitzung um zwölf war für ihn die erste Aktivität des Tages. Den größten Teil der Zeit verbrachte Cameron im Schneideraum. Dunkel, isoliert – einen größeren Kontrast zu den hektischen Aktivitäten am Set in Rosarito kann man sich kaum vorstellen. Verdunklungstücher bedeckten Wände und Fenster. Die Avid-Konsole vereinigte die Eleganz eines Managerschreibtischs mit dem technischen Aufwand einer Raumflug-Kontrollstation. Jede Menge Hebel und Knöpfe. Ein Dutzend winziger Bildschirme zeigten Standbilder und Kurvenformbilder. Die wichtigste Lichtquelle waren zwei große Monitoren. Tag für Tag flimmerten die Bilder vorbei. Jede Szene hatte sechs, zehn, zwölf emotionale Varianten, manche subtil, manche extrem. Die Bilder wurden von einer Computertastatur kontrolliert, die Cameron bediente – souverän wie ein Konzertpianist.

Wie bei allen Aspekten der Produktion hatte sich Cameron auch beim Schnitt seiner Filme immer schon aktiv beteiligt. Im Gegensatz zu manchen Regisseuren, die sich damit zufriedengeben, schriftliche Anweisungen zu erteilen, setzte sich Cameron neben seine Cutter und begleitete sie bei ihrer Arbeit, obwohl die bis vor wenigen Jahren in der Filmindustrie übliche Schnitttechnik seine Einflußnahme erheblich beschränkte. Als man in den neunziger Jahren beim Schnitt auf Digitaltechnik überging und der Vorgang so einfach wurde wie Textverarbeitung, beschloß Cameron, sich selbst daran zu versuchen.

Seinen ersten Versuch startete er bei *Strange Days*. Die Regisseurin Kathryn Bigelow hatte Probleme bei einigen Actionszenen und bat Cameron um Hilfe. Im ersten Stock von Lightstorm, gleich unter Camerons Büro, hatte sie einen Avid in einer der Produktionsabteilungen aufgestellt. Cameron krempelte die Ärmel hoch und machte sich an die Arbeit. Der Vorgang machte ihm solchen Spaß, daß er große Teile des Films neu schnitt und sich vornahm, bei seinem nächsten Film den Schnitt selbst zu übernehmen. Im Sommer 1996 trat er in die Editor's Guild ein (die Gewerkschaft der Cutter), damit er dann beim Nachspann namentlich aufgeführt werden konnte, was bei *Strange Days* nicht ging, weil er noch kein Gewerkschaftsmitglied war.

Er kapierte schnell. Er arbeitete mit einem Avid-Techniker zusammen, der in Hörweite saß, und kam in rasendem Tempo voran. Cameron bat Fox um einen zusätzlichen Cutter, der ihm und Harris assistieren sollte, und nach dem üblichen Finanzlamento war man einverstanden. Er entschied sich für Conrad Buff, den er schon von *Terminator 2* und *True Lies* kannte. Obwohl jeder an anderen Sequenzen arbeitete, pflügte sich Cameron letztlich durch den gesamten Film.

Am 23. Mai war er bereits zwei Monate ausschließlich mit dem Schnitt beschäftigt und hatte natürlich immer wieder angestrengt über den Kinostart nachgedacht. Einerseits fühlte er sich verpflichtet, sich nach den Erwartungen des Studios zu richten. Andererseits wollte er seiner Intuition folgen und den Schatz, der ihm anvertraut worden war, beschützen. Einen ganzen Tag verbrachte er damit, nur über den Film zu meditieren und in Gedanken alles durchzugehen, was er noch tun mußte, um den Film fertigzustellen.

Die Nachsynchronisation, das sogenannte »Looping«, würde sehr zeitaufwendig werden. Obwohl bei den Dreharbeiten immer auch eine Sprachaufnahme gemacht wurde, waren Ausbesserungen unvermeidlich. *Titanic* hatte ursprünglich 100 Sprechrollen gehabt, und selbst nach einigen Kürzungen waren es immer noch 92. Im allgemeinen dauerte es einen halben Tag, um einen Schauspieler nachzusynchronisieren, und mit den beiden Stars würde er fünf oder sechs Tage verbringen müssen. Normalerweise war er bei diesem Vorgang immer zugegen, aber jetzt stellte er aus Gründen der Zeitersparnis einen Dialog-Supervisor namens Hugh Waddell ein.

Die Musik war eine weitere große Hürde. Ein Termin im Sommer würde bedeuten, daß Horner unter extremem Zeitdruck arbeitete. Und anschließend mußte die endgültige Tonmischung bei Skywalker Sound gemacht werden und das Colortiming im Filmlabor. Und selbst wenn all diese Schritte abgeschlossen waren, würde Cameron sich den Film einige Male ansehen müssen, ehe er entscheiden konnte, ob er endgültig fertig war. Wie oft am Tag konnte er sich einen dreistündigen Film ansehen? Zweimal? Die Rechnung ging einfach nicht auf.

In den Wochen zuvor hatten sie die Termine immer hin und her geschoben. Für Cameron war *Titanic* eigentlich kein Film, der in das typische Sommerprogramm paßte, so wie *Die Hard, Batman* oder *Jurassic Park*. Aber er hatte noch nie einen Film um die Weihnachtszeit ins Kino gebracht, also kannte er diesen Markt überhaupt nicht. Seine Intuition sagte ihm, daß das Publikum an Weihnachten gern gefühlsbetonte Filme für die ganze Familie sehen wollte.

Also rief er Peter Chernin an.

»Wir sollten das nicht tun«, sagte Cameron. Er sagte nicht: Wir können das nicht schaffen. »Wenn wir uns hetzen, um den Sommertermin einzuhalten, machen wir den Film kaputt. Er ist dann erst zu 85 Prozent fertig.«

Chernin war keineswegs überrascht. Er kam sich vor, als würde er in zwei Welten leben. Die Probleme mit dem Budget, die feindselige Presse, die Probleme mit Paramount. Und dann der Film selbst. Angefangen mit der Erstellung des Drehbuchs über die Unterwasseraufnahmen bis hin zu den Mustern am Set in Rosarito – immer hatte er ein positives Gefühl gehabt. Jetzt zeigte ihm Cameron lange Sequenzen des endgültigen Films. Zu Beginn des Monats hatte Cameron ihn nach Malibu eingeladen, um ihm die Rohschnittfassung der letzten anderthalb Stunden vorzuführen – die Untergangssequenz. Chernin war überwältigt. So etwas hatte er noch nie gesehen. Trotzdem – wenn man den Film ins letzte Quartal des Jahres verschob, kostete das Fox weitere drei bis vier Millionen Dollar. Cameron wußte das. Er war zerknirscht und bot sich an, 50 Prozent des Erlöses seines nächsten Films zu zahlen, bei dem er – versprochen! – nicht mehr dem Ruf der Leidenschaft folgen, sondern nur auf kommerzielle Aspekte achten würde.

»Okay«, sagte Chernin. »Ich brauche einen Tag, um mir das zu überlegen.«
Am Dienstag, dem 27. Mai, verkündete Paramount, daß *Titanic* am 19. Dezember 1997 in die Kinos kommen werde.

Bill Mechanic war völlig fertig, wenn er daran dachte, welchem Gespött sich Fox wegen dieser neuerlichen Verschiebung aussetzen würde.
Die Presse war fest entschlossen, Cameron den Schwarzen Peter zuzuschieben – diesem Regisseur, der seine Crew mißhandelte, sich bei zwei Studios bediente und überall Geld absahnte. Kein Mensch schien sich für die Qualität des Films zu interessieren. Man beschäftigte sich nur mit dem Budget, als wäre es ein Verbrechen, Geld auszugeben. Bei diesem Film floß das Geld in die Wirtschaft, es ging in die Taschen von arbeitenden Frauen und Männern und nicht auf die Bankkonten einiger weniger Bonzen. Es war allerdings auch nicht so, als würden die Studios das Geld nehmen und hungernde Kinder speisen oder Forschung für saubere Energie finanzieren. Die Frage war: *Titanic* – oder zwei weitere Filme mit Steven Segal und ein Film mit Eddie Murphy. Nur selten wurde darauf hingewiesen, daß *War and Peace* (Krieg und Frieden) oder *Cleopatra* (Kleopatra), nach dem heutigen Dollarwert bemessen, jeweils mehr als 300 Millionen Dollar gekostet hätten. Wenn *Gone With the Wind* (Vom Winde verweht) heute gedreht werden würde, müßte man über 400 Millionen Dollar dafür ausgeben. Und es stimmt: Hätte Cameron gewußt, daß *Titanic* 200 Millionen Dollar kosten würde, hätte er den Film nie gemacht. Kein vernünftiger Mensch hätte den Film gemacht.
Im Verlauf des Monats Juni schaukelte sich der Konflikt zwischen Digital Domain und Cameron weiter hoch. In einem Interview in der *Los Angeles Times* erklärte Cameron, die Special Effects seien der Grund für die Verzögerung. Scott Ross konnte es nicht fassen. Die Presse roch Blut und stürzte sich auf diese Aussage. Ross' Geschäfte basierten darauf, daß er seine Termine einhielt. Und wenn DD selbst für den eigenen Chef nicht rechtzeitig fertig wurde, wer konnte sich dann noch auf die Firma verlassen? Diese Art von Publicity konnte Digital Domain das Genick brechen. Das DD-Team, das sich alle Mühe gab, Camerons

Wünschen nachzukommen, fand die Vorwürfe demoralisierend und wehrte sich mit Gegenangriffen. Cameron sei mit bestimmten Schlüsselszenen zehn Wochen im Verzug. Außerdem treibe er mit seinem Perfektionismus alle Mitarbeiter in den Wahnsinn. Bei der kleinsten Kleinigkeit drehe er durch. »Das sind keine Möwen wie auf dem Nordatlantik! Nordatlantische Möwen haben eine Flügelspannweite von 120 Zentimetern. Das sind die falschen Möwen. Noch mal von vorn!«

Solche Geschichten liebten die Medien; Hollywood lief Amok. Treppauf, treppab, immer neue Dramen. Bei Fox fragte man sich schon, wessen Kopf zuerst rollen würde. Man bereitete Wiederbelebungsmaßnahmen für Bill Mechanic vor, der in der Warteschlange für die Guillotine an erster Stelle stand. Da er bei Fox unübersehbar die Nummer zwei war, würde seine Entlassung genügen, wenn Murdoch nur ein klares Zeichen setzen wollte, um den Aktionären zu signalisieren, daß News Corporation eine solche Verschleuderung von Millionen Dollar nicht einfach hinnehmen würde. Chernin war etwas besser dran. Nur wenige erinnerten sich daran, daß er es war, der dem Film grünes Licht gegeben hatte. Die Spirale wurde immer enger. Aber vielleicht hatte der verzögerte Kinostart ja auch seine guten Seiten. Die negative Berichterstattung würde im Verlauf des Sommers ihren Höhepunkt erreichen, und wenn der Film dann im Herbst herauskam, waren die ganzen Horrorgeschichten Schnee von gestern. Die Reporter mußten dann etwas Neues finden.

Fox verbrachte die Wochen zwischen Sommer und Weihnachten damit, sich zu fragen, ob sie mit *Titanic* 20, 40 oder 60 Millionen Dollar in den Sand setzen würden.

Speed 2 kam am 15. Juni in die Kinos und floppte. Die 125 Millionen Dollar teure Produktion spielte am ersten Wochenende nur 16 Millionen Dollar und in amerikanischen Kinos insgesamt nur 102,4 Millionen ein.

In den Korridoren bei Fox wurde die Atmosphäre immer angespannter.

In dieser aussichtslosen Situation kam Cameron zu einer Sitzung und stieß direkt mit Murdoch zusammen. Murdoch verhielt sich wie ein Gentleman, obwohl Cameron böse Vorwürfe erwartet hatte.

Cameron bewunderte Murdoch und wollte seine Sympathie gewinnen. Der Medienmogul tat etwas, was er, James Cameron, selbst in seinen ehrgeizigsten Träumen nicht anzustreben wagte: Er veränderte die Welt. Die Öffentlichkeit hatte spöttisch reagiert, als Murdoch in den USA ein TV-Network eingerichtet hatte, und jetzt, zehn Jahre später, war es die Nummer zwei. James war beeindruckt.

»Ich vermute, ich stehe bei Ihnen im Moment nicht besonders hoch im Kurs«, murmelte Cameron demütig. »Aber der Film wird gut«, fügte er hinzu.

»Er wird hoffentlich ein bißchen besser als gut«, entgegnete Murdoch.

Für Paramount mußte der Film nicht so erfolgreich sein, weil für sie der Punkt, ab dem er Geld einbrachte, niedriger lag, was eigentlich widersinnig war. Falls *Titanic* ungeheuer erfolgreich sein sollte, würde Fox mehr gewinnen. Das eingespielte Geld sollte gleichmäßig verteilt werden, bis Paramount seine Investition wieder zurückbekommen hatte, und von da an sollte Fox 60 Prozent der Gewinne kassieren – bis in alle Ewigkeit. Aber damit Fox überhaupt erst in diese Lage kam, mußte *Titanic* der erfolgreichste Film aller Zeiten werden.

Egal, wie optimistisch man sein mochte – damit konnte man nun wirklich nicht rechnen. Und außerdem war der Optimismus nirgends besonders groß.

Optimismus und Vertrauen entstehen, wenn man den Ausgang einer Sache sicher berechnen zu können glaubt, das wußte Cameron. Aber jeder Film war eine Art Glücksspiel. Niemand wußte, welche Marktfaktoren ein, zwei Jahre nach dem Kinostart eine Rolle spielen würden. Cameron merkte, daß er sich verrückt machen würde, wenn er sich verpflichtet fühlte, eine Erfolgsgarantie zu liefern. Kein Regisseur sollte sich dazu je verpflichtet fühlen! Ein Künstler muß seine Begabung nutzen und sein Bestes geben. Beim nächsten Film würde er daran denken. Falls er den jetzigen je überleben sollte.

Kapitel 16

*Ich möchte den Zustand der Verdichtung
erreichen, der ein Bild ausmacht.*

HENRI MATISSE

Die Vorbereitungen für die erste Testvorführung von *Titanic*, die am 14. Juli stattfinden sollte, wurden von Tom Sherak in aller Heimlichkeit getroffen. Peter Chernin und Bill Mechanic wurden in Los Angeles in ein Flugzeug verfrachtet, ohne zu wissen, wohin die Reise ging. Cameron, Sanchini und Landau schlossen sich den Fox-Managern an.
Von Paramount war niemand eingeladen.
Cameron freute sich auf die Vorführung. Die Avid-Video-Version hatte er bereits ein paar kleineren Gruppen gezeigt: seinen Produzenten und ein paar Freunden, darunter Scott Ross, Stan Winston und John Bruno.
Aber es war doch etwas ganz anderes, wenn man ein paar Freunde aus dem Showbusineß zu einer Privatvorführung zu sich nach Hause einlud, als wenn man sich den Film mit ganz »normalen« Zuschauern irgendwo in Amerika anschaute. Man versteht erst richtig, was für einen Film man gedreht hat, wenn man ihn mit den Augen eines unbekannten Publikums sieht.
Die Vorführung war von der National Research Group (NRG) geplant worden und sollte in der Mall of America in Minneapolis stattfinden. Unter der Leitung von Joe Farrell besaß die NRG quasi ein Monopol in der Filmmarktforschung. Die Zuschauer wurden von der Straße geholt. Man wollte vor allem einen repräsentativen Querschnitt der Bevölkerung erreichen. Auf die Frage, ob sie eine kostenlose Eintrittskarte für einen neuen Film haben wollen, reagieren die meisten Amerikaner entzückt.
Manchmal wird ihnen gesagt, welchen Film sie sehen werden, manchmal nicht. Den Zuschauern in Minneapolis sagte man, sie würden *Great Expectations* zu sehen bekommen, ebenfalls eine Fox-Produktion, mit Gwynneth Paltrow und Ethan Hawke, ein Remake der Erzählung von Dickens. Sherak wollte kein Risiko eingehen. Der Manager fand es wichtig, für diese Vorführung

möglichst weit weg von Hollywood und dem Mediengetöse zu sein. Journalisten machten sich einen Sport daraus, sich in solche Veranstaltungen einzuschleichen. Der Film war noch nicht fertig – eine provisorische Tonmischung, die Cameron selbst auf dem Avid hergestellt hatte, und mehrere Rohfassungen bei den Special Effects –, und die Presse durfte ihn auf keinen Fall zu Gesicht bekommen. Außerdem machte man sich Sorgen wegen des Internets. Negative Gerüchte im Internet hatten *Batman and Robin* kaputtgemacht.

In Texas gab es einen Computerfreak namens Harry Knowles. Seine Website war beispielsweise für Quentin Tarantino und Richard Linklater die Spielwiese im Cyberspace. Ausgerechnet Knowles bekam durch sein Netz aus gutplazierten Informanten Wind von der geplanten Vorführung der *Titanic*.

Hartnäckig wie James Cameron durchforschte er die Tiefen von Minneapolis nach dem untergegangenen Luxusliner. Unter den Technik-Cracks im Internet war Cameron mit seinen trickreichen Science-fiction-Filmen der König und wurde mit einer abgöttischen Hochachtung verehrt, die normalerweise nur Rockstars oder Computer-Software-Milliardären vorbehalten bleibt.

Knowles schaffte es um 14 Uhr am Tag der geplanten Geheimvorführung. Er drängte Leute in Minneapolis, sich einzuschmuggeln und ihm zu berichten. Eine Stunde später hatte er 250 Antworten. Daß Knowles in weniger als 24 Stunden so viele Spione in den Straßen von Minneapolis mobilisieren konnte, war eine verblüffende Leistung. »Ich habe die Internet-Horden auf die ahnungslosen Kinos in Minneapolis losgelassen«, verkündete er später lachend im Netz und berichtete schadenfroh von seinem Coup.

Sherak hatte Minneapolis vor allem wegen seines milden Sommerklimas ausgewählt, denn er hatte bei *The Abyss* seine Lektion gelernt. Als dieser Film in Dallas vorgeführt wurde, hatte es über 40 Grad im Schatten gehabt, und die Klimaanlage in dem Kino mit 1000 Sitzplätzen hatte den Geist aufgegeben. Sherak wollte die Vorstellung abblasen und den Leuten Karten für einen anderen Film geben, aber Cameron blieb stur. Wie nicht anders zu erwarten, fielen die meisten Beurteilungen nicht besonders enthusiastisch aus, nachdem die Leute drei Stunden lang nur geschwitzt hatten.

Als die Fox-Gruppe das Flugzeug verließ, hatte es über 30 Grad – für Minneapolis ungewöhnlich warm. Sherak wurde schon leicht nervös.

Mike Ribble war ein Teenager aus Edina, dessen Mutter immer wieder im Supermarkt kostenlose Kinokarten abstaubte. Die Filme, die seiner Mutter gefielen, wollte Mike meistens gar nicht sehen. *Great Expectations,* die x-te Verfilmung eines alten Schmökers, gehörte eigentlich auch in diese Kategorie. Aber Mike hatte gehört, daß sich Gwyneth Paltrow in diesem Film auszog, also ging er doch hin.

Diesen Abend wird Mike nie vergessen. Die Lichter im Saal gingen aus, das Fox-Logo erschien. Dann füllte ein riesiges Schiff die Leinwand. Ein allgemeines Raunen ging durch die Menge. »Verdammt!« dachte Mike. »Wir kriegen die Vorschau der *Titanic* zu sehen!« Aber als der Titel erschien, wurde ihm klar, daß es keine Vorschau war – sondern der echte Film! James Camerons *Titanic!* Die Zuschauer jubelten. Es war wie in einem Bruce-Springsteen-Konzert!

»Es war unglaublich!« erzählte Sherak. »Wenn ich dieses Gefühl festhalten und jeden Tag haben könnte, wäre mein Leben phantastisch!«

Die Arbeitsfassung dauerte drei Stunden und 20 Minuten, aber im Publikum herrschte absolute Stille. Sherak schaute immer wieder auf die Uhr. Anderthalb Stunden vergingen wie im Flug. Die Leute lachten immer an den richtigen Stellen, und es war kein höfliches Kichern. Sie applaudierten. Und als Leonardo DiCaprio in seinem Frack erschien wie Aschenputtel beim großen Ball, gab es anerkennende Pfiffe.

Der tosende Beifall am Schluß des Films war Musik in Sheraks Ohren. Das war mehr als ein höfliches Klatschen – es war der frenetische Jubel, von dem jeder Filmemacher träumt.

Cameron war im siebten Himmel.

500 Zuschauer gaben beim Hinausgehen ihre Fragebogen ab. 20 Personen wurden nach dem Zufallsprinzip ausgewählt, um anschließend noch einmal über den Film zu sprechen. Zum einen hatten sie alle von dem Film gehört, und die meisten wuß-

ten, daß er astronomische Summen verschlungen hatte. Aber das hatte sie nicht gegen den Film eingenommen. Wenn überhaupt, dann wollten sie sehen, was der Regisseur mit den 200 Millionen angestellt hatte. Eine Frau meinte, schon der Dialog bei dem Abendessen in der ersten Klasse sei 200 Millionen wert gewesen.
Cameron war ganz aufgeregt vor Freude. Auch wenn die Presse noch so auf ihm herumhackte – die Leute mochten seinen Film. Die Mühe hatte sich gelohnt.
Als das Fox-Flugzeug in Los Angeles landete, hatte der *Titanic*-Rausch bereits das Internet erfaßt. 25 von Knowles' Freunden hatten es geschafft, in die Vorführung zu kommen. 23 von ihnen waren begeistert! Einer war erstaunt, daß es sich bei *Titanic* nicht um den Katastrophenfilm handelte, den er erwartet hatte, sondern um ein historisches Liebesdrama mit Katastrophenelementen. »Aber die Personen im Film haben mich echt interessiert«, gestand er.
»Im Vergleich dazu wirkt alles andere, was Cameron sonst so gemacht hat, ziemlich lahm!« meinte ein anderer.
»Hast du Cameron gesehen? Was hatte er an?« wollte Knowles von einem Online-Partner erfahren.
»Ich hab' ihn gesehen, als er den Gang runterging. Er hatte das gleiche an wie immer: ein langärmeliges blaues Hemd, die Ärmel natürlich hochgekrempelt, und Blue Jeans und einen Bart.«
Die Vorführung im Juli brachte die *Titanic* auf neuen Kurs. Angesichts der allgemeinen Begeisterung im Internet sahen sich die Vertreter der Medien – von denen keiner den Film gesehen hatte – nun doch gezwungen, einzuräumen, daß der Film eventuell funktionieren könnte. Es wurde nicht mehr dauernd darüber geschrieben und geredet, daß der Film ein Reinfall sein könnte, sondern daß es sich um ein sehr gewagtes Unternehmen handelte.
Auch für Fox war ein Wendepunkt gekommen. Das Studio hatte die vergangenen Monate damit verbracht, zu beklagen, wieviel Geld es verlieren würde. Jetzt dachten alle, daß sie sich vielleicht doch etwas weniger Sorgen machen mußten, aber noch kam keiner auf die Idee, daß der Film womöglich Profit einspielen könnte.

Auch bei der Marktforschung änderte sich einiges. Die Testvorführungen konnten nicht mehr geheimgehalten werden. NRG war alles andere als entzückt, und auch die Studios freuten sich nicht. Sherak regte sich maßlos darüber auf, daß selbst die strengsten Vorsichtsmaßnahmen die Cyber-Spione nicht hatten fernhalten können. Diesmal hatte es zwar nur Vorteile gebracht, aber beim nächsten Film konnte es ganz anders laufen! Die »normalen« Journalisten waren zumindest in gewissem Maß manipulierbar, denn die Studiobosse konnten sich immer auf dem Golfplatz beim nächsten Vorgesetzten beschweren, aber im Internet schrieb jeder, was er wollte.

NRG nahm die 500 Fragebogen der Zuschauer und wertete sie aus. Auch Cameron studierte sie sorgfältig zu Hause.

Die Zuschauer waren gebeten worden, die Darsteller nach vier Kategorien zu bewerten – ausgezeichnet, sehr gut, gut, schlecht. Winslet und DiCaprio bekamen keine Note schlechter als »sehr gut«, 80 Prozent entschieden sich für »ausgezeichnet«. Das hatte es noch nie gegeben. Bates und Stuart erhielten zu 60 Prozent die Bewertung »ausgezeichnet«, ebenfalls ein Traumergebnis. Zane erreichte 40 Prozent – für einen Schauspieler, der einen Bösewicht spielt, eine völlig ungewöhnliche Einschätzung.

Das Publikum war begeistert von den Szenen mit Gloria Stuart und der Schlußszene oben an der Treppe. Sie fanden es »unrealistisch«, daß die Musiker spielten, bis das Schiff unterging, obwohl dies den historischen Tatsachen entsprach. Das Geheimnis des Diamanten tauchte sowohl auf der positiven wie auch auf der negativen Seite auf. Aber Cameron hatte während der Vorführung ein kollektives Japsen gehört, als die alte Rose die Hand öffnet und man das teure Schmuckstück sieht.

Als »Lieblingsszene« wurden am häufigsten erwähnt: das Abendessen; Rose wird skizziert; das Fest in der dritten Klasse; die Liebesszene im Auto; Rose lernt spucken; der Untergang. In dieser Reihenfolge. Bogen für Bogen für Bogen. Cameron war verblüfft. Als ihm klar wurde, daß die Zuschauer den Untergang des Schiffs an sechster Stelle nannten, wußte er, daß er es geschafft hatte. Er, der König der Actionfilme, hatte die Zuschauer mit unterhaltsamem Geplauder und ergreifenden Liebesszenen beeindruckt! In Actionfilmen gab es normalerweise keine

ausgedehnten Diners mit Leuten in Abendkleidung! (In *True Lies* gibt es zwar auch ein Essen, aber es zeichnet sich eher aus durch das, was nicht gesagt wird – meistens starren die Leute nur sehr postmodern auf ihre Teller.) *Titanic* enthält drei Mahlzeiten – ein Frühstück, ein Mittagessen und ein Abendessen – , und alle drei kamen gut an. Für den Autor waren sie ungemein dankbare Objekte, denn diese Szenen wurden nur vom Dialog und der Darstellung getragen. Cameron hatte acht Drehbücher geschrieben, die verfilmt worden waren und an den Kinokassen mehr als 1,7 Milliarden Dollar eingespielt hatten, aber bisher war er als Drehbuchautor nur ganz nebenbei erwähnt worden. Sogar für ihn selbst war das Skript kaum mehr als ein Mittel zum Zweck. Er liebte die Regiearbeit. Das Schreiben liebte er nicht. Das Studio hatte ihn angefleht, die Spuckszene zu streichen. Seine Koproduzenten hatten sich dieser Bitte angeschlossen. Alle fanden die Szene eklig. Auch die Schauspieler waren beim Lesen des Drehbuchs nicht besonders angetan gewesen und hatten gemeint, sie würden sich beim Spielen sicher nicht besonders leicht tun. Aber Cameron fand die Szene gut. Beim Schreiben dachte er normalerweise nicht an die Kosten oder das »Konzept«, sondern brachte zu Papier, was ihm gerade in den Kopf kam. Später würden noch genug Leute kommen und ihm sagen, was er wieder herausnehmen sollte. Die Spuckszene blieb drin. Schon als die Dreharbeiten begannen, waren die Schauspieler richtig entzückt. Und jetzt waren die Zuschauer ebenfalls begeistert. Die Kritiker wußten nicht, was dem Publikum gefallen würde, und auch die Studiobosse konnten es nicht voraussagen – aber diese Fragebogen spiegelten die spontanen Reaktionen wider.
The Terminator oder *Aliens* hatte Cameron nie getestet. Er war bei den entsprechenden Studiomanagern aufgetaucht und hatte verkündet: »Hier sind die Büchsen mit dem Film!« *The Abyss* war der erste Film, den er testete, und obwohl er das Gefühl hatte, daß er nicht den Film zustande gebracht hatte, den er im Kopf gehabt hatte, fand er den ganzen Vorgang nützlich. Wenn er an den falschen Stellen Gelächter hörte, machte er sich Notizen. Wenn eine eindeutige Tendenz zu beobachten war – zum Beispiel, wenn die Hälfte der Leute eine bestimmte Sequenz nicht mochte –, wurde diese Sequenz rausgeworfen, auch wenn er

selbst sie toll fand. Sein Ziel war es, möglichst gute Unterhaltung für möglichst viele Zuschauer zu schaffen. Denn diese Leute waren genau wie er. Er hatte keine Filmakademie besucht, um dort Film Noir oder die Screwball Comedies der dreißiger und vierziger Jahre zu studieren, nein, er war in den Autokinos gewesen und hatte sich jeden Schund angesehen. Er war wie das Publikum – der typische Durchschnittszuschauer.

Am 26. Juli lief die Nachproduktion wie immer auf vollen Touren, aber der Regisseur nahm sich einen Tag frei, um Linda Hamilton zu heiraten. Die beiden hatten eigentlich vorgehabt, erst zu heiraten, wenn die *Titanic* auf hoher See war, aber der Stapellauf hätte ja am 4. Juli stattfinden sollen ... Die Testvorführung war wie ein Lichtschein am Ende des Tunnels gewesen. War jetzt nicht der richtige Augenblick gekommen? Seit sieben Jahren waren Jim und Linda ein Paar, wenn auch mit Unterbrechungen. Für Linda war es die zweite Ehe, für Cameron die vierte. Die hawaianisch inspirierte Zeremonie wurde im Garten von Hamiltons Anwesen in Malibu abgehalten. Es war eine eher informelle Feier, bei der lediglich 40 Familienmitglieder und enge Freunde anwesend waren. Die Kinder, zerzaust und braungebrannt, nahmen natürlich auch teil: die vierjährige Josephine, ein bezauberndes Mädchen mit blonden Haaren, und Dalton, Hamiltons siebenjähriger Sohn aus erster Ehe. Cameron wirkte sehr elegant in seinem Hawaiihemd und dem schwarzen Frack. Hamilton, sportlich wie immer, war barfuß und trug ein schlichtes weißes Kleid. Über die Hochzeit wurde in der Regenbogenzeitschrift *Star* berichtet. Daß die Flitterwochen auf die Zeit nach Abschluß des Films verschoben werden mußten, schien allen nur selbstverständlich.

Es gab noch zwei weitere Testvorführungen, eine am 12. August in Portland, Oregon, und eine fünf Tage später in Anaheim Hills, Kalifornien. Diesmal gab es keine Geheimniskrämerei. Das Publikum wurde mit Hilfe einer Liste von zehn Filmen ausgewählt: Wer vier der zehn mochte – darunter Filme wie *Braveheart* und *Dances With Wolves* –, wurde genommen.
Cameron wollte vor allem die Publikumsreaktion auf die Über-

länge testen. Die erste Version hatte drei Stunden und 22 Minuten gedauert. Auf die Frage, ob der Film zu lang sei, hatten sich 18 von 20 Leuten gemeldet. Also mußte er etwas unternehmen, und da er nun die Vorlieben der Zuschauer kannte, wußte er genau, wo er anfangen sollte. Die Anfangsszene mit dem U-Boot im Innern des Wracks war zu ausführlich. Er nahm noch mal sechs Minuten heraus. Aber als nach der Aufführung in Portland wieder 20 Personen befragt wurden, meinten immer noch 17, der Film sei zu lang. Cameron glaubte trotzdem, daß er auf dem richtigen Weg war.

Die Zuschauer waren vor allem mit der Verfolgungsjagd durch die überschwemmten Gänge nicht einverstanden: Lovejoy rennt mit der Pistole hinter dem Liebespaar – und dem Diamanten – her, während gleichzeitig das Wasser immer höher steigt. Alle fanden, daß die *Titanic* so schnell unterging, daß jeder einigermaßen vernünftige Mensch nur noch daran denken würde, wie er sein Leben retten könnte – auch wenn der Diamant noch so viel wert sein mochte. Die Verfolgung lenkte die Zuschauer von der großen Gefahr ab – sie sollten sich plötzlich für eine andere Gefahr interessieren, die ihnen nebensächlich erschien. Es hatte eine Woche gedauert, diese Szene zu drehen, drei Tage länger als geplant. Kosten: eine Million Dollar. Sie flog raus. Es ist interessant, daß Cameron vom Studio eine Liste mit Kürzungsvorschlägen bekommen hatte, so lang wie das Telefonbuch von Manhattan. Aber Lovejoys Verfolgungsjagd war nicht dabei gewesen. Alle, auch Cameron selbst, hatten *Titanic* hauptsächlich als Actionfilm betrachtet und solche Elemente einfach für unentbehrlich gehalten.

Cameron nahm noch ein paar Kleinigkeiten heraus, die sich insgesamt auf anderthalb Minuten beliefen. Dann kam der Test in Anaheim Hills. Wie viele Leute fanden den Film zu lang? Zwei. Für Cameron war die Moral der Geschichte: Zeit ist ein dehnbarer Faktor. Ein Thema, das die Philosophen seit Menschengedenken beschäftigt. »Zeit ist nicht linear meßbar. Wenn man sich in einem Film gut unterhält – wenn alles funktioniert, wenn die Erfahrung sich entwickelt, wenn die Spannung einen weiter trägt –, dann verläßt man das Kino mit einem völlig anderen Gefühl, als wenn man sich gelangweilt hat. Mein Film war vielleicht zehn Prozent besser als vorher, aber das hat eine Kettenreaktion ausgelöst. Es war wie ein Quantensprung.«

Nun war diese Phase soweit abgeschlossen, und Cameron stürzte sich auf die Nachproduktion des Tons. Von April bis August hatte er sich immer wieder mit dem Komponisten James Horner getroffen. Er hatte einen Flügel für sein Haus in Malibu gemietet, das ansonsten betont schlicht, aber eigenwillig ausgestattet war – Orientteppiche, Parkettfußboden, das Eßzimmer mit Dinosaurierknochen verziert. Der Flügel stand an dem Panoramafenster im Salon, mit Blick nach Süden, ins üppige Grün der Bäume.
Wenn Horner Klavier spielte, setzte sich Cameron in einen Sessel und hörte zu. Ein Bildschirm und ein Videogerät waren so aufgestellt, daß Horner den Film wie ein Pianist in der Stummfilmzeit begleiten konnte. Manchmal begaben sich die beiden in den Schneideraum und unterhielten sich über die einzelnen Szenen. Es war eine Kollaboration im wahrsten Sinn des Wortes, aber trotzdem gab es musikalische Einfälle, mit denen Cameron auch nach langen Diskussionen nichts anfangen konnte. Er bat Horner, verschiedene Stellen noch einmal zu überarbeiten.
Manchmal schlug Cameron vor, die Musik ganz einfach zu gestalten: eine Solostimme, eine schlichte Begleitung. Manchmal widersprach Horner, aber er bemühte sich, flexibel zu bleiben. Ein paarmal leistete er entschlossenen Widerstand. Cameron erinnerte sich vor allem an ein Beispiel: die Szene, als die beiden Liebenden über die Reling klettern, oben am Heck. Das war ein ganz elementarer Augenblick, nicht ohne Ironie – drei Tage zuvor hatte Jack Rose an derselben Stelle in die andere Richtung gezogen. Jetzt kämpften sie beide um ihr Leben. Cameron fand, daß es reine Actionmusik sein sollte, mit viel Percussion. Horner wollte das Liebesmotiv einweben.
Schließlich machte Horner verschiedene Vorschläge, obwohl er nicht gern so arbeitet. Aber in diesem Fall erklärte er sich dazu bereit. Als Jack und Rose auf die andere Seite klettern, erklingt tröstlich das Liebesmotiv, aber es wird schnell von einer tiefen, dunklen Musik übertönt. Cameron fand dieses Arrangement genial – genau richtig. Mitte August war Horner immer noch dabei,

verschiedene wichtige Zwischenspiele zu komponieren, aber den größten Teil der Zeit verbrachte er damit, ein 100köpfiges Orchester bei Todd AO in Studio City zu dirigieren. Der Aufnahmeraum befand sich auf einem CBS-Aufnahmegelände, auf dem Fernsehshows wie *Seinfeld* und *Roseanne* gedreht wurden, und galt als der beste überhaupt. Je mehr Horner und Cameron experimentierten und neu aufnahmen, desto mehr Geld gaben sie aus, und bald war das Budget für die Filmmusik überzogen – wie alle Kalkulationsposten bei diesem Film.

Fast bei jedem Film bedeutet die Musik ein finanzielles Dilemma. Es ist eine alte Produzentenregel, schon bei der Vorproduktion den Posten Musik zu kürzen, wenn die Geldmittel knapp werden. Egal, wie alles weitergeht – über die Musik muß man ohnehin erst sehr viel später nachdenken. Als es für Cameron so weit war, daß er das Geld für die *Titanic*-Musik zusammenkratzen mußte, schlugen wieder viele die Hände über dem Kopf zusammen und wollten auf dem ursprünglichen Budget beharren. Horner verdiente besser, als die gängigen Tarife vorsahen, aber nachdem Cameron sich einmal für ihn entschieden hatte, gab es kein Zurück. Fox war bereit, die Sache kreativ anzugehen. Horner hatte einen Package-Deal vereinbart, was bei Komponisten oft gemacht wurde, und dazu gehörte eine feste Summe, mit der die Kosten für die Orchesteraufnahmen abgedeckt sein mußten, einschließlich der Musikergagen. (Das erklärt, warum viele Komponisten im Ausland aufnehmen – die Musiker werden dort schlechter bezahlt.) Bei einer solchen Vereinbarung haben Budgetüberschreitungen zur Folge, daß der Komponist selbst weniger Geld bekommt.

Lange Zeit überlegte Cameron, ob er einen Song in seinen Film einbauen sollte oder nicht. Er hatte zwar nicht grundsätzlich etwas dagegen, aber für die *Titanic* fand er einen Song unpassend. »Hätte jemand an den Schluß von *Schindlers Liste* ein Lied gesetzt?« fragte er. »Doch wohl eher nicht.«

Horner vertrat jedoch die These, daß der Film einen Song brauchte, vor allem am Schluß, während des Abspanns, der ganze acht Minuten dauerte. Ein Lied würde während des Abspanns die emotionale Stimmung des Films weitertragen, fand der Komponist, und eine ausdrucksvolle Stimme könnte den Film optimal beenden. Er wußte allerdings, daß er Cameron niemals theoretisch überzeugen konnte, weil es eine gefühlsmäßige Entscheidung war, die man nicht unbedingt logisch nachvollziehen konnte.

Ohne Camerons Einverständnis bat Horner einfach Will Jennings, einen Text zu seiner Musik zu schreiben. Dann lud er Celine Dion ein.

Die kanadische Sängerin, die dabei war, Whitney Houston als Soundtrack-Königin vom Thron zu stoßen, war die perfekte Stimme für den Song. Horner hatte sie schon gekannt, ehe sie »Queen Celine« wurde. Sie fand den Song wunderbar. Man einigte sich, und die beiden reisten nach New York, um heimlich eine Demo-Version aufzunehmen. Das bedeutete sehr viel Arbeit, aber Horner wußte, daß er Cameron nur überzeugen konnte, wenn er ihm einen fertigen Song präsentierte.

Aber auch nachdem alles vorbereitet war, wartete er wochenlang auf den richtigen Augenblick. Er war nervös, und nicht ohne Grund. Er hatte Celine Dion überredet, eine Demo-Aufnahme zu machen, was sie seit Jahren nicht mehr getan hatte. Dabei hatte er ihr klar zu verstehen gegeben, daß die Arbeit rein spekulativ war und James Cameron als der Regisseur des Films den Song jederzeit ablehnen konnte. Trotzdem wäre er es ihm ausgesprochen peinlich gewesen, ihr sagen zu müssen, daß der Song nicht verwendet wurde. Er glaubte an sein Lied und wußte, daß es Celine nicht anders ging. Außerdem wäre es schön, für zwei Oscars nominiert werden zu können statt nur für einen.

Nach einer besonders sonnigen Woche und einer längeren Phase guter Laune überreichte Horner dem Regisseur die Aufnahme. »Ich möchte gern, daß du dir das anhörst«, sagte er.

Cameron spielte das Lied ein paarmal hintereinander, ohne ein Wort zu sagen. Er erkannte das Thema, wußte also genau, daß das Lied für seinen Film gedacht war – aber wie in aller Welt hatte Horner die Aufnahme zustande gebracht? Nach einer ganzen Weile, die dem Komponisten wie eine halbe Ewigkeit erschien, sagte Cameron endlich: »Das ist toll!«

Da er in Popmusik nicht sonderlich bewandert war, erkannte er Celine Dions Stimme nicht. Mit einem breiten Grinsen klärte

Horner ihn schließlich auf. Cameron fand den Song hervorragend, mindestens so gut wie Whitney Houstons Lied in *The Bodyguard* oder die anderen erfolgreichen Liebeslieder der vergangenen zehn Jahre. Er gab auch zu, daß die Musik den Abspann gut begleiten würde, hatte aber trotzdem nach wie vor Bedenken und hielt es für riskant, einen Song zu verwenden. Würde man ihm vorwerfen, am Schluß mache er doch kommerzielle Zugeständnisse? Der Regisseur David Lean, der zusammen mit verschiedenen Komponisten einige der besten Filmmelodien geschaffen hat, bringt nie ein Lied am Schluß des Films. Desgleichen Stanley Kubrick, Camerons großes Vorbild. Cameron mußte einfach noch eine Weile darüber nachdenken.

Am 16. August wurde Cameron 43 Jahre alt. Sein Bart ergraute zwar langsam, aber er hatte noch alle Haare und wirkte verblüffend fit, vor allem, wenn man sich vor Augen führte, was er in den vergangenen drei Jahren durchgemacht hatte.

Die Nacht vor seinem Geburtstag verbrachte er, wie schon viele endlose Nächte, im Schneideraum. Erst lang nach Anbruch der Dämmerung tauchte er blinzelnd wieder auf, um zu Hamilton und den Kindern zu fahren. Seine Sekretärin lud einen Berg von Geschenken ins Auto.

Er beschloß, Horners Song zu nehmen. Bei Licht betrachtet, fand er es perfekt, den Film damit zu beenden, daß die Ideen und Gefühle des Films in Worte gefaßt wurden und die Zuschauer sie so in ihr Alltagsleben mitnehmen konnten.

Außerdem würde der Song mit Sicherheit ein kommerzieller Erfolg werden. Horner hatte gerade mit Sony Classics und Celine Dion ein lukratives Geschäft abgeschlossen, und von Dion, die auch für Sony arbeitete, würde im Herbst ein neues Album herauskommen. Und Cameron wußte, daß die Musik nicht ohne Wirkung bleiben konnte: Wenn die Leute ein paar Takte davon hörten, würden die Gefühle, die der Film in ihnen geweckt hatte, wieder aufleben, und als Pawlowscher Reflex würde in ihnen der Wunsch entstehen, den Film noch einmal zu sehen. Jedenfalls in der Theorie.

Aber so etwas hatte er noch nie versucht, und ehrlich gesagt – er wäre sehr erstaunt, wenn es tatsächlich funktionieren sollte.

Kapitel 17

*Die meisten Filmemacher wollen, daß man sehr
gute Arbeit leistet. Bei Jim bedeutet »sehr gut«
soviel wie perfekt.*

SCOTT ROSS

Der Celine-Dion-Song verschärfte die Spannungen zwischen Fox und Paramount. Der Song würde Geld kosten, und Paramount wollte keines mehr ausgeben. Bei Fox glaubte man, ein Lied mit Celine Dion würde der inländischen Verleihfirma mehr bringen als ihnen, und deshalb bestand man darauf, daß Paramount die Kosten übernehmen sollte. Aber Cameron war jetzt fest entschlossen, den Song einzubauen. Da er seinen Vertrag mit Fox abgeschlossen hatte, war es Aufgabe des Studios, ihn bei Laune zu halten, zumal jetzt, nach den vielversprechenden Testvorführungen. Die Medien spekulierten inzwischen schon darüber, daß Paramount an der *Titanic* doch einiges verdienen könnte.
Seit dem Frühjahr war man bei Paramount damit beschäftigt, Verkaufsstrategien zu entwickeln. Die Marktforschung ist eine erprobte, wenn auch ungenaue demographische Wissenschaft, die beim Film das gleiche Ziel verfolgt wie die meisten Werbekampagnen: die Leute anzulocken und möglichst viele für das Produkt zu interessieren. Dafür kann man die üblichen Wege einschlagen: Man kann den ganzen Planeten mit Plakaten zupflastern – oder aber auf bestimmte Bevölkerungsgruppen gezielte Angriffe starten. Man muß dabei allerdings gleich beim ersten Mal ins Schwarze treffen, denn im Gegensatz zu Getränken, Deos und anderen Konsumprodukten haben Filme nur eine begrenzte Lebensdauer. Eine zweite Chance bekommt man nicht. Im Kino gibt es keine Entsprechung zur Neuvermarktung eines alten Produktes.
Bei einem Film geht es darum, die Zuschauer gleich am ersten Wochenende in die Kinos zu holen, zur »Eröffnung«. Auf diese Weise kann ein Studio selbst mit einem schlechten Film noch Profit machen. Eine Eröffnung mit 15 Millionen Dollar ist nicht

übel, 20 Millionen sind gut. Jedes Studio kann sich bis etwa zehn Millionen hocharbeiten, wenn man vorher im Fernsehen entsprechend Werbung macht. Oft werden vor dem Eröffnungswochenende zehn bis 20 Millionen Dollar ausgegeben, um den Film anzupreisen.

Zur Werbung gehören Anzeigen, allgemeine Publicity und Fernsehspots. Ein wichtiger Schritt ist die Entwicklung einer »Key Art« – einer Schlüsselgraphik für Plakate, Werbeflächen und Zeitungsanzeigen. Ganz zentral ist auch der Kinotrailer. Für die Fernsehspots wird dann normalerweise eine gekürzte Version dieses Trailers verwendet. Dafür muß man die zahllosen Elemente des Films zu einer kommerziellen »Botschaft« komprimieren, die das Publikum direkt anspricht.

Die Kampagne beginnt mit einer Reihe von Fragen, wie etwa: Was würde eine 18- bis 24jährige Frau denken? Was ist mit den Jugendlichen? Bei der *Titanic* lautete die erste und wichtigste Frage: Ist es eine Liebesgeschichte oder ein Actionfilm? Cameron war von Anfang an der Überzeugung, daß es sich eher um eine Liebesgeschichte handelte, obwohl er lachen mußte, als er den Film zum erstenmal so beschrieben fand, und zwar in den Produktionsnotizen des *Hollywood Reporter:* »*Titanic.* Eine epische Romanze.« Ha!

Paramounts Entwurf, der im Mai vorgeführt wurde: die zwei Meter hohe vertikale Ansicht des Bugs der *Titanic* und dazu die Worte: »Collide with Destiny« (Kollidiere mit dem Schicksal). Das war einprägsam. Aber wieviel teilte dieses imposante Bild über den Film selbst mit?

»Wie vorhersagbar«, dachte Mechanic, als er das Plakat das erstemal sah. James Cameron ist gleich Actionfilm. Kein besonders genialer Einfall. Und Mechanic ging außerdem davon aus, daß die jungen Männer sich den Film sowieso ansehen würden, weil er von James Cameron stammte. Aber was war mit den restlichen vier Milliarden Menschen auf dem Erdball?

Paramount hatte mit seinen Marketingstrategien schon phänomenale Erfolge erzielt. *The Godfather* (Der Pate), *Saturday Night Fever* (Nur Samstag nacht) und *Flashdance* waren Meilensteine. Außerdem hatten sich mehrere Filme in kulturelle

Phänomene verwandelt, wie etwa *Top Gun* und *Fatal Attraction* (Fatale Begierde), um nur zwei zu nennen. Aber man konnte natürlich nicht genau messen, welchen Anteil das Marketing am Erfolg dieser Filme gehabt hatte. Wer konnte beurteilen, ob sich nicht einfach die Qualität des Films durchgesetzt hatte? In der Hinsicht war Bob Zemeckis *Forrest Gump* das ultimative Rätsel. Man konnte den Film in keine Schublade packen: keine richtige Komödie, kein richtiges Melodram – und dann Tom Hanks, bisher vor allem Komödienstar und nun in einer ernsten Rolle. Der Film wurde der Kassenschlager des Jahres 1994 und zog Kochbücher, eine ganze Kleidermode und jede Menge Merchandising nach sich. Vor allem auch für die Firma Nike war er unbezahlbar, weil *Forrest Gump* ihre Turnschuhe trug und ihr Ansehen dadurch enorm stieg. Der Film gewann sechs Oscars, was ebenfalls ein gutes Licht auf Paramounts geschickte Vermarkungsstrategie wirft.
Gutes Marketing kann auch ein mittelmäßiges Produkt vor dem Untergang retten, was durchaus schon vorgekommen ist. Richtig gemacht, kann es sogar für einen Hauch von Erfolg sorgen. Man denke zum Beispiel an *Congo* (Kongo). Der Film war absolut chaotisch, mit ein paar guten Spezialeffekten. Normalerweise weiß ein Studio, dank Testvorführungen und Intuition, auch vor dem Kinostart schon ziemlich genau, ob ein Film durchfällt oder nicht. Die Paramount maximierte den Erfolg des Films, indem sie sich bei der Werbung auf den Bestsellerautor Michael Crichton konzentrierte, der auf der Grundlage seines eigenen Romans das Drehbuch geschrieben hatte. Plakate, Fernsehspots und Kinovorschau – alles hob Crichtons Namen besonders hervor. Das Eröffnungswochenende war erfolgreich, doch schon mit dem zweiten Wochenende kam der Einbruch. Ein sicheres Zeichen für brillantes Marketing. Eine gut durchdachte Kampagne lockt die Zuschauer ins Kino, aber schon bald setzt sich die Qualität durch. Oder der Mangel an Qualität.

Arthur Cohen war Ende 1989 zum Leiter der Marketingabteilung von Paramount ernannt worden. Cohen war eine Ausnahmeerscheinung, denn er kam nicht aus dem Filmgeschäft. Die drei Jahre vor seinem Paramount-Job hatte er bei der Kosmetikfirma Revlon verbracht. In Hollywood setzte er sich sofort durch, weil er für den Film *Hunt for Red October* (Jagd auf Roter Oktober) den Slogan prägte: »The Hunt Is On!« (Die Jagd hat begonnen). Cohen besaß das gewisse Etwas – er konnte einen ganzen Film in einem einzigen Satz zusammenfassen.

Bei der übernatürlichen Romanze *Ghost* (Ghost – Nachricht von Sam) hängte er seine gesamte Marketingstrategie an der Beschwörungsformel »Believe!« (Glaube!) auf. Die Zuschauer glaubten ihm, allein in Nordamerika wurden 218 Millionen eingespielt, und in den besten Restaurants in Los Angeles flüsterte man bewundernd über ihn. *Indecent Proposal* (Ein unmoralisches Angebot) wurde ein Riesenerfolg, und man hätte wirklich große Mühe, diesen Erfolg irgend etwas anderem als der Vermarktung zuzuschreiben. Die Kampagne in den Printmedien, die an eine Anzeige für Unterwäsche von Calvin Klein erinnerte, brachte Cohen endgültig den Ruf eines Genies ein.

Für die *Titanic* entwarfen er und Nancy Goliger, seine rechte Hand, mehrere »Key Art Images«, entschieden sich dann aber letztlich für eine verbesserte Variante des »Kollision mit dem Schicksal«-Entwurfs. Das heißt, ein romantisches Bild des Liebespaars, kombiniert mit dem aufragenden Schiffsbug und dem Slogan »Nothing on Earth Could Come Between Them« (»Nichts auf der Welt konnte sie trennen«). Lansing und Friedman wollten lieber Actionfilm-Motive. Sanchini, die die gesamte Marketingstrategie unter sich hatte, fand den weicheren Ansatz überzeugender und gewann die Zustimmung von Cameron und Landau.

Bob Harper, Leiter der Marketingabteilung bei Fox, fungierte als Berater, aber das Studio übernahm für die internationale Kampagne das gleiche Motiv, nur daß für manche Länder DiCaprios Gesicht – das beim amerikanischen Plakat nach unten blickt – stärker hervorgehoben wurde.

Harte und weiche Versionen des Kinotrailers wurden an Zuschauern getestet, und beide kamen gut an, allerdings mit einer leichten Tendenz zu der eher handlungsorientierten Variante. Mit seiner Länge von fünf Minuten war der Trailer doppelt so lang wie die von der Motion Picture Association of America vorgeschriebenen zweieinhalb Minuten. Paramount mußte eine

Sondererlaubnis einholen, damit die Kinobesitzer die Vorschau zeigen konnten, die dann ab September offiziell zur Verfügung stand. Kinobesitzer berichteten, daß die Zuschauer den *Titanic*-Trailer immer begeistert begrüßten, und ähnlich wie bei *Independence Day* wurde die Vorschau selbst schon zu einem Event.

Am 8. September 1997 begaben sich Cameron und seine Entourage zur Skywalker Ranch, zu George Lucas' riesigem Anwesen in den Hügeln von Marin County bei San Francisco. Cameron wollte bei Skywalker Sound sechs Wochen am Ton arbeiten. Er hatte jetzt zwei neue Assistenten. Lisa Dennis war zum »Post-Production Supervisor« befördert worden, und Dan Boccoli, ihre rechte Hand, arbeitete als Toncutter-Assistent. Camerons neue Assistentin Nancy Hobson fuhr schon ein paar Tage früher, um alles für die Ankunft ihres Chefs vorzubereiten, denn dieser reiste nicht gerade mit leichtem Gepäck. Er nahm ein Avid-System mit, einen Kem und Dan Muscarella, der seit 15 Jahren bei Consolidated Film Industries (CFI) arbeitete und den Cameron seit 1991 immer als Color-Spezialisten nahm.

Die Skywalker Ranch ist fast ein kleines Dorf mit seinen zwölf Gebäuden und einer eigenen Feuerwehr. In den San Raphael Mountains gelegen, umgeben von der sanften, goldenen Hügellandschaft Kaliforniens, ist die »Ranch« ein regelrechtes Postproduktionsparadies. Mit einem Baseballplatz und einem See. Das Hauptgebäude mit seiner Rundum-Veranda ist eine wunderschöne dreistöckige viktorianische Villa, im Stil der sechziger Jahre des 19. Jahrhunderts gebaut. Dort ist George Lucas' Produktionsfirma untergebracht, »Lucasfilm Ltd«. Große weiße Türen mit Bleiglasfenstern heißen die Besucher willkommen. Die Eingangshalle wird von einer mit burgunderrotem Teppich ausgelegten Treppe beherrscht, die Scarlett O'Hara alle Ehre gemacht hätte. Links befindet sich der Konferenzraum, der bei weniger offiziellen Anlässen auch als Eßzimmer dient. Von dort führt eine Tür zu einem üppig begrünten Solarium, das ganz mit weißem Schmiedeeisen und Glas ausgestattet ist und wo man ebenfalls essen kann, wenn es in dem Restaurant und der Cafeteria nebenan zu voll wird.

Rechts befindet sich ein Korridor mit Schaukästen, in denen

verschiedene Filmschätze ausgestellt sind, zum Beispiel ein Lichtschwert aus *Star Wars,* C3POs Hand und Indiana Jones' Peitsche. Und natürlich Lucas' Irving Thalberg Award. Die begehrte Trophäe, nach dem großen MGM-Produzenten der dreißiger Jahre benannt, wird von der Academy of Motion Picture Arts and Science Produzenten für das Lebenswerk verliehen und ist der einzige Oscar, den Lucas je gewonnen hat.
Am Ende des Korridors liegt der Salon, dahinter das Musikzimmer mit dem Flügel. Von dort führt eine Tür in den großen Medienraum, eine andere in die Bibliothek mit ihren 10.000 Bänden. Zum Personal der Ranch gehören vier Bibliothekare. Als Paramount 1987 seine Bibliothek auflöste, kaufte Lucas den gesamten Bestand. Er hatte nun so viele Bücher, daß er sie gar nicht alle in der Bibliothek unterbringen konnte, sondern einige in ein Nebengebäude auslagern mußte. Lucas, der genau wie Cameron auch als Autor tätig ist, sammelt diese Bücher als Material für seine Recherchen. Bei den meisten handelt es sich um Nachschlagewerke. George Lucas ist ein Geschichtsfanatiker. Genau wie James Cameron.
Cameron arbeitet nun ein paar hundert Meter von dieser Villa im Technikgebäude, dem sogenannten »Tech Building«, einem Bauwerk mit zwei Stockwerken, das an eine alte Weinkellerei erinnert, großzügig und mit hohen Balkendecken. Draußen wächst an den Weinstöcken Chardonnay, Merlot und Pinot Noir. Die Trauben werden geerntet und dann zu Francis Ford Coppolas Weinherstellung Niebaum Coppola geschickt, wo sie abgefüllt und mit einem speziellen Etikett versehen werden.
In einem Anbau des Tech Building befindet sich das »Stag Theater« mit seinen 292 Plätzen. Es ist ein phantastischer Vorführraum mit der ultimativen THX-Technik – dem Klangsystem, das Lucas fürs Kino entwickelt hat. Mehrere ähnlich rustikale kleinere Gebäude sind über das ganze Gelände verstreut. Dort sind Lucas' Mitarbeiter untergebracht – Marketing, Publicity, geschäftliche Angelegenheiten. Ein Komplex aus altmodischen Landhäusern dient als Bed & Breakfast für Klienten von Skywalker und Besucher von Lucasfilm. Die Zimmer in der Pension sind alle nach berühmten Filmregisseuren benannt. Cameron wohnt in einer separaten Unter-

kunft, dem »Coachhouse«, vor dem zwei Fahrräder stehen, eines mit Kindersitz.
Landau wohnt in der Orson-Welles-Suite. Der Produzent macht sich auf eine anstrengende Zeit gefaßt, in der er für seinen launischen Schützling die Probleme sortieren muß.

Als die Situation am aussichtslosesten erschien, hatte Cameron einmal zu ihm gesagt: »Wir ziehen das durch, wir machen keine Kompromisse – und es ist mir egal, wenn einer von uns beiden dabei draufgeht.« Und manchmal hatte es ja auch fast so ausgesehen. Aber jetzt gab es wieder einen Hoffnungsschimmer. Der Film war atemberaubend – genau wie er sich ihn vorgestellt hatte, als er seinen bequemen Bürojob aufgab, um einem rastlosen Geist in unbekannte Gefilde zu folgen. Klar, es war nicht einfach, objektiv zu urteilen. Er war zu nah dran. Aber der Film schien alle bisherigen Kinoerlebnisse zu übertreffen. Cameron hatte es geschafft. Er führte die Kinozuschauer auf dieses riesige Schiff und ließ sie im eiskalten Atlantik untergehen. Und dabei verband er unglaublichen technischen Aufwand mit sorgfältig durchdachten Charakteren. Jan de Bont hatte die Zuschauer mitten in einen Tornado versetzt, aber wenn der Twister aufhörte und der Staub sich senkte, blieb nichts mehr übrig.
Es ist ein himmelweiter Unterschied zwischen einem Film, der nur eine Reihe disparater Special Effects aneinanderreiht, und einem Film, der eine ergreifende Geschichte erzählt. *Titanic* ist etwas fürs Herz. Camerons Begabung liegt darin, eine einzigartige Kinoerfahrung zu schaffen, die der Zuschauer so nicht kennt. Der Frage des Budgets hatte man bei *Titanic* enorm viel Aufmerksamkeit geschenkt – aber was war mit all den anderen Filmen, die auf den Markt kamen? *Batman and Robin, Speed 2, The Lost World* – jeder dieser Filme hatte weit mehr als 100 Millionen Dollar gekostet, und bei allen handelte es sich um Fortsetzungen, deren erster Teil in den Videotheken ausgeliehen werden konnte. *Titanic* war das einzige Original!
Jawohl, die *Titanic* hatte sie fast umgebracht, aber sie hatten einen erstklassigen Film gemacht, die Mühe hatte sich gelohnt. Nachdem sie die letzten beiden Jahre damit verbracht hatten, um ihr Leben zu schwimmen, sah es nun so aus, als würden sie,

erschöpft bis zur Benommenheit, endlich in ein Rettungsboot gezogen.

Mix A ist das größte von acht Tonstudios auf der Skywalker Ranch. Ein höhlenartiger, himmelblauer Raum, der sich vor allem durch seine sieben mal fünf Meter große Leinwand und ein achteinhalb Meter langes Neve-Capricorn-Mischpult auszeichnet, das aussieht, als könnte man damit die Enterprise steuern. Normalerweise gibt es am Mischpult drei Plätze. Bei einem Film von James Cameron sind es vier. Cameron nimmt den Platz in der Mitte ein (was bei vieren nicht möglich ist, aber egal), links von ihm sitzt Gary Rydstrom, der leitende Tontechniker, rechts von ihm sitzen zwei Tonmischer – Gary Summers, Spezialist für Musik und Effekte, und Tom Johnson, der für die Dialoge zuständig ist.

Das Tonstudio war ganz nach Camerons Bedürfnissen eingerichtet worden. Hinter den Tontechnikern befanden sich fünf Computer-Workstations, die jedes Geräusch, das Cameron haben wollte, zur Verfügung stellen konnten. *Titanic* hält sicherlich den Rekord, was die sofortige Verfügbarkeit von Geräuschen angeht, seien es Wörter, Musik oder Spezialeffekte – zusätzlich zu den Geräuschen, die für die allgemeine Mischung mit dem Neve-Capricorn-Mischpult schon vorgemischt oder »vorsynchronisiert« waren.

Die Workstations waren speziell konfiguriert und hatten lautlose Ventilatoren. Die drei linken kontrollierten Archivgeräusche, den bei den Dreharbeiten aufgenommenen Originalton und »Automated Dialogue Replacement« (ADR), das heißt den Dialog, der im Synchronatelier aufgenommen worden war. Sie konnten zehn verschiedene Versionen derselben Textzeile enthalten, und Cameron wollte sie alle ausprobieren. Die Tonmischung machte ihm Spaß, denn in diesem Stadium konnte er zwar an der Beleuchtung oder am Text nichts mehr ändern, aber er hatte eine endlose Palette von Geräuschen und Tönen zur Verfügung, um seine Bilder noch zu verstärken.

»Er war wie ein Dirigent, der ein großes Symphonieorchester dirigiert«, sagte Tondesigner Chris Boyes. »Mach das im Dialog anders, ändere das in der Musik und das in den Klangeffekten.«

Er verwendete die Vorsynchronisation als Grundlage und ließ manchmal etwas hinzugeben, manchmal etwas wegnehmen. Der Terminal mit den Klangeffekten bot die Möglichkeit, in letzter Minute noch »auszubessern«. Wenn Cameron sagte: »Ich möchte ein lautes, metallisches Gonggeräusch«, konnte Boyes es über ein digitales Netzwerk von seinem Tondesignstudio am anderen Ende des Gangs herüberschicken. Ein weiterer Terminal kontrollierte das Archiv mit dem »Production Sound«, das heißt, dem Tonmaterial, das während der Dreharbeiten aufgenommen worden war. Auf der rechten Seite des Raums waren Workstations für Musik und für Camerons vorläufige Mischung, die er als eine Art Blaupause für die Toningenieure verwendete. Bei den Testvorführungen hatten die Zuschauer den Film übrigens mit Camerons provisorischer Mischung zu sehen bekommen.

Hinten im Raum befand sich, leicht erhöht, eine gemütliche Sitzecke mit Ledersofas, kleinen Tischchen und einem Telefon. Im ganzen hatte der Raum eine technisch-behagliche Atmosphäre und erinnerte entfernt an ein Aquarium, wegen der großen Glaswand, die ihn von dem Zuschauerbereich trennte.

Man sieht Kate Winslet in einem Rettungsboot, sie starrt verzweifelt zu Jack hinauf, während sich das Boot langsam senkt. Schnitt auf ein Seil, das über den Boots-Davit gleitet, knarzende Geräusche erfüllen den Raum. Schnitt auf Cal und Jack, die, an der Reling stehend, sich von Rose verabschieden. Sie reden miteinander.

JACK Es gibt keine Abmachung, nicht wahr?
CAL Doch, die gibt es. (Theatralische Pause) Sie wird dir allerdings nichts nützen. Ich gewinne immer, Jack, so oder so.

Cameron möchte das Geräusch der Seile ganz zentral haben. Einen Moment lang soll man fast nichts anderes hören, damit die Bilder noch konkreter werden. Die Tontechniker wollen die Klänge immer »stapeln«, aber Cameron will eine kühnere Variante ausprobieren, den Dialog ausblenden und dann die Musik für ein kurzes Zwischenspiel in Zeitlupe ganz laut anschwellen lassen. Eine Stunde später sind sie immer noch mit denselben vier Metern Film beschäftigt. Einen Film machen heißt, eine Abfolge wichtiger Augenblicke optimal herausarbeiten. Ein teurer

Prozeß. Wenn man Postproduktion und Marketing mitrechnet, kostete bei *Titanic* jede Minute des fertigen Films eine Million Dollar.

Hobson kommt herein, um eine Telefonnachricht zu überbringen. Sie nähert sich Cameron auf Zehenspitzen, als wäre er ein schlafender Hund, den sie nicht kennt. Cameron wirft einen Blick auf den Zettel, entschuldigt sich und geht aus dem Zimmer. Auf die Frage, wie es ist, mit Cameron zu arbeiten, schauen sich die Toningenieure (in Camerons Abwesenheit) verschwörerisch an, lachen und verdrehen die Augen, als wollten sie sagen: »Ja, er ist ganz schön schwierig, aber es wäre nicht besonders professionell, darüber zu reden.« Aber dann sagt Gary Summers ernsthaft: »Er bringt den Leuten gern was bei. Uns hat er genau gezeigt, wie Dampfmaschinen funktionieren. Ziemlich cool.«
Auf ihre Art scheinen sie sich geschmeichelt zu fühlen, daß der Regisseur sich so für ihre Arbeit interessiert und konkret mitmacht. Andere Regisseure sitzen nicht den ganzen Tag mit einem an der Konsole, tagein, tagaus. Als sie *The Lost World* mischten, war Spielberg nie auf der Skywalker Ranch aufgetaucht. Sie mischten den Film, brachten ihn nach Amblin und schauten sich ihn dort mit Spielberg an. Machten sich Notizen. Schickten ihm die umgearbeitete Version. Natürlich hat jeder einen anderen Arbeitsstil. Cameron war sehr direkt und suchte, wenn nötig, die Konfrontation. Manchmal konnte das einem auch ein bißchen zuviel werden, aber er beherrschte die Sprache der Toningenieure, und wie dem Mitglied eines Geheimordens wurden ihm deshalb bestimmte Privilegien eingeräumt.
Die Mischung brauchte länger als sonst, erstens, weil der Film über drei Stunden lang war, und zweitens, weil der Ton kompliziert und sehr wichtig für die Geschichte war. Das Krachen und Ächzen spielte beim Untergang des Schiffs eine zentrale Rolle. Andererseits waren sehr feine Nuancen erforderlich, um zu erreichen, daß das Publikum auch auf die leiseren Momente reagierte, etwa das Klimpern der Glasperlen an Roses Abendkleid, als sie in der »Selbstmordszene« über die Reling klettert.
Schon bei *The Terminator* war Cameron klargeworden, wie wichtig der Ton ist. Er achtete auf jedes Geräusch. Er mußte das

Gefühl haben, daß es irgendwie von ihm geplant war. Dabei benutzte er nicht nur eigenes Material, sondern machte auch von der »Bibliothek« aus Spezialeffekten Gebrauch, die Rydstrom bei Skywalker Sound eingerichtet hatte. Seine Bibliothek ist, so heißt es, mit Abstand die beste, die es gibt.

Rydstrom arbeitet seit 15 Jahren für das Unternehmen, und man sieht ihn nie ohne ein Mikrophon und einen DAT-Recorder. Er nimmt die Geräte sogar in den Urlaub mit und macht seine Frau verrückt, weil er plötzlich aus dem Auto springt, um aufzunehmen, wie der Stahl unter einer Brücke vibriert oder wie der Regen auf den Asphalt schlägt. Toningenieure jagen diese Geräusche durch einen Synthesizer und können so praktisch unendliche Variationen schaffen. Jeder Film hat wichtige Tonelemente, die spezielle Aufzeichnungen erfordern. Die Bibliothek liefert den Hintergrund, die subtilen Nuancen und Texturen. Wenn der Film fertig ist, wird das Tonmaterial erfaßt und auf Festplatte in der Sammlung katalogisiert.

Für Cameron war das Pulsieren der Maschinen der Herzschlag des großen Schiffes. Der Tondesigner Chris Boyes hatte die Aufgabe, diesen Puls zum Leben zu erwecken. Cameron wollte, daß die stampfenden Maschinen so klangen, als würden sie sich immer mehr steigern, als würde sich der Klang aus vielen verschiedenen lauten und leiseren Geräuschen zusammensetzen. Boyes verwob die tiefen, metallischen Schläge von Kolben und Zylindern mit helleren Klängen, darunter auch eine »Luftdruckbremse« von einem riesigen Schleppdampfer.

Ein Tondesigner muß die »Audiopalette« für einen Film schaffen. Am Mischpult tragen dann der Regisseur und die Toningenieure die Farben auf. Boyes war am Anfang seiner bisher sechsjährigen Arbeitszeit bei Skywalker Rydstroms Assistent gewesen, hatte sich aber inzwischen zu einem gleichberechtigten Kollegen hochgearbeitet. Als der Kinostart von *Titanic* hinausgeschoben wurde, konnte er einspringen, denn Gary Rydstrom war mit *The Lost World* beschäftigt. Boyes arbeitete in einem winzigen Kabuff, in dem lauter kühlschrankgroße Audiokonsolen standen.

Er war seit April mit der *Titanic* beschäftigt. Das große Stöhnen und Ächzen des untergehenden, auseinanderbrechenden Schif-

fes gehörte zu den frühesten Effekten, die er schuf. Dutzende von individuellen Tönen waren ineinander verwoben, um den endgültigen Effekt zu erzielen. Boyes holte die Klänge von verschiedenen Quellen. Am dramatischsten war ein Schiff, das in der Bucht von San Francisco vor Anker lag und bei schlechtem Wetter an den Vertäuungen zerrte. Er »prozessierte diese Geräusche gewaltig«, bis sie »fast wie ein Weinen« klangen. Sie wurden per ISDN nach Malibu übermittelt.
Das Surren der *Mir*-Unterseeboote war ein Unterfangen, das kein Ende nehmen wollte. Anfangs hieß es, Boyes habe es schon gelöst, aber offenbar überlegte Cameron es sich doch noch einmal anders. Inzwischen war es September, und Boyes mußte wieder ganz von vorn beginnen. Er experimentierte, versuchte, etwas Neues zu finden. In seiner beruflichen Laufbahn hatte ihn noch nie etwas dermaßen strapaziert wie die *Titanic*.

»Ich will, daß das Wasser die Wände zum Wackeln bringt!« erläutert Cameron dem Team von Mix A. Auf der Leinwand rauscht das Wasser durch das Zwischendeck, wo Jack und Rose um ihr Leben rennen, nachdem er von ihr aus seinen Handschellen und seinem Gefängnis befreit wurde. »Ich habe noch nicht ›Zu laut‹ gesagt. Ich möchte auch mit dem Bauch hören. Der ganze Raum muß zittern!« Die Kanäle für Musik und Dialog sind ausgeschaltet. Ein ohrenbetäubendes Rauschen erfüllt den Raum, vermischt mit dem qualvollen Ächzen von Metall.
»Ich möchte ein Höllenspektakel, das die Zuschauer aus den Sitzen schleudert«, sagt Cameron zu Rydstrom. »Diese Stelle ist die letzte, an der wir sie mit den Schiffsgeräuschen ängstigen können.«
Rydstrom verschiebt ein paar Hebel.
Bei ihrer Installation im Mai 1997 ist dies die größte digitale Mischkonsole der Welt, mit 96 automatischen Kanälen und 176 Eingängen. Mit ihr kann man 176 verschiedene Klänge mischen. Das eingebaute Memory kann jede noch so minimale Verschiebung speichern. Cameron beugt sich gespannt über die Konsole, den Blick unverwandt auf die Leinwand geheftet.
Plötzlich wird es still im Raum. Das Capricorn Board ist in letzter Zeit beunruhigend oft abgestürzt. Der für die Technik zu-

ständige Mann von Skywalker Sound, John Mardesich, hat zwei Spezialisten von der Londoner Firma Young Software eingeflogen, damit sie das Problem beheben, aber bisher – zwei Wochen sind sie jetzt schon da – haben sie eigentlich nur erreicht, daß die Abstände zwischen den Abstürzen etwas länger geworden sind. Bei *The Lost World* war das Board nie so zickig. Es sieht nicht so aus, als wäre irgend etwas kaputt, nein, offenbar verlangt nur James Cameron mit seinen fünf Workstations und seinem wilden Wunsch, alles auszuprobieren, von der Maschine eine Leistung, von der die Designer der Konsole nicht einmal geträumt haben und die bisher kein Tonmischer aus ihr herausholen wollte.

Die Software-Spezialisten nahen mit schnellen Schritten. Nach einer raschen Sondierung der Lage kommen sie zu dem Schluß, daß sie rebooten müssen. Ein Vorgang, der etwa 30 Minuten in Anspruch nimmt. Cameron rast aus dem Raum. Immer zwei Stufen auf einmal nehmend eilt er zu seinem mobilen Color-Timing-Studio. Wenn er nicht mischt oder mit dem Color-Timing beschäftigt ist, sitzt er am Avid in einem Raum, den er sich als sein persönliches Büro eingerichtet hat. Neben dem Avid befinden sich dort nur ein kleiner Schreibtisch, ein Tisch und ein billiges Sofa. Obwohl der Film eigentlich steht, bastelt er immer noch daran herum. Im Moment ändert er ein paar der Zeichnungen, die Jack Rose während ihrer großen Unterhaltung an Deck zeigt. Es sind eine Reihe von Akt- und Porträtstudien, die Cameron selbst nach Fotos von impressionistischen Kunstwerken angefertigt hat.

Der Kem steht in einem Raum, der aussieht wie eine Abstellkammer. Aber eigentlich ist es ein Vorführraum. Die Glaswand ist mit einem schweren Vorhang zugehängt, im hinteren Teil des Raums stapeln sich ein paar nicht zusammenpassende Möbelstücke. Es ist stockdunkel, bis auf das Licht vom Schneidetisch, an dem Muscarella stundenlang sitzt und den Film durchgeht, Bild für Bild. Das Color-Timing ist der letzte Schritt, ehe das Negativ weggeschickt wird, um Vorführkopien zu erstellen.

Weil die Szenen über einen längeren Zeitraum gefilmt werden und unter ganz verschiedenen Lichtbedingungen, weil unterschiedliches Filmmaterial benutzt wird und Spezialeffekte eingebaut werden, gibt es bei den geschnittenen Negativen oft krasse Farbdiskrepanzen zwischen den Schnitten. Color-Timing oder »Lichtbestimmung« sorgt für Ausgleich und Kontinuität und glättet die Unebenheiten. Kameramann Carpenter kommt in regelmäßigen Abständen vorbei, um zu sehen, wie alles läuft.

Sie arbeiten an einem Kem, obwohl dieser eigentlich nicht für Color-Timing gedacht ist. Im Grunde ist der Kem ein altmodischer Schneidetisch, bei dem der Film Bild für Bild vorrückt. Dieser nun ist extra so eingerichtet, daß man das Bild gleichzeitig auf drei 60-Zentimeter-Bildschirmen sieht, auf denen die Arbeitskopie, die Rohfassung der lichtbestimmten Kopie und schließlich die lichtbestimmte Kopie zu sehen sind.

Die meisten Filmemacher verlagern diesen Vorgang in einen Vorführraum im Filmlabor, rufen ihre Kommentare den Technikern zu, während der Film vorbeisaust. Diese Arbeitsweise mag Cameron nicht. »Hast du die Einstellung gesehen? Nein, nicht die da, die andere, die davor … ja … jetzt ist es zu weit zurück, aber du weißt doch, die Szene, als sie durch die Tür kommt? Sie ist zu gelb!« Seiner Meinung nach ist dieses Vorgehen einfach nicht exakt genug, aber die meisten Leute wenden sie an, weil man schnell vorwärtskommt.

Nachdem Cameron bei *The Terminator* Erfahrungen mit traditionellen Formen des Color-Timing gesammelt hatte, war er fest entschlossen, sich darauf nie wieder einzulassen. Er wollte Bild für Bild vorgehen, aber gleichzeitig den Film in Bewegung sehen. Bei *Aliens* schockierte er die Leute der Rank-Filmlabors in England mit seiner Kem-Konstruktion. Sie meinten: »Man kann mit einem Kem kein Color-Timing machen, das ist lächerlich!« Und Cameron erwiderte: »Doch, man kann.« Und er bewies es ihnen.

Camerons Motivation basierte gleichermaßen auf praktischen und ästhetischen Überlegungen. Er wollte es beim ersten oder spätestens beim zweiten Versuch richtig hinkriegen. Normalerweise ließ ein Labor beim Color-Timing acht bis zwölf Kopien durchlaufen. Das Originalnegativ von *Titanic* war auf einer 6000-Meter-Rolle. Jedesmal, wenn man eine Kopie zog, war dieses Stück Negativ ein Zwanzigstel von 200 Millionen wert. Ein Zehn-Millionen-Objekt, so groß wie eine Tischplatte – und ein

Labortechniker, der vielleicht 15 Dollar in der Stunde verdiente, arbeitete damit. Er konnte das Ding fallen lassen, es falsch in die Kopiermaschine einlegen, es konnte einen Stromausfall geben, bei dem der Film zerquetscht wurde. Jeden Moment konnte eine Katastrophe passieren.

Während Muscarella im Weinberg von Skywalker Ranch arbeitete, wurden seine Color-Timing-Anweisungen per Modem zum Kopierwerk CFI nach Hollywood geschickt, wo die Informationen dann in die Kopiermaschine eingespeist wurden. Trotz des verschobenen Kinostarts waren immer noch alle unter Zeitdruck. Muscarella erinnert sich an viele Nachtschichten.

Die Arbeit wurde durch die zahlreichen Überblendungen und durch die 300 »Flops« sehr kompliziert. Die meisten Filme werden von einem einzigen Negativ kopiert, von der sogenannten A-Rolle, manche brauchen zwei, A und B genannt. Bei manchen Filmrollen von *Titanic* ging es bis zum Buchstaben F.

Die schwierige Belichtung wurde vom Computer gesteuert, aber derjenige, der die Negative eingab, mußte ständig aufpassen. Es war ein sehr mühsamer Prozeß. Jedes Negativ wurde vor dem Kopiervorgang mit Ultraschall gereinigt, nirgendwo durfte ein Staubkörnchen hängen. Cameron hatte seit dem *Terminator* mit CFI zusammengearbeitet, und wenn dort einer seiner Filme bearbeitet wurde, gehörte das Labor quasi ihm.

Er saß dann neben dem Mann im Labor und traktierte ihn pausenlos mit irgendwelchen Anweisungen. »Noch zwei Stufen Rot und noch ein Gelb dazugeben. Mach es 33-37-30.« Filmfarben werden nach einer Rot-Grün-Blau-Skala eingeteilt. Der Film sauste vorbei. 24 Rembrandts in der Sekunde, scherzte der Regisseur. Er war gut gelaunt. Muscarella mochte Cameron sehr und ignorierte seine Wutausbrüche. Jim war streng, aber im Grunde wollte er nur jemanden, der genauso hart arbeitete wie er selbst und keine Fehler machte. Und wenn man einen Fehler machte, konnte man ihm keinen Sand in die Augen streuen, dafür war er viel zu klug. Muscarella hielt ihn für ein Genie – und für ein bißchen verrückt, wie jedes Genie. Wie sollte man es sich sonst erklären, daß er von diesem Film dermaßen besessen war?

Wieder ist eine Filmrolle fertig. Cameron geht den Gang hinunter und setzt sich noch einmal an den Avid, wo er zum x-ten Mal die Zeichnungen in Jack Dawsons Notizmappe durchgeht. Er ist nachdenklich. Der Kinostart, die Kosten, die Länge des Films – diese Aspekte sind alle sehr wichtig, aber ihnen ist viel mehr Aufmerksamkeit geschenkt worden als dem Film selbst. Aber im Grunde ist doch eigentlich nur eines wichtig: daß man einen guten Film macht. Klar, wenn man die geschäftliche Seite gut hinkriegt und noch dazu einen hervorragenden Film abliefert – dann ist man ein Superstar. Aber wenn das nicht geht, wenn es Grenzen gibt, wenn man Rückschläge hinnehmen muß und so weiter ... Er seufzt tief. Wahrscheinlich, denkt er, wird er nie wieder einen Film wie *Titanic* machen. Die Fox war hilfsbereiter, als die meisten Studios gewesen wären, aber sie war auch sturer, als sie gewesen wäre, wenn sie gedacht hätte, es wird ein kommerziellerer Film. Seit dem Sommer hatte sie Druck auf ihn ausgeübt, er soll möglichst bald wieder einen Blockbuster drehen – so etwas wie *Terminator 3* oder *Spiderman*.

Er hat natürlich gedacht, als nächstes würde er *Avatar* drehen. Er hatte einen 200seitigen Entwurf verfaßt, nach seiner eigenen Geschichte über genetisch veränderte Lebensformen. Das Projekt hat auch sehr viel mit *Titanic* zu tun. Ein Großteil der von Digital Domain entwickelten Technologie, um das Schiff mit digitalen Mitteln zu bevölkern, könnte direkt auf *Avatar* übertragen werden. An einem Punkt war er bereit gewesen, ein Jahr einem Konzeptfilm zu widmen. Es ist schwierig. Er muß sich selbst beweisen, daß er so was kann. Wenn er es kann, dann wird *Avatar* bestimmt der coolste Film aller Zeiten.

Camille Cellucci, die die Special Effects überwacht, streckt den Kopf zur Tür herein. Dreimal in der Woche kommt sie auf die Skywalker Ranch. Noch immer sind fünf Einstellungen mit visuellen Effekten noch nicht endgültig abgeschlossen, und sie will Camerons Meinung hören. Ob er wohl eine Sekunde Zeit hat, um sich Einstellung 192 anzusehen? Landau kommt hinter ihr in den Raum. Sie müssen zurück zu Mix A. Cameron erhebt sich und geht den Gang hinunter, Cellucci und Landau im Schlepptau.

Kapitel 18

Wo gibt es Höhe ohne Tiefe?
C. G. JUNG

In letzter Minute landete Fox einen Coup. Während die Paramount versuchte, für den US-Kinostart am 19. Dezember die Medien anzuheizen, stahl die Fox ihr die Schau, indem sie die Welturaufführung für den 1. November ansetzte – beim Filmfestival in Tokio. Das war eine wagemutige Entscheidung. Wenn der Film in Tokio durchfiel, würde sich das blitzschnell herumsprechen, und das erste Wochenende in den Staaten wäre dann ebenfalls ein Desaster. Aber Mechanic glaubte inzwischen fest an einen Erfolg. Einen künstlerisch so hochstehenden Film würde er so bald nicht mehr zu sehen bekommen, davon war er überzeugt. Bei Fox fragte man inzwischen nicht mehr: »In welche Scheiße haben wir uns da hineinmanövriert?« Man war zu der Parole »Vielleicht hat sich's ja doch gelohnt!« übergegangen.
Was die geschäftliche Seite betraf – war da womöglich doch ein Silberstreif am Horizont? Es sah jedenfalls nicht so aus, als müßte man große Verluste hinnehmen – keine 60 Millionen, die man abschreiben mußte, wie bei *Waterworld*. Andererseits schien sich auch kein großer finanzieller Profit abzuzeichnen. Aber deswegen war man schließlich im Geschäft! In 20 Jahren würden die Leute den Film allerdings nicht danach beurteilen, ob er zehn Millionen Gewinn oder zehn Millionen Verlust eingebracht hatte – sie würden sich ihn ansehen. Falls News Corporation irgendwann einmal beschließen sollte, Fox abzustoßen, würde vielleicht jemand anderes das Studio kaufen, einfach nur, um *Titanic* zu besitzen, so wie Ted Turner MGM wegen *Gone With the Wind* (Vom Winde verweht) gekauft hatte. Mechanic war der festen Überzeugung, daß *Titanic* und *Star Wars* die beiden wichtigsten Filme im Fox-Repertoire waren. Und weil er glaubte, daß der Film in Tokio gut aufgenommen werden würde, ließ er den internationalen Vertrieb von Fox den Film dort anmelden.
Paramount war nicht sehr erfreut. Es war für Hollywood so etwas wie ein Schachmatt.

Tokio würde die ersten *Titanic*-Kritiken bringen. Nachdem der Termin bekanntgeworden war, versuchten die einschlägigen Gazetten hektisch eine Strategie zu entwickeln. Entweder mußte man die Kritiker einfliegen, oder man mußte die Lokalkorrespondenten hinschicken. Die beiden großen Fachzeitschriften hatten Korrespondenten, die über das Festival berichten würden, aber sie hatten nicht vorgehabt, einen Kritiker hinzuschicken. Also beklagten sie sich bei Paramount wegen des zusätzlichen Aufwandes. Blaise Noto von Paramount Publicity wußte genau, wie wichtig diese ersten Kritiken sein würden. Wenn man auf gut Glück einen japanischen Korrespondenten auswählte, konnte das eine Katastrophe auslösen. Man brauchte nur an die potentiellen Übersetzungsfehler zu denken! Duane Byrge, der Filmkritiker vom *Hollywood Reporter,* war ein Kinofan, der James Camerons Ästhetik zu schätzen wußte, und Todd McCarthy von *Daily Variety* war ebenfalls sein Geld wert. Noto arrangierte also für diese Leute eine Vorführung.

Es war für Noto und Company gar nicht so einfach, in den einschlägigen Gazetten die *Titanic*-Publicity zu koordinieren. Leonardo DiCaprio hatte die Situation noch komplizierter gemacht, weil er *Vanity Fair* eine exklusive Titelgeschichte versprochen hatte. *Vanity Fair* war bei Stars, die gut aussahen, aber nicht viel zu sagen hatten, sehr beliebt. Diese elegante Hochglanzzeitschrift brachte viel über Filmstars und verkaufte ihre Ware gut. Klar, hin und wieder wurde auch jemand fertiggemacht – meistens jemand, der sowieso als Absteiger galt. DiCaprios Publizist teilte Paramount mit, der Schauspieler stehe nur für die namhafte Hausfotografin von *Vanity Fair,* Annie Leibovitz, zur Verfügung.

Berühmtheiten sind heutzutage so etwas wie Presse-Primadonnen. Sie haben alle ihre eigenen Publizisten und lassen vertraglich festlegen, daß sie bei der Öffentlichkeitsarbeit mitbestimmen dürfen; die Publicity-Abteilungen der Studios sind ihnen im Grunde auf Gedeih und Verderb ausgeliefert. Noto und die anderen Studio-Presseleute sehnten sich nach den Zeiten zurück, als die Filmstars noch Studioangestellte waren. So wie es jetzt war, mußte er mit einem Riesenaufstand von allen anderen Zeitschriften rechnen, die den Film als Feature bringen wollten. Er konnte Leo nicht für die Titelseite zur Verfügung stellen, und niemand wollte Kate alleine. Aber nicht nur das – DiCaprio weigerte sich, ins Fernsehen zu gehen, und Kate war zu Aufnahmen in Marokko, für einen Film mit dem grauenvollen Titel *Hideous Kinky,* und würde für die *Titanic*-Werbekampagne so gut wie ganz ausfallen.

Das war übel. Der größte Film aller Zeiten, und nun waren Noto in bezug auf Publicity die Hände gebunden. Nach langem Betteln und Flehen brachte Paramount DiCaprio schließlich so weit, daß er sich mit einem zusätzlichen Titel einverstanden erklärte. Das Studio entschied sich für *Newsweek*. Diese Zeitschrift hatte die ganze Zeit viel über den Film berichtet, und die Tendenz war im allgemeinen freundlicher gewesen als bei *Time*. *Newsweek,* so hieß es, hatte ein Interesse daran, seine Berichterstattung über Hollywood aufzupeppen, und man wollte *Titanic* keineswegs wie irgendeinen Durchschnittsfilm abhandeln.

Eine Titelgeschichte in einem wöchentlich erscheinenden Nachrichtenmagazin war eine große Sache, denn das passierte höchstens ein- oder zweimal im Jahr. Marvin Levy, Steven Spielbergs persönlicher Publicity-Berater, bekommt immer noch feuchte Augen, wenn er über seinen *Newsweek*-Titel von 1977 mit *Close Encounters of the Third Kind* redet.

DiCaprio war nur einverstanden, die Aufnahmen zu machen, wenn Paramount selbst den Fotografen stellte und das Bildmaterial der Zeitschrift lieferte, damit man eine gewisse Kontrolle über den Prozeß behalten konnte. Selbstverständlich war *Newsweek* nicht imstande, dem Studio eine Titelseite zu versprechen; das hing von verschiedenen Faktoren ab, unter anderem von dem Artikel, den der Autor abgab. Wenn alles glatt lief, gab es allerdings keinen Grund, der gegen einen Titel sprechen würde.

Zeitschriften wie *Premiere, Movieline* und *Entertainment Weekly* wollten *Titanic* mit Sicherheit auf der Titelseite bringen, aber sie konnten dies nicht tun, weil sie kein Interview und kein Foto hatten. Der einzige, der aktive Öffentlichkeitsarbeit betrieb, war James Cameron, aber die Presse hatte wenig Interesse an ihm, weil man ihn auf der Titelseite nicht gleich erkennen würde. Niemand kaufte die Zeitschrift am Kiosk, wenn auf dem Cover ein unbekanntes Gesicht prangte! *Entertainment Weekly* ließ

sich nicht abwimmeln. Die Zeitschrift war sauer über den *Newsweek*-Pakt. Schließlich berichteten sie nur über Entertainment und waren 52 Wochen im Jahr für die Studios da – und das war der Dank! Ausgestochen von *Newsweek!*
Es ging das Gerücht um, die Zeitschrift wolle sich rächen, indem sie ihren Artikel früher brachte. Nach dem Filmfestival in Tokio konnte Paramount die Informationen nicht mehr zurückhalten, und man hatte keine Lust, untätig herumzusitzen und abzuwarten, bis *Newsweek* den Artikel brachte. *Entertainment Weekly* begann alle möglichen Fotos zusammenzutragen – Aufnahmen aus der Pressemappe oder vom Trailer. Das würde sicher einen ärgerlichen Brief zur Folge haben, aber dann war es schon zu spät. Bei Paramount war man total in Hektik. *Newsweek* würde bestimmt von der *Titanic*-Titelgeschichte Abstand nehmen, wenn schon vorher etwas publiziert wurde. Und nicht nur das – womöglich wurde dadurch eine Flut verfrühter Presseverlautbarungen ausgelöst, und man wollte doch auf jeden Fall vermeiden, daß das öffentliche Interesse zu früh hochgeschaukelt wurde, das heißt, mehr als einen Monat vor dem amerikanischen Kinostart!
Es war ein Katz-und-Maus-Spiel. Beide Publikationen bereiteten ihre Artikel vor. Beide wollten die ersten sein, aber sie wollten nicht in derselben Woche damit herauskommen. Am 24. Oktober 1997 war *Entertainment Weekly* mit dem Artikel fertig, und es hieß, *Newsweek* würde in der folgenden Woche eine Titelgeschichte über Unfruchtbarkeit bringen. Bingo!

James Cameron starrte aus dem Fenster des Luxusjets von United, unterwegs von L. A. nach Tokio. Es war der 30. Oktober 1997. Hamilton und Hobson begleiteten ihn. Ehe er morgens an Bord der Maschine gegangen war, hatte man ihm eine Kopie von *Entertainment Weekly* mit dem Datum 7. November gereicht. Darin war ein Artikel mit der Überschrift »Man Overboard« (Mann über Bord) von Paula Parisi. Es war das erste größere Feature über seinen Film. Er überflog den Artikel, und sein Blut begann zu kochen. So eine Unverschämtheit! Er war stocksauer, denn hier wurde jede negative Meldung über den Film, die je an die Öffentlichkeit gedrungen war, noch einmal re-

kapituliert, von der PCP-Vergiftung, den Verletzungen, der Kostenexplosion bis hin zu den Streitereien in und zwischen den Studios. Die Reporterin hatte mehr Zeit am Set verbracht als sonst irgend jemand – und das war das Ergebnis!
Zu allem Überfluß begann die Autorin ihren Artikel mit dem »millionenschweren Schnitt«, mit der herausgeschnittenen Lovejoy-Verfolgungsjagd. Und es wurde nicht einmal erwähnt, daß die Szene herausgenommen worden war, um die Qualität des Films zu verbessern! In dem Artikel klang es so, als wäre der Regisseur ein launischer Verschwender. Die Fakten wurden einfach nicht in den richtigen Kontext gestellt. Wie die Dinge hier beschrieben wurden, das hatte nicht das geringste mit dem zu tun, was Cameron in den vergangenen drei Jahren gemacht hatte! Nichts, was er sagte oder tat, schien etwas daran zu ändern, daß alle Welt einen Flop erwartete. Aber die Zuschauer bei den Testvorführungen hatten all diese Storys auch gehört, und es hatte sie nicht beeinflußt. Sie waren begeistert gewesen von seinem Film! Wenn man sich mit den zynischen Medien abgab, hatte man das Gefühl, man versuche, mit bloßen Händen einen Gletscher aus dem Weg zu räumen. Da war nichts zu machen – man mußte schon eine Atombombe zünden. Und genau das wollte er mit seinem Film tun. Er versuchte, den Artikel beiseite zu schieben und zu schlafen.
Er hatte noch ganz andere Sorgen als den Artikel. Von dieser Reise hing sehr viel ab. Zwar galt das Festival in Tokio als nicht so renommiert wie manche anderen Filmfestspiele, aber es wurde immer gut besucht und fand viel Beachtung. Japan war das Zentrum der Popkultur, und Presseleute aus aller Herren Länder versammelten sich nun dort, um den größten Film aller Zeiten zu sehen. Nach Tokio konnte die Welt anders aussehen.
Während Cameron schlief, überprüften Landau und ein Technikerteam Orchard Hall, einen Konzertsaal mit 2000 Plätzen in dem eleganten Tokioter Viertel Shibuya. Wie bei allen anderen Aspekten war Cameron auch sehr wählerisch, wo seine Filme gezeigt werden durften. Landau reiste mit einem Dolby-Spezialisten und einem Filmvorführer aus Hollywood an. In dem Saal änderten sie die Toneinstellung, und sie verstärkten die Helligkeit der Glühbirnen im Projektor. Orchard Hall war der größte

von vier Sälen im Bunkamaru Cultural Center und wurde am ersten und am letzten Abend des Festivals in ein Kino umfunktioniert. 1996 hatte *Independence Day* hier sein japanisches Debüt erlebt.

Der Film hatte zu diesem Zeitpunkt allerdings in den USA schon 300 Millionen Dollar eingespielt, also konnte es keine großen Überraschungen mehr geben. Die Welturaufführung von *Titanic* war potentiell ein sehr viel folgenschwereres Ereignis.

Den ganzen Vormittag warteten Massen von Teenagern vor der Halle. Manche hatten zwei Nächte dort verbracht, um einen Blick auf Leonardo, den neuen Halbgott, werfen zu können. Cameron und Hamilton fuhren in einem Wagen zum Kino, DiCaprio und seine Freunde in einem anderen. Landau wartete an der Halle und hatte Funkkontakt mit beiden. Man beschloß, daß Cameron am Haupteingang vorfahren sollte, um so von DiCaprio abzulenken, der aus Sicherheitsgründen den Hintereingang nehmen würde. »Es war ein unglaubliches Gedränge«, erzählt Landau. »100 Polizisten waren eingeteilt, aber im Verlauf des Tages wurden 100 weitere angefordert.« Cameron und Hamilton stiegen also bei Sonnenuntergang aus der schwarzen Stretchlimousine aus. Die Menge drängte näher heran, alle riefen: »Leo, Leo!« Jemand erkannte Hamilton und stieß einen Schrei aus. Sofort dachten alle, DiCaprio sei angekommen, und es gab ein furchtbares Geschubse und Gestoße. Der Regisseur und seine Frau wurden fast erdrückt, als die Polizei sie schnell in den Saal führte.

Als Cameron und DiCaprio auf die Bühne traten, um ein paar Begrüßungsworte zu sagen, wurden sie mit Schreien wie »Wir lieben dich, Leo!« und »Romeo, Romeo!« begrüßt. Ein paar Fans schrien: »Cameron! Cameron!« Der Regisseur hatte durchaus seine Anhänger unter den »Otaku« oder Computerfreaks, aber daß sein Name gerufen wurde, hatte sicher vor allem mit der unermüdlichen japanischen Höflichkeit zu tun. Man wollte nicht, daß er sich vernachlässigt fühlte.

Cameron sprach nur ganz kurz. Es war wie bei einer Vorgruppe der Beatles. Er wußte, daß die Leute eigentlich nicht seinetwegen gekommen waren, aber er hatte ihnen etwas zu sagen.

»Heute abend sind gut 2200 Menschen hier im Raum, ungefähr so viele wie an Bord der *Titanic*. Wenn wir uns alle auf der *Titanic* befänden und den Eisberg rammen würden, dann wären am Ende des Films drei Viertel von uns tot«, sagte er und fügte hinzu, daß er den Film den 1500 Menschen widmen wolle, die in jener Schicksalsnacht ihr Leben lassen mußten.
DiCaprio nannte die japanischen Fans »die besten und treusten auf der Welt«. Es sei eine »lange Reise« gewesen, diesen Film zu machen, »die unglaublichste Filmerfahrung in meinem Leben«. Und dann fügte er hinzu: »Diese Erfahrung hat aus mir einen Mann gemacht.« Als die Lichter ausgingen und der Film anlief, entspannte sich der Regisseur zusehends. Das japanische Publikum ist in der Regel sehr reserviert, und bei dieser Vorführung bestand es zur Hälfte aus Vertretern der Medien und der Industrie, die immer schwierig waren – aber die Leute lachten an den richtigen Stellen, und als die Lichter wieder angingen, hatten viele Tränen in den Augen.
Am Sonntag, dem 2. November 1997, kamen über die Nachrichtenagenturen AP und Reuters die entsprechenden Meldungen. »Der teuerste Film aller Zeiten, der Katastrophenfilm *Titanic*, brachte seine Jungfernfahrt mit sehr viel mehr Erfolg hinter sich als der Unglücksdampfer«, begann Associated Press vielversprechend. Dann wurden ein paar begeisterte Fans zitiert, die meinten, die Spezialeffekte seien toll gewesen und die Liebesgeschichte sehr ergreifend. Schließlich wurde auf einen »Medienkritiker« verwiesen, der die Ansicht vertrat, die zweite Hälfte mit dem Untergang des Schiffs sei unglaublich spannend und würde dem Film mit Sicherheit Erfolg bringen, aber die »kitschige« Liebesgeschichte im ersten Teil entwickle sich viel zu langsam, was sich wohl als eine Art Erfolgsbremse herausstellen würde. »James Cameron wollte eine romantische Geschichte erzählen, aber ich glaube, dieses Genre beherrscht er nicht besonders gut«, schloß der Bericht.
Die Reuters-Meldung stellte ebenfalls die allgemeine Begeisterung des Publikums gegen ein paar wenige kritischere Bemerkungen. »Historisch interessierte Menschen werden sagen, daß die schreckliche Katastrophe hauptsächlich als Folie für eine Liebesgeschichte dient«, meinte der Autor und warf dem Regis-

seur dann vor, er habe Winslet eine obszöne Geste mit dem Mittelfinger machen lassen, was Frauen um 1912 bestimmt nie getan hätten. Außerdem hatte ihm die Szene nicht gefallen, in der Jack Rose das Spucken beibringt. Aber letzten Endes, so schloß er, »behandelt der Film das große Unglück mit sehr viel Respekt«. Nicht schlecht für eine Agenturkritik!
Aber niemand war auf die Kritiken in den Fachzeitschriften vorbereitet gewesen, die dann am Montag, dem 3. November, erschienen. »Paramount sollte den weißen Berg in seinem Logo während der nächsten Monate durch einen Eisberg ersetzen«, schrieb Duane Byrge, Kritiker des *Hollywood Reporter*. »James Camerons cinematisches Schiff wird nicht nur auf heimischen Gewässern sehr erfolgreich segeln, sondern Twentieth Century Fox, das Studio, das die internationalen Rechte besitzt, wird feststellen, daß *Titanic* weltweit Traumergebnisse einspielen wird«, prophezeite Byrge und fuhr dann fort: »*Titanic* lotet menschliche und philosophische Tiefen aus, die man in einem handlungsorientierten Film sonst kaum findet. Der Film ist ein Meisterwerk und erzählt eine fesselnde Geschichte im großen Stil, aber doch so präzise und einfühlsam, daß man etwas dazulernt. Selbstverständlich könnte man auch herummäkeln – kritische Zuschauer machen sich vielleicht über Sprüche lustig, die eindeutig aus den sechziger Jahren stammen, oder über Ansichten, die auf Erkenntnissen der neunziger Jahre beruhen – aber das ist, als wollte man einen Mercedes ablehnen, weil das Innere des Handschuhfachs nicht ganz den Erwartungen entspricht.« Wow! Für Cameron war das die beste Kritik, die er je bekommen hatte!
Variety war ähnlich enthusiastisch. »Diese *Titanic* erreicht ihr Ziel«, begann Todd McCarthys Besprechung. »Eine spektakuläre Demonstration der modernen technischen Möglichkeiten und dessen, was sie zu einer dramatischen Geschichte beitragen können! Camerons romantisches Epos, das größte Wagnis der Filmgeschichte, wird die Zuschauer zu ›titanischen‹ Lobeshymnen hinreißen.« McCarthy fand die Liebesgeschichte ebenso sentimental wie ergreifend und bezeichnete den Film mit seinen drei Stunden und 14 Minuten als »zügig und dynamisch«. Als »kritischer Zuschauer« störte er sich allerdings daran, daß in

den Dialogen so viele Schimpfwörter und Redensarten vorkamen, die »nicht in die Epoche passen, sondern direkt auf den Geschmack der jungen amerikanischen Zuschauer abzielen«.
Cameron schwebte auf Wolke sieben. Japan war ein Triumph. Am 4. November erschien in der *New York Times* ein Artikel, in dem stand, die Paramount sei »sauer«, weil ihr der Premierendonner gestohlen wurde, und die Studiomanager hätten sich über die »eher gedämpfte Reaktion in Tokio« gefreut. »Es hat uns nichts ausgemacht, denn das Filmfestival in Tokio ist kein besonders wichtiges Ereignis und hat so gut wie keine Auswirkungen auf das, was hier passiert«, sagte Friedman.

Nachdem sich Cameron und Hamilton noch ein paar Tage bei den Filmfestspielen aufgehalten hatten, flogen sie nach Irland, um endlich ihre Flitterwochen nachzuholen.
Bei der nächsten Etappe der *Titanic*, der königlichen Premiere in London am 18. November 1997, applaudierte das Publikum dreimal während des Films und klatschte beim Abspann wie wild. Die Zuschauer jubelten laut, als Jim und Leo nach vorn kamen, was in England keineswegs Sitte ist, schon gar nicht in Anwesenheit von Prinz Charles, der mit seinen beiden Söhnen den Film angeschaut hatte.
Ebenfalls anwesend war der Vertreter eines anderen »Königshauses« – der jüngste einer langen Reihe von Häuptlingen des Cameron-Clans, des zweitältesten Clans in Schottland, dessen Geschichte bis ins Jahr 1200 zurückverfolgt werden kann. Camerons Familienstammbaum beginnt mit berühmt-berüchtigten Kriegern, Highlandern aus Lochiel, einer Gegend in Lochaber. Mitglieder des Clans kamen 1828 nach Nova Scotia und folgten dabei einer Route, die in etwa dem Kurs der *Titanic* entsprach. Von da zog der Clan weiter nach Toronto und dann nach Caledon bei Alton. Camerons Zweig ließ sich schließlich in Kapuskasing nieder, wo seine Eltern aufwuchsen. Der Regisseur war enttäuscht, daß der Häuptling in Anzug und schwarzer Krawatte erschien und nicht in seinem Schottenrock.
Der *Vanity Fair*-Artikel über DiCaprio, der in der Woche, als der Film dann endlich in die Kinos kam, veröffentlicht wurde, hätte vom Erscheinungsdatum her nicht günstiger geplant werden

können. Leibovitz' Titelbild zeigte den Schauspieler in steifer, formeller Kleidung im Stil Edwards VII. Im Innern war er mit einem Schwan zu sehen, in Röhrenhosen und mit Schlangenlederschuhen, eine Mischung aus Rock 'n' Roll und Verruchtheit, je nach Perspektive. Atemlos berichtete der Artikel über seine »Vorliebe für Skydiving, Bungee-Springen und Ähnliches«, mit der Grundtendenz: »Er ist immer noch ein ganz normaler junger Mann.« DiCaprio selbst wurde auffallend wenig zitiert, aber der Schauspieler räumte immerhin ein, die *Titanic* sei »nicht ganz mein Ding gewesen – bei allem Respekt vor Jim und den Schauspielern, die so was machen«. Im Artikel hieß es, DiCaprio sehe sehr, sehr gut aus und habe so glatte Haut wie sonst höchstens Vierjährige. Kate Winslet wurde zitiert: »Für mich ist er einfach Stinksocke und Furzer Leo.« Und Claire Danes meinte zusammenfassend, sie könne immer noch nicht genau sagen, ob er »eher oberflächlich oder unglaublich komplex« sei. Offenbar konnte *Vanity Fair* das auch nicht.
Am Samstag, dem 13. Dezember 1997, am Abend vor der Filmindustrie-Premiere, fand die traditionelle »Cast and Crew«-Vorführung statt. Sie war eine Art Danksagung an all die Arbeiter hinter den Kulissen, die Grips und Gaffer, die Kamerabühnenleute, Beleuchter und Elektriker, die nicht zu der feudalen Premiere am nächsten Abend eingeladen waren. Man traf sich zu diesem eher informellen Anlaß in einem Multiplex-Kino in Century City in Los Angeles. Inzwischen arbeiteten schon wieder so gut wie alle an anderen Projekten. McLaglen machte *X-Files: The Movie*. Carpenter und Muro arbeiteten gemeinsam an einem Actionfilm mit dem Titel *The Negotiator*. Aber fast alle nahmen sich Zeit und kamen. Gemeinsam waren sie durch Himmel und Hölle gegangen, und jetzt, neun Monate später, waren sie soweit, wieder miteinander jammern, jubeln und den Film feiern zu können. Larry Webber, der Kranführer, kam aus Texas, Shelley Crawford aus Vancouver, ein paar Leute flogen sogar von Australien nach Los Angeles. Es war wirklich eine Art Familientreffen.
Die Leute kamen ganz verschieden gekleidet, von Blue Jeans und Arbeitsstiefeln bis hin zu bodenlangen Abendkleidern. Cameron spielte den charmanten Gastgeber und begrüßte jeden

vor dem Film in der Lobby; in einer kurzen Rede dankte er allen für ihre harte Arbeit und für ihr Engagement. Im Anschluß an die Vorführung begab sich alles zu der Party im Fox-Tonstudio nebenan, das im Stil der siebziger Jahre mit falschen Palmen und Spiegelkugeln dekoriert war. Discomusik plärrte aus den Lautsprechern, aber die Tanzfläche blieb in den ersten paar Stunden leer und füllte sich erst um Mitternacht.
Frances Fisher und Lewis Abernathy waren die einzigen wichtigen Darsteller, die an der Feier teilnahmen. Cameron stand in der Nähe der Tür und redete mit allen, die ihm gratulieren wollten und ihn oft auch um ein Autogramm baten. Fishers Fahrer wartete über eine halbe Stunde, um endlich eine Unterschrift von ihm zu bekommen.

Filmpremieren sind ritualisierte Ereignisse und für die Einwohner Hollywoods so einzigartig wie Stammesrituale. Cameron sprach vom »Abend der langen Messer«. All die Leute, die ihn so heftig kritisiert hatten, diese Leute mit ihren großen Schreibtischen und ihren sicheren Jobs, kamen nun in Heerscharen herbeigeströmt, um dem Hochseilakt beizuwohnen.
Im vergangenen Jahr hatte Cameron oft das Gefühl gehabt, auf einem Drahtseil zu balancieren. Jetzt kam der dreifache Salto. Wenn der Film floppte, war der Regisseur derjenige, der mit ihm abstürzte. Die Dollyfahrer, die Beleuchter, die Kameraleute – sie würden alle wieder Arbeit finden. Zum Glück hatte Cameron schon einen Namen als Science-fiction-Regisseur, darauf konnte er immer zurückgreifen. Fox hatte ihn bereits auf ein Remake von *Planet of the Apes* (Planet der Affen) angesprochen. Man hatte Probleme mit dem Drehbuch, und Cameron sollte sich wenigstens überlegen, ob er bereit wäre, den Film zu produzieren.

Samtkordeln sperrten eine knapp einen Kilometer lange Strecke am Hollywood Boulevard ab. Limousinen warteten, um ihre prominenten Passagiere abzusetzen. Vor Grauman's Chinese Theater war ein roter Teppich ausgelegt. Suchscheinwerfer huschten über den Himmel. Die Glamour-Aura wurde untergraben durch die lässigere »Cocktailkleidung« mancher Gäste –

der Abend war auch eine Wohltätigkeitsveranstaltung, die einem »Fonds für benachteiligte Schüler« zugute kommen sollte. Gut 300 Eintrittskarten waren für je 300 Dollar verkauft worden. Wenn Leute so viel für eine Karte bezahlten, dann wollten sie sich nicht unbedingt auch noch die Mühe machen, sich übertrieben festlich zu kleiden, noch dazu an einem Sonntag abend. Es nieselte leicht, aber das konnte die Medienvertreter nicht abschrecken. Wie Insekten starrten die Augen der Fernsehkameras eng aufgereiht über die roten Kordeln. Gloria Stuart wirkte überwältigt. Selbst auf dem Höhepunkt ihrer Laufbahn, während Hollywoods goldener Ära, hatte es so etwas nicht gegeben. Arnold Schwarzenegger, Mel Gibson, Celine Dion, Sylvester Stallone. Die Stars bewegten sich langsam. Die Manager und die anderen Gäste marschierten schnell vorbei. Nur Bill Mechanic bildete eine Ausnahme – er wich Leonardo DiCaprio nicht von der Seite. Der junge Schauspieler hatte gerade zwei große Fox-Filme gedreht, und Mechanic wollte auf jeden Fall verhindern, daß ausgerechnet dann, wenn ein Reporter von Good Morning, America die Kamera auf ihn richtete, ein Vertreter von Paramount ihm freundschaftlich den Arm um die Schultern legte.
Winslet war nicht da. Sie hatte vorgehabt zu kommen, aber der Tod eines engen Freundes hielt sie zurück. Sie hatte auch die königliche Premiere in England verpaßt, weil sie bei den Dreharbeiten in Marokko krank geworden war. Cameron stellte sich den Kameras und beantwortete gewissenhaft die Fragen der Interviewer. Die meisten betrafen das Filmbudget.
Im Kino selbst waren die Vertreter von Fox und Paramount durch den Gang getrennt. Technisch gesehen war es eine Veranstaltung der Paramount, aber Fox hatte auch einen Stapel mit Eintrittskarten bekommen. James Camerons Eltern saßen direkt hinter Peter Chernin, schienen ihn aber nicht zu kennen. Sumner Redstone, der Chef von Viacom, war mit seiner Frau und seinen Enkeln erschienen. Rupert Murdoch glänzte durch Abwesenheit.
Ohne Vorwarnung gingen die Lichter aus. Keine offiziellen Ansprachen. Die Vertreter der Filmindustrie sind das strengste Publikum, das man sich vorstellen kann. Das würde jeder bestäti-

gen, der ihnen je einen seiner Filme vorführen mußte oder an einer Oscar-Verleihung beteiligt war.
Aber die Reaktion des Publikums war total verblüffend! Die Zuschauer jubelten und pfiffen genau an den richtigen Stellen, lachten, applaudierten spontan, als Leonardo im Frack erschien und als Kate zur Axt griff, um ihn zu befreien.
Anschließend fand in dem geheizten Zelt auf dem Parkplatz hinter dem Kino eine Party statt. Cameron war ganz benommen, als er sich dorthin begab. Er war maßlos erleichtert – als würde er aus einem endlosen Alptraum erwachen und merken, daß er tatsächlich nur geträumt hatte. Die Test-Zuschauer hatten seinen Film gut gefunden. Seine Kollegen in Hollywood hatten seinen Film gut gefunden. Aber jetzt stand der Härtetest bevor. Am Freitag kam der offizielle Start – in 2674 Kinos gleichzeitig! Und am Sonntag abend würde man dann wissen, ob es sich tatsächlich gelohnt hatte.

Daß etwas Ungewöhnliches passierte, war klar, als *Titanic* am Eröffnungswochenende 29 Millionen Dollar einspielte und damit *Tomorrow Never Dies* (Der Morgen stirbt nie) ausstach, der 25 Millionen Dollar brachte. Dabei bedeutete die Überlänge, daß *Titanic* weniger häufig gespielt werden konnte. Außerdem war Camerons Film in weniger Kinos gezeigt worden – 2674 gegenüber 2807. Man hatte höchstens mit einem guten zweiten Platz gerechnet.
In der zweiten Woche legte *Titanic* sogar noch zu und landete bei 35 Millionen Dollar. Daß ein Film sich in diesem Zeitraum um 25 Prozent steigerte, hatte es praktisch noch nie gegeben. Der Bond-Film hingegen sank um 18 Prozent. Nach nur zwölf Tagen hatte *Titanic* die 100-Millionen-Marke überschritten, was *Variety* zu der Prophezeiung veranlaßte: »Der Film wird voraussichtlich noch in den Staaten 200 Millionen Dollar erreichen«.
Im Februar brach *Titanic* den Geschwindigkeitsrekord und erreichte schneller als je ein Film zuvor 300 Millionen Dollar. Arthur Cohen schickte Rae Sanchini 300 weiße Tulpen – eine pro Million. »Das über drei Stunden lange Filmepos widerlegt sämtliche Einspielvoraussagen und alle bisherig gültigen Filmer-

folgsmodelle des amerikanischen Kinos«, schrieb der *Hollywood Reporter.*

Die Experten staunten noch mehr, als *Titanic* einen Monat nach dem Kinostart am Valentinstag-Wochenende das beste Einspielergebnis brachte, nämlich 36 Millionen Dollar.

Der *Titanic*-Rausch brachte einen allgemeinen Kinoboom mit sich, weil Leute, die keine Karten mehr für *Titanic* bekommen konnten, sich einen anderen Film ansahen. Rupert Murdoch erzählte Wall-Street-Analytikern, daß News Corporation einen 100-Millionen-Dollar-Profit erwartete. Fox hatte sein Imageproblem überwunden, und Cameron wurde plötzlich als »Visionär« und »Genie« bezeichnet.

In Hollywood besteht der März wegen der bevorstehenden Oscar-Verleihung immer aus einer endlosen Serie von Galaveranstaltungen. Man nennt diese Zeit die »Awards Season«, und sie beginnt eigentlich schon mit der Bekanntgabe der Nominierungen für den Golden Globe. *Titanic* wurde achtmal nominiert. Ein neuer Rekord. Als Cameron am 19. Januar 1998 die Auszeichnung für den besten Film in Empfang nahm, gab es einige verärgerte Gesichter, als er immer weiterredete und die Musik übertönte, die eigentlich signalisierte, daß er die Bühne verlassen sollte.

Dieses Ereignis war für Cameron der Beginn einer langen Reise durchs Rampenlicht. Er erhielt Auszeichnungen von der Directors' Guild of America, der Producers' Guild of America und den American Cinema Editors.

Als dann am 10. Februar die Oscar-Nominierungen verkündet wurden, war *Titanic* 14mal vertreten, ebensooft wie *All About Eve* (Alles über Eva) im Jahr 1950, der bisherige Rekordhalter. Inzwischen war der Film die Nummer eins in Frankreich, Italien, Japan, Deutschland und Großbritannien. Am 6. März 1998 war *Titanic* der erste Film, der an den Kinokassen weltweit mehr als eine Milliarde Dollar eingespielt hatte.

Diese Zahlen waren für alle Beteiligten unfaßbar. Der Erfolg des Films übertraf alles, was auch Cameron bei einem dreistündigen Kostümdrama für möglich gehalten hatte.

Als er vor drei Jahren mit seinem Vorschlag zu Chernin gegangen war, hatte er auf Filme wie *Gone With the Wind* verwiesen.

Wenn man die Anzahl der verkauften Karten mit dem heutigen Kinopreis multiplizierte, hätte das Bürgerkriegsepos allein in Nordamerika mehr als eine Milliarde Dollar eingespielt. *Doctor Zhivago* (Doktor Schiwago) wäre bei 300 Millionen angekommen. *Titanic* folgte dem Schema dieser Filme: eine intime Liebesgeschichte, verbunden mit einer großen Katastrophe, aber seit über 30 Jahren hatte es keinen solchen Erfolg mehr gegeben. Hollywood hatte sich sehr verändert – sieben der größten Erfolge aller Zeiten waren Science-fiction oder Fantasy. Keiner war ein dreistündiges Kostümdrama!

Die Chancen, daß Cameron diesen Trend durchbrechen konnte, waren etwa so groß wie die, daß die *Titanic* untergehen würde. Unendlich viele Dinge mußten zusammenkommen, und wenn irgend etwas anders gelaufen wäre, hätte das den Gang der Geschichte grundsätzlich verändern können.

Auf dem Fußboden im Schneideraum lag irgendwo das, was den Unterschied zwischen einem 200-Millionen-Dollar-Flop und einem 400-Millionen-Dollar- Erfolg ausmachte. Cameron hatte es geschafft, alles herauszuschneiden, was nicht zu diesem Milliardenphänomen beigetragen hätte. Daß er die Verfolgungsjagd herausgeschnitten hatte, trotz der Kosten von einer Million und der vielen Vorwürfe, die er sich damit einhandelte, hatte möglicherweise 100 Millionen Dollar eingebracht. An irgendeinem Punkt war eine Kettenreaktion ausgelöst worden. Das Potential des Films als Publikumsmagnet und Profitmaschine schoß blitzartig in die Höhe.

Filmemachen ist wie Krieg, meinte Cameron. Krieg gegen die Elemente, Krieg gegen Rückschläge und Chaos. Aber letztlich ist es vor allem ein Kampf zwischen Kunst und Kommerz. Ein Film ist ein Produkt, das verkauft werden muß, aber er ist kein normaler Konsumartikel: Ein Film arbeitet mit den Gefühlen, mit den Gedanken. Cameron hatte diesen Kampf geführt, und er hatte ihn gewonnen.

Aber trotz aller Erfolge fiel es ihm schwer, vollständig zufrieden zu sei. »Ein sehr teures Stück Kristall rollt vom Tisch, und du kannst es gerade noch rechtzeitig auffangen, bevor es auf den Boden fällt. Ich habe es aufgefangen, aber ich bin genauso wütend, wie wenn ich es nicht mehr erwischt hätte. Ich bin wütend,

weil diese Situation überhaupt eingetreten ist. Für mich ist es kein so großer Trost wie für alle anderen, daß dieser Film so viel Geld bringt«, sagte Cameron in der fast unheimlichen Stille seines Wohnzimmers, kurz vor der Oscar-Verleihung. Der Flügel ist verschwunden; die vielen Leute, die an der Postproduktion beteiligt waren, haben sich längst verabschiedet. Tief in seinem Sessel versunken, starrt Cameron aus dem Fenster. »Aber wir hätten nur einen Fehler machen können: den Film verhunzen«, meint er seufzend. »Und das haben wir nicht getan.«
Die Oscar-Verleihung fand am 23. März 1998 statt, auf den Tag genau ein Jahr, nachdem die Hauptdreharbeiten für *Titanic* abgeschlossen worden waren. Cameron saß mit feuchten Händen im Dorothy Chandler Pavilion. Wie für jeden, der in den inneren Zirkel der Filmwelt eindringen möchte, war es auch für ihn sehr wichtig, von seinen Kollegen anerkannt zu werden. Im Verlauf des Abends holte sein Team eine Trophäe nach der andern. Carpenter, Rydstrom, Legato, Horner, Chris Boyes und Deborah Scott bekamen die begehrte goldene Statue, und alle machten sie auf dem Weg zur Bühne bei Cameron, der direkt am Gang saß, kurz halt und umarmten ihn.
Als bei der Kategorie »beste Regie« sein Name aufgerufen wurde, versuchte er gar nicht, seine Freude zu verbergen, sondern rannte mit flatterndem Frack die Stufen hinauf und rief: »I'm the king of the world!« – ein Zitat aus seinem eigenen Drehbuch.
Normalerweise wäre das der Höhepunkt des Abends gewesen, aber wie bei einem Cameron-Film gab es noch eine Steigerung. Noch ein Oscar wurde verliehen: für den besten Film.
Während Sean Connery die nominierten Titel verlas, rutschte Cameron unruhig auf seinem Sitz hin und her. *As Good as It Gets* (Besser geht's nicht), *The Full Monty* (Ganz oder gar nicht), *Good Will Hunting, L.A. Confidential, Titanic* ... »And the Oscar goes to ... *Titanic!*«
Cameron war schon etwas ruhiger, als er nun die Bühne betrat, um seinen dritten Oscar entgegenzunehmen. »Mitten in diesem ganzen Jubel fällt es nicht leicht, sich daran zu erinnern, daß dieser Erfolg auf einem realen Ereignis beruht, das 1912 die Welt erschüttert hat«, sagte er vor seinem Glitzerpublikum, allesamt Reisende der ersten Klasse.

»Die Botschaft der *Titanic* lautet: Das Undenkbare kann geschehen. Niemand kennt die Zukunft. Das einzige, was wir wirklich besitzen, ist das Heute. Das Leben ist wertvoll.« Der Regisseur bat um eine Schweigeminute zum Gedenken an die 1500 Opfer der Katastrophe, und während dieser Minute solle jeder auf seinen eigenen Herzschlag horchen. Stille senkte sich über den Saal.

Als er am Mikrophon stehend den Kopf senkte, vor einer Milliarde Fernsehzuschauern, dachte Cameron an jenen Tag, an den 27. September 1995, als die *Keldysch* bei der echten *Titanic* die Anker lichtete. Sie hatten damals Kränze ins Wasser geworfen, um die Toten zu ehren. Stunden zuvor waren die *Mir*-U-Boote im strahlenden Sonnenlicht aus dem Ozean gezogen worden. Jetzt hüllte dichter Nebel alles ein. Doch durch die Wolken konnte man ein Stückchen Himmel sehen, und mittendrin leuchtete ein weißer Regenbogen – wie ein Glorienschein.

Cameron war nicht abergläubisch und auch nicht besonders religiös, aber dies erschien ihm doch wie eine Art Zeichen. Die Erinnerung an diesen Augenblick übertrug sich auf jede Minute der Dreharbeiten. Er mußte seine Sache gut machen. Damit die Menschen sich immer an die *Titanic* erinnern würden.

Auszeichnungen und Rekorde

Am 19. Dezember 1997 kam *Titanic* in die amerikanischen Kinos, nachdem der Film am Tag zuvor acht Golden-Globe-Nominierungen erhalten hatte. Einen Monat später, am 18. Januar 1998, gewann er vier Golden Globes: bester Film (Drama), beste Regie, beste Filmmusik, bester Song. Die Screen Actors' Guild ernannte Gloria Stuart zur besten Darstellerin in einer Nebenrolle (8. März 1998).

James Cameron wurde vom National Board of Review für »hervorragende technische Errungenschaften« geehrt und gewann sowohl den Preis der Producers' Guild of America als auch die begehrte Auszeichnung der Directors' Guild of America.

Am 10. Februar 1998 wurde *Titanic* für 14 Oscars nominiert und erreichte damit den bisherigen Rekord, den seit 1950 *All About Eve* hielt. Die Kategorien waren: bester Film, beste Regie, beste Hauptdarstellerin, beste weibliche Nebenrolle, beste Kamera, beste Kostüme, bester Schnitt, bestes Make-up, beste Ausstattung, beste Filmmusik, bester Song, bester Ton, bester Tonschnitt, beste visuelle Effekte.

Bei der Oscar-Verleihung am 23. März 1998 gewann der Film elf Oscars, so viele wie vorher nur *Ben Hur;* Cameron selbst nahm drei goldene Statuen mit nach Hause, wie vor ihm nur Billy Wilder und James L. Brooks.

Zu diesem Zeitpunkt war *Titanic* schon 14 Wochen in Folge die Nummer eins an den Kinokassen.

Titanic schlug alle bisherigen Einspielrekorde. Am 24. Februar 1998, gut neun Wochen nach dem Kinostart, hatte der Film mehr eingebracht als je ein Film vor ihm und überrundete damit den bisherigen Rekordhalter *Jurassic Park* (insgesamt 919,8 Millionen Dollar).

Am 14. März 1998 erreichte *Titanic* nach 13 Wochen ein Einspielergebnis von 471,4 Millionen allein in den USA – mehr als *Star Wars,* der Film, der bisher mit 461 Millionen Dollar diesen Rekord innegehabt hatte.

Als die Oscars verliehen wurden, war der Soundtrack von *Titanic* bereits zehn Wochen in Folge die Nummer eins der Billboard

Hot 200 Album-Charts. Innerhalb von 17 Wochen wurden weltweit 17 Millionen verkauft. Kein Soundtrack hatte sich je so gut verkauft.

Ende März 1998, als die Einspielergebnisse an den Kinokassen schon über 1,2 Milliarden Dollar gestiegen waren, wurde berichtet, Fox habe Cameron zwischen 50 und 100 Millionen Dollar angeboten, als Ausgleich dafür, daß er seinen Anspruch am Endprofit abgegeben hatte.

Filmographie

THE TERMINATOR (Terminator)
(1984, 108 Min.) Hemdale/Orion
Budget: 6,4 Millionen Dollar
Einspielergebnisse USA: 38,4 Millionen Dollar;
außerhalb der USA: 35 Millionen Dollar
Ausführender Produzent: John Daly, Derek Gibson; Produktion: Gale Anne Hurd; Regie: James Cameron; Drehbuch: James Cameron, Gale Anne Hurd; Kamera: Adam Greenberg; Schnitt: Mark Goldblatt; Terminator-Effekte: Stan Winson; Musik: Brad Fiedel.
Darsteller: Arnold Schwarzenegger, Michael Biehn, Linda Hamilton, Paul Winfield, Lance Henriksen.

ALIENS (Aliens – Die Rückkehr)
(1986, 137 Min.) Twentieth Century Fox
Budget: 18 Millionen Dollar
Einspielergebnisse USA: 85 Millionen Dollar;
außerhalb der USA: 72 Millionen Dollar
Oscar-Nominierungen: 7 (beste Hauptdarstellerin, Schnitt, Produktionsdesign, Filmmusik, Ton, Tonschnitt, visuelle Effekte)
Oscars: 2 (visuelle Effekte, Tonschnitt)
Ausführende Produzenten: Gorden Carroll, David Giler, Walter Hill; Produktion: Gale Anne Hurd; Regie: James Cameron; Drehbuch: James Cameron; Kamera: Adrian Biddle; Schnitt: Ray Lovejoy; Alien-Effekte: Stan Winston; Produktionsdesign: Peter Lamont; Conceptual Artists: Ron Cobb, Syd Mead; Musik: James Horner.
Darsteller: Sigourney Weaver, Michael Biehn, Paul Reiser, Lance Henriksen, Carrie Henn, Bill Paxton, William Hope, Al Matthews, Ricco Ross.

THE ABYSS (Abyss)
(1989, 145 Min.) Twentieth Century Fox
Budget: 40 Millionen Dollar
Einspielergebnisse USA: 85,2 Millionen Dollar;
außerhalb der USA: 46 Millionen Dollar

Oscar-Nominierungen: 4 (visuelle Effekte, Ausstattung, Kamera, Ton)
Oscars: 1 (visuelle Effekte)
Produktion: Gale Anne Hurd; Regie: James Cameron; Drehbuch: James Cameron; Story: James Cameron; Kamera: Mikael Salomon; Schnitt: Joel Goodman; Musik: Alan Silvestri; Produktionsdesign: Leslie Dilley.
Darsteller: Ed Harris, Mary Elizabeth Mastrantonio, Michael Biehn, Leo Burmester, Todd Graff.

TERMINATOR 2: JUDGEMENT DAY (Terminator 2 – Tag der Abrechnung)
(1991, 136 Min.) Carolco/TriStar Pictures
Budget: 90 Millionen Dollar
Einspielergebnisse USA: 204,8 Millionen Dollar;
außerhalb der USA: 284 Millionen Dollar
Oscar-Nominierungen: 6 (Ton, Tonschnitt, visuelle Effekte, Make-up, Schnitt, Kamera)
Oscars: 4 (Ton, Tonschnitt, visuelle Effekte, Make-up)
Ausführende Produzenten: Gale Anne Hurd, Mario Kassar; Produktion/Regie: James Cameron; Drehbuch: James Cameron, William Wisher; Kamera: Adam Greenberg; Schnitt: Conrad Buff, Mark Goldblatt, Richard A. Harris; Visuelle Effekte: Dennis Muren; Musik: Brad Fiedel; Produktionsdesign: Joseph Nemec III.
Darsteller: Arnold Schwarzenegger, Linda Hamilton, Edward Furlong, Robert Patrick, Earl Boen, Joe Morton.

POINT BREAK (Gefährliche Brandung)
(1991, 122 Min.) Largo Entertainment/Twentieth Century Fox
Budget: 24 Millionen Dollar
Einspielergebnisse USA: 42 Millionen Dollar;
außerhalb der USA: 45 Millionen Dollar
Ausführender Produzent: James Cameron; Produktion: Peter Abrams, Robert L. Levy; Regie: Kathryn Bigelow; Drehbuch: W. Peter Iliff; Story: Rick King, W. Peter Iliff; Kamera: Donald Peterman; Produktionsdesign: Peter Jamison; Schnitt: Howard Smith; Musik: Mark Isham.

Darsteller: Patrick Swayze, Keanu Reeves, Gary Busey, Lori Petty, John McGinley, James Le Gros, John Philbin.

TRUE LIES (True Lies)
(1994, 136 Min.) Lightstorm Entertainment/Twentieth Century Fox
Budget: 95 Millionen Dollar
Einspielergebnisse USA: 146 Millionen Dollar;
außerhalb der USA: 218 Millionen Dollar
Produktion: James Cameron, Stephanie Austin; Regie: James Cameron; Drehbuch: James Cameron, nach einem Drehbuch von: Claude Zidi, Simon Michael, Didier Kaminka; Ausführende Produzenten: Rae Sanchini, Robert Shriver, Lawrence Kasanoff; Kamera: Russell Carpenter; Produktionsdesign: Peter Lamont; Schnitt: Conrad Buff, Mark Goldblatt, Richard A. Harris; Digital Domain – visuelle Effekte: John Bruno; Musik: Brad Fiedel.
Darsteller: Arnold Schwarzenegger, Jamie Lee Curtis, Bill Paxton, Tom Arnold, Art Malik, Tia Carrere, Eliza Dushku, Charlton Heston.
Drehorte: Los Angeles, Washington, D. C., Miami, Florida Keys, Rhode Island, Lake Tahoe.

STRANGE DAYS (Strange Days)
(1995, 122 Min.) Lightstorm Entertainment/Twenthieth Century Fox
Budget: 35 Millionen Dollar
Einspielergebnisse USA: 7,9 Millionen Dollar;
außerhalb der USA: 12,5 Millionen Dollar
Ausführender Produzent: Rae Sanchini; Produktion: James Cameron, Steven Charles Jaffe; Regie: Kathryn Bigelow; Drehbuch: James Cameron und Jay Cocks, nach einer Story von: James Cameron; Kamera: Matt Leonetti; Schnitt: Howard Smith; Produktionsdesign: Lizzy Kilvert.
Darsteller: Ralph Fiennes, Angela Bassett, Juliette Lewis, Tom Sizemore, Vincent D'Onofrio, Michael Wincott, William Fitchner, Richard Edson, Glenn Plummer.

TITANIC (Titanic)
(1997, 187 Min.) Lightstorm Entertainment/Twentieth Century Fox/Paramount Pictures
Budget: 200 Millionen Dollar
Einspielergebnisse USA: 515 Millionen Dollar (bisher); außerhalb der USA: 756 Millionen Dollar (bisher)
Oscar-Nominierungen: 14 (Film, Regie, Hauptdarstellerin, Nebendarstellerin, Kamera, Schnitt, Ausstattung, visuelle Effekte, Ton, Tonschnitt, Song, Filmmusik, Kostüme, Make-up)
Oscars: 11 (Film, Regie, Kamera, Schnitt, Ausstattung, visuelle Effekte, Ton, Tonschnitt, Song, Filmmusik, Kostüme)
Ausführender Produzent: Rae Sanchini; Produktion: James Cameron, Jon Landau; Regie: James Cameron; Drehbuch: James Cameron; Kamera: Russell Carpenter; Schnitt: Conrad Buff, James Cameron, Richard Harris; Produktionsdesign: Peter Lamont.
Darsteller: Leonardo DiCaprio, Kate Winslet, Billy Zane, Kathy Bates, Frances Fisher, Gloria Stuart, Bill Paxton, Bernard Hill, David Warner, Victor Garber, Jonathan Hyde.

Anmerkungen der Autorin und Danksagungen

Für alle, die es interessiert, möchte ich schildern, wie es dazu kam, daß ich dieses Buch schreiben konnte. Ich bin James Cameron das erstemal im Februar 1991 begegnet. Damals berichtete ich für *The Hollywood Reporter* über Technologie und Film, und Cameron sprach im Kongreßzentrum in Los Angeles vor der Society of Motion Picture and Television Engineers. Es war ein paar Monate vor dem Kinostart von *Terminator 2,* und er führte einige der komplizierten digitalen Effekte aus dem Film vor. Ich hatte seine Karriere seit 1989 verfolgt, wobei ich mich besonders für CGI interessierte – »Computer Generated Imagery« (im Computer erzeugte Bilder). Die kleinen Kostproben, die Cameron mit *The Abyss* geboten hatte, schienen mir darauf hinzudeuten, daß digitale Werkzeuge das Filmemachen revolutionieren würden.

Ich war maßlos beeindruckt von den *Terminator 2*-Ausschnitten – ein Bösewicht aus weichem Metall, der seine Form zu verschiedenen Identitäten verändern (»morphen«) konnte. Nach dieser Vorführung trafen wir uns in der Lounge, und Cameron beantwortete mir geduldig eine Stunde lang meine Fragen zu dieser neuen Wissenschaft. Ich war überrascht, daß ich die einzige Pressevertreterin war. Die Technologie war damals, zu Beginn der digitalen Ära in Hollywood, vor allem auf Objekte mit Rädern beschränkt und für die Medien noch nicht sexy genug.

Terminator 2 kam im Sommer 1991 in die Kinos und war sofort ein Hit, aber im Rampenlicht standen Schwarzenegger und die Special Effects, während Jim Cameron sich im Hintergrund hielt. Bei irgendwelchen Veranstaltungen liefen wir uns öfter über den Weg, und ich machte von Zeit zu Zeit ein Interview mit ihm. Im Winter 1994 erhielt er die Auszeichnung »ShoWest Producer of the Year« von der National Association of Theater Owners. Er hatte gerade mit *True Lies* großen Erfolg gehabt und außerdem *Strange Days* produziert, der demnächst anlaufen sollte.

Traditionellerweise bringt *The Hollywood Reporter* eine Spezialausgabe, um die Laufbahn des ShoWest-Preisträgers zu würdi-

gen, und ich war für die Ausgabe über James Cameron zuständig. Weil wir bei diesem Projekt eng zusammenarbeiteten, gewann ich einen intimen Einblick in seine Arbeit und seinen Arbeitsstil. Ich war fasziniert – nicht nur von den Bildern, die er auf die Leinwand zauberte, sondern auch von der Mühe und der Zeit, die er investierte. Es war mir wichtig, den wirklichen James Cameron zu zeigen, also schrieb ich fast alle Artikel dieser Sonderausgabe selbst. Mit Camerons Unterstützung machte ich mich dann daran, ein Exposé für ein Buch zu entwickeln, das seine abenteuerliche Karriere darstellen sollte.
Natürlich stellte ich bei meinen Interviews für das ShoWest-Heft immer wieder die Frage:»Was ist dein nächstes Projekt?« Er habe eine Idee, sagte er, aber darüber reden könne er noch nicht. Doch wenn es soweit sei, würde ich als allererste Bescheid von ihm bekommen.
Am 30. September 1995 saß ich an meinem Schreibtisch im Büro des *Hollywood Reporter* und schrieb, als mein Telefon klingelte. Ich nahm sofort ab, was völlig ungewöhnlich ist, denn normalerweise lasse ich erst mal meinen Anrufbeantworter ran. Eine undeutliche Stimme kam über die knisternde Leitung.
»Paula? Hier ist Jim Cameron. Ich rufe dich von einem Satellitentelefon mitten auf dem Atlantik an.«
Es klang in der Tat wie ein Satellitentelefon! Okay. »Was hast du denn mitten auf dem Atlantik verloren?«
»Wir sind auf einer Tauchexpedition, drehen für meinen neuen Film – *Titanic*!«
Ich weiß nicht, was mich mehr wunderte: die Tatsache, daß er Wort gehalten und mich als erste angerufen hatte – oder daß ein Actionregisseur wie Cameron als Thema für seinen nächsten Film ein so gewichtiges Ereignis wie die schrecklichste Schiffskatastrophe des 20. Jahrhunderts ausgewählt hatte!
Während der Vorproduktion hielten wir ständig Kontakt. Daß es ein sehr ehrgeiziges Projekt war, konnte man schon zu diesem Zeitpunkt mehr als deutlich sehen. Aber die Printmedien hatten kein Interesse an James Cameron.»James – wie heißt der?« hieß es meistens. Und wenn ich *Terminator* und *Terminator 2* erwähnte, kam dann: »Ach so, der! Aber wer will denn über den etwas lesen?« So ging es monatelang weiter, während der ge-

samten Produktion. Als schließlich die negative Berichterstattung zunahm und Cameron auf diese Weise doch ins Rampenlicht geriet, wurden ein paar Leute neugierig, aber trotzdem wollte niemand meine Geschichte haben: eine Nahaufnahme eines ernstzunehmenden Filmemachers, der sich mit ungeheurer Leidenschaft seinem Handwerk und seiner Kunst widmete.

Von *Entertainment Weekly* bekam ich immerhin den Auftrag, über die Entstehung des Films zu berichten, und obwohl ich gleichzeitig noch für *The Hollywood Reporter* und *Wired* schrieb, verbrachte ich viel Zeit am Set der *Titanic*. Mich beeindruckte dieses gigantische Unterfangen – und Camerons hemmungsloses Engagement. Er stürzte sich mit allem, was er hatte, in die Arbeit. Als die schlechte Publicity immer mehr zunahm, war ich echt verwirrt. Wie konnte meine Wahrnehmung der *Titanic*-Produktion sich so grundlegend von der meiner Kollegen unterscheiden? Befanden wir uns nicht am selben Set? Verfolgten wir nicht alle die Entstehung desselben Films?

Der Mann, der zur Zeit der Jahrtausendwende mehr als jeder andere zur Revolutionierung des Films beigetragen hat, verdiente eine faire Behandlung, also fing ich an, dieses Buch zu schreiben, obwohl ich noch keinen Verlag gefunden hatte. Ich wollte genau dokumentieren, wie es war, als James Cameron den größten Film in der Geschichte es Kinos drehte. Daß die *Titanic* ein kommerzieller Erfolg werden würde, konnte ich natürlich noch nicht ahnen, aber das Rohmaterial, das ich gesehen hatte, überzeugte mich von der Bedeutung des Films – und ich war mir ganz sicher, daß sich auch ein Verleger finden würde.

Und es fand sich auch einer. Mein erster Dank gilt daher Esther Margolis, Chefin und Verlegerin von Newmarket Press – sie hatte den Mut, mit mir und Jim dieses Wagnis einzugehen, als die konventionelle Vernunft noch gegen uns zu sprechen schien.

Dann möchte ich mich bei meinem ganz persönlichen A-Team bedanken, in alphabetischer Reihenfolge: Robert J. Dowling, Verleger und Chefredakteur des *Hollywood Reporter* – niemand könnte sich einen intelligenteren und anregenderen Chef wünschen; Katrina Heron, wohl die begabteste Lektorin, mit der ich je zusammengearbeitet habe und die so manche dunkle Nacht aufgehellt hat; Michael Kochman, mein Ehemann, dessen unermüdliche Unterstützung dieses Projekt erst ermöglichte (und dessen Skepsis mich mehr als einmal anspornte!).

Dieses Buch wäre nie zustande gekommen ohne die Hilfe von James Camerons Freunden, seiner Familie und seinen Mitarbeitern, die bereit waren, sich stundenlang von mir interviewen zu lassen. Ich danke ihnen allen; ein paar möchte ich hier aber noch namentlich erwähnen: Lewis Abernathy, Charlie Arneson, John Bruno, Mike Cameron, Shirley Cameron, Mali Finn, Tommy, Paula und Scott Fisher, Al Giddings, Jon Landau, Scott Ross, Ralph White. Und eine Verbeugung vor den offiziellen *Titanic*-Dokumentaristen: Ed Marsh und Anders Falk, deren Wissen für dieses Buch von unschätzbarem Wert war.

Und auf der Managerebene gilt mein spezieller Dank Bill Mechanic und Peter Chernin von Fox. Ein Regisseur kann sich keine größeren Freunde seiner Kunst wünschen.

Ein paar Leute habe ich bei meiner Jagd nach Informationen und Material ganz besonders ausgequetscht, deshalb danke ich ihnen auch ganz besonders, allen voran Rae Sanchini, Präsidentin von Lightstorm Entertainment. Wir haben uns unzählige Male zum Mittagessen getroffen, und immer hat sie mich mit ihren faszinierenden Geschichten über die Abenteuer ihres Chefs gefesselt und mich so in meinem Entschluß bestätigt, seine Arbeit zu dokumentieren.

Mein Dank geht außerdem an Linda Sunshine, die dieses Buch lektorierte und dabei ihrem Namen alle Ehre machte. Und an Keith Hollaman, Cheflektor bei Newmarket, der die schweren Aspekte leichter werden ließ; an meine Agentin Diana Finch, die mehr als eine Geschäftspartnerin war.

Und ich weiß sehr zu schätzen, wie kontinuierlich mich meine Freunde und meine Familie beim *Hollywood Reporter* unterstützt haben: Elizabeth Aaron, Ray Bennett, Alex Ben Block, Stephen Galloway, Noela Hueso, Lynne Segal – und zuletzt und vor allem Randall Tierney (mit seiner Frau Anne Marie).

Für Nicole, die noch zu klein ist, um dieses Buch zu lesen, aber es hoffentlich eines Tages tun wird.

Und ganz zum Schluß ein Dankeschön an James Cameron, diesen klugen, warmherzigen Menschen, der für alle, die ihn kennen, eine Inspiration ist.

Register

A

Abernathy, Lewis 8, 55, 61, 76, 92, 94, 98, 145, 148f., 276
Abrams, Peter 286
The Abyss (Abyss – Der Abgrund) 13, 15, 26–29, 31, 35f., 40, 47, 58, 109, 162, 175, 214, 239, 243
Adams, Henry B. 96
The Addams Family (Die Addams Family) 230
Air Force One (Airforce One) 229
Alien (Alien – Das Wesen aus einer fremden Welt) 23
Alien Direction 229
Alien Resurrection (Alien 4: Die Wiedergeburt) 158, 188
Aliens (Aliens – Die Rückkehr) 23, 25f., 61, 114, 144, 161, 167, 209, 243, 263
All About Eve (Alles über Eva) 279, 283
Amis, Suzy 145
Amistad 135
Anastasia 229
Andrejew, Andrej 67f., 87
Anwar, Gabrielle 126
Apocalypse Now 179
Apollo 13 116, 144, 210
Arneson, Charlie 29f., 33f., 47, 58, 85, 133, 159, 224
Arnold, Tom 152, 287
As Good as It Goes (Besser geht's nicht) 281
Austen, Jane 126, 208
Austin, Stephane 287
Avatar 121, 265

B

Ballard, Robert 13, 52, 58
Barry Lyndon 159
Basketball Diaries (Jim Carroll – In den Straßen von New York) 128
Bassett, Angela 287
Bates, Kathy 135f., 164, 197, 242, 288
Batman 234
Batman and Robin 239, 256
Battle Beyond the Stars 22
Bax, Simon 139
Beatty, Warren 115
Ben Hur 173, 283
Bennett, Peter 31
Biddle, Adrian 285
Biehn, Michael 285f.
Bigelow, Kathryn 35, 113, 286f.
Birnbaum, Roger 34
Boccoli, Dan 254
The Bodyguard 249
Boen, Earl 286
Bont, Jan de 115, 123, 158, 214, 256
Boyes, Chris 257f., 260f., 281
Branagh, Kenneth 126
Braveheart 141, 167, 210, 244
Bright Angel Falling 113
Broken Arrow (Operation: Broken Arrow) 115
Brooks, James L. 283
Bruno, John 26, 55–60, 62f., 69, 75f., 88, 92, 94, 97f., 107, 115, 141, 238, 287
Buckley, John 194f.
Buff, Conrad 233, 286ff.
Burmester, Leo 286
Busey, Gary 287
Byrge, Duane 267, 273

C

Cage, Nicolas 191
The Call of the Wild (Der Ruf der Wildnis) 132
Cameron, James 5–15, 18–30, 32–42, 44–49, 55ff., 60, 62–70, 73–94, 96–100, 102–107, 109–113, 115–123, 125–128, 130–136, 138ff., 142, 144–147, 151–154, 156–160, 162f., 165–179, 182, 184–192, 194, 195, 197ff., 201–205, 207–221, 223ff., 226, 228, 230–237, 239f., 244–251, 254f., 258, 261f., 268f., 271–288
Cameron, Mike 17, 31, 44–47, 49f., 52ff., 58, 61, 65f., 101
Cameron, Philip 44
Camp, Colleen 142
Carpenter, Russell 125f., 152, 195f., 287f.
Carrere, Tia 287
Carroll, Gordon 285
Carter, William E. 216
Catlin, Vince 47, 58, 65
Cellucci, Camille 231, 265
Chaplin, Charlie 5
Chernin, Peter 38f., 47ff., 113, 118, 122f., 136ff., 150, 157, 170, 235f., 238, 277, 279
Clarke, Arthur C. 179
Cleopatra (Kleopatra) 173, 235
Cliffhanger (Cliffhanger – Nur die Starken überleben) 167
Close Encounters of the Third Kind (Unheimliche Begegnung der dritten Art) 89, 268
Cobb, Rob 285
Cocks, Jay 287
Cocoon (Cocoon) 209
Cohen, Arthur 252
Congo (Kongo) 252
Connery, Sean 144
Cooper, Gary 134
Coppola, Francis Ford 21, 179, 255
Corman, Roger 21–24
Cousteau, Jacques 63f.
Crane, Simon 167ff., 220f.
Crawford, Shelley 275
Crichton, Michael 252
Crudup, Billy 132
Cruise, Tom 132
Curiel, Roberto 139, 199
Curtis, Jamie Lee 41, 200, 287

D

Daly, John 35, 285
Dances With Wolves (Der mit dem Wolf tanzt) 230, 244
Danes, Claire 126, 275
Dante's Peak 142
Dante, Joe 24
Dawson, Jack 265
Daylight 143
Deep Six Star 36, 62
Dennis, Lisa 56, 58, 254
DiCaprio, Leonardo 6, 125, 128–136, 152f., 157, 160, 163, 192f., 200, 208, 223, 240, 242, 253, 267f., 271f., 275, 277, 288
Dick Tracy 115, 172
Dickens, Charles 238
Die Hard (Stirb langsam) 217, 234
Die Hard 3 (Stirb langsam – Jetzt erst recht) 161
Dilley, Leslie 286
Dion, Celine 248ff., 277
Doctor Zhivago (Doktor Schiwago) 43, 212, 280
Dolgen, Jonathan 142, 144, 150, 229
Domingo, Placido 213
D'Onofrio, Vincent 287
Douglass, Frederick 20
Dune (Dune, der Wüstenplanet) 25
Dushku, Eliza 287

E

Edson, Richard 287
Einstein, Albert 78
Eisner, Michael 182
The English Patient (Der englische Patient) 227
Enya 210f.
Escape from New York (Die Klapperschlange) 23
Eslick, Bill 58

F

Face/Off (Im Körper des Feindes) 191, 229
Falejczyk, Frank 27
Farrell, Joe 238
Fatal Attraction (Fatale Begierde) 252
Fellini, Federico 43
Ferguson, Duncan 69
Fiedel, Brad 209, 285ff.
Fiennes, Ralf 287
Finn, Mali 125
Fisher, Frances 163, 276, 288
Fisher, Scott 207, 221
Fisher, Tommy 114f., 155, 157, 183, 197
Fitchner, William 287
Fitzgerald, F. Scott 39
Flashdance 251
Flipper (Flipper) 63
Ford, Harrison 229
Forrest Gump 42, 252
48 Hours (Nur 48 Stunden) 209
Fox, Bernard 166
Friedman, Robert G. 190, 214, 228, 253
The Full Monty (Ganz oder gar nicht) 281
Furlong, Edward 286

G

Galaxy of Terror (Planet des Schreckens) 23
Gerber, David 39, 164
Gerston, Randy 210f.
Ghost (Ghost – Nachricht von Sam) 253
Ghostbusters 26
Gibson, Derek 285
Gibson, Mel 167, 277
Giddings, Al 10, 13ff., 18, 20, 30f., 40, 58f., 66, 85ff., 93, 98, 108f.
Giler, David 285
The Godfather (Der Pate) 251
Godzilla 43
Goldblatt, Mark 285ff.
Goldwyn, Jon 142
Goliger, Nancy 253
Gone With the Wind (Vom Winde verweht) 148, 173, 235, 266, 279
Good Will Hunting 281
Goodman, Joel 286
Gordon, Larry 25
Gorfaine, Michael 210f.
Graber, Victor 288
Graff, Todd 286
Great Expectations 238, 240
Greenberg, Adam 152, 285f.
Griffith, D. W. 140
Gruffud, Ian 157

H

Hackman, Gene 144
Hamilton, Linda 25, 55, 59f., 136, 142, 161, 200, 269, 274, 285f.
Hamlet 131
Hanks, Tom 252
Hardy, Thomas 126
Harrington, Curtis 137
Harris, Ed 27, 28, 175, 286
Harris, Richard 191, 286ff.

Hawke, Ethan 238
Hawks, Howard 63
Heavenly Creatures 127
Henn, Carrie 285
Henriksen, Lance 285
Hepburn, Audrey 126
Hershman, Brent 226
Heston, Charlton 287
Hideous Kinky 268
Hill, Bernard 160, 288
Hill, Grant 170
Hill, Walter 209, 285
Hobson, Nancy 254, 269
Hockney, Lynne 160
Hope, William 285
Horner, James 209ff., 213, 246ff., 281, 285
Houston, Whitney 248f.
Howard, Ron 21, 116, 209
Hunt For Red October (Jagd auf Roter Oktober) 253
Hurd, Gale Anne 21, 24ff., 28, 142, 285f.
Hyde, Jonathan 288

I

Iliff, W. Peter 286
Indecent Proposal (Ein unmoralisches Angebot) 253
Independence Day 229, 254, 271
Interview with the Vampire (Interview mit einem Vampir) 116
The Invisible Man (Der Unsichtbare) 145
Isham, Mark 286

J

Jackson, Peter 127
Jacobson, Tom 47
Jaffe, Steve Charles 287
Jamison, Peter 286

Jennings, Will 248
Jeunet, Jean-Pierre 158
Johnson, Tom 257
Jordan, Neil 116
Judd, Ashley 135
Jude the Obscure 126
Judge Dredd 69
Jung, C. G. 266
Jurassic Park 234, 283

K

Kaminka, Didier 287
Kasanoff, Lawrence 36f., 287
Kassar, Mario 36, 286
Katz, Marty 171f., 179, 181–184
Katzenberg, Jeffrey 181
Keaton, Diane 128
Khlewnow, Gena 18
Kilvert, Lizzy 287
King, Ricky 286
Klein, Calvin 253
Knowles, Harry 239f.
Kramer, Joel 167
Kubrick, Stanley 25, 39, 159, 211, 249
Kylstra, Johannes Dr. 27

L

L.A. Confidential 281
La Totale! 41
Lamont, Peter 114, 119, 140, 154, 157, 285, 287f.
Landau, Jon 59f., 114, 117, 139, 147, 151, 161, 170, 172, 181f., 188, 196, 214f., 223, 253, 265, 288
Lansing, Sherry 142, 144, 253
Last Action Hero 137
The Last of the Mohicans (Der letzte Mohikaner) 115
Le Gros, James 287
Lean, David 138, 249

Ledda, Jeff 59, 68, 87, 98, 108, 110
Legato, Rob 115, 176, 281
Leibovitz, Annie 267
Leonetti, Matt 287
Leviathan 36
Levy, Gene 32
Levy, Marvin 268
Levy, Robert L. 286
Linklater, Richard 239
London, Jack 132
Lonja, Zodiac 66
The Lost World (Vergessene Welt: Jurassic Park 2) 209, 256, 259f., 262
Lovejoy, Ray 285
Lucas, George 26, 38, 254f.
Luhrmann, Baz 129
Lynch, David 25
Lynch, Don 116, 164

M

Malik, Art 287
Manet, Edouard 153
Mann, Michael 115
Mardesich, John 262
Marschall, Ken 116, 164ff.
Marvin's Room (Marvins Töchter) 128
Mastrantonio, Mary Elizabeth 28, 286
Matisse, Henri 238
Matthews, Al 285
McCarthy, Todd 267, 273
McConaughey, Matthew 135
McEntire, Reba 136
McGinley, John 287
McGoohan, Patrick 135
McLaglen, Josh 145, 147, 157f., 175f., 196f., 200, 220f., 275
Mead, Syd 285
Mechanic, Bill 5f., 158, 170f., 188f., 228ff., 235f., 238, 277

Men in Black 229
Michael, Simon 287
Millard, Scott 53, 110
Moore, Valerie 55
Morton, Joe 286
Mrs. Doubtfire (Mrs. Doubtfire – Das stachelige Kindermädchen) 230
Murdoch, Nolan 51
Murdoch, Rupert 38f., 122, 158, 237, 277, 279
Muren, Dennis 286
Muro, Jimmy 161, 174f., 180, 187, 217, 218
Murphy, Eddy 235
My Dinner With André (Mein Essen mit André) 156

N

The Negotiator 275
Nemec III, Joseph 286
A Night to Remember (Die letzte Nacht der Titanic) 14, 117, 165
Nucci, Danny 192f.

O

O'Donnell, Chris 135
O'Hara, Scarlett 254
Old Dark House (Das alte dunkle Haus) 145
Orbison, Roy 149

P

Paltrow, Gwynneth 126, 238
Parisi, Paula 269
Parker, Peter 44
Patrick, Robert 286
Paxton, Bill 23, 144, 149, 152, 285, 287f.

Pesci, Joe 181
Peterman, Donald 286
Petty, Lory 287
Philbin, John 287
Piranha (Piranhas) 23f.
Piranha 2: The Spawing (Fliegende Killer – Piranha 2) 24
Pitt, Brad 132
Planet of the Apes (Planet der Affen) 276
Platt, Oliver 135
Pleasantville 226
Plummer, Glenn 287
Point Break 286
Police Story 39
Poltergeist 26

Q

Quale, Steve 56, 58, 66, 75, 92, 199, 218, 231

R

Rackauskas, Gig 69
Rambo: First Blood, Part 2 (Rambo II: Der Auftrag) 25, 36
Rand, Ayn 225
Ransom (Die Uhr läuft ab) 230
Raymond, Sam 50
Redstone, Sumner 177, 277
Reeves, Keanu 287
Reiser, Paul 285
Ribble, Mike 240
Rimbaud, Arthur 128
Romeo and Juliet (Shakespeares Romeo und Julia) 129, 135
Rosas, Memo 201
Roseanne 247
Ross, Ricco 285
Ross, Scott 230, 235, 238, 250
Roth, Joe 38, 40f., 115
Rothman, Tom 142

Ryan, Jack 229
Rydstrom, Gary 257, 260f., 281

S

Sagalewitsch, Anatoli 10f., 13, 17ff., 42, 59, 67–70, 76, 82ff., 86f., 99, 103f., 107
Sagalewitsch, Natalja 11, 18, 59
Salomon, Mikael 286
Sanchini, Rae 40, 115, 143, 214f., 278, 287f.
Saturday Night Fever (Nur Samstag nacht) 251
Sayles, John 21
Schindlers Liste 247
Schmitz, Eric 53
Schneider, Harold 32ff.
Schumacher, Joel 135
Schwarzenegger, Arnold 25, 41, 152, 167, 277, 285ff.
Scorsese, Martin 21, 167
Scott, Deborah 125, 281
Scott, Ridley 23
Sea Hunt (Abenteuer unter Wasser) 63
Segal, Steven 235
Seinfeld 247
Sense and Sensibility (Sinn und Sinnlichkeit) 126
Sherak, Tom 161ff., 240
Shine 227
The Shining (Shining) 159
Shriver, Robert 287
Silver, Casey 141f.
Silvestri, Alan 209, 286
Simogen, Lew 67
Sissel 213
Sling Blade 227
Smith, Howard 286f.
Smith, Will 229
Smokey Bites the Dust (Highway Kids) 24

Sonnenfeld, Barry 229
Spacey, Kevin 135
Speed 115
Speed 2 (Speed 2 – Cruise Control) 123, 158, 188, 214, 229, 236, 256
Spiderman 44, 265
Spielberg, Steven 209, 268
Springer, Jerry 221
Springsteen, Bruce 240
Stallone, Sylvester 25, 36, 143, 277
Star Trek – The Next Generation (Raumschiff Enterprise – Das nächste Jahrhundert) 115
Star Wars 22, 255, 266, 283
Stark, Peter 61
Stewart, Jimmy 134
Strange Days 113f., 232f.
Streep, Meryl 128
Stuart, Gloria 145, 242, 277, 283, 288
Summers, Gary 257, 259
Suslajew, Anatoli 59
Sutherland, Donald 135
Sutherland, Kiefer 135
Swayze, Patrick 287

T

Tarantino, Quentin 216, 239
Terminator 2: Judgement Day (Terminator 2: Tag der Abrechnung) 14, 21, 24ff., 35ff., 55, 114, 122–125, 137, 152, 167, 176, 200, 209, 233, 243, 259, 263
Thompson, Terry 53
A Time to Kill (Die Jury) 135
Tipler, Frank J. 113
Tomorrow Never Dies (Der Morgen stirbt nie) 278
Top Gun 252
Total Eclipse 128
Travolta, John 191
Treasures of the Deep 14

True Lies 38, 41f., 114f., 121, 125f., 137, 141–144, 152, 167, 200, 209, 233, 243
Tschernjew, Jewgenij 53, 82, 84, 87f., 98, 103
Twister 144

U

Uncle Buck (Allein mit Onkel Buck) 36

V

Virus 115
Volcano 142, 158

W

Waddel, Hugh 233
Wales, James 145
War and Peace (Krieg und Frieden) 235
Warner, David 288
Waterworld 118, 141, 142, 177, 180, 266
Webber, Larry 275
Welles, Orson 151, 256
What's Eating Gilbert Grape? (Gilbert Grape – Irgendwo in Iowa) 128
White Fang (Wolfsblut) 132
White, Ralph 52f., 59, 69, 85f., 93
Wilder, Billy 283
Williams, John 209
Wincott, Michael 287
Winfield, Paul 285
Winogradow, Michael E. 62
Winslet, Kate 6, 125ff., 145, 153, 164, 200, 208, 226, 242, 258, 268, 273, 275, 288
Winston, Stan 26, 41, 238, 285
Wisher, William 286

Wizard of Oz (Das zauberhafte Land) 146
Woltschek, Lonja 66
Wood, Beatrice 145
Wu, John 115, 191

X

X-Files: The Movie 275
Xenogenesis 22

Z

Zane, Billy 135, 202f., 205f., 242, 288
Zemecki, Bob 252
Zidi, Claude 287
2001: A Space Odyssey (2001 – Odyssee im Weltraum) 25, 179
2010 (2010 – Das Jahr, in dem wir Kontakt aufnehmen) 25
Zujew, Wladimir E. 62

Nicholas Sparks

Wie ein einziger Tag

01/10470

Sie waren siebzehn, und der Sommer schien so unendlich wie ihre Liebe. Aber als Allie mit ihrer Familie den verträumten Urlaubsort verläßt, verschwindet sie auch aus Noahs Leben, vierzehn Jahre lang ...

» ... wir träumen doch alle von der einen, einzigen wahren, ewig anhaltenden großen Liebe – hier ist sie!«
ELKE HEIDENREICH

Heyne-Taschenbücher

Verstand und Gefühl
01/9362

Stolz und Vorurteil
01/10004

Jane Austen

Sie ist eine der bedeutendsten englischen Schriftstellerinnen des 19. Jahrhunderts.

Ihre Klassiker verzaubern weltweit ein neues Lesepublikum.

01/9362

Heyne-Taschenbücher

Große Regisseure

Ihre Filme - ihr Leben

Heiko R. Blum
Klaus Maria Brandauer
Schauspieler und Regisseur
32/235

Bodo Fründt
Alfred Hitchcock
32/91

François Truffaut
Mr. Hitchcock, wie haben Sie das gemacht?
19/14

Janet Light
Christopher Nickens
Psycho
Hinter den Kulissen von Hitchcocks Kultthriller
32/243

Rainer Dick
Laurel & Hardy
32/221

Robert Fischer
David Lynch
32/165

Rolf Thissen
Russ Meyer
Der König des Sexfilms
32/236

Enzo Siciliano
Pasolini
Leben und Werk
32/241

Brent Maddock
Die Filme von Jacques Tati
32/187

Roland Keller
Karl Valentin und seine Filme
32/239

Hellmuth Karasek
Billy Wilder
Eine Nahaufnahme
01/8897

32/165

Heyne-Taschenbücher

Der internationale Film

Genres, Titel, Hintergründe

Wolf Jahnke
Die 100 besten Action-Filme
32/226

Ulrich Hoppe
Casablanca
32/62

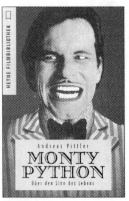

32/254

Matthias Peipp
Bernhard Springer
Edle Wilde – Rote Teufel
Indianer im Film
32/242

Ronald M. Hahn
Das Heyne Lexikon des erotischen Films
32/224

Erich Kocian
Die James Bond-Filme
32/44

Andreas Kasprzak
Stephen King und seine Filme
32/247

Ronald M. Hahn
Volker Jansen
Kultfilme
Von »Metropolis« bis »Fargo«
32/73

Andreas Pittler
Monty Python
32/254

Ronald M. Hahn
Volker Jansen
Lexikon des Science Fiction Films
32/250

Oliver Denker
STAR WARS – Die Filme
32/244

Heyne-Taschenbücher